Thomas Karle

Kollaborative Softwareentwicklung auf Basis serviceorientierter Architekturen

Kollaborative Softwareentwicklung auf Basis serviceorientierter Architekturen

von
Thomas Karle

Dissertation, Karlsruher Institut für Technologie (KIT)
Fakultät für Wirtschaftswissenschaften
Tag der mündlichen Prüfung: 17. Februar 2012
Referenten: Prof. Dr. Andreas Oberweis, Prof. Dr. Dimitris Karagiannis

Impressum

Karlsruher Institut für Technologie (KIT)
KIT Scientific Publishing
Straße am Forum 2
D-76131 Karlsruhe
www.ksp.kit.edu

KIT – Universität des Landes Baden-Württemberg und
nationales Forschungszentrum in der Helmholtz-Gemeinschaft

KIT Scientific Publishing 2012
Print on Demand

ISBN 978-3-86644-872-8

Kollaborative Softwareentwicklung auf Basis serviceorientierter Architekturen

Zur Erlangung des akademischen Grades eines
Doktors der Wirtschaftswissenschaften

(Dr. rer. pol.)

von der Fakultät für Wirtschaftswissenschaften
des Karlsruher Instituts für Technologie (KIT)

genehmigte

DISSERTATION

von

Dipl.-Inform. Thomas Karle

Tag der mündlichen Prüfung: 17. Februar 2012

Referent: Prof. Dr. Andreas Oberweis

Korreferent: Prof. Dr. Dimitris Karagiannis

Vorwort

Die vorliegende Arbeit entstand während meiner Tätigkeit als wissenschaftlicher Mitarbeiter am Institut für Angewandte Informatik und Formale Beschreibungsverfahren des Karlsruher Instituts für Technologie (KIT) parallel zu meinen Aufgaben als Division Manager Business Applications bei der PROMATIS software GmbH in Ettlingen. Der Umstand, dass sich meine Tätigkeit bei PROMATIS mit meinem wissenschaftlichen Forschungsgebiet in vielen Bereichen überschnitt, ermöglichte mir die Überprüfung und den teilweisen Einsatz der im Rahmen dieser Arbeit entwickelten Methoden und Technologien in der Praxis.

In erster Linie bedanke ich mich bei meinem Doktorvater Herrn Prof. Dr. Andreas Oberweis für die Betreuung und die stets gute Zusammenarbeit während meines Promotionsvorhabens. Ebenso möchte ich mich bei Herrn Prof. Dr. Dimitris Karagiannis (Universtät Wien) für die Übernahme des Korrefarats und die Diskussion der Promotionsergebnisse bedanken. Mein herzlicher Dank gilt auch Herrn Prof. em. Dr. Dr. h.c. Wolffried Stucky für die Übernahme des Amts des Prüfers bei meiner Disputation.

Besonders bedanken möchte ich mich bei Herrn Dr. Frank Schönthaler, dem Vorsitzenden der Geschäftsleitung von PROMATIS, für das Ermöglichen meines Promotionsvorhabens neben meiner beruflichen Tätigkeit und die durchgängige Unterstützung während der gesamten Zeit. Weiterhin geht mein ausdrücklicher Dank an Prof. Dr. Marco Mevius für die vielen wertvollen Hinweise als Mentor im Laufe meines Promotionsvorhabens.

Den folgenden Kollegen und Mitstreitern des Instituts AIFB, des Forschungszentrums Informatik und der PROMATIS danke ich für die vielen Anregungen im Laufe der Arbeit: Stefanie Betz, Dr. Michael Gebhart, Maik Herfurth, Prof. Dr. Stefan Klink, Dr. Agnes Koschmider, Dr. Oliver Krone, Yu Li, Johannes Michler, Daniel Ried, Dr. Thomas Schuster und Dr. Ralf Trunko. Mein Dank für die wertvollen Diskussionen und Ideen gilt auch den zahlreichen Studierenden, die ich in dieser Zeit bei der Erstellung von Diplom-, Bachelor- und Masterarbeiten betreut habe. Hierbei möchte ich mich insbesondere bei Benedikt Borgs-Maciejewski, Mario Herb, Anika Tschan und Pierre Weber für die gute Zusammenarbeit bedanken.

Vor allem danke ich jedoch meiner Lebensgefährtin Regine für ihre uneingeschränkte Unterstützung über die Jahre meines Promotionsvorhabens parallel zu meinem Berufsleben und für die Übernahme der aufwändigen Arbeit des Korrekturlesens der gesamten Dissertation.

Meinen Eltern danke ich dafür, dass sie mich stets darin bestärkt haben, meinen persönlichen Weg zu finden und zu gehen.

Mühlacker, Juli 2012

Thomas Karle

Inhaltsverzeichnis

Abbildungsverzeichnis

Tabellenverzeichnis

Quelltextverzeichnis

Abkürzungsverzeichnis

AIFB	Angewandte Informatik und Formale Beschreibungsverfahren
AOM	Asset Oriented Modeling
ARIS	Architektur integrierter Informationssysteme
ASP	Active Server Pages
BPEL	Business Process Execution Language
BPEL4Chor	Choreography Extension for Business Process Execution Language
BPEL4People	Business Process Execution Language Extension for People
BPELJ	Business Process Execution Language for Java
BPEL-SPE	Business Process Execution Language Extension for Sub-Processes
BPMN	Business Process Model and Notation
bspw.	beispielsweise
bzw.	beziehungsweise
CIM	Computation Independent Model
CMMI	Capability Maturity Model Integration
CSCW	Computer Supported Cooperative (alternativ: Collaborative) Work
d.h.	das heißt
DHTML	Dynamic Hypertext Markup Language
EAI	Enterprise Application Integration
EPK	Ereignisgesteuerte Prozesskette
ERM	Entity-Relationship-Modell
EERM	Enhanced-Entity-Relationship-Modell
etc.	et cetera
f., ff.	folgend[e]
GEF	Graphical Editing Framework
ggf.	gegebenenfalls
HERM	Higher-Order-Entity-Relationship-Modell
HTML	Hypertext Markup Language
HTTP	Hypertext Transfer Protocol
IDE	Integrated Development Environment
IT	Informationstechnologie
Java EE	Java Platform, Enterprise Edition
Java ME	Java Platform, Micro Edition
Java SE	Java Platform, Standard Edition
JDK	Java Development Kit
JSF	JavaServer Faces
JSP	JavaServer Pages
JSR	Java Specification Request
JVM	Java Virtual Machine

KIT	Karlsruher Institut für Technologie
LDAP	Lightweight Directory Access Protocol
MDA	Model Driven Architecture
MDD	Model Driven Development
MDE	Model Driven Engineering
MOF	Meta Object Facility
MVC	Model View Controller
NDT	Navigational Development Technique
OASIS	Organization for the Advancement of Structured Information Standards
OCL	Object Constraint Language
ODMG	Object Database Management Group
OMG	Object Management Group
OQL	Object Query Language
PDE	Plug-in Development Environment
PIM	Platform Independent Model
Pr/T-Netz	Prädikat/Transitions-Netz
PSM	Platform Specific Model
RCA	Rich Client Application
RIA	Rich Internet Application
S.	Seite
S/T-Netz	Stellen/Transitions-Netz
SHM	Semantisch-Hierarchisches Modell
SOA	Serviceorientierte Architektur
SOAP	Ursprünglich für: Simple Object Access Protocol (inzwischen Eigenname)
SOC	Serviceorientiertes Computing
SWT	Standard Widget Toolkit
UDDI	Universal Description, Discovery and Integration
UML	Unified Modeling Language
URI	Uniform Resource Identifier
UWE	UML-based Web Engineering
vgl.	vergleiche
Vol.	Volume
WebML	Web Modeling Language
W3C	World Wide Web Consortium
WS	Web Services
WS-CDL	Web Services Choreography Description Language
WSDL	Web Services Description Language
WSFL	Web Services Flow Language
WSIL	Web Services Inspection Language
XaaS	Everything as a Service

XML	Extensible Markup Language
XPath	XML Path Language
XQuery	XML Query Language
XSD	XML Schema Definition
z.B.	zum Beispiel

1 Einleitung

In diesem Kapitel wird zunächst eine Einführung in die bestehende Problemstellung bei der kollaborativen Realisierung von auf der Grundlage serviceorientierter Architekturen aufgebauter Unternehmenssoftware gegeben. Nach einer Erläuterung der Zielsetzung wird der Aufbau der Arbeit vorgestellt.

1.1 Problemstellung

Die Realisierung von Geschäftsprozessen durch webbasierte Anwendungssysteme erfolgt zunehmend auf Basis *serviceorientierter Architekturen* (*SOA*) [DGH05, DuP08, Erl07, Mel08]. Bei solchen Systemen wird Funktionalität standardisiert in Form von Services bereitgestellt, die dann durch weitere SOA-Standards für die Umsetzung von IT-basierten Geschäftsprozessen genutzt werden. Im Rahmen der Realisierung dieser Systeme sind Teammitglieder mit unterschiedlichen Kenntnissen und Fähigkeiten beteiligt. Sie definieren und realisieren Komponenten auf den verschiedenen Ebenen dieser Architekturen mit den jeweils benötigten Werkzeugen.

Viele Softwareanbieter oder Unternehmen, die sich für die Realisierung eines neuen Softwaresystems entschieden haben, setzen für die Realisierung ihrer Produkte bzw. Projekte weltweit verteilte Teams ein [AHK05, CaT05]. Die Gründe hierfür liegen zum einen in der Internationalisierung der Unternehmen und zum anderen in der Kostensenkung durch die Nutzung von Offshore- und Nearshore-Potenzialen [NBK08, Sur04]. Ermöglicht wird dies durch neue Arbeitsformen wie Telearbeit und Telekooperation, die sich durch die Verbreitung des Internets entwickelt haben. Diese erlauben geographisch und zeitlich flexible Organisationsmodelle [BeC05]. Um den Wertschöpfungsprozess innerhalb solcher Konstellationen zu unterstützen, müssen Umgebungen geschaffen werden, die eine weltweite organisationsübergreifende Realisierung und Integration von Softwarekomponenten im Rahmen einer SOA unterstützen.

Bei der Durchführung von IT-Projekten werden heute vielfach agile Methoden eingesetzt, welche das Maß an erforderlicher Zusammenarbeit weiter erhöhen [Bec11, Bee01, BlW08, Mar02]. Darüber hinaus ist bei diesen Vorgehensweisen eine zeitnahe Erstellung von Softwarekomponenten auf Basis von Anforderungen, z.B. über Softwaregeneratoren, erforderlich. Für die Realisierung großer und komplexer SOA-basierter Unternehmenssoftware in weltweit verteilten Projekten ist der Einsatz von Modellen unverzichtbar, da hier eine möglichst präzise Definition der Anforderungen gewährleistet sein muss.

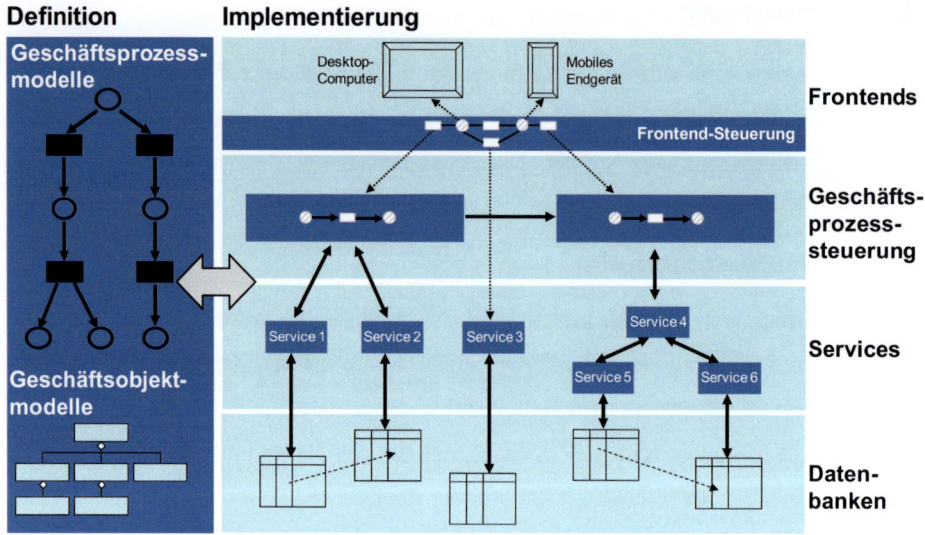

Abbildung 1: Realisierung von Geschäftsprozessen auf Basis von Services

Für die Realisierung von Unternehmenssoftware ist eine konzeptionelle Basis erforderlich, die eine gegenseitige Ausrichtung von IT-Systemen und Geschäftsprozessen ermöglicht [vgl. KaV11]. Abbildung 1 zeigt grob die verschiedenen Bereiche und Ebenen bei der Realisierung von Geschäftsprozessen im Rahmen einer serviceorientierten Umsetzung. Basis für die Implementierung ist eine Definition der umzusetzenden Geschäftsprozesse [Jos08]. Diese werden meist in Form von Geschäftsprozessmodellen und Geschäftsobjektmodellen definiert, die idealerweise miteinander verknüpft sind [Len03]. Sie beinhalten in der Regel neben einer Beschreibung der Abläufe und der verwendeten Geschäftsobjekte auch eine Beschreibung der bei den einzelnen Prozessschritten gewünschten Funktionalität.

Die IT-technische Umsetzung, d.h. die Implementierung von Geschäftsprozessen, basiert bei einer SOA auf Services [DuP08, Erl07]. Die einzelnen Services müssen implementiert oder beim Einsatz von Standardsoftware entsprechend den Anforderungen konfiguriert werden. Die durch die Services verarbeiteten Daten werden in der darunterliegenden Datenbank-schicht verwaltet [Erl07]. Diese sollte auf Basis der definierten Geschäftsobjekte realisiert werden. Die Umsetzung der eigentlichen Geschäftsprozesse erfolgt durch die Implementie-rung der Prozesssteuerung, mit welcher der Ablauf einzelner Services in einem Geschäftspro-zess geregelt wird. Darüber hinaus müssen die Frontends, d.h. die graphischen Benutzer-schnittstellen, für die Geschäftsprozesse implementiert werden [Mel08]. Die Frontends müssen entsprechend dem jeweils verwendeten Endgerät aufgebaut und ggf. angepasst werden, d.h. die Darstellung einer Maske kann sich bspw. auf einem Desktop-Computer von der Darstellung auf einem mobilen Endgerät unterscheiden [Gal07].

Für diese unterschiedlichen Bereiche und Ebenen sind Teammitglieder mit speziellen Kenntnissen erforderlich, welche die jeweiligen Artefakte erstellen. Ein optimales Gesamtergebnis wird jedoch nur durch eine koordinierte und abgestimmte Zusammenarbeit aller beteiligten Personen erzielt.

Auch im zeitlichen Verlauf eines Softwareprojekts ergeben sich unterschiedliche Anforderungen hinsichtlich der Zusammenarbeit. Nachfolgend sind Anforderungen aufgeführt, die in den verschiedenen Phasen eines Softwareprojekts auftreten [vgl. Bal08]:

- Bei der Analyse müssen die fachlichen Aspekte mit den technischen Möglichkeiten für eine Umsetzung abgeglichen werden, d.h. in dieser Phase ist eine ausgeprägte Kommunikation zwischen den Teammitgliedern mit eher fachlichem Hintergrund und den eher technisch orientierten Systemarchitekten notwendig [vgl. KSS09].

- Beim Design, d.h. dem detaillierten Entwurf der Softwarelösung, müssen neben den Teammitgliedern aus dem Fachbereich auch die Budget-Verantwortlichen mit eingebunden werden, da die Entscheidungen, wie Umsetzungen erfolgen sollen, oft signifikante Auswirkungen auf die Kosten eines Projekts haben. Die Hauptaufgabe ist hier, Transparenz über die Auswirkungen von Entscheidungen zu schaffen.

- Im Rahmen der Entwicklung von Softwarekomponenten muss eine enge Zusammenarbeit und Kommunikation innerhalb des gesamten Teams stattfinden. Bei agilen Methoden reicht dies bis hin zum gemeinsamen Programmieren von einzelnen Funktionen. Der Know-how-Austausch unter den Entwicklern ist ebenso gefordert wie die Diskussion von Detailanforderungen zwischen technischen und fachlichen Teammitgliedern.

- In der Testphase, bzw. im Rahmen des Betriebs von Softwaresystemen, müssen bei der Fehlerkorrektur häufig Teammitglieder mit speziellem Wissen hinzugezogen werden, um Probleme effizient lösen zu können. Hier sind Informationen über die durchgeführten Änderungen und die jeweils verantwortlichen Personen hilfreich. Dies betrifft nicht nur die Versionen von Softwarekomponenten, sondern auch andere Artefakte wie Modelle und Dokumentationen.

Bei der Realisierung von komplexen Anwendungssystemen gibt es spezielle Rahmenbedingungen, die bei der Unterstützung der Zusammenarbeit in Projekten ebenfalls berücksichtigt
werden müssen [CoC05]:

- Es wird eine große Anzahl von einzelnen Komponenten erstellt, die in komplexen Ge-
  samtsystemen zusammengefasst werden.

- Die einzelnen Komponenten können häufig nicht getrennt voneinander betrieben bzw.
  getestet werden.

- Der Nachweis von Vollständigkeit und Korrektheit eines Gesamtsystems ist sehr aufwen-
  dig.

- Die Kosten für das nachträgliche Korrigieren von bereits implementierten Funktionen sind
  unverhältnismäßig hoch.

- Eine Komponente kann parallel von verschiedenen Teammitgliedern bearbeitet werden.

Bei der global verteilten Durchführung von Softwareprojekten sind zusätzlich noch die folgenden Rahmenbedingungen zu beachten [KaS07, OUT11]:

- Durch die weltweite Verteilung eines Projektteams entstehen zusätzlich sprachliche, kulturelle und zeitliche Barrieren.

- Der Projektmanagement- und Kommunikationsaufwand ist durch die zeitlichen und geographischen Einschränkungen wesentlich höher als bei lokal durchgeführten Projekten.

Um all diesen Anforderungen gerecht zu werden, ist ein System zur Unterstützung kollaborativer Softwareentwicklung für SOA-basierte Unternehmenssoftware notwendig, das alle Aspekte der in Abbildung 1 aufgeführten Bereiche und Ebenen berücksichtigt und diese darüber
hinaus miteinander verknüpft. Als Basis für ein solches Framework wird ein formales Modell
benötigt, das alle Aspekte der verschiedenen Schichten und deren Zusammenhänge exakt
beschreibt.

1.2 Zielsetzung

Das Ziel dieser Arbeit besteht darin, einen Ansatz für eine effiziente und effektive Zusammenarbeit verschiedener Projektteammitglieder im Rahmen eines SOA-Projektes zu entwickeln. Dabei sollen vor allem die verschiedenen Rollen der Teammitglieder berücksichtigt
werden, die sich in ihren Kompetenzen und ihrem Wissen oft stark unterscheiden. Hierzu ist
ein formales Modell zu konzipieren, das die Kollaboration im Rahmen eines weltweiten Rea-

lisierungsprozesses für SOA-basierte Unternehmenssoftware unterstützt. Darüber hinaus soll der Ansatz verwendet werden, um eine Generierung solcher Anwendungssysteme über verschiedene Ebenen hinweg zu ermöglichen.

Zunächst sollen die für die Realisierung der in Abbildung 1 dargestellten unterschiedlichen Bereiche und Ebenen einer SOA-basierten Unternehmenssoftware benötigten Konzepte und Technologien untersucht werden. Anschließend sollen existierende Ansätze für das Model Driven Engineering (MDE) [Sch06], d.h. die modellbasierte Realisierung von Anwendungssystemen, untersucht werden, insbesondere deren Eignung für SOA-basierte Unternehmenssoftware. Bei diesen Ansätzen sollen neben den theoretischen Grundlagen zur Modellierung auch die technischen Möglichkeiten zur prototypischen Realisierung mit Hilfe von Softwaregeneratoren betrachtet werden. Hierbei soll die Unterstützung der verschiedenen Ebenen eines SOA-basierten Anwendungssystems analysiert und bewertet werden. Neben der Realisierung von Prozessen soll bei den bestehenden Ansätzen vor allem auch die Realisierung zugehöriger Frontends, d.h. der entsprechenden Benutzerschnittstellen, untersucht werden.

Weiterhin muss die Verwendung des Begriffs der Kollaboration im Rahmen der Arbeit erläutert werden. Es soll insbesondere die kollaborative Softwareentwicklung bei SOA-Projekten betrachtet werden. Hierzu sollen dann die grundlegenden Anforderungen ermittelt werden, die für ein Framework zur Unterstützung von kollaborativer Softwareentwicklung umgesetzt werden müssen.

Das Hauptziel der Arbeit ist der Entwurf eines formalen Modells zur Beschreibung einer umzusetzenden SOA-basierten Unternehmenssoftware, das zur Unterstützung kollaborativer Arbeit bei deren Realisierung verwendet werden kann. Hierbei liegt der Schwerpunkt auf der Erstellung eines entsprechenden Modells, das Geschäftsprozesse inklusive der für eine IT-technische Umsetzung benötigten Geschäftsprozesssteuerung, der benötigten Frontends und deren Frontend-Steuerung für eine nachfolgende Implementierung eines entsprechenden SOA-basierten Anwendungssystems berücksichtigt. Bei der Realisierung der Prozesssteuerung auf Basis von Webservices hat sich BPEL als Standard etabliert. Bei den Frontends gibt es derzeit noch keinen entsprechenden Standard. Es gibt zwar Standards für den Zugriff auf Webservices aus Softwarekomponenten heraus, jedoch ist die Realisierung der eigentlichen Frontends und der Ablaufsteuerung innerhalb der Frontends aktuell noch nicht im Rahmen der Serviceorientierung standardisiert. Die Datenbankschicht und die Services werden in dieser Arbeit als bereits existent vorausgesetzt. Services und Geschäftsobjektstrukturen müssen im zu entwickelnden formalen Modell als Artefakte für die Verknüpfung mit anderen Artefakten verwendet werden können. Die Generierung bzw. Entwicklung von Services ist jedoch nicht Bestandteil dieser Arbeit.

Geschäftsprozesse sollten bei einem durchgängigen Geschäftsprozessmanagement in Form von Geschäftsprozessmodellen definiert werden [ADO00]. Hier muss neben den Abläufen auch die Definition von Geschäftsobjekten und deren Strukturen möglich sein. Diese Geschäftsobjektstrukturen werden für eine weitere Detaillierung von Anforderungen und der technischen Umsetzung benötigt, da sie als Basis für die Parametrisierung von Services oder den strukturellen Aufbau von Frontends genutzt werden können.

Die für die IT-technische Steuerung relevanten Teile der modellierten Geschäftsprozesse sollen mit Softwaregeneratoren in eine SOA-basierte Geschäftsprozesssteuerung bspw. auf Basis von BPEL und dessen Erweiterungen transformiert werden können. Geschäftsprozessmodelle und deren Transformation in eine IT-technische Umsetzung des Geschäftsprozesses ermöglichen eine klare Trennung der Verantwortlichkeiten zwischen dem Modellierer des Geschäftsprozesses und dem Softwareentwickler der Geschäftsprozesssteuerung. Zur Abbildung der IT-technisch relevanten Teile der Geschäftsprozesse, bei der eine Benutzerinteraktion erforderlich ist, muss eine Modellierung für entsprechende Frontends berücksichtigt werden.

Bei der Modellierung von Frontends und deren Steuerung sollen die Abläufe in Frontends und die dafür benötigten Strukturen modelliert und ebenfalls durch den Einsatz von Softwaregeneratoren in ggf. unterschiedliche Frontend-Technologien transformiert werden können. Die Modellierung soll auch die unterschiedliche Darstellung in Abhängigkeit von verschiedenen Endgeräten berücksichtigen. Die Abläufe im Frontend ergeben sich aus der Interaktion des Benutzers mit der Anwendung [KaO06, KaO08]. Die fachlichen Anforderungen spielen bei der Definition dieser Abläufe innerhalb der Frontends einer Anwendung eine große Rolle. Bei der Frontend-Modellierung müssen sowohl dynamische als auch statische Aspekte berücksichtigt werden. Eine zentrale Aufgabe der Frontend-Modellierung ist die Aufteilung des Frontends in logische Bedienungseinheiten, die je nach Endgerät ggf. unterschiedlich gestaltet und angeordnet sein können. Bei webbasierten Anwendungen stellen die groben Bedienungseinheiten in der Regel Seiten dar. Diese können weiter in einzelne Bereiche aufgeteilt werden. Auf diesen Bedienungseinheiten müssen dann die einzelnen Bedienungselemente (Buttons, Links, Anzeigefelder, Eingabefelder etc.) platziert werden können. Zur Beschreibung der möglichen Interaktion zwischen Anwender und System ist neben der Definition der einzelnen

Bedienungselemente und Bedienungseinheiten vor allem auch die Festlegung der Navigation durch entsprechende Verbindungen der Bedienungseinheiten erforderlich. Für die Anbindung der Geschäftslogik muss eine Verknüpfung des Frontends mit entsprechenden Services definierbar sein.

Die Modellierung soll soweit wie möglich unabhängig von den verwendeten Implementierungstechnologien erfolgen. Darüber hinaus sollen die verschiedenen Aspekte des Modells einerseits getrennt voneinander definiert werden können, um eine verteilte Realisierung von komplexen Anwendungssystemen mit Teammitgliedern, die über unterschiedliche Fähigkeiten verfügen, ermöglichen zu können. Da die verschiedenen Aspekte im Rahmen einer Analyse jedoch auch gemeinsam untersucht werden müssen, ist andererseits auch zusätzlich eine integrierte Betrachtungsmöglichkeit erforderlich. Die Elemente für die einzelnen Aspekte sollen möglichst einfach gehalten sein, so dass die Modellierung in kürzester Zeit von den zuständigen Bearbeitern erlernbar ist. Jedoch sollte das Modell trotzdem so gestaltet sein, dass auch Frontends von komplexen Anwendungssystemen definiert und verwaltet werden können.

Auf Basis der entworfenen Modelle soll eine prototypische Realisierung von entsprechenden Modellierungswerkzeugen und Softwaregeneratoren erfolgen. Mit den Modellen und Softwaregeneratoren soll es möglich sein, auf Services basierende Webanwendungen, zumindest teilweise, automatisiert zu erstellen. Dies soll eine effiziente Erstellung von Prototypen ermöglichen. Darüber hinaus sollen die Modelle so strukturiert werden, dass eine zusätzliche Programmierung in separaten technischen und technologiespezifischen Bereichen durchgeführt werden kann. Durch eine solche Trennung soll bei Änderungen erneut auf Basis der Modelle Programmcode generiert werden können, ohne den manuell programmierten Teil zu überschreiben. Dies stellt eine wesentliche Voraussetzung für den durchgängigen Einsatz der Modelle während des kompletten Projektverlaufs dar.

Abschließend soll ein Gesamtmodell durch Zusammenfügen der einzelnen Modelle und weiterer Artefakte erstellt werden, das als Basis für den Aufbau eines Systems zur Unterstützung kollaborativer Softwareentwicklung für SOA-basierte Unternehmenssoftware genutzt werden kann. Weiterhin soll untersucht werden, welche Informationen aus diesem Gesamtmodell automatisiert ermittelt werden können, wie das Modell in der Praxis eingesetzt werden kann und welcher direkte Nutzen sich daraus ergibt.

1.3   Gliederung der Arbeit

Die vorliegende Arbeit besteht aus insgesamt acht Kapiteln. Das nachfolgende zweite Kapitel beschreibt zunächst die benötigten Grundlagen für die Realisierung SOA-basierter Unternehmenssoftware. Im ersten Abschnitt wird die grundlegende Vorgehensweise beim modellbasierten Geschäftsprozessmanagement erläutert. Dies umfasst die Modellierung, die Implementierung und den Betrieb von Geschäftsprozessen [ADO00, All05, ENS07, Obe96, ObS96]. Anschließend werden die Basiskonzepte der Serviceorientierung beschrieben [DuP08, Erl07, Pap07]. Hier werden neben den Grundlagen des serviceorientierten Computing (SOC) und der serviceorientierten Architektur (SOA) der Aufbau komplexer Anwendungssysteme mit unterschiedlich granularen Services behandelt. Als konkrete Umsetzung der serviceorientierten Konzepte werden Webservices eingeführt [DuS05, Mel08]. Die Implementierung der Geschäftsprozesssteuerung mit Webservices wird auf Basis von BPEL und dessen Erweiterungen erläutert [KKP08, OAS07]. Abschließend werden bei den Grundlagen und der motivierenden Einführung die verfügbaren Technologien zur Realisierung von Frontends für SOA-basierte Geschäftsprozesse vorgestellt [DLW03, KPR04].

In Kapitel 3 werden bestehende Methoden und Werkzeuge für eine modellbasierte Realisierung von Geschäftsprozessen vorgestellt und verglichen. Zunächst werden verschiedene Methoden und Sprachen zur Modellierung von Geschäftsprozessen beschrieben [Aal09, AHW03, BPM10, Len03, Obe96, Sch99, SKJ06, SVO11]. Für die in Geschäftsprozessen zu verarbeitenden Geschäftsobjekte werden ebenfalls verfügbare Methoden und Sprachen für eine entsprechende Modellierung erläutert [BCN91, Dau03, Dau08, Len03, SWW11, W3C01]. Ein besonderes Augenmerk liegt auf der Modellierung von Abläufen in Frontends, da gerade diese in bestehenden SOA-basierten Ansätzen nicht ausreichend berücksichtigt werden [KBS04, Mel08]. Ein allgemeiner Ansatz zur modellbasierten Softwareentwicklung wird anhand der Model Driven Architecture (MDA) beschrieben [OMG11].

Das vierte Kapitel beschäftigt sich mit den Mechanismen der Kollaboration im Rahmen der Entwicklung von Anwendungssystemen auf Basis serviceorientierter Architekturen [Whi07]. Zu Beginn werden die Mechanismen für den computergestützten Austausch von Informationen beschrieben und es wird der Begriff der Kollaboration eingeführt [Gro01, Sto03]. Darauf aufbauend wird Kollaboration im Rahmen der Softwareentwicklung untersucht, indem die Anforderungen bei der sogenannten kollaborativen Softwareentwicklung aufgeführt und diskutiert werden [CoC05]. Hierbei werden insbesondere die spezifischen Anforderungen bei der

Realisierung SOA-basierter Systeme und die speziellen Rahmenbedingungen bei verteilten Softwareprojekten berücksichtigt.

Kapitel 5 beschreibt ein XML-Netz-basiertes formales Modell, das als Grundlage für die Realisierung einer Umgebung für kollaborative Softwareentwicklung genutzt werden kann. Als Basis des Modells werden zunächst die verwendeten Sprachen und Technologien erläutert. Darauf aufbauend wird die Modellierung von Geschäftsprozessen inklusive der Modellierung der zugehörigen Geschäftsobjektstrukturen mit XML-Netzen beschrieben. Neben einer hierarchischen Struktur für die Modellierung von Business Services wird ein Ansatz für die Definition von Geschäftsobjektstrukturen und der Verwendung in den Geschäftsprozessmodellen vorgestellt. Die Modellierung der Geschäftsprozesssteuerung wird in einem eigenen Abschnitt behandelt, da sie eine Basis für die spätere Generierung und Implementierung von Softwarekomponenten darstellt. Den Hauptteil des Kapitels bildet ein neuer, ebenfalls XML-Netzbasierter, Ansatz für die Modellierung von Frontends. Dieser umfasst verschiedene Aspekte, die bei der Realisierung von Frontends für SOA-basierte Anwendungssysteme zu berücksichtigen sind. Das sind neben der eigentlichen Interaktion zwischen Mensch, Frontend und Service die zu verarbeitenden Datenobjekte, der Servicezugriff, die Beschreibung des strukturellen Aufbaus und die Anordnung von Funktionalität auf Frontends verschiedener Endgeräte. Darüber hinaus werden Berechtigungen, Personalisierung und Layout in der Frontend-Modellierung berücksichtigt. Generell wird im Modell bei technischen Aspekten eine Unterscheidung in technologieunabhängige und technologiespezifische Aspekte vorgenommen, um allgemeine Modellierungen durch technologiespezifische Modellierungen als Vorbereitung für eine Transformation in eine spezifische Technologie ergänzen zu können. Abschließend wird eine mögliche Vorgehensweise auf Basis des Modells beschrieben.

In Kapitel 6 wird die Umsetzung von Generatoren auf Basis der entwickelten Modelle erläutert, die als Prototypen im Rahmen dieser Arbeit implementiert wurden. Dies beinhaltet einerseits die Transformation der modellierten Geschäftsprozesssteuerung in BPEL. Andererseits werden auch die Möglichkeiten der Transformation von Frontend-Modellen in entsprechende Technologien erläutert. Beispielhaft wird diesbezüglich die Transformation in JavaServer Faces beschrieben.

Die mögliche Nutzung des entwickelten Modells als Basis für eine kollaborative Softwareentwicklung wird in Kapitel 7 beschrieben. Hier wird zunächst der Aufbau eines Informationsnetzes für eine kollaborative Softwareentwicklungsumgebung auf Basis der in Kapitel 5

beschriebenen Modelle vorgestellt. Im Anschluss wird eine mögliche Realisierung von Kollaborationsfunktionen auf Basis des Informationsnetzes erläutert. Im Speziellen werden dann
die Zusammenhänge der Teilmodelle im Gesamtmodell und die sich daraus ergebenden Möglichkeiten zur Kollaboration beschrieben.

Eine Zusammenfassung und eine kritische Betrachtung der gewonnenen Ergebnisse schließen
in Kapitel 8 die Arbeit ab. Darüber hinaus wird ein Ausblick auf weiterführende Forschungsfragen und Implementierungsarbeiten gegeben.

2 Grundlagen

Dieses Kapitel gibt eine Einführung in die benötigten Grundlagen für die Realisierung von Geschäftsprozessen auf Basis SOA-basierter Anwendungssysteme, die im weiteren Verlauf der Arbeit benötigt werden. Es werden die grundlegende Vorgehensweise beim modellbasierten Geschäftsprozessmanagement erläutert, die Konzepte der Serviceorientierung eingeführt und Webservices als mögliche Implementierung einer serviceorientierten Architektur vorgestellt. Darauf aufbauend werden die speziellen Konzepte und Technologien für die Implementierung von Geschäftsprozessen auf Basis einer serviceorientierten Architektur beschrieben. Abschließend werden existierende Konzepte und Technologien für die Realisierung von Frontends eines zu implementierenden Geschäftsprozesses diskutiert.

2.1 Modellbasiertes Geschäftsprozessmanagement

Für den Erfolg eines Unternehmens ist heute nicht mehr die einmalige Optimierung von Geschäftsprozessen entscheidend, sondern höchste Flexibilität bei der Anpassung von Geschäftsprozessen an sich wandelnde Marktbedingungen. Unternehmen sind gezwungen, Strategien an die dynamischen Änderungen im Unternehmensumfeld anzupassen, um Markttrends vorweg zu nehmen, schnell auf sich ändernde Kundenbedürfnisse zu reagieren oder Produktpaletten schneller zu verändern [SES92]. Weitere Einflussfaktoren sind die Entwicklungen in der Informations- und Kommunikationstechnik, der Wertewandel in der Arbeitswelt und der Gesellschaft und Änderungen der gesetzlichen Rahmenbedingungen [PRW03]. Um eine entsprechende Flexibilität der Geschäftsprozesse zu erreichen, ist ein Geschäftsprozessmanagement notwendig, das die verschiedenen Einflussfaktoren und die sich ändernden Rahmenbedingungen berücksichtigt. Um diese Komplexität im Rahmen des Geschäftsprozessmanagements beherrschbar zu machen, ist eine modellbasierte Vorgehensweise erforderlich [ADO00, AHW03]. Nachfolgend werden die grundlegenden Begriffe des modellbasierten Geschäftsprozessmanagements erläutert und für die Verwendung im weiteren Verlauf der Arbeit entsprechend definiert.

2.1.1 Grundlagen des Geschäftsprozessmanagements

Für den Begriff *Geschäftsprozess* gibt es in der Literatur verschiedene Definitionen. Beispielsweise versteht [ScS06] unter einem Geschäftsprozess eine funktions- und organisationsüberschreitende Verknüpfung von wertschöpfenden Aktivitäten, die von Kunden erwartete Leistungen erzeugen und die aus der Geschäftsstrategie abgeleiteten Ziele umsetzen. [HaC93] definiert einen Geschäftsprozess als eine „collection of activities that takes one or more kinds of input and creates an output that is of value for the customer". Bei [Dav93] wird ein Geschäftsprozess definiert als „a specific ordering of work activities across time and place, with a beginning, an end, and clearly identified inputs and outputs: a structure for action". Im Rahmen dieser Arbeit wird für einen Geschäftsprozess die folgende Definition verwendet, die mit kleinen Änderungen aus [Obe96 S. 14f.] übernommen wurde:

Definition 2.1: Geschäftsprozess

Ein *Geschäftsprozess* ist eine Menge von manuellen, teilautomatisierten oder automatisierten Aktivitäten, die in einem Unternehmen nach bestimmten Geschäftsregeln zur Erreichung eines vorgegebenen Ziels ausgeführt werden. Aktivitäten werden durch sogenannte *Ressourcen* ausgeführt, die in personelle und nicht-personelle (maschinelle) Ressourcen unterschieden werden. Ressourcen erfüllen Aufgaben durch die Ausführung von ein oder mehrerer Aktivitäten. Ein *kollaborativer Geschäftsprozess* ist dadurch gekennzeichnet, dass die Ausführung seiner Aktivitäten durch mindestens zwei Ressourcen erfolgt. Bei einem *räumlich verteilten Geschäftsprozess* findet die Ausführung nicht lokal, sondern an zwei geographisch unterschiedlichen Orten statt. Wenn mindestens zwei Unternehmen an der Ausführung eines Geschäftsprozesses beteiligt sind, wird dies als *unternehmensübergreifender Geschäftsprozess* bezeichnet. Die Begriffe *Geschäftsvorgang, betrieblicher Ablauf, Business Process, Workflow* oder *Prozesskette* werden als Synonyme für den Begriff *Geschäftsprozess* verwendet.

In Geschäftsprozessen findet in der Regel eine Verarbeitung von Geschäftsobjekten statt. Beispielsweise werden in einem Vertriebsprozess Angebote erstellt, genehmigt, angepasst und an Kunden versendet. Der Begriff des Geschäftsobjekts wird im Rahmen dieser Arbeit folgendermaßen definiert.

Definition 2.2: Geschäftsobjekt

Geschäftsobjekte beschreiben die Objekte, die im Rahmen von Geschäftsprozessen verwendet werden können. Ihnen werden Attribute wie z.B. Kundenname oder Artikelnummer zugeordnet, welche unteilbare semantische Einheiten im Rahmen der Geschäftsobjektdefinition darstellen. Ein Geschäftsobjekt wird durch die Zusammensetzung dieser semantischen Einheiten zu einer Geschäftsobjektstruktur beschrieben, die dann bspw. einen Kundenauftrag oder einen Artikel repräsentiert.

Abbildung 2 zeigt den Kontext eines Geschäftsprozesses mit den Einflussfaktoren für dessen Verarbeitung. Als "Startereignis" oder "Auslöser" eines Geschäftsprozesses gilt der Input. Der Input kann ein eingehendes Geschäftsobjekt oder ein auslösendes Ereignis sein. Er wird durch Aktivitäten ggf. in Zwischenergebnissen weiterverarbeitet und abschließend in einen Output transformiert, der das Endergebnis des Geschäftsprozesses darstellt. Die Ausführung des Geschäftsprozesses erfolgt auf Basis von Geschäftsobjekten, die im Rahmen des Prozesses verarbeitet werden. Die Steuerung der Verarbeitung erfolgt anhand vorgegebener Geschäftsregeln. Für die Verarbeitung wird auf Ressourcen zugegriffen, die ggf. in verschiedenen Rollen agieren können und die in der Regel bestimmten Organisationseinheiten eines Unternehmens zugeordnet sind. Bei einem unternehmensübergreifenden Geschäftsprozess sind die Organisationseinheiten in unterschiedlichen Unternehmen angesiedelt. Einen Geschäftsprozess stellt bspw. die Arbeitsvorbereitung dar, in der die Materialbereitstellung, die Maschineneinrichtung und ggf. die Einweisung des Maschinenpersonals für zu fertigende Kundenaufträge durchgeführt werden. Auslöser für konkrete Prozessinstanzen sind bspw. *Beauftragungen durch einen Kunden*, die nach der Auftragserfassung durch die Vertriebsabteilung an die Arbeitsvorbereitung übergeben werden. Die erfassten Aufträge werden nach den Bearbeitungsschritten der Auftragsvorbereitung als *vorbereitete Aufträge* an die Fertigung übergeben.

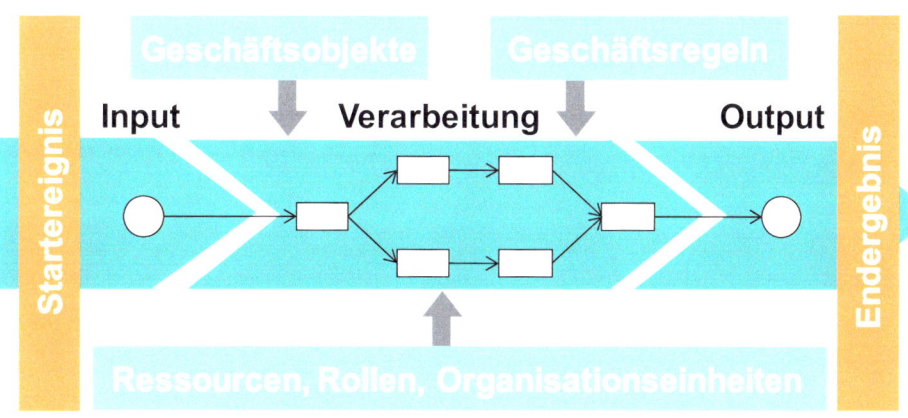

Abbildung 2: Kontext eines Geschäftsprozesses

Im Rahmen der Verarbeitung eines Geschäftsprozesses werden auf Basis von Geschäftsregeln und unter Verwendung der zur Verfügung stehenden Ressourcen Geschäftsobjekte transformiert, d.h. es werden die Eigenschaften (auch: Attribute) der Geschäftsobjekte geändert oder neue Geschäftsobjekte auf Basis vorhandener durch eine Aktivität erzeugt. Geschäftsobjekte können so im Rahmen eines Geschäftsprozesses mehrere Zustände durchlaufen. Beispielsweise kann ein Angebot die Zustände *erstellt, genehmigt* und *beauftragt* aufweisen, die für das gleiche Geschäftsobjekt in verschiedenen Verarbeitungsschritten jeweils unterschiedliche Inhalte der Attribute annehmen.

Der Zustand eines Geschäftsobjekts wird im Rahmen dieser Arbeit folgendermaßen definiert [vgl. Mev06 S. 13]:

Definition 2.3: Geschäftsobjektzustand

Ein *Geschäftsobjektzustand* resultiert aus der Nutzung eines Geschäftsobjekts als Input oder Output von Aktivitäten in einem Geschäftsprozess. Der Geschäftsobjektzustand wird als die Gesamtheit aller Eigenschaften eines Geschäftsobjekts zu einem bestimmten Zeitpunkt definiert. Die Aktivitäten eines Geschäftsprozesses führen jeweils eine Transformation von Eigenschaften eines Geschäftsobjekts oder auch mehrerer Geschäftsobjekte durch. Es wird zwischen Input-Geschäftsobjektzuständen, Output-Geschäftsobjektzuständen und internen Geschäftsobjektzuständen eines Geschäftsprozesses unterschieden. Input-Geschäftsobjektzustände werden außerhalb des Geschäftsprozesses erzeugt und stellen die entsprechenden Eigenschaften der Geschäftsobjekte vor der Ausführung der ersten Aktivität eines Geschäftsprozesses dar. Output-Geschäftsobjektzustände repräsentieren das Ergebnis eines Geschäftsprozesses, d.h. die entsprechenden Eigenschaften der Geschäftsobjekte nach der Ausführung der letzten Aktivität eines Geschäftsprozesses. Dadurch können sie wiederum Input-Geschäftsobjektzustände für andere Geschäftsprozesse darstellen. Interne Geschäftsobjektzustände werden durch Aktivitäten innerhalb eines Geschäftsprozesses erzeugt, geändert und gelesen.

Im Gegensatz zum objektorientierten Ansatz [GHJ01] wird in dieser Arbeit ein prozessorientierter Ansatz bei der Modellierung und Umsetzung verfolgt, d.h. nicht die Objekte besitzen Funktionen (Methoden), welche Änderungen an Eigenschaften der Objekte durchführen, sondern der Prozess mit den einzelnen Schritten und deren Funktionen ist für die sich ändernden Zustände eines Objekts verantwortlich.

Auch der Begriff des *Geschäftsprozessmanagements* wird in der Literatur und in der betrieblichen Praxis nicht einheitlich verwendet und definiert. Unter Geschäftsprozessmanagement wird bei [ScS06 S. 4f.] „ein integriertes Konzept von Führung, Organisation und Controlling verstanden, das eine zielgerichtete Steuerung der Geschäftsprozesse ermöglicht. Es ist auf die Erfüllung der Bedürfnisse der Kunden und anderer Interessensgruppen (Mitarbeiter, Kapitalgeber, Eigentümer, Lieferanten, Partner, Gesellschaft) ausgerichtet und trägt wesentlich dazu bei, die strategischen und operativen Ziele des Unternehmens zu erreichen. Zielsetzung des Geschäftsprozessmanagements ist es, die Effektivität und Effizienz des Unternehmens zu erhöhen und damit den Wert des Unternehmens zu steigern".

Mit Geschäftsprozessmanagement werden bei [Gie00] die folgenden Ziele verfolgt:

- Verbesserte Ausrichtung auf die Kundenbedürfnisse

- Erhöhung der Prozesstransparenz

- Erhöhung des Prozessoutputs bei gleich bleibendem Prozessinput

- Verbesserung der Prozesskoordination

- Verbesserte Nutzung der Potenziale von Teamarbeit

- Stärkere Nutzung der Potenziale von Mitarbeitern

- Verbesserung der Produktqualität

Die Hauptaufgabe eines kontinuierlichen Geschäftsprozessmanagements ist laut [NPW05] „neben der Begleitung der Prozessimplementierung die beständige, inkrementelle Verbesserung der Ablauforganisation. Die Verbesserungsmaßnahmen müssen mit den vorgegebenen Unternehmenszielen konform gehen und erfolgen auf der Grundlage der vorhandenen Organisation und unter Einbeziehung sämtlicher Prozessbeteiligter".

Eine Möglichkeit für ein kontinuierliches Geschäftsprozessmanagement im Unternehmen stellt die Orientierung an einem Geschäftsprozessmanagement-Kreislauf dar [All05 S. 89ff.]. Ein solcher Kreislauf besteht aus den folgenden vier Phasen [vgl. All05 S. 91]:

- Strategische Geschäftsprozessplanung

- Geschäftsprozessentwurf

- Geschäftsprozessumsetzung

- Geschäftsprozessbetrieb und -monitoring

Abbildung 3 zeigt den Geschäftsprozessmanagement-Kreislauf und die Reihenfolge des Ablaufs der vier Phasen [All05 S. 91, ENS07]. Im strategischen Geschäftsprozessmanagement wird die strategische Positionierung des Unternehmens seitens der Führung festgelegt. In einem zweiten Schritt müssen die umzusetzenden oder zu ändernden Geschäftsprozesse entworfen werden. Im Anschluss erfolgt die technische und organisatorische Umsetzung der Geschäftsprozesse bzw. der Änderungen. Die Implementierung der IT-technischen Artefakte ist ein wesentlicher Teil der Geschäftsprozessumsetzung. Nach Abschluss der Umsetzung werden die Geschäftsprozesse bzw. die Änderungen in Betrieb genommen, d.h. konkrete Prozessinstanzen werden ausgeführt und überwacht. Auch wenn Geschäftsprozesse erfolgreich eingeführt und implementiert wurden, müssen diese ständig verbessert werden. Basis für eine weitere Verbesserung der Geschäftsprozesse ist das Geschäftsprozessmonitoring bei dem Mechanismen zur Steuerung und Überwachung der Geschäftsprozesse eingeführt werden. Diese liefern Informationen für das strategische Geschäftsprozessmanagement, bspw. in Form von Kennzahlen, die dann wieder zukünftige Entscheidungen beeinflussen [Mev06].

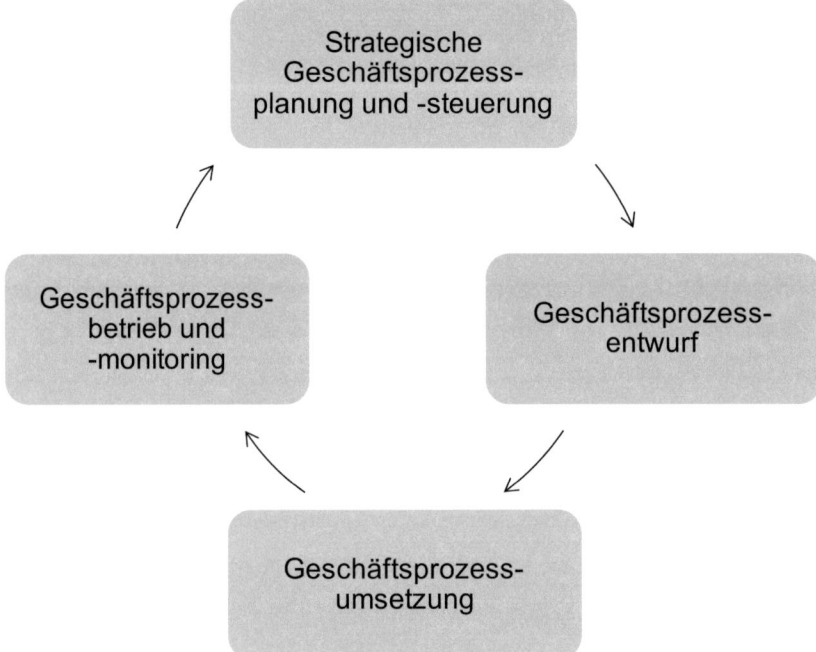

Abbildung 3: Geschäftsprozessmanagement-Kreislauf [vgl. All05 S. 91]

2.1.2 Strategische Geschäftsprozessplanung und -steuerung

In Unternehmen werden Ziele, Strategien und Risiken oft bezüglich ihrer Fristigkeit klassifiziert. Man unterscheidet zwischen Lang-, Mittel- und Kurzfristigkeit und nutzt die derart vorgenommene Klassifikation für die Strukturierung der Vorgehensweise im Geschäftsprozessmanagement. Die strategische Geschäftsprozessplanung und -steuerung umfasst die mittel- und langfristige Gestaltung des Unternehmens und dessen Beziehungen zur Umwelt [ENS07 S. 16, Sch99]. „Innerhalb dieser Phase werden Entscheidungen getroffen, die die strategische

Ausrichtung des Unternehmens steuern" [ENS07 S. 16]. Beispielsweise wird festgelegt, welche Geschäftsprozesse selbst erbracht werden und welche zukünftig ausgelagert werden sollen [ENS07 S. 16]. Darüber hinaus wird über Änderungen am Aufbau des Unternehmens oder
der Zusammenstellung des Produktportfolios entschieden. Da diese Entscheidungen sehr eng
mit den Geschäftsprozessen im Unternehmen verknüpft sind [ENS07 S. 16], ist es die zentrale
Aufgabe im Rahmen der strategischen Geschäftsprozessplanung und -steuerung „sicherzustellen, dass die Geschäftsprozesse die strategischen Ziele des Unternehmens unterstützen"
[All05 S. 91].

Neben der Steuerung der strategischen Ausrichtung werden die Kernprozesse eines Unternehmens identifiziert, strukturiert und klassifiziert [vgl. ENS07 S. 16]. Dies erfolgt meist
durch die Erstellung oder Anpassung einer Prozesslandkarte oder einer Geschäftsprozessarchitektur [vgl. SVO11 S.42]. Bei einer Prozesslandkarte werden die Kernprozesse eines Unternehmens zusammengestellt und entsprechend der groben Zusammenhänge miteinander
verknüpft. Bei einer Geschäftsprozessarchitektur wird eine hierarchische Struktur für die Modellierung der Unternehmensprozesse festgelegt. Zusätzlich wird in der obersten Ebene dieser
Prozesshierarchie bereits ein Modell erstellt, das die abstrakten und groben Prozesszusam-
menhänge des Unternehmens beschreibt [SVO11 S.42]. Eine weitere Aufgabe der strategischen Geschäftsprozessplanung und -steuerung ist die Etablierung einer geschäftsprozessorientierten Denkweise auf allen Ebenen eines Unternehmens [All05 S. 91].

2.1.3 Geschäftsprozessentwurf

Der Geschäftsprozessentwurf umfasst „die Identifikation, Dokumentation und Analyse der
Geschäftsprozesse eines Unternehmens" [ENS07 S. 16]. Darüber hinaus werden Verbesse-
rungsvorschläge für die Geschäftsprozesse entwickelt und mit den beteiligten Parteien des
Unternehmens abgestimmt [ENS07 S. 16]. Für die Optimierung werden bei einer Analyse
Methoden wie die Prozesskostenrechnung oder die Simulation erstellter Sollprozessalternati-
ven bzw. verschiedener Prozessszenarien eingesetzt. Die Beschreibung der Geschäftsprozesse
sollte in einer solchen Form erfolgen, dass auf deren Basis eine Implementierung durchgeführt werden kann. Für die Analyse und Dokumentation von Geschäftsprozessen werden in
der Regel entsprechende Modellierungswerkzeuge eingesetzt.

Bei der Modellierung von Geschäftsprozessen sollen reale Prozesse in Unternehmen in einer
für den Anwender verständlichen, aber im Gegensatz zur natürlich sprachlichen Beschreibung, unmissverständlichen Notation, abgebildet werden. Ziel der Modellierung ist die forma-

le Darstellung der Prozesse und aller prozessrelevanten Objekte [Len03]. Formale Prozessbe-schreibungen sollen die Basis für eine systematische Analyse, Simulation und Ausführung der Prozesse bereitstellen.

Um Geschäftsprozesse umfassend zu beschreiben, müssen neben den Abläufen auch weitere Aspekte wie die zu verarbeitenden Geschäftsobjekte, die für die Abwicklung des Geschäfts-prozesses benötigte Organisations- und Kommunikationsstruktur und die zur Überwachung der Geschäftsprozesse benötigten Kennzahlensysteme berücksichtigt werden.

Aus diesem Grund sollten bei der Modellierung von Geschäftsprozessen zusätzlich zu Ab-laufmodellen diese weiteren Aspekte folgendermaßen spezifiziert werden können:

- Zu einem Geschäftsprozess sollten die verwendeten Geschäftsobjekte mit der jeweiligen Detailstruktur, d.h. deren Aufbau inklusive enthaltener Attribute angegeben werden kön-nen. Für die Berücksichtigung unterschiedlicher Detaillierungsgrade beim Entwurf muss die Definition von Geschäftsobjekten auf verschiedenen Ebenen erfolgen können. Dies umfasst Typebene, Detailebene mit Attributen und Instanzebene. Bei den Verarbeitungs-schritten eines Geschäftsprozessmodells müssen die einzelnen Zustände der Geschäftsob-jekte berücksichtigt werden.

- Die Verknüpfung von Geschäftsprozessen mit der Organisationsstruktur eines Unterneh-mens erfolgt auf Basis der im Unternehmen ausgeübten und für den Geschäftsprozess re-levanten Rollen. Diese sollten einzelnen Verarbeitungsschritten zugeordnet werden kön-nen.

- Auch die über die Ablaufbetrachtung von Geschäftsprozessen hinausgehende Kommuni-kation zwischen den beteiligten Bereichen und Rollen sollte dokumentiert werden, da die-se weiteres Potenzial für eine Verbesserung der Geschäftsprozesse darstellt.

- Der Entwurf sollte bereits die Struktur und Funktion der zur Überwachung der Ge-schäftsprozesse benötigten Kennzahlen umfassen [Mev06], da diese als Voraussetzung für eine stetige Verbesserung von Geschäftsprozessen notwendig sind und im Rahmen der Geschäftsprozessimplementierung ebenfalls realisiert werden müssen.

Diese Aspekte beschreiben einen Geschäftsprozess aus verschiedenen Sichten, wobei diese jedoch logisch miteinander verknüpft sind. Beispielsweise sind Geschäftsobjekte, genauer Geschäftsobjektzustände, den entsprechenden Verarbeitungsschritten der Ablaufmodellierung zuzuordnen. Die Verknüpfung von Organisations-, Kommunikations- und Kennzahlenstrukturen mit der Ablaufmodellierung eines Geschäftsprozesses kann auf verschiedenen Ebenen erfolgen, d.h. auf Verarbeitungsschrittebene, auf Geschäftsprozessebene oder auch geschäftsprozessübergreifend.

Im Rahmen des Geschäftsprozessentwurfs wird festgelegt, welche Verarbeitungsschritte systemgestützt und welche manuell durchgeführt werden. In der Regel sind die Technologien für die Systemunterstützung im Rahmen des Entwurfs bereits bekannt, so dass Einschränkungen durch die verwendeten Technologien bei der Detaillierung der einzelnen Verarbeitungsschritte berücksichtigt werden können. Die systemtechnisch umzusetzenden Verarbeitungsschritte sollten im Entwurf bereits detailliert beschrieben sein, da Änderungen an realisierten Softwarekomponenten um ein Vielfaches aufwändiger sind, als eine Änderung bereits zum Entwurfszeitpunkt. Die Detailbeschreibung erfolgt in Form einer Spezifikation und/oder einer prototypischen Realisierung der erforderlichen Funktionalität. Bei rein manuellen Verarbeitungsschritten ist eine eindeutige Beschreibung der Tätigkeit und eine klare Zuordnung der Verantwortlichkeiten für eine nachfolgende organisatorische Umsetzung eines Geschäftsprozesses notwendig.

2.1.4 Geschäftsprozessumsetzung

Im Rahmen der Geschäftsprozessumsetzung sind verschiedene organisatorische und technische Maßnahmen durchzuführen [ENS S. 17]. Eine der wichtigsten Maßnahmen ist das organisatorische Change Management, das die Vorbereitung und Durchsetzung von Veränderungen beinhaltet. Eine wichtige Voraussetzung dafür ist die Motivation der beteiligten Mitarbeiter [All05 S. 92]. Die technischen Maßnahmen umfassen die Implementierung verschiedener Systeme, Maschinen etc. in die bestehende Systemlandschaft und Infrastruktur sowie deren Anpassung an die Anforderungen aus dem Geschäftsprozessentwurf.

Die Realisierung, Anpassung und Konfiguration von Softwarekomponenten stellt einen wesentlichen Teil der Geschäftsprozessumsetzung dar. Dieser Teil der Umsetzung erfolgt auf mehreren Ebenen. Die Basis wird durch Funktionen der Geschäftslogik bereitgestellt. Diese ermöglichen bspw. die Erzeugung einer Rechnung im System, d.h. die Erzeugung eines Datenobjekts in dem zugrundeliegenden Datenbanksystem. Für die Implementierung der Geschäftsprozesssteuerung, bei der die einzelnen Funktionen der Geschäftslogik in einer bestimmten Reihenfolge ausgeführt werden, stehen bereits viele Softwarekomponenten zur Verfügung. Diese reichen von klassischen proprietären Workflowkomponenten bis hin zu standardisierten serviceorientierten Prozesssteuerungskomponenten. Die zentrale Aufgabe dieser Komponenten ist neben dem Aufruf der Basisfunktionen das Verteilen von Arbeitspa-keten an die entsprechenden Benutzer entlang des in der Geschäftsprozesssteuerung definier-ten Ablaufs des implementierten Geschäftsprozesses. Eine Voraussetzung für eine effiziente Implementierung der Geschäftsprozesssteuerung ist eine Beschreibung des Geschäftsprozes-ses, die nahe an der IT-technischen Umsetzung liegt. Es ist ein Detaillierungsgrad notwendig, der es erlaubt, den Geschäftsprozess in eine technische Ausführungsanweisung für eine Pro-zesssteuerungskomponente zu transformieren. Diese ist jedoch für den Fachbereich meist zu technisch. Eine Lösung bietet der Einsatz von verschiedenen Ebenen für die Modellierung von Geschäftsprozessen, bei der fachliche Aspekte auf den oberen Schichten schrittweise in die unteren technischen Schichten abgebildet werden [Obe96 S. 174]. Beim modellbasierten Geschäftsprozessmanagement erfolgt die IT-technische Implementierung mit Hilfe der Mo-delle, die in den zuvor liegenden Phasen erstellt wurden. Ziel ist es, Modelle als Basis für Softwaregeneratoren zu nutzen, um entsprechende Softwarekomponenten zunächst initial zu generieren und in späteren Projektphasen weiterzuentwickeln.

Neben der Geschäftsprozesssteuerung müssen jedoch auch die benötigten Funktionen in der Applikation, d.h. dem Frontend, in Form von Masken, Auswertungen etc. berücksichtigt wer-den. Diese zur Abarbeitung eines Arbeitspaketes benötigten Funktionen des Frontends sind meist nicht Bestandteil der Geschäftsprozesssteuerung. Dies betrifft vor allem komplexe Ein-gabemasken, wie bspw. eine graphische Benutzeroberfläche zur Erfassung von Daten für eine rollierende Fertigungsplanung. Soll die Benutzerschnittstelle der zu implementierenden Ge-schäftsprozesse auf verschiedenen Endgeräten bereitgestellt werden, so muss dies bei der Implementierung ebenfalls zu berücksichtigt werden, d.h. die Benutzerinteraktion muss den Endgeräten entsprechend aufbereitet werden.

Für eine komplette Umsetzung eines IT-gestützten Geschäftsprozesses müssen das Frontend mit den enthaltenen Funktionen und die Geschäftsprozesssteuerung technisch miteinander verbunden werden. Dies geschieht in der Regel dadurch, dass die Aufrufe von Funktionen, die sich aus der Interaktion des Benutzers mit dem Frontend ergeben, Auslöser bzw. weitere Steuerungsereignisse für eine darunter liegende Prozessinstanz darstellen. Dadurch wird die Benutzerschnittstelle mit der dahinter liegenden Realisierung der Geschäftslogik integriert. Auf Basis dieser Erkenntnisse kann die folgende Definition verschiedener Klassen der IT-Unterstützung bei der Implementierung von Geschäftsprozessen vorgenommen werden.

Definition 2.4: IT-basierte Geschäftsprozesssteuerung, IT-basierte Benutzerschnittstelle und integrierter IT-basierter Geschäftsprozess

Bei einer *IT-basierten Geschäftsprozesssteuerung* wird die Ausführung eines Geschäftsprozesses durch eine Softwarekomponente kontrolliert und gesteuert. Bei einer *IT-basierten Benutzerschnittstelle* werden die für die Abarbeitung einzelner Prozessschritte benötigten Funktionen über eine Softwarekomponente bereitgestellt und für die Nutzung eine entsprechende Benutzerschnittstelle angeboten. Werden IT-basierte Geschäftsprozesssteuerung und IT-basierte Benutzerschnittstellen für einen Geschäftsprozesses integriert implementiert, dann wird dies als *integrierter IT-basierter Geschäftsprozess* bezeichnet.

Die Implementierung eines Geschäftsprozesses kann in einer der aufgeführten Varianten erfolgen. Jedoch sind auch Mischformen möglich, da je nach strategischer Gewichtung Teile eines Geschäftsprozesses bzgl. der IT-Umsetzung ggf. stärker integriert und automatisiert sein müssen als andere.

2.1.5 Geschäftsprozessbetrieb und -monitoring

Nach der Inbetriebnahme der implementierten Geschäftsprozesse beginnen der Betrieb und das Monitoring der Geschäftsprozesse [vgl. ENS S. 17f.]. Die Ziele sind einerseits die Ausführung und Überwachung laufender IT-technisch implementierter Geschäftsprozessinstanzen mit den entsprechenden Ausführungs- und Überwachungskomponenten der verwendeten Software, um einen reibungslosen Betrieb sicherzustellen. Komponenten für die Geschäftsprozesssteuerung (Workflow Engines, BPEL Engines etc.) führen die Prozesse entsprechend der hinterlegten Regeln aus, d.h. auf Basis dieser Regeln werden Zustandsübergänge im Prozess herbeigeführt und während der Ausführung überwacht. Die Aktionen einer solchen Prozesssteuerungskomponente werden in der Regel in einem Repository aufgezeichnet und stehen dadurch für das Monitoring und die Analyse des Betriebs jederzeit zur Verfügung.

Andererseits hat das Geschäftsprozessmonitoring die zentrale Aufgabe, Aussagen darüber zu treffen, wie erfolgreich der umgesetzte Geschäftsprozess implementiert ist. Diesbezüglich muss festgestellt werden, ob die zu erfüllenden Verbesserungen eingetreten sind oder ob weitere Verbesserungen durch zusätzliche Anpassungen erzielt werden können. Hierzu müssen Kennzahlen definiert, ermittelt, analysiert und den verantwortlichen Benutzern zur Verfügung gestellt werden. Dies erfolgt in der Regel durch das sogenannte *Business Activity Monitoring (BAM)*. Im Rahmen der Analyse können historische Prozessdaten aus dem Repository ausgewertet werden, um Informationen über die Auslastung, Liegezeiten, Belastungsspitzen usw. zu gewinnen. Kennzahlen können jedoch auf Basis aller zur Verfügung stehender Daten ermittelt werden, d.h. dass neben den Daten aus dem zuvor aufgeführten Repository der Geschäftsprozesssteuerung auch sämtliche Daten aus den im Geschäftsprozess verwendeten Anwendungssystemen für die Kennzahlenermittlung herangezogen werden können. Modernes kennzahlenbasiertes Monitoring ermöglicht die Umsetzung von automatisierten Eingriffen in den Betrieb eines Geschäftsprozesses. [Mev06] beschreibt bspw. ein kennzahlenbasiertes Management von Geschäftsprozessen mit Petri-Netzen. Hier werden sogenannte Alert-, Repair- und Adapt-Workflows beschrieben, die aktiv Ereignisse an Benutzer melden, automatisiert Prozesse zur Behandlung von aufgetretenen Problemen starten und entsprechende Korrekturen auf Basis von Kennzahlen durchführen können.

Die Ergebnisse des Geschäftsprozessmonitorings sind Informationen über die Qualität, Geschwindigkeit und Effizienz der durchgeführten Geschäftsprozesse [All05 S. 93]. Diese fließen wiederum in die Entscheidungen des strategischen Geschäftsprozessmanagements ein und führen so zu einer Kontrollmöglichkeit der implementierten Geschäftsprozesse, die dann gegebenenfalls durch weitere Änderungen, Erweiterungen oder Neuimplementierungen an geänderte Rahmenbedingungen angepasst werden können.

2.2 Serviceorientierung

In schnellwachsenden dynamischen Märkten benötigen Unternehmen eine adäquate IT-Unterstützung. Dies erfordert die effiziente Integration heterogener Anwendungssysteme, die gegebenenfalls mit unterschiedlichen Technologien und teils auf verschiedenen Plattformen realisiert wurden [KaL08]. In der Informationstechnologie erfolgte die Entwicklung bisher in Form von immer komplexer und abstrakter werdenden Programmiersprachen und Netzwerktechniken [Mel08]. So wurden diesbezüglich ausgehend von der maschinennahen Assemblerprogrammierung mit zunehmenden Anforderungen an den Umfang und die Komplexität von Softwaresystemen zunächst prozedurale Sprachen entwickelt. In einer weiteren Stufe wurden diese wiederum in vielen Bereichen durch objektorientierte Sprachen ersetzt. Mit Einführung der ersten Netzwerke wurden darüber hinaus zusätzlich Techniken für entfernte Funktionsaufrufe, wie bspw. der sogenannte *Remote Procedure Call (RPC)*, realisiert. Beim Einsatz von entfernten Funktionsaufrufen ist zunehmend ein dynamisches Einbinden und Aufrufen von Funktionen gefordert.

2.2.1 Serviceorientiertes Computing (SOC)

Ein Ansatz, der die zuvor genannten Anforderungen abdeckt, ist das sogenannte *serviceorientierte Computing (SOC).* Serviceorientiertes Computing stellt eine Abstraktionsebene bereit, durch die alle verfügbaren Ressourcen mit ihren verwendbaren Funktionen dynamisch identifiziert, zusammengestellt und genutzt werden können. Diese über die verfügbaren Ressourcen angebotenen Funktionen, die sogenannten Services, werden angelehnt an [DuP08] und [KaL08] folgendermaßen definiert:

Definition 2.5: Service

Ein *Service* stellt Funktionen bereit, die von der Beantwortung einfacher Anfragen bis hin zur Ausführung komplexer Geschäftsprozesse mit gegebenenfalls wechselseitiger Beteiligung verschiedener Rollen geht. Ein Service steht für den Betrieb im Netz zur Verfügung. Die Beschreibung eines Services wird durch die Schnittstellen bereitgestellt, welche die Funktionalität des Services unabhängig von der Plattform und der Programmiersprache spezifiziert.

Das serviceorientiertes Computing beschäftigt sich mit Konzepten und Technologien im Umfeld von Services. Für das SOC-Paradigma müssen Lösungen bereitgestellt werden, welche die folgenden Eigenschaften sicherstellen [DuP08, Mel08]:

- *Technologie-Neutralität:* Der Aufruf von Services muss durch standardisierte Technologien erfolgen, die auf möglichst vielen IT-Umgebungen verfügbar sind.

- *Lose Kopplung von Services:* Services werden vom Client, d.h. einer Anwendung oder einem anderen Dienst, gegebenenfalls erst zur Ausführung gesucht und genutzt. Hierzu müssen weder vom aufrufenden Client, noch vom aufgerufenen Service Informationen über die jeweils internen Strukturen der korrespondierenden Instanz vorhanden sein.

- *Transparenz der Lokation:* Services müssen ihre Definitionen und die Informationen über ihre Lokation in einem Repository speichern, so dass die Identifikation und der Aufruf von Services durch die Clients unabhängig von der Lokation der Services erfolgen kann.

2.2.2 Serviceorientierte Architektur (SOA)

Die *serviceorientierte Architektur (SOA)* ist die für ein serviceorientiertes Computing benötigte Systemarchitektur, die unter der Verwendung von Standards Funktionen für das Anbieten, Suchen und Nutzen von Diensten über ein Netzwerk bereitstellt [Mel08]. Ein auf Basis einer serviceorientierten Architektur realisierter Geschäftsprozess kann bei Änderungen des Ablaufs flexibler angepasst werden, als ein Geschäftsprozess, der mit den Mechanismen einer klassischen Enterprise Application Integration (EAI) implementiert wurde [CHK05]. Es existiert derzeit jedoch keine einheitliche Definition einer serviceorientierten Architektur. Häufig wird die Definition der OASIS aus dem Jahr 2006 verwendet, nach der eine serviceorientierte Architektur ein Paradigma für die Strukturierung und Nutzung verteilter Funktionalität ist, die von unterschiedlichen Besitzern verantwortet wird [OSO06]. Im Rahmen dieser Arbeit wird die folgende Definition einer serviceorientierte Architektur genutzt, die mit kleinen Änderungen aus [Mel08] übernommen wurde:

Definition 2.6: Serviceorientierte Architektur (SOA)

Unter einer *serviceorientierten Architektur (SOA)* versteht man eine Systemarchitektur, die verschiedene und eventuell inkompatible Methoden oder Applikationen als wiederverwendbare und offen zugreifbare Dienste repräsentiert und dadurch eine plattform- und sprachunabhängige Nutzung ermöglicht [Mel08 S. 13].

Bei einer serviceorientierten Architektur werden generell drei Rollen unterschieden. Eine an einer SOA beteiligte Rolle ist hierbei entweder ein Serviceanbieter, ein Servicevermittler oder ein Servicenutzer. Die einzelnen Rollen können folgendermaßen beschrieben werden [DuP08, Mel08, OSO06]:

• *Serviceanbieter:* Ein Serviceanbieter (Service Provider) stellt einen Service inklusive zugehöriger Unterstützungsleistungen für eine mögliche Nutzung bereit und veröffentlicht eine entsprechende Beschreibung durch Registrierung in einem Verzeichnisdienst.

• *Servicevermittler:* Ein Servicevermittler (Service Broker) stellt einen Verzeichnisdienst zur Verfügung, der durch eine geeignete Mechanismen den Kontakt zwischen Serviceanbieter und Servicenutzer herstellt.

• *Servicenutzer:* Ein Servicenutzer (Service Consumer) sucht über einen durch den Servicevermittler bereitgestellten Verzeichnisdienst, um einen passenden Service zu finden und ihn entsprechend seines Bedarfs zu nutzen.

Eine serviceorientierte Architektur ist nicht auf eine bestimmte Technologie zur Implementierung festgelegt. Mögliche Implementierungstechnologien sind CORBA, Webservices oder andere Komponentenmodelle. Die wesentlichen Ziele die durch die Implementierung einer SOA erreicht werden sollen, sind laut [KoS05] die Bereitstellung einer losen Kopplung von Softwaresystemen, die Erreichung einer höheren Flexibilität bei den implementierten Geschäftsprozessen und eine verbesserte Wiederverwendung, sowohl von Softwarekomponenten als auch von Geschäftsprozessen. Um diese Ziele erreichen zu können, muss eine Anwendungslandschaft, die aus mehreren vernetzten Anwendungssystemen aufgebaut ist, anhand einzelner voneinander unabhängiger Services strukturiert werden. Jeder dieser Services stellt für sich eine elementare und in sich abgeschlossene fachliche Funktion bereit. Diese Anforderungen werden durch die folgenden Eigenschaften einer SOA sichergestellt [Mel08]:

- Es muss eine maschinenlesbare Beschreibung der öffentlichen Schnittstelle eines Services für alle partizipierenden Softwarekomponenten vorliegen, d.h. die Beschreibung muss als Information mit elektronischen oder mechanischen Hilfsmitteln eingelesen werden können. Der Aufruf eines Services erfolgt über einen standardisierten Mechanismus. Bei der Nutzung werden gegebenenfalls verschiedene Systeme plattformunabhängig miteinander verbunden und deren technischen Details verborgen. Auch die Lokation eines Services ist für den aufrufenden Servicenutzer nicht sichtbar.

- Der Aufruf von Services sowie die Rückmeldung des Aufrufergebnisses erfolgt über einen Nachrichtenaustausch zwischen dem Servicenutzer und dem Serviceanbieter. Das Vokabular und die Struktur der Nachrichten sind durch ein erweiterbares Schema vorgegeben. Die Kommunikation findet über ein Protokoll statt, das beiden Seiten bekannt ist.

- Der Servicenutzer adressiert bei seinem Aufruf nur eine anonyme Schnittstelle und nicht den Serviceanbieter, d.h. ein Service kann folglich jederzeit von einem anderen Serviceanbieter übernommen werden, ohne dass dies Auswirkungen auf die Servicenutzer hat.

- Zum Auffinden von Services können Verzeichnisdienste zum Einsatz kommen. Ein Serviceanbieter registriert seine Services im Verzeichnisdienst. Jeder Servicenutzer kann über den Verzeichnisdienst die ihm zur Verfügung gestellten Services erfragen. Das Ergebnis einer Suche nach einem Service ist die vollständige Schnittstellenbeschreibung, über die der Service aufgerufen werden kann.

Abbildung 4 zeigt die beschriebenen Grundkonzepte einer serviceorientierten Architektur. Die Interaktion zwischen Serviceanbieter, Servicevermittler und Servicenutzer läuft nach folgendem Schema ab [Mel08 S. 18f.]:

1. *Veröffentlichen:* Das Veröffentlichen eines Services von einem Serviceanbieter erfolgt durch die Registrierung in einem Verzeichnisdienst.

2. *Suchen:* Über den Verzeichnisdienst des Servicevermittlers kann ein potenzieller Servicenutzer nach Services suchen.

3. *Binden:* Der Servicenutzer erhält vom Verzeichnisdienst eine Referenz, d.h. eine Adresse,
   unter der er auf den Service zugreifen kann. Der Serviceaufruf wird an diese Adresse gebunden.

4. *Nutzen:* Der Service wird aufgerufen und genutzt, indem Eingabeparameter an den Dienst
   übermittelt und Ausgabeparameter als Antwort an den Servicenutzer zurückgegeben werden.

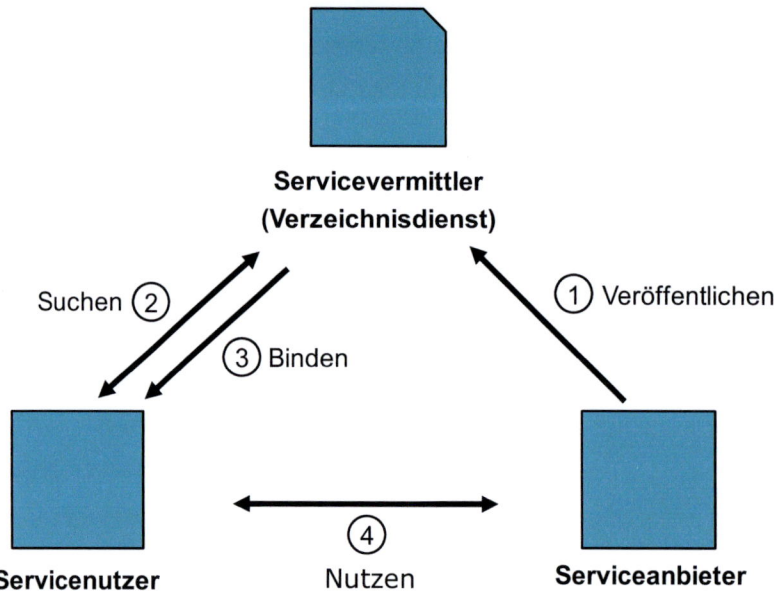

Abbildung 4: Grundkonzepte einer serviceorientierten Architektur [vgl. Mel08 S. 14]

2.2.3 Servicekomposition

Ein Service kann mit anderen Services zu einem neuen komplexeren Service zusammengefasst werden. Das Ergebnis wird als *zusammengesetzter Service (Servicekomposition)* bezeichnet. Eine Servicekomposition erfolgt durch Aggregation von elementaren, aber auch von
bereits zusammengesetzten Services, d.h. es können beliebig komplexe hierarchische Ser-
vicekompositionen erstellt werden. Hierzu ist ein Kompositionsmodell erforderlich, das die
folgenden Dimensionen umfasst [ACK04, DuP08, DuS05]:

• Im *Komponentenmodell (Component Model)* wird über Annahmen und Abgrenzungen
   festgelegt, was eine Komponente, d.h. ein komponierbares Element im Rahmen des jewei-

ligen Modells, darstellt. Eine Annahme kann bspw. sein, dass ein Nachrichtenaustausch nur über XML erfolgen darf. Die Definition von vielen Annahmen und Abgrenzungen führt zu einer Einschränkung der Heterogenität, ermöglicht jedoch eine einfachere Implementierung. Umgekehrt führt eine Minimierung von Annahmen und Abgrenzungen zu einem größeren Freiheitsgrad beim Entwurf von Komponenten, jedoch auch zu einer komplexeren Implementierung.

- Ein *Orchestrierungsmodell (Orchestration Model)* definiert die Abstraktionsebenen und die Sprachen mit denen Services zusammengesetzt und aufgerufen werden. Hierbei werden die Mechanismen für die Definition der Ablaufreihenfolge und der Bedingungen bei den Serviceaufrufen festgelegt. Orchestrierungsmodelle sind bspw. UML Aktivitätsdiagramme, Petri-Netze oder π-Calculus [Mil93].

- Im *Daten- und Datenzugriffsmodell (Data and Data Access Model)* wird festgelegt, wie Daten spezifiziert werden und wie der Datenaustausch zwischen Komponenten erfolgt. Es sind prinzipiell zwei Arten für den Datenaustausch zwischen Serviceaufrufen möglich. Zum einen kann er über den sogenannten *Blackboard-Ansatz* oder alternativ über *expliziten Datenfluss* erfolgen. Beim Blackboard-Ansatz werden Variablen verwendet, aus denen Daten für Serviceaufrufe gelesen und in die durch Serviceantworten erhaltenen Rückgabewerte geschrieben werden können. Beim expliziten Datenfluss hingegen erfolgt zusätzlich zum Kontrollfluss eine Beschreibung, welche Rückgabewerte in welchem nächsten Aufruf verwendet werden sollen.

- Das *Serviceauswahlmodell (Service Selection Model)* definiert die Möglichkeiten zum Binden eines Services. Dies kann statisch oder dynamisch erfolgen. Bei der statischen Auswahl wird der Service beim Entwurf fest zugeordnet. Bei der dynamischen Auswahl erfolgt die Zuordnung erst zur Laufzeit. Gegebenenfalls kann auch die Auswahl der Operation dynamisch erfolgen.

- Im *Transaktionsmodell* (Transaction Model) wird die Transaktionssemantik der Komposition definiert und deren Umsetzung beschrieben. Aufgrund langlaufender Transaktionen und der losen Kopplung von Services ist das klassische Zwei-Phasen-Locking ungeeignet. Hierzu müssen meist spezielle Kompensationsoperationen entweder für die Prozess-Engine oder als Bestandteil des Services implementiert werden.

- Das *Ausnahmebehandlungsmodell (Exception Handling Model)* definiert, wie auftretende Ausnahmesituationen während der Ausführung eines Services behandelt werden können,

ohne dass der komplette Service abgebrochen werden muss. Hierzu können einzelne explizite Ausnahmebehandlungen in den Ablauf integriert werden, das try-catch-throw-
Konzept [Ull09] angewendet werden oder regelbasierte Ansätze verwendet werden.

Die aufgeführten Modelle stellen die grundlegenden Konzepte für die Komposition von Services bereit. Weiterführende Konzepte beschäftigen sich mit dynamischen Aspekten und Qualitätsanforderungen bei der Servicekomposition [ITC10]. Nachfolgend werden unterschiedliche Arten von Services und deren Komposition in einem Gesamtmodell beschrieben.

2.2.4 Business Services, IT Services und sonstige Services

Services können entsprechend ihres Abstraktionsgrades, der verwendeten Ressourcen und der
Einsatzmöglichkeiten in verschiedene Typen unterteilt werden [DGH05]. Abbildung 5 zeigt
die Verzahnung zwischen den Geschäftsprozessen und den durch die IT oder anderen Ressourcen eines Unternehmens bereitgestellten Services [vgl. Kon08]. Geschäftsprozesse wer-
den in der dargestellten Modellhierarchie aus sogenannten Business Services zusammengesetzt. Ein Business Service beschreibt die fachliche Sicht auf einen im Rahmen der
Geschäftstätigkeit zu erbringenden Dienst. Diese entstehen wiederum durch Komposition von
IT Services oder sonstigen Services, die im Rahmen der Geschäftsprozessrealisierung zur
Verfügung gestellt werden. Diese erweiterte Sichtweise des Begriffs *Service*, wie sie auch bei
Everything as a Service (XaaS) [LKN09] benutzt wird, schließt auch Nicht-IT-Services wie
manuelle Tätigkeiten oder sonstige Leistungserbringungen mit ein.

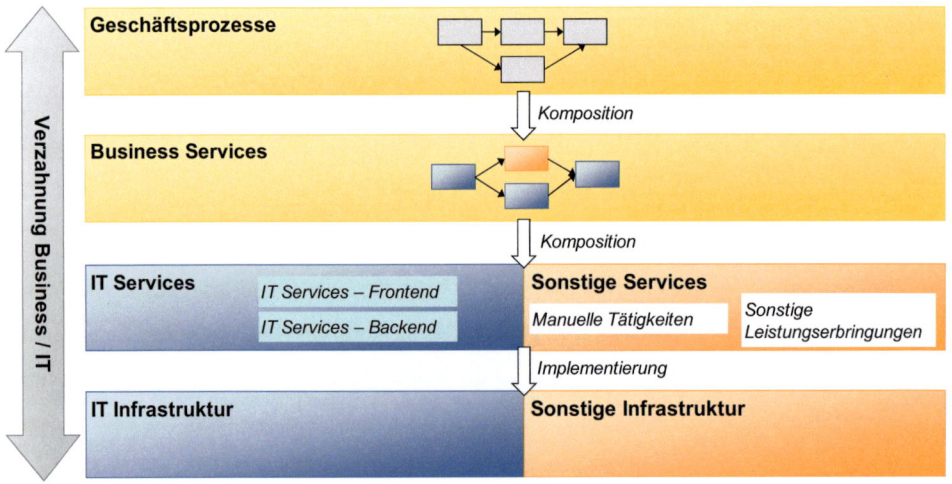

Abbildung 5: Abbildung von Geschäftsprozessen auf Business Services und IT Services [vgl. Kon08]

Auf Basis des zuvor beschriebenen Modells wird ein Business Service im Rahmen dieser Arbeit folgendermaßen definiert:

Definition 2.7: Business Service

Ein *Business Service* ist eine abgeschlossene betriebswirtschaftliche Komponente in einem Unternehmen, die alle entsprechenden Prozesse, IT-Funktionen, manuelle Tätigkeiten und sonstigen Leistungserbringungen zur Erfüllung des entsprechenden betriebswirtschaftlichen Dienstes beinhaltet. Ein Business Service hat einen klar definierten Input und Output an Geschäftsobjekten. Input und Output werden durch technologieneutrale Schnittstellen bereitgestellt.

Ein Beispiel für einen Business Service ist ein Dienst, der das Angebotsmanagement eines Unternehmens abdeckt. Das heißt, der Business Service stellt nicht nur IT-Funktionen bereit, sondern er umfasst auch alle im Rahmen des Dienstes auszuführenden Prozesse und manuellen Tätigkeiten, wie bspw. das Telefonieren mit Interessenten, die für das Angebotsmanagement benötigt werden. Business Services können als wiederverwendbare Komponenten für das Management von unternehmensweiten oder unternehmensübergreifenden Geschäftsprozessen genutzt werden.

IT-Funktionalität stellt somit eine Komponente eines Business Services dar. Darauf aufbauend wird ein IT Service im Rahmen der Arbeit folgendermaßen definiert:

Definition 2.8: IT Service

Ein *IT Service* ist eine abgeschlossene Softwarekomponente, die in einem Unternehmen die entsprechenden IT-Funktionen zur Erfüllung spezifischer Anforderungen bereitstellt. Ein IT Service hat einen klar definierten Input und Output an Geschäftsobjekten. Input und Output werden durch standardisierte IT-basierte Schnittstellen wie bspw. Webservices bereitgestellt.

Ein Beispiel für einen IT Service wäre ein softwaretechnisch realisierter Dienst, der ein Angebot auf Basis der Parameter *Kunde*, *gewünschte Produkte* und *Anzahl* im Rahmen einer Angebotserstellung erzeugt und an den Kunden sendet. Dieses Beispiel repräsentiert einen IT Service der Geschäftslogik. Es gibt jedoch auch IT Services zur Implementierung der Frontend-Logik. So stellen Masken zur Erfassung eines Angebots inklusive der enthaltenen Frontend-Logik zur Steuerung der Abläufe in den Masken ebenfalls IT Services bereit. IT Services zur Implementierung der Frontend-Logik werden im weiteren Verlauf als *Frontend Services* bezeichnet, während IT Services zur Implementierung der Geschäftslogik als *Backend Services* bezeichnet werden.

2.3 Webservices

Eine serviceorientierte Architektur kann mit unterschiedlichen Techniken realisiert werden. Eine mögliche Realisierung kann auf Basis von Webservices erfolgen [HeH03, Mar04, Pap07]. Webservices haben sich derzeit diesbezüglich als Standard durchgesetzt [Mel08]. Die Gesellschaft für Informatik [GeI03] definiert Webservices als „selbstbeschreibende, gekapselte Software-Komponenten, die eine Schnittstelle anbieten, über die ihre Funktionen entfernt aufgerufen, und die lose durch den Austausch von Nachrichten miteinander gekoppelt werden können. Zur Erreichung universeller Interoperabilität werden für die Kommunikation die herkömmlichen Kanäle des Internets verwendet. Web-Services basieren auf den drei Standards WSDL, SOAP und UDDI: Mit WSDL wird die Schnittstelle eines Web-Services spezifiziert, via SOAP werden Prozedurfernaufrufe übermittelt und mit UDDI, einem zentralen Verzeichnisdienst für angebotene Web Services, können andere Web-Services aufgefunden werden". Webservices sind in [Moh02] definiert als „self-contained, self-describing, modular applications that can be published, located, and invoked across the web. Web services perform functions, which can be anything from simple requests to complicated business processes. Once a web service is deployed, other applications (and other web services) can discover and invoke the deployed service. XML messaging is used to interact with a WS". Im Rahmen dieser Arbeit wird die folgende Definition des World Wide Web Consortium (W3C) für einen Webservice verwendet [W3C04a]:

Definition 2.9: Webservice
Ein Webservice ist eine Softwarekomponente, die eine Maschine-Maschine-Interaktion über ein Netzwerk ermöglicht. Die Schnittstelle eines Webservice wird in einem maschinell-verarbeitbaren Format, genauer in WSDL, bereitgestellt und beschrieben. Andere Softwarekomponenten interagieren mit einem Webservice über die in seiner Schnittstellenbeschreibung vorgeschriebenen Art und Weise mit SOAP-Nachrichten, die mit HTTP auf Basis einer XML-Serialisierung in Verbindung mit weiteren Internetstandards übertragen werden.

Bei Webservices werden die in Abschnitt 2.2 aufgeführten drei Rollen einer SOA und deren Funktionen auf Basis der jeweils aufgeführten folgenden Technologien bereitgestellt [Mar04, Mel08 S. 55ff.]:

- *Serviceanbieter:* Der Serviceanbieter beschreibt einen zu veröffentlichenden Webservice. Die Beschreibung muss Angaben zur Funktionalität, zum Aufruf und zur Nutzung des Webservice umfassen. Für eine entsprechende Beschreibung von Webservices wird die XML-basierte Sprache *WSDL (Web Services Description Language)* genutzt.

- *Servicevermittler:* Der Servicevermittler veröffentlicht die Beschreibung des Webservice in einem (zum Teil öffentlichen) Verzeichnisdienst. Als Verzeichnisdienst wird bei Webservices *UDDI (Universal Description, Discovery and Integration)* eingesetzt. UDDI spezifiziert eine standardisierte Verzeichnisstruktur für die Verwaltung von Webservice-Metadaten.

- *Servicenutzer:* Der Servicenutzer identifiziert einen geeigneten Webservice über UDDI. Die Verwendung der bereitgestellten Funktionalität erfolgt über den Aufruf und die Kommunikation mit dem Webservice. Hierbei wird bei Webservices das XML-basierte Nachrichtenformat *SOAP* (ursprünglich für *Simple Object Access Protocol*) eingesetzt. SOAP beschreibt das Nachrichtenformat der Kommunikation und dessen Einbettung in ein Transportprotokoll.

Nachfolgend werden die aufgeführten Webservice-Technologien zum Aufbau einer SOA im Detail beschrieben.

2.3.1 WSDL

Für die plattformunabhängige Beschreibung von Services wird bei Webservices die *Web Services Description Language (WSDL)* verwendet. Für diesen Standard des W3C ist seit dem 26. Juni 2007 die aktuelle Version WSDL 2.0 [W3C07a] verfügbar. WSDL ist eine XML-basierte Sprache zur Beschreibung von Webservices und deren Schnittstellen [Mel08 S. 108]. Eine entsprechende WSDL-Beschreibung enthält strukturierte Informationen zu Funktionalität, Aufruf und Benutzung eines Webservice. Die WSDL-Angaben können in einen abstrakten und einen konkreten technischer Teil aufgeteilt werden [Mel08 S. 108]. Zunächst werden die Schnittstellen, Operationen und zugehörigen Nachrichten abstrakt beschrieben [Mel08 S. 113]. Darauf aufbauend wird ein Protokoll für den Nachrichtenaustausch und das Format für die Nachrichten definiert [Mel08 S. 113].

Eine WSDL-Datei besteht aus den folgenden Bereichen [Mel08 S. 109]:

- `documentation`   Enthält textuelle Beschreibungen zum Webservice.

- `types`   Beschreibt die Datentypen, die der Webservice sendet und empfängt.

- `interface`   Enthält eine Gruppe von Operationen, welche die abstrakte Funktiona-
                    lität eines Dienstes beschreiben. In der vorherigen Version von WSDL
                    war die Bezeichnung noch `portType`.

- `binding`   Legt ein konkretes Protokoll und das Nachrichtenformat für ein be-
                    stimmtes `interface` fest.

- `service`   Beschreibt, wo sich der Webservice befindet.

Jeder der aufgeführten Bereiche kann entweder dem abstrakten oder dem konkreten technischen Teil zugeordnet werden [Mel08 S. 108f.]. Die Bereiche `types` und `interfaces` gehören zum abstrakten Teil von WSDL. Der konkrete technische Teil wird hingegen durch `bin-
ding` und `service` beschrieben. Die Strukturen, der im Rahmen des Webservice zu
übertragenden Nachrichten, werden durch separat deklarierte Datentypdefinitionen festgelegt.
Die Definition dieser Datentypen erfolgt im `types`-Bereich. Die grundlegende Funktionalität
eines Webservice wird durch die Definition seiner Schnittstellen im `interface`-Bereich festgelegt [Mel08 S. 110]. Jede Schnittstelle umfasst eine Menge von Operationen (`operations`).
Darüber hinaus können im Rahmen der `interfaces` beliebig viele Fehlerkomponenten, sogenannte `faults` definiert werden, die dann innerhalb von Operationen einer Schnittstelle genutzt werden können [Mel08 S. 110]. Im `binding`-Bereich wird nun für die zuvor definierten
Schnittstellen festgelegt, welches Protokoll für den Nachrichtenaustausch verwendet wird
[Mel08 S. 113]. Je Operation können zusätzlich Detailinformationen zur Übertragung und
Codierung hinterlegt werden. Die Definition, wo ein Webservice physikalisch erreicht werden
kann, erfolgt im `service`-Bereich [Mel08 S. 113]. Für jedes `interface` eines Services kann
eine Menge von Zugangspunkten, die sogenannten `endpoints`, definiert werden. Die nachfolgend dargestellte WSDL-Datei definiert einen Webservice, der einen Kunden, ein Produkt
und eine gewünschte Anzahl des Produkts als Parameter erhält und einen kalkulierten Ange-
botspreis zurückliefert.

```xml
<?xml version="1.0" encoding="UTF-8"?>
<description
    targetNamespace="http://www.example.com/kalkuliere_preis.wsdl"
    xmlns:tns="http://example.com/kalkuliere_preis.wsdl"
    xmlns:soap="http://schemas.xmlsoap.org/wsdl/soap/"
```

```
       xmlns="http://schemas.xmlsoap.org/wsdl/">

  <documentation>
    Dieses Dokument beschreibt den Webservice Kalkuliere_Preis, der
    einen Preis auf Basis der Parameter Kunde, Produkt und gewünschter
    Anzahl erzeugt.
  </documentation>

  <types>
    <schema targetNamespace="http://www.example.com/kalkuliere_preis.xsd"
     xmlns="http://www.w3.org/2000/10/XMLSchema">

      <element name="Preisanfrage" type="PreisanfragenTyp"/>

      <complexType name="PreisanfragenTyp">
        <sequence>
          <element name="Kundennummer" type="string"/>
          <element name="Produkt" type="string"/>
          <element name="Menge" type="integer"/>
        </sequence>
      </complexType>

      <element name="KalkulierterPreis">
        <complexType>
          <sequence>
            <element name="Preisanfrage" type=" PreisanfragenTyp"/>
            <element name="Preis" type="double"/>
          </sequence>
        </complexType>
      </element>
    </schema>
  </types>

  <interface name="KalkulierePreisInterface">
    <operation name="KalkulierePreis">
            pattern="http:/www.w3.org/2004/03/wsdl/in-out">
      <input messageLabel="In" element="tns:Preisanfrage"/>
      <output messageLabel="In" element="tns:KalkulierterPreis"/>
    </operation>
  </interface>

  <binding name="KalkulierePreisSoapBinding"
          interface="tns:KalkulierePreisInterface"
          type="http:/www.w3.org/2004/08/wsdl/soap12"
          wsoap:protocol="http://www.w3.org/2003/05/soap/bindings/HTTP"/>
    <operation ref="KalkulierePreis"
      wsoap:mep="http://www.w3.org/2003/05/soap/mep/soap-response"/>
  </binding>

  <service name="KalkulierePreisService"
          interface="tns:KalkulierePreisInterface"
    <endpoint name="KalkulierePreisEndpoint"
            binding="tns:KalkulierePreisSoapBinding"
            address=" http://www.example.com/2004/kalkuliere_preis"
  </service>

</description>
```

Quelltext 1: Webservicedefinition mit WSDL

Im aufgeführten Beispiel wird zunächst ein *URI (Uniform Resource Identifier)* für den Ziel-Namensraum für die WSDL-Datei festgelegt. Im `documentation`-Bereich wird der Webservice textuell beschrieben. Anschließend werden im Bereich `types` die XML-Schema-Typen definiert. Dies geschieht durch Einbindung von XML-Schema-Definitionen. Im aufgeführten Beispiel wird ein komplexer Datentyp `PreisanfragenTyp` definiert. Dieser wird sowohl von `Preisanfrage` als auch von `KalkulierterPreis` verwendet. Die definierten Typen werden als Datenstruktur für die Input- bzw. die Output-Parameter der Operationen des Webservice verwendet, d.h. `Preisanfrage` wird als Input-Struktur und `KalkulierterPreis` als Output-Struktur verwendet.

Das `interface` des aufgeführten WSDL-Beispiels beinhaltet eine Operation, die gemäß dem `in-out-pattern` aufgebaut ist. Es wird eine `operation` mit dem Namen `Kalkulierter-Preis` definiert, welcher die entsprechenden zuvor festgelegten Typen als Input- bzw. Output-Parameter zugeordnet werden.

Unter `binding` wird die Transportinformation für das zuvor definierte `interface` festgelegt. Für `KalkulierePreis` wird definiert, dass als Nachrichtenformat SOAP 1.2 zu benutzen ist und die Übertragung über das Transportprotokoll HTTP erfolgt. Durch `wsoap:mep` in `operation` wird das sogenannte *SOAP Message Exchange Pattern (MEP)* festgelegt. Im aufgeführten Beispiel wird das `soap-response-pattern` benutzt, das als Default-Wert *Get* als die zu nutzende HTTP-Methode festlegt.

Im Bereich `service` wird zunächst ein `interface` zugeordnet, auf das sich die Definition eines `endpoints` bezieht. Beim `endpoint` wird das zuvor definierte `binding` angegeben und er wird mit der physikalischen Adresse verbunden, unter der er zukünftig zu erreichen ist.

2.3.2 SOAP

Als Kommunikationsprotokoll wird bei Webservices *SOAP* (ursprünglich Abkürzung für *Simple Object Access Protocol*, ist inzwischen jedoch Eigenname) verwendet, das ebenfalls ein Standard des W3C ist. Die aktuelle Version SOAP 1.2 ist seit dem 27. April 2007 verfügbar [W3C07b]. Die SOAP-Spezifikation legt fest, wie eine Nachricht aufgebaut sein muss, um von Webservices empfangen oder gesendet werden zu können [Mel08 S. 75]. Sie stellt ein XML-basiertes, Plattform- und Programmiersprachen-unabhängiges Nachrichtenformat zur Kommunikation im Rahmen von Webservices zur Verfügung. Das Protokoll für den Transport der Nachrichten ist in SOAP nicht vorgeschrieben, d.h. dass das Transportprotokoll in Abhän-

gigkeit der jeweiligen Anforderungen frei gewählt werden kann [Mel08 S. 69]. Beispielsweise
kann HTTP benutzt werden, wenn ein Protokoll benötigt wird, das eine weite Verbreitung
besitzt [Mel08 S. 92]. Ist hingegen ein hohes Maß an Sicherheit bei der Übertragung gefordert, dann sollte eine nachrichtenorientierte Middleware gewählt werden. Weiterhin ist durch
SOAP auch nicht festgelegt, ob der Nachrichtenaustausch synchron oder asynchron zu erfolgen hat, d.h. beide Wege sind mit SOAP möglich [Mel08 S. 94]. Eine SOAP-Nachricht besteht aus den drei Teilen Envelope, Header und Body.

```
<env:Envelope
 xmlns:env="http://www.w3.org/2003/05/soap-envelope">
  <env:Header>
   :
  <\env:Header>

  <env:Body>
   :
  <\env:Body>
</env:Envelope>
```

Quelltext 2: Grundlegende Struktur einer SOAP-Nachricht [vgl. Mel08 S. 79]

Der Envelope ist eine Art virtueller Umschlag, der die eigentliche Nachricht enthält [Mel08
S. 79]. Er stellt das Wurzelelement des XML-Dokuments dar und gibt an, welche SOAP-
Version für die konkrete Nachricht verwendet wird. Darüber hinaus wird ein Namensraum
definiert, der an den Präfix env gebunden ist. Das erste Kindelement des Envelope stellt der
Header dar [Mel08 S. 80]. Dieser ist optional, darf maximal einmal in einem Envelope ent-
halten sein und kann für die Übertragung von Sicherheitsinformationen genutzt werden. Das
zweite Kindelement des Envelope ist der Body [Mel08 S. 81]. Er enthält die zu übertragende
Information, die als wohlgeformtes XML zur Verfügung gestellt werden muss [Mel08 S. 82].

2.3.3 UDDI

Als Verzeichnisdienst im Rahmen von Webservices ist *Universal Description, Discovery and
Integration (UDDI)* vorgesehen. Eine Alternative zu UDDI stellt inzwischen auch die sogenannte *Web Service Inspection Language* dar, die von Microsoft und IBM entwickelt wurde
[Mel08 S. 4f.]. UDDI ist hingegen ein Standard der *Organization for the Advancement of
Structured Information Standards (OASIS)* und steht seit dem 19. Oktober 2004 in der Version
3.0.2 zur Verfügung [OAS04]. Durch UDDI wird die Bereitstellung von Verzeichnisdiensten
für Webservices, in denen potenzielle Nutzer nach Webservices suchen und die Beschreibung
der Schnittstelle in Form einer entsprechenden WSDL-Datei anfordern können [Mel08 S.
137]. UDDI stellt wird hierzu eine standardisierte Verzeichnisstruktur zur Verfügung. Diese

Verzeichnisstruktur besteht prinzipiell aus den folgenden vier Teilen [Mel08 S. 138]: White Pages, Yellow Pages, Green Pages und Service Type Registration. Dies sind Tabellen, die bei UDDI als Entitäten bezeichnet werden und von der Nutzung mit der Funktionsweise von Telefonbüchern vergleichbar sind [Mel08 S. 138]:

- *White Pages:* In den White Pages können Unternehmen, die Webservices über UDDI bereitstellen, Informationen über das Unternehmen veröffentlichen.

- *Yellow Pages:* In den Yellow Pages sind Webservices nach den Branchen (Geschäftsfeldern) der bereitstellenden Unternehmen aufgelistet.

- *Green Pages:* In den Green Pages werden Details zu den einzelnen Webservices beschrieben, um bei einer Recherche nach Detailfunktionen eines entsprechenden Services suchen zu können.

- *Service Type Registration:* Die Green Pages sind für den menschlichen Benutzer konzipiert, um nach speziellen Webservices zu suchen. Eine maschinenlesbare Alternative wird durch die Service Type Registration bereitgestellt.

Das Ziel von UDDI ist das Veröffentlichen und Auffinden von Webservices im Web [Mel08 S. 137]. Hierzu sind jedoch einige rechtliche und wirtschaftliche Fragen zu klären, welche die Qualität, die Abrechnung und die Verantwortung im Rahmen der Bereitstellung und Nutzung eines Webservice betreffen [Mel08 S. 137f.]. Ein einfacheres Konzept zum Bereitstellen und Auffinden von Webservices bietet die Web Service Inspection Language, die im Gegensatz zu UDDI auf viele dezentralisierte Verzeichnisse setzt, in denen nur wenige Anbieter ihre Dienste veröffentlichen [Mel08 S. 134ff.].

2.3.4 Webservices-Architektur

Mit den zuvor beschriebenen Techniken, die im Rahmen von Webservices zur Verfügung stehen, kann nun eine serviceorientierte Architektur nach Definition 2.6 und Abbildung 4 aufgebaut werden [Mel08 S. 53ff.]. Abbildung 6 zeigt einen solchen Aufbau zu einer sogenannten Webservices-Architektur. Um einen Webservice nutzen zu können, muss dieser zunächst in Form einer WSDL-Datei definiert und durch den Webserviceanbieter in einer UDDI Registry veröffentlicht werden [Mel08 S. 56f.]. Dort kann ein Webservicenutzer einen für sich geeigneten Webservice suchen. Bei einer erfolgreichen Suche erhält der Webservicenutzer eine Referenz auf die WSDL-Datei, die er dann durch einen entsprechenden Nachrichtenaustausch anfordern kann [Mel08 S. 57]. Anschließend kann der Webservice auf Basis eines Datenaustauschs mittels SOAP durch den Webservicenutzer verwendet werden.

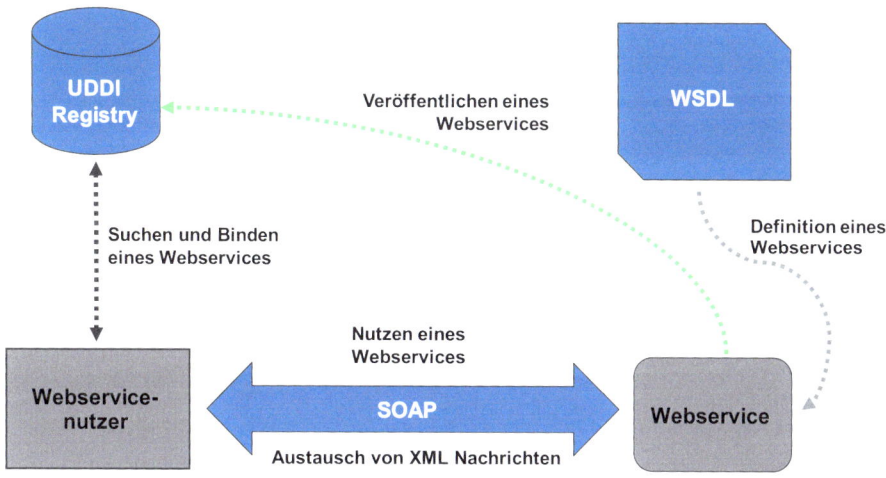

Abbildung 6: Webservices-Architektur [vgl. Pan05]

2.4 Implementierung einer Geschäftsprozesssteuerung auf Basis einer SOA

Für die Ausführung und Steuerung von Geschäftsprozessen auf Basis von IT Services müssen einzelne Services zu ausführbaren Geschäftsprozessen zusammengefügt werden [DuP08, KKP08]. Die in Abschnitt 2.2.3 aufgeführten Kompositionskonzepte stellen somit eine Basis für die Implementierung einer Geschäftsprozesssteuerung auf Basis einer SOA bereit. Das Ergebnis einer Komposition von Services wird wiederum selbst als Service bereitgestellt. Dies ermöglicht eine hierarchische Strukturierung von ausführbaren Prozessen.

2.4.1 Orchestrierung und Choreographie

Eine Komposition von Services im Rahmen der Implementierung der Steuerung von Geschäftsprozessen kann prinzipiell in zwei sich unterscheidenden Formen erfolgen [DuP08, DKB08, Mel08]:

- *Orchestrierung*: Durch eine Orchestrierung wird ein konkreter Ablauf von Services definiert. Die Orchestrierung beschreibt den Ablauf, die verwendeten Services, deren Aufruf und das Zusammenwirken der Services. Die Ausführung des Ablaufs erfolgt durch eine kontrollierende Instanz.

- *Choreographie*: Eine Choreographie von Services definiert die Interaktionen zwischen
  einzelnen Services. Bei einer Choreographie wird keine zentrale kontrollierende Instanz
  benötigt. Im einfachsten Fall wird bei einer Choreographie nur der Ablauf des Nachrichtenaustauschs zwischen beteiligten Services beschrieben. Im Falle einer komplexen Choreographie wird nicht nur der Ablauf des Nachrichtenaustausches zwischen teilnehmenden
  Services, sondern auch Abhängigkeitsregeln im Rahmen des Nachrichtenaustauschs definiert.

Eine konkrete technische Umsetzung für die Orchestrierung von Geschäftsprozessen auf Ba-
sis einer SOA liegt derzeit in Form der *Web Services Business Process Execution Language
(WS-BPEL)* [OAS07] vor. Für WS-BPEL gibt es inzwischen zahlreiche Erweiterungen
[KKP08], wie bspw. für die Einbeziehung von Personen durch die *WS-BPEL Extension for
People (BPEL4People)* [Agr07a], für Subprozesse mit gekoppelten Lebenszyklen durch die
BPEL Extension for Sub Processes (BPEL-SPE) [Klo05] oder für die Integration von Java
durch *BPEL for Java (BPELJ)* [Blo04].

Für die Choreographie gibt es mehrere Ansätze und Sprachen. Dies sind zur Zeit *BPMN, Let's
Dance, BPEL4Chor* und *WS-CDL* [DKB08]. Da der Fokus dieser Arbeit auf konkreten ausführbaren Prozessen liegt, werden die Choreographie-Ansätze nicht weiter behandelt.

2.4.2 BPEL

Die Web Services Business Process Execution Language (WS-BPEL, kurz: BPEL) ist eine
Sprache zur Komposition von Webservices. Die Version WS-BPEL 2.0 (kurz: BPEL 2.0)
wurde am 11. April 2007 von der OASIS fertiggestellt [OAS07]. Im Vergleich zur Vorgänger-
version BPEL4WS 1.1 [IBM03], die von IBM, BEA Systems und Microsoft entwickelt wurde, ist auch der Name geändert worden. BPEL 2.0 ist nicht kompatibel zu BPEL4WS 1.1. Die
zentralen Änderungen bzw. Erweiterungen von WS-BPEL 2.0 gegenüber BPEL4WS 1.1 sind
in [Mel08, Ora06] aufgeführt. Nachfolgend werden die grundlegenden Konzepte und Mechanismen von BPEL 2.0 beschrieben.

BPEL ist eine XML-basierte Sprache zur Definition und Ausführung von Geschäftsprozessen
in heterogenen Systemumgebungen [OAS07]. Sie ist aus den beiden Sprachen WSFL [Ley01]
von IBM und XLANG [Mic01] von Microsoft entstanden [Mel08 S. 236]. BPEL ermöglicht
sowohl die Modellierung der internen Struktur eines auf Webservices basierenden Prozesses
als auch die Modellierung der Interaktion zwischen Partnern, die Dienste als Webservices
anbieten [OAS07]. Der BPEL-Prozess an sich wird selbst als Webservice bereitgestellt und

kann somit wiederum in anderen BPEL-Prozessen genutzt und eingebunden werden [Mel08]. Im Rahmen der Komposition von Webservices werden bei BPEL sowohl Choreographie als auch Orchestrierung berücksichtigt [Mel08]. Die Choreographie von Geschäftsprozessen wird durch sogenannte *abstrakte Prozesse* und die Orchestrierung durch sogenannte *ausführbare Prozesse* abgebildet. Für einen BPEL-Prozess müssen zwei XML-Dateien erstellt werden. Dies ist einerseits die BPEL-Datei, die eine Beschreibung des eigentlichen Prozesses enthält. Andererseits wird eine WSDL-Datei benötigt, in der die Schnittstelle zum BPEL-Prozess als Webservice definiert ist.

Es existieren inzwischen zahlreiche Werkzeuge, mit denen BPEL-Prozesse modelliert werden können. Beispiele hierzu sind *ActiveVOS Designer*, *Oracle BPEL Process Manager* und *Petals Studio*. Einige Modellierungswerkzeuge können durch entsprechende Plug-ins in Entwicklungsumgebungen wie *Eclipse* oder Oracle *JDeveloper* eingebunden werden. Für die Ausführung von modellierten BPEL-Prozessen stehen beispielsweise *Apache Orchestration Director Engine*, *Microsoft BizTalk Server* und *Oracle BPEL Process Manager* zur Verfügung.

2.4.2.1 Grundlegende Struktur von BPEL

Die grundlegende Struktur eines BPEL-Prozesses ist aus einem Wurzelelement `process` und weiteren Elementen aufgebaut. Das Wurzelelement enthält den Namen und weitere Attribute des BPEL-Prozesses. Die weiteren Elemente können in folgende funktionale Gruppen eingeteilt werden [OAS07 S. 21ff.]:

- Elemente für die Einbindung von externen Elementen aus anderen namespaces (`extensions`)

- Elemente für die Festlegung von Abhängigkeiten zu anderen XML-Schema- oder WSDL-Definitionen (`import`)

- Elemente für die Schnittstellen nach außen (`partnerLinks`)

- Elemente für Mechanismen zum Zuordnen von Antworten bei eingehenden Nachrichten (`messageExchanges`)

- Elemente für die Definition und Nutzung von Variablen (`variables`)

- Elemente für Mechanismen zur Prozessinstanzenzuordnung (`correlationSets`)

- Elemente für Mechanismen zur Fehlerbehandlung (`faultHandlers`)

- Elemente Mechanismen zur Ereignisbehandlung (eventHandlers).

Weiterhin besteht ein BPEL-Prozess aus mindestens einer Aktivität (activity). Die Aktivitäten stellen die einzelnen Prozessschritte eines BPEL-Prozesses dar. In Quelltext 3 ist die
grundlegende Struktur einer Prozessdefinition mit WS-BPEL 2.0 aufgeführt.

```
<process name="processname"...>
    <extensions>...</extensions>
    <import.../>
    <partnerLinks>...</partnerLinks>
    <messageExchanges>...</messageExchanges>
    <variables>...</variables>
    <correlationSets>...</correlationSets>
    <faultHandlers>...</faultHandlers>
    <eventHandlers>...</eventHandlers>
    <!-- mindestens eine Aktivität (activity)  -->
</process>
```
Quelltext 3: Prozessdefinition in BPEL [vgl. OAS07 S. 21ff.]

Die einzelnen Elemente eines BPEL-Prozesses werden in den folgenden Abschnitten im Detail erläutert.

2.4.2.2 Schnittstellen eines BPEL-Prozesses

Mit partnerLinks kann eine Verbindung von einem BPEL-Prozess zu Webservices, die aus
dem Prozess heraus aufgerufen werden können oder zu Webservices, die diesen BPEL-
Prozess aufrufen, realisiert werden [OAS07 S. 37f.]. Die entsprechende Funktionalität des
jeweiligen Webservice, den die Partner anbieten, wird durch eine WSDL-Datei beschrieben.
Durch den Webservice werden die von einem partnerLink genutzten messages, portTypes
und partnerLinkTypes definiert. Bei einem partnerLink wird genau ein partnerLinkType
zugeordnet. Die Rolle, unter welcher der BPEL-Prozess ausgeführt wird, wird als myRole und
die Rolle des jeweiligen Partners als partnerRole bezeichnet. Jedoch werden in Abhängigkeit der Richtung der Kommunikation nicht immer beide Rollen benötigt. Soll in einem
BPEL-Prozess ein Webservice über einen partnerLink eines Partners aufgerufen werden,
dann muss die partnerRole angegeben werden. Wenn der BPEL-Prozess hingegen von einem Partner aufgerufen wird und der BPEL-Prozess dadurch nur Nachrichten erhält, jedoch
selbst keine Nachrichten sendet, muss die myRole angegeben werden. Wenn beide Fälle vorkommen, müssen auch beide Rollen verwendet werden. In Quelltext 4 ist die Syntax zur Definition eines partnerLinks beschrieben.

```
<partnerLinks>
    <partnerLink name="NCName"
                 partnerLinkType="QName"
                 myRole="NCName"?
                 partnerRole="NCName"?
                 initializePartnerRole="yes|no"?>
    </partnerLink>
</partnerLinks>
```

Quelltext 4: Definition von partnerLinks [OAS07 S. 37]

In den `partnerLinks` werden sogenannte `partnerLinkTypes` genutzt. Ein `partnerLinkTy-pe` beschreibt die Beziehung zwischen zwei Webservices. Hierzu werden Rollen definiert und zu jeder Rolle ein `portType` angegeben, den der Service bereitstellt, um Nachrichten in diesem Kontext auszutauschen. Erfolgt der Verbindungsaufbau zwischen den beteiligten Partnern nur von einer Seite, dann wird nur eine Rolle benötigt. Das Attribut `initializePartnerRole` gibt an, ob der Wert der `partnerRole` durch den BPEL-Prozessor initialisiert werden soll oder nicht. `partnerLinkTypes` können in einer WSDL-Datei mit der in Quelltext 5 dargestellten Syntax definiert werden.

```
<partnerLinkType name="NCName">
    <role name="NCName">
        <plnk:portType name="QName"/>
    </role>
    <role name="NCName">?
        <plnk:portType name="QName"/>
    </role>
</partnerLinkType>
```

Quelltext 5: Definition von partnerLinkTypes [OAS07 S. 37]

Abbildung 7 zeigt die Verbindungen eines BPEL-Prozesses über `partnerLinks` zu `portTypes` von zugeordneten Webservices. Der BPEL-Prozess enthält mehrere Aktivitäten (`activity 1-3`), welche die einzelnen Prozessschritte darstellen. Diesen sind `partnerLinks` zugeordnet, die wiederum einem `partnerLinkType` zugewiesen sind. Der `partnerLinkType` legt fest, welche Rollen es für die entsprechende Kommunikation mit dem Webservice gibt. Durch die `partnerLinks` und den darin zugeordneten Rollen wird für den BPEL-Prozess festgelegt, ob es nur eingehende, nur ausgehende oder sowohl eingehende als auch ausgehende Nachrichten gibt. Je nach Fall sind dann ein oder zwei `portTypes` von Webservices mit der jeweiligen Übertragungsrichtung zugeordnet.

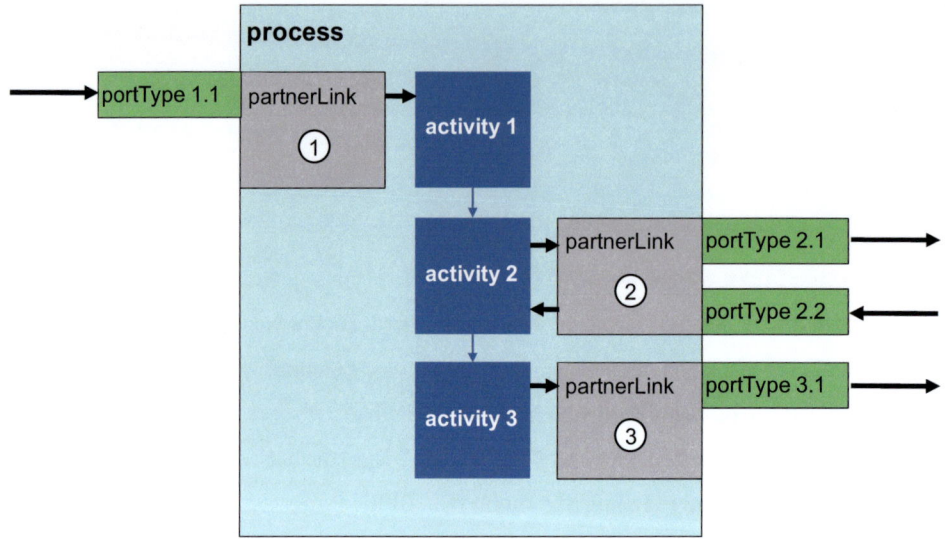

Abbildung 7: Einbindung von Webservices mit partnerLinks [vgl. OAS07 S. 16]

2.4.2.3 Ablaufdefinition von Prozessen in BPEL

Zur Definition des Ablaufs eines Prozesses stehen verschiedene Typen von Aktivitäten (`activities`) zur Verfügung [OAS07 S. 21ff.]. Aktivitäten gliedern sich prinzipiell in Basisaktivitäten (`basic activities`), die elementare Funktionen bereitstellen und strukturierte Aktivitäten (`structured activities`), welche rein für die Ablaufsteuerung des Prozesses zur Verfügung stehen. Darüber hinaus ist die Nutzung grundlegender Verwaltungsmechanismen von BPEL bei der Definition von Prozessen erforderlich.

Die folgenden Basisaktivitäten werden durch BPEL zur Verfügung gestellt [OAS07 S. 84ff.]:

- `receive`   Empfangen einer Nachricht

- `reply`   Antworten auf ein `receive`

- `invoke`   Asynchrones oder synchrones Aufrufen eines Webservice

- `assign`   Zuweisen eines Wertes an eine Variable

- `throw`   Erzeugen eines Fehlers aus dem Prozess heraus

- `wait`   Warten einer bestimmten Zeitspanne oder auf einen bestimmten Zeitpunkt

- `empty`   Aktivität ohne verarbeitende Funktion

- `exit`   Beenden eines Prozesses

- `rethrow`   Erneutes Erzeugen eines Fehlers

- `extensionActivity`   Hinzufügen neuer Aktivitätstypen

Die folgenden strukturierten Aktivitäten können zur Definition der Ablaufsteuerung verwendet werden [OAS07 S. 98ff.]:

- `sequence`   Sequentielle Abfolge von Aktivitäten

- `if`   Bedingte Verzweigung

- `while`   Schleife mit Durchlaufkriterium

- `repeatUntil`   Schleife mit Abbruchkriterium

- `forEach`   Führt den darin eingeschlossenen Bereich seriell oder parallel einer vorgebbaren Anzahl entsprechend oft aus

- `pick`   Auswählen eines Kontrollpfads in Abhängigkeit eines Timeouts oder einer externen Nachricht

- `flow`   Ausführen der enthaltenen Aktivitäten (parallel oder in vorgegebener Reihenfolge)

Darüber hinaus stehen folgende grundlegende Verwaltungsmechanismen bereit [OAS07 S. 45ff. und S. 115ff.]:

- `scopes`   Gemeinsam genutzter Kontext für Aktivitäten

- `variables`   Definition von Variablen

- `correlationsSets`   Verbindung von Nachrichten mit Prozessinstanzen

- `faultHandlers`   Definition von Fehlerbehandlungen

- `compensationHandlers`   Definition von Aktionen für das Rückgängigmachen von Aktivitäten

- `eventHandlers`   Definition von Reaktionen auf Ereignisse

- `terminationHandlers`   Definition der Terminierungsbehandlung

BPEL-Prozesse können in Abhängigkeit ihres Aufrufs synchron oder asynchron genutzt werden. Bei einer synchronen Umsetzung muss die erste Aktivität im aufgerufenen BPEL-Prozess ein `receive` und die letzte Aktivität ein `reply` darstellen. In diesem synchronen Fall wartet der aufrufende BPEL-Prozess solange, bis eine Antwort vom aufgerufenen BPEL-

Prozess übermittelt wird. Im aufrufenden BPEL-Prozess wird hierzu eine `invoke`-Aktivität verwendet, mit der dieser den untergeordneten BPEL-Prozess synchron aufruft und dadurch auch die Antwort entgegennimmt. Bei einer asynchronen Umsetzung muss die erste Aktivität im aufgerufenen BPEL-Prozess analog zum synchronen Fall ebenfalls ein `receive` darstellen. Der aufgerufene BPEL-Prozess muss hierbei jedoch durch ein `invoke` abgeschlossen werden. Im asynchronen Fall wird vom aufrufenden BPEL-Prozess nicht auf eine Antwort des aufgerufenen BPEL-Prozesses gewartet, sondern die nächste Aktivität des BPEL-Prozesses entsprechend des definierten Ablaufs ausgeführt. Im aufrufenden BPEL-Prozess wird der untergeordnete BPEL-Prozess durch ein `invoke` aufgerufen und dessen Antwort durch ein `receive` entgegengenommen.

2.4.2.4 Basisaktivitäten

Nachfolgend werden die Basisaktivitäten mit ihren jeweiligen Funktionen und der entsprechenden Syntax erläutert [OAS07 S. 84ff.].

`standard-attributes` und `standard-elements`:

Jede Aktivität kann optional Standard-Attribute (`standard-attributes`) und Standard-Elemente (`standard-elements`) besitzen. Die Standard-Attribute sind ein zu vergebender Name der Aktivität und ein Kennzeichen, ob ein auftretender Join-Fehler unterdrückt wird oder nicht. Ein Join-Fehler tritt auf, wenn die Auswertung des boolschen Ausdrucks der Join-Bedingung einer Aktivität den Wert *false* als Ergebnis liefert. Join-Bedingungen können verwendet werden, um konkurrierende Zugriffe über unterschiedliche Prozesspfade bei einer Aktivität aufzulösen. Quelltext 6 zeigt die Definition optionaler Standard-Attribute.

```
name="NCName"?
suppressJoinFailure="yes|no"?
```

Quelltext 6: Definition von `standard-attributes` [OAS07 S. 30f.]

Die Standard-Elemente werden verwendet, um eine Verknüpfung zwischen Aktivitäten über sogenannte Links zu ermöglichen. Hier können Links als Quelle und Ziel (`source/target`) bei einzelnen Aktivitäten angegeben werden. Quelltext 7 zeigt die Definition optionaler Standard-Elemente. Die Syntax und die Semantik von Links werden in Abschnitt 2.4.2.5 beschrieben.

```
<targets>?
   <joinCondition expressionLanguage="anyURI">?
      bool-expr
   </joinCondition>
   <target linkName="NCName"/>+
</targets>
<sources>?
   <source linkName="NCName">+
      <transitionCondition expressionLanguage="anyURI">?
         bool-expr
      </transitionCondition>
   </source>
</sources>
```

Quelltext 7: Definition von `standard-elements` [OAS07 S. 31]

receive:

Eine `receive`-Aktivität wartet auf das Eintreffen einer Nachricht. Die Prozessinstanz wird solange blockiert, bis eine entsprechende Nachricht über den angegebenen `partnerLink` von dem zugeordneten Webservice ankommt. Bei einer `receive`-Aktivität kann durch das Attribut `createInstance` festgelegt werden, ob beim Empfang einer Nachricht eine neue Instanz des BPEL-Prozesses gestartet werden soll. Die Definition einer `receive`-Aktivität erfolgt mit der in Quelltext 8 dargestellten Syntax.

```
<receive partnerLink="NCName"
         portType="QName"
         operation="NCName"
         variable="BPELVariableName"?
         createInstance="yes|no"?
         messageExchange="NCName"?
         standard-attributes>
   standard-elements
   <correlations>?
      <correlation set="NCName" initiate="yes|join|no"? >+
   </correlations>
   <fromParts>?
      <fromPart part="NCName" toVariable="BPELVariableName"/>+
   </fromParts>
</receive>
```

Quelltext 8: Definition einer `receive`-Aktivität [OAS07 S. 89]

reply:

Mit einer `reply`-Aktivität lässt sich eine Antwort auf eine zuvor durch eine `receive`-Aktivität eingegangene Nachricht senden. Die Definition einer `reply`-Aktivität erfolgt mit der in Quelltext 9 dargestellten Syntax.

```
<reply partnerLink="NCName"
       portType="QName"
       operation="NCName"
       variable="NCName"?
       faultName="QName"?
```

```
      messageExchange="NCName"?
      standard-attributes>
   standard-elements
   <correlations>?
      <correlation set="NCName" initiate="yes|join|no"?/>+
   </correlations>
   <toParts>?
      <toPart part="NCName" fromVariable="BPELVariableName"/>+
   </toParts>
</reply>
```

Quelltext 9: Definition einer `reply`-Aktivität [OAS07 S. 92f.]

invoke:

Durch eine `invoke`-Aktivität wird eine Operation eines `portType` aufgerufen, die über einen `partnerLink` zur Verfügung gestellt wird. Der Aufruf einer `invoke`-Aktivität kann sowohl synchron als auch asynchron erfolgen. In beiden Fällen muss das Attribut `inputVariable` für die Definition von Aufrufparametern angegeben werden. Das Attribut `ouputVariable` wird nur im asynchronen Fall genutzt, um die Rückgabeparameter zu definieren. Die Definition einer `invoke`-Aktivität erfolgt mit der in Quelltext 10 dargestellten Syntax.

```
<invoke partnerLink="NCName"
        portType="QName"
        operation="NCName"
        inputVariable="BPELVariableName"?
        outputVariable="BPELVariableName"?
        standard-attributes>
   standard-elements
   <correlations>?
      <correlation set="NCName" initiate="yes|join|no"?
        pattern="request|response|request-response"?/>+
   </correlations>
   <catch faultName="QName"?
        faultVariable="BPELVariableName"?
        faultMessageType="QName"?
        faultElement="QName"?>*
        activity
   </catch>
   <catchAll>?
      activity
   </catchAll>
   <compensationHandler>?
      activity
   </compensationHandler>
   <toParts>?
      <toPart part="NCName" fromVariable="BPELVariableName"/>+
   </toParts>
   <fromParts>?
      <fromPart part="NCName" toVariable="BPELVariableName"/>+
   </fromParts>
</invoke>
```

Quelltext 10: Definition einer `invoke`-Aktivität [OAS07 S. 85]

assign:

Mit einer `assign`-Aktivität kann eine Zuweisung von Werten zu Variablen durchgeführt werden. Teile aus Nachrichten können hierzu mittels XPath [W3C99] ausgewählt werden. Die
Definition einer `assign`-Aktivität erfolgt mit der in Quelltext 11 dargestellten Syntax. Die
enthaltene `copy`-Anweisung definiert Quelle/Ziel-Paare für die Zuordnung von Werten, die
durch entsprechende Ausdrücke bei `from-spec` und `to-spec` angegeben werden können.

```
<assign validate="yes|no"? standard-attributes>
   standard-elements
   (
   <copy keepSrcElementName="yes|no"? ignoreMissingFromData="yes|no"?>
      from-spec
      to-spec
   </copy>
   |
   <extensionAssignOperation>
      assign-element-of-other-namespace
   </extensionAssignOperation>
   )+
</assign>
```

Quelltext 11: Definition einer `assign`-Aktivität [OAS07 S. 59f.]

Die `from-spec`-Klausel und die `to-spec`-Klausel können auf Basis der in Quelltext 12 und
Quelltext 13 aufgeführten unterschiedlichen Formen definiert werden.

```
<from variable="BPELVariableName" part="NCName"?>
   <query queryLanguage="anyURI"?>?
      queryContent
   </query>
</from>
<from partnerLink="NCName" endpointReference="myRole|partnerRole"/>
<from variable="BPELVariableName" property="QName"/>
<from expressionLanguage="anyURI"?>expression</from>
<from><literal>literal value</literal></from>
<from/>
```

Quelltext 12: Definition einer `from`-Klausel [OAS07 S. 60]

```
<to variable="BPELVariableName" part="NCName"?>
   <query queryLanguage="anyURI"?>?
      queryContent
   </query>>
</to>
<to partnerLink="NCName"/>
<to variable="BPELVariableName" property="QName"/>
<to expressionLanguage="anyURI"?>expression</to>
<to/>
```

Quelltext 13: Definition einer `to`-Klausel [OAS07 S. 60]

throw:

Mit einer `throw`-Aktivität kann ein Fehler erzeugt und gegebenenfalls eine Fehlerbehandlung ausgelöst werden. Jede `throw`-Aktivität besitzt einen durch das Attribut `faultName` eindeutig festgelegten Fehlernamen und gegebenenfalls einen durch das optionale Attribut `faultVariable` definierten Fehlerwert. In Quelltext 14 ist die Syntax zur Definition einer `throw`-Aktivität aufgeführt.

```
<throw faultName="QName"
       faultVariable=" BPELVariableName"?
       standard-attributes>
       standard-elements
</throw>
```
Quelltext 14: Definition einer throw-Aktivität [OAS07 S. 94f.]

wait:

Durch eine `wait`-Aktivität wird der BPEL-Prozess an der entsprechenden Stelle für eine definierbare Zeitspanne oder bis zu einem definierbaren Zeitpunkt angehalten. Die Angabe einer entsprechenden Zeitspanne erfolgt im `for`-Element der `wait`-Aktivität. Alternativ erfolgt die Definition eines Zeitpunkts im `until`-Element. Quelltext 15 zeigt die Syntax zur Definition einer `wait`-Aktivität.

```
<wait standard-attributes>
      standard-elements
      (
      <for expressionLanguage="anyURI"?>duration-expr</for>
      |
      <until expressionLanguage="anyURI"?>deadline-expr</until>
      )
</wait>
```
Quelltext 15: Definition einer wait-Aktivität [OAS07 S. 95]

empty:

Mit einer `empty`-Aktivität kann bei einem BPEL-Prozess eine Aktivität eingebunden werden, die keine verarbeitende Funktion besitzt. Diese wird häufig für eine übersichtlichere Darstellung eines Ablaufs oder auch für die Synchronisation von konkurrierenden Aktivitäten eingesetzt. Die Definition einer `empty`-Aktivität erfolgt mit der in Quelltext 16 dargestellten Syntax.

```
<empty standard-attributes>
       standard-elements
</empty>
```
Quelltext 16: Definition einer empty-Aktivität [OAS07 S. 95]

exit:

Eine `exit`-Aktivität beendet den BPEL-Prozess beim jeweils zugeordneten Element. Die Prozesskontrolle wird an die übergeordnete Prozessinstanz übergeben, falls diese existiert. Wenn eine Prozessinstanz mit `exit` beendet wird, dann erfolgt dies ohne Terminierungs-, Fehler- und Kompensationsbehandlung. Die `exit`-Aktivität kann in allen Elementen durch die in Quelltext 17 dargestellte Syntax eingebunden werden.

```
<exit standard-attributes>
    standard-elements
</exit
```

Quelltext 17: Definition einer `exit`-Aktivität [OAS07 S. 96]

rethrow:

Durch eine `rethrow`-Aktivtität kann ein Fehler erneut erzeugt werden, um bspw. die Daten des Fehlers im Rahmen einer Fehlerbehandlung zu ermitteln. Ein `rethrow` kann nur in einem `faultHandler` benutzt werden. In Quelltext 18 ist die Syntax zur Definition einer `rethrow`-Aktivität aufgeführt.

```
<rethrow standard-attributes>
    standard-elements
</rethrow>
```

Quelltext 18: Definition einer `rethrow`-Aktivität [OAS07 S. 97]

extensionActivity:

Durch `extensionActivity`-Elemente können zusätzliche, d.h. nicht in der Spezifikation von WS-BPEL 2.0 enthaltene Aktivtitätstypen eingebunden werden. Eine `extensionActivity` darf nur ein einzelnes Element mit einem vom WS-BPEL Namespace abweichenden Namespace enthalten. Das Element muss auch die Standard-Attribute und Standard-Elemente von BPEL zur Verfügung stellen. In Quelltext 19 ist die Syntax zur Definition einer `extensionActivity` aufgeführt.

```
<extensionActivity>
   <anyElementQName standard-attributes>
   standard-elements
</anyElementQName>
</extensionActivity>
```

Quelltext 19: Definition einer `extensionActivity` [OAS07 S. 96]

2.4.2.5 Strukturierte Aktivitäten

Nachfolgend werden die strukturierten Aktivitäten mit ihren jeweiligen Funktionen und der entsprechenden Syntax erläutert [OAS07 S. 98ff.].

sequence:

Mit einer `sequence`-Aktivität kann eine sequentielle Abfolge der in ihr enthaltenen Aktivitäten in einem BPEL-Prozess definiert werden. Quelltext 20 beschreibt die entsprechende Syntax zur Definition einer `sequence`-Aktivität.

```
<sequence standard-attributes>
    standard-elements
    activity+
</sequence>
```

Quelltext 20: Definition einer **sequence**-Aktivität [OAS07 S. 98]

if:

Durch eine `if`-Aktivität kann eine bedingte Verzweigung im BPEL-Prozess realisiert werden. Falls die Bedingung erfüllt ist, wird die bei Bedingung zugeordnete Aktivität ausgeführt. Ist die Bedingung hingegen nicht erfüllt, erfolgt eine Ausführung der unter `else` definierten Aktivität. Die Syntax zur Definition einer `if`-Aktivität ist in Quelltext 21 dargestellt.

```
<if standard-attributes>
    standard-elements
    <condition expressionLanguage="anyURI"?>bool-expr</condition>
    activity
    <elseif>*
        <condition expressionLanguage="anyURI"?>bool-expr</condition>
        activity
    </elseif>
    <else>?
        activity
</else>
</if>
```

Quelltext 21: Definition einer **if**-Aktivität [OAS07 S. 99]

while:

Mit einer `while`-Aktivität kann eine Wiederholung von Aktivitäten definiert werden. Diese wird solange durchgeführt, wie eine bestimmte Bedingung erfüllt ist. In Quelltext 22 ist die Syntax zur Definition einer `while`-Aktivität aufgeführt.

```
<while standard-attributes>
    standard-elements
    <condition expressionLanguage="anyURI"?>bool-expr</condition>
    activity
</while>
```

Quelltext 22: Definition einer **while**-Schleife [OAS07 S. 99f.]

repeatUntil:

Mit einer `repeatUntil`-Aktivität kann ebenfalls eine Wiederholung von Aktivitäten definiert werden. Diese wird im Gegensatz zur `while`-Aktivität dann jedoch solange durchgeführt, bis eine bestimmte Bedingung erfüllt ist. Die entsprechende Syntax zur Definition einer repeatUntil-Aktivität ist in Quelltext 23 dargestellt.

```
<repeatUntil standard-attributes>
   standard-elements
   <condition expressionLanguage="anyURI"?>bool-expr</condition>
   activity
</repeatUntil>
```

Quelltext 23: Definition einer repeatUntil-Schleife [OAS07 S. 100]

forEach:

Eine forEach-Aktivität führt die enthaltenen durch scope geklammerten Aktivitäten N+1-mal durch. N ergibt sich hierbei aus finalCounterValue - startCounterValue. Die Durchführung der enthaltenen scope-Aktivität kann parallel oder sequentiell erfolgen. Dies wird im Attribut parallel festgelegt. Durch die Definition einer completionCondition können forEach-Aktivitäten auch vorzeitig, d.h. bevor alle durch die CounterValues vorge-gebenen Iterationen durchlaufen sind, beendet werden. Quelltext 24 beschreibt die entspre-chende Syntax zur Definition einer forEach-Aktivität.

```
<forEach counterName="BPELVariableName" parallel="yes|no">
   standard-attributes>
   standard-elements
   <startCounterValue expressionLanguage="anyURI"?>
      unsigned-integer-expression
   </startCounterValue>
   <finalCounterValue expressionLanguage="anyURI"?>
      unsigned-integer-expression
   </finalCounterValue>
   <completionCondition>?
      <branches expressionLanguage="anyURI"?
         successfulBranchesOnly="yes|no"?>?
         unsigned-integer-expression
      </branches>
   </completionCondition>
<scope ...>...</scope>
</forEach>
```

Quelltext 24: Definition einer forEach-Schleife [OAS07 S. 112]

pick:

Mit einer pick-Aktivität wird eine Prozessinstanz angehalten und solange gewartet, bis genau ein Ereignis aus einer Menge an definierten Ereignissen eintritt. Ein entsprechendes Ereignis kann das Eintreffen einer passenden Nachricht oder das Überschreiten einer bestimmten Zeit-spanne bzw. das Erreichen eines bestimmten Zeitpunkts sein. Tritt einer dieser Fälle ein, wird die entsprechend zugeordnete Aktivität ausgeführt.

```
<pick createInstance="yes|no"?
      standard-attributes>
   standard-elements
   <onMessage partnerLink="NCName"
              portType="QName"
              operation="NCName"
              variable=" BPELVariableName"
              messageExchange="NCName"?>+
      <correlations>?
         <correlation set="NCName" initiate="yes|join|no"?/>+
      </correlations>
      <fromParts>?
         <fromPart part="NCName" toVariable="BPELVariableName"/>+
      </fromParts>
      activity
   </onMessage>
   <onAlarm>*
      (
      <for expressionLanguage="anyURI"?>duration-expr</for>
      |
      <until expressionLanguage="anyURI"?>deadline-expr</until>
      )
      activity
   </onAlarm>
</pick>
```

Quelltext 25: Definition einer `pick`-Aktivität [OAS07 S. 101]

Mögliche eintreffende Nachrichten können im `onMessage`-Element definiert werden. Zeit-punkte oder Zeitspannen können im `onAlarm`-Element festgelegt werden. In Quelltext 25 ist die Syntax zur Definition einer `pick`-Aktivität aufgeführt.

flow:

Durch eine `flow`-Aktivität können einerseits die darin enthaltenen Aktivitäten parallel ausge-führt werden. Andererseits können komplexe Abhängigkeiten bezogen auf die Ablaufreihen-folge der enthaltenen Aktivitäten definiert werden. Die Abhängigkeiten zwischen den Aktivi-täten können mit sogenannten Links (`links`) erzeugt werden, die im `links`-Element der `flow`-Aktivität angegeben werden. Die entsprechende Syntax zur Definition einer `flow`-Aktivität ist in Quelltext 26 dargestellt.

```
<flow standard-attributes>
   standard-elements
   <links>?
      <link name="NCName">+
   </links>
   activity+
</flow>
```

Quelltext 26: Definition einer `flow`-Aktivität [OAS07 S. 102]

Durch die sogenannte `link semantics` kann eine Definition von ablaufbezogenen Abhän-gigkeiten für einen BPEL-Prozess erfolgen, wie sie aufgrund der blockartigen Struktur von

BPEL ansonsten nicht möglich wäre. Im Rahmen der `link semantics` werden Regeln definiert, die das Verhalten des Prozessflusses in BPEL im Rahmen dieser Abhängigkeiten festlegen. Im Wesentlichen legen diese Regeln fest, dass alle über Links verbundenen Vorgängeraktivitäten einer Aktivität A abgeschlossen sein müssen und dann die `joinCondition` der Aktivität A ausgewertet wird. Liefert die Auswertung der `joinCondition` der Aktivität A den Wert True, dann wird die Aktivität ausgeführt. Die Vorgänger/Nachfolger-Beziehungen werden durch die Zuordnung von Links zwischen Quell- und Ziel-Aktivitäten über die Standard-Elemente `source` und `target` definiert. Hierbei wird bei einer Aktivität, die bezüglich eines Links eine Vorgänger-Aktivität darstellt, der entsprechende Link in das `source`-Element der Aktivität eingetragen. Bei einer Aktivität, die bezüglich eines Links eine Nachfolger-Aktivität darstellt, wird der entsprechende Link in das `target`-Element der Aktivität eingefügt. Die Angabe des Links erfolgt durch Zuordnung seines Namens im Attribut `linkName` bei den Standard-Elementen der Aktivitäten im jeweiligen Bereich (`source/target`). Über die `joinCondition` bei den Aktivitäten wird dies dann ausgewertet und entsprechend den Regeln der `link semantics` behandelt.

2.4.2.6 Verwaltungsmechanismen

Nachfolgend werden die Verwaltungsmechanismen, die im Rahmen der Definition eines BPEL-Prozesses zusätzlich genutzt werden sollten, mit ihrer jeweiligen Syntax erläutert [OAS07 S. 45ff. und S. 115ff.].

scopes:

Der Kontext einer Aktivität wird durch einen sogenannten `scope` festgelegt, mit dem ein Gültigkeitsbereich für bestimmte Mechanismen in BPEL definiert werden kann. Ein `scope` kann Variablen (`variables`), `partnerLinks`, Mechanismen zum Zuordnen von `replys` bei eingehenden Nachrichten (`messageExchanges`), Mechanismen zur Prozessinstanzenzuordnung (`correlationSets`), Mechanismen zur Ereignis- und Fehlerbehandlung (`eventHandlers` und `faultHandlers`), Mechanismen für das Rückgängigmachen von Aktivitäten (`compensationHandler`) und Mechanismen für die Terminierungsbehandlung (`terminationHandler`) beinhalten. Alle `scope`-Elemente sind optional, besitzen jedoch teilweise fest zugeordnete Default-Werte. `scopes` können ineinander geschachtelt aufgebaut werden. Die Syntax für den Aufbau eines `scope` ist in Quelltext 27 dargestellt.

```
<scope isolated "yes|no"? exitOnStandardFault "yes|no"?
   standard-attributes >
   standard-elements
```

```
   <variables>?
   ...
   </variables>
   <partnerLinks>?
   ...
   </partnerLinks>
   <messageExchanges>?
   ...
   </messageExchanges>
   <correlationSets>?
   ...
   </correlationSets>
   <eventHandlers>?
   ...
   </eventHandlers>
   <faultHandlers>?
   ...
   </faultHandlers>
   <compensationHandler>?
   ...
   </compensationHandler>
   <terminationHandler>?
   ...
   </terminationHandler>
   activity
</scope>
```

Quelltext 27: Definition eines scope [OAS07 S. 115f.]

variables:

In BPEL können variables verwendet werden, um Informationen über Zustände in einem Prozess zu speichern. Beispielsweise werden häufig Nachrichten von einem Partner zwischengespeichert, um sie dann in einem weiteren Prozessschritt an einen weiteren Partner zu übertragen. Bei Variablen kann XPath verwendet werden, um Ausdrücke zu vereinfachen. Darüber hinaus ist die Definition von Variablen auf Basis von XSD complex types erlaubt. Die Deklaration von variables erfolgt mit der in Quelltext 28 dargestellten Syntax.

```
<variables>
   <variable name="BPELVariableName"
      messageType="QName"?
      type="QName"?
      element="QName"?/>+
      from-spec?
   </variable>
</variables>
```

Quelltext 28: Definition einer variable [OAS07 S. 45]

correlationSets:

Beim Aufruf eines BPEL-Prozesses wird eine entsprechende Prozessinstanz erzeugt. Bei der Abarbeitung einer solchen Prozessinstanz müssen Aufrufe von mehreren Webservices koordiniert werden. Diesbezüglich muss dafür gesorgt werden, dass bei der Kommunikation der

Webservices immer die jeweils richtige Prozessinstanz gewählt wird. Für eine explizite Instanzenidentifikation müssen Informationen vorhanden sein, um eine Korrelation zwischen BPEL-Prozess- und Webservice-Instanz zu gewährleisteten. Eine Verbindung kann über eindeutige Merkmale wie beispielsweise eine Auftragsnummer hergestellt werden. Diese speziell zur Identifikation von Abhängigkeiten zwischen Instanzen benötigten Informationen werden in sogenannten `correlationSets` festgelegt. Die entsprechende Syntax für die Definition von `correlationSets` ist in Quelltext 29 dargestellt.

```
<correlationSets>?
    <correlationSet name="NCName" properties="QName-list"/>+
</correlationSets>
```
Quelltext 29: Definition eines `correlationSet` [OAS07 S. 75]

`faultHandlers`:

Für eine Fehlerbehandlung innerhalb eines BPEL-Prozesses erfolgt ein Wechsel zu einem entsprechenden `scope`. Die eigentliche Fehlerbehandlung wird durch sogenannte `faultHandler` entsprechend der in Quelltext 30 dargestellten Syntax definiert.

```
<faultHandlers>?
    <catch faultName="QName"?
        faultVariable="BPELVariableName"?
        ( faultMessageType="QName" | faultElement="QName" )?>*
        activity
    </catch>
    <catchAll>?
        activity
    </catchAll>
</faultHandlers>
```
Quelltext 30: Definition eines `faultHandler` [OAS07 S. 128]

Die einzelnen Fehler werden jeweils in einem eigenen `catch`-Element behandelt. Die Behandlung eines bestimmten Fehlers wird anhand des im Attribut `faultName` festgelegten Fehlernamens und der im Attribut `faultVariable` definierten Variable identifiziert. In Abhängigkeit davon, ob die abzufangenden Daten im `catch`-Element eine WSDL Message oder ein XML Element darstellen, wird entweder das Attribut `faultMessageType` oder das Attribut `faultElement` genutzt. Im `catch`-Element wird jeweils die im Falle des Auftretens des entsprechenden Fehlers auszuführende Aktivität angegeben. Wenn bei Fehlern keine separate Behandlung durch ein spezielles `catch`-Element erforderlich ist, kann auch eine allgemeine Fehlerbehandlung im `catchAll`-Element definiert werden. Für eine entsprechende Behandlung einzelner Fehler muss eine `throw`-Aktivität aus einem BPEL-Prozess heraus aufgerufen werden. Falls für einen auftretenden Fehler innerhalb eines `scope` keine Fehlerbehandlung gefunden werden kann, wird im übergeordneten `scope` weitergesucht. Im Rahmen einer `invoke`-Aktivität können Fehler direkt identifiziert und behandelt werden. Hierzu sind innerhalb der `invoke`-Aktivität `catch`- und `catchAll`-Elemente definierbar.

compensationHandlers:

Ein `compensationHandler` stellt einen Mechanismus zur Verfügung, mit dem bereits ausgeführte Aktivitäten wieder rückgängig gemacht werden können. Die Definition eines `compensationHandler` kann im Rahmen eines `scope` erfolgen. Darüber hinaus kann ein `compensationHandler` jedoch auch direkt innerhalb einer `invoke`-Aktivität definiert werden. Die Syntax für die Definition eines `compensationHandler` ist in Quelltext 31 dargestellt.

```
<compensationHandler>?
    activity
</compensationHandler>
```

Quelltext 31: Definition eines `compensationHandler` [OAS07 S. 118]

Die Nutzung erfolgt durch den Aufruf einer der beiden Aktivitäten `compensate` oder `compensateScope`. Mit `compensateScope` wird die für den angegebenen inneren `scope` definierte `compensation` gestartet. `compensate` startet die definierte `compensation` für alle inneren scopes. Quelltext 32 zeigt die Syntax für die Definition der beiden `compensate`-Aktivitäten. Beide Aktivitäten dürfen nur innerhalb von einem `faultHandler`, einem `compensationHandler` oder einem `terminationHandler` verwendet werden. Für die `compensation` müssen entsprechende Operationen entwickelt werden, die den aktuellen Zustand des Prozesses berücksichtigen.

```
<compensateScope scope="NCName"? standard-attributes>
    standard-elements
</compensateScope>

<compensate scope="NCName"? standard-attributes>
    standard-elements
</compensate>
```

Quelltext 32: Definition einer `compensate`-Aktivität [OAS07 S. 122f.]

eventHandlers:

Jeder `scope` kann eine Menge an `eventHandlers` besitzen. `eventHandlers` werden durch Auftreten von entsprechenden Ereignissen gestartet und können nebenläufig ausgeführt werden. Es werden zwei unterschiedliche Typen von Ereignissen berücksichtigt. Einerseits kann hierbei ein Ereignis eine eingehende Nachricht einer Webservice-Operation darstellen. Andererseits kann ein Ereignis auch ein Alarm sein, der nach Ablauf einer vorgegebenen Zeit ausgelöst wird. Ein `eventHandler` muss mindestens ein `onEvent`- oder ein `onAlarm`-Element enthalten. In einem `eventHandler` wird eine Aktivität durch den enthaltenen `scope` definiert, die ausgeführt wird, wenn bestimmte Nachrichten eintreffen oder Alarme ausgelöst werden. Für einen Alarm kann ein Zeitraum, ein Zeitpunkt oder ein Intervall für das Auslösen bestimmt werden. Dies wird durch die Elemente `for`, `until` und `repeatEvery` definiert, bei denen entweder mit `for` ein bestimmter Zeitraum, mit `until` ein bestimmter Zeitpunkt und mit `repeatEvery` ein Intervall angegeben werden kann. Ein `onAlarm`-Element muss mindestens eines dieser drei Elemente beinhalten. Innerhalb eines `onAlarm`-Elements dürfen `for` und `until` nicht gleichzeitig verwendet werden. `repeatEvery` darf hingegen sowohl in Kombination mit `for` als auch in Kombination mit `until` verwendet werden. Die Syntax für die Definition eines `eventHandler` ist in Quelltext 33 dargestellt.

```
<eventHandlers>?
   <onEvent partnerLink="NCName"
      portType="QName"?
      operation="NCName"
      ( messageType="QName" | element="QName" )?
      variable="BPELVariableName"?
      messageExchange="NCName"?>*
      <correlations>?
         <correlation set="NCName" initiate="yes|join|no"?/>+
      </correlations>
      <fromParts>?
         <fromPart part="NCName" toVariable="BPELVariableName"/>+
      </fromParts>
      <scope ...>...</scope>
   </onEvent>

   <onAlarm>*
      (
      <for expressionLanguage="anyURI"?>duration-expr</for>
      |
      <until expressionLanguage="anyURI"?>deadline-expr</until>
      )?
      <repeatEvery expressionLanguage="anyURI"?>?
         duration-expr
      </repeatEvery>
      <scope ...>...</scope>
   </onAlarm>
</eventHandlers>
```

Quelltext 33: Definition eines `eventHandler` [OAS07 S. 137]

terminationHandlers:

Ein `terminationHandler` wird aufgerufen, wenn die Aktivitäten eines `scopes` beendet sind. Beim Aufruf wird dann die im `terminationHandler` angegebene Aktivität ausgeführt. Die Definition erfolgt entsprechend der in Quelltext 34 dargestellten Syntax.

```
<terminationHandler>
    activity
</terminationHandler>
```

Quelltext 34: Definition eines `terminationHandler` [OAS07 S. 136]

2.4.2.7 Beispielprozess

In Abbildung 8 ist ein Beispielprozess für einen mit BPEL implementierten Geschäftsprozess dargestellt. In dem dargestellten Beispiel wird ein automatisiert laufender Prozess für die Verarbeitung eines eingehenden Kundenauftrags für ein Produkt beschrieben.

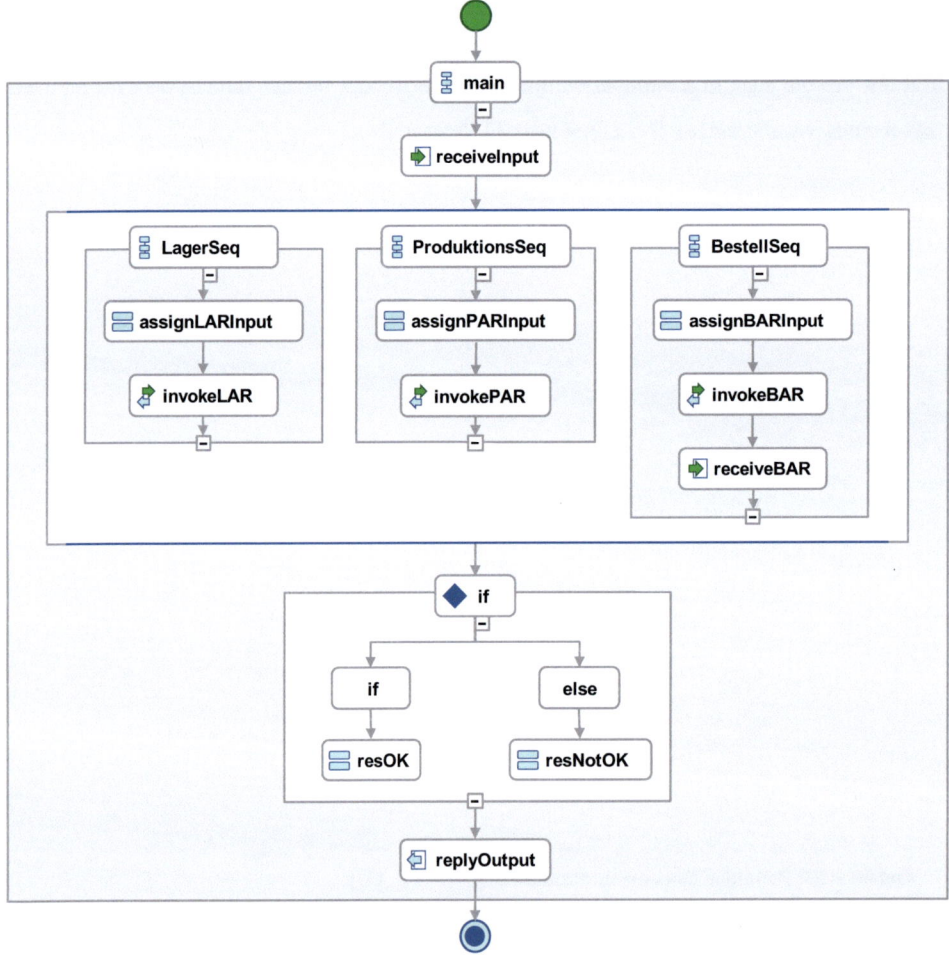

Abbildung 8: BPEL-Beispielprozess für die Verarbeitung eingehender Kundenaufträge [vgl. PeL11]

Das Produkt setzt sich hierbei generell aus drei Komponenten zusammen, die in jeweils unterschiedlicher Weise für einen Kundenauftrag bereitgestellt werden müssen. Die erste Komponente wird generell auf Lager eingekauft, d.h. der entsprechende Artikel wird im Rahmen der Abwicklung eines Kundenauftrags bei positivem Bestand aus dem Lager entnommen. Die zweite Komponente des Produkts muss individuell entsprechend der vom Kunden gemachten Vorgaben intern gefertigt werden. Die dritte Komponente muss auftragsbezogen bei einem Lieferanten bestellt werden.

In dem dargestellten BPEL-Prozess wird zunächst der eingehende Auftrag mit `receiveOrder` entgegengenommen. In einem `flow` werden anschließend die drei `sequences`: `LagerSeq`, `ProduktionsSeq` und `BestellSeq` parallel gestartet. Hierbei werden in `LagerSeq` die Verfügbarkeit des als erste Komponente benötigten Artikels geprüft, der dann ggf. bereits reserviert wird. In `ProduktionsSeq` werden die für die individuelle Fertigung der zweiten Komponente im eingegangenen Kundenauftrags enthaltenen Daten an das Fertigungssystem weitergegeben, um eine mögliche Realisierung in der vom Kunden vorgegebenen Zeit zu prüfen und ggf. zu bestätigen. In `BestellSeq` wird eine Bestellanfrage für die dritte Komponente an einen Lieferanten weitergegeben. Die Ausführungen in den `sequences` für die ersten beiden Komponenten erfolgen jeweils zunächst durch Zuweisung der entsprechenden Input-Daten durch ein `assign` für den jeweiligen Webservice und einem anschließenden synchronen Aufruf der Webservices durch ein `invoke`. Ein synchroner Aufruf mit einem `invoke` ist in diesen Fällen möglich, da die durch die im Unternehmen befindlichen und mit einer entsprechenden Verfügbarkeit ausgestatteten Systeme *Lagerhaltung* und *Fertigung* kurzfristig eine Antwort liefern können. Bei der `BestellSeq` erfolgt zunächst ebenfalls der Aufruf nach der Zuweisung der Input-Daten durch ein `assign`. Anschließend wird dann jedoch ein asynchroner Aufruf mit einem `invoke` durchgeführt. Durch den zugeordneten Webservice werden die Daten zu der benötigen Komponente als Bestellanfrage für den entsprechenden Artikel an den Lieferanten übertragen. Diese Anfrage wird beim Lieferanten in einem separaten Prozess bearbeitet und das Ergebnis dann entweder als Zusage für die Lieferung der angefragten Komponente zum gewünschten Lieferzeitpunkt durch eine Reservierungsbestätigung oder als Ablehnung übertragen. Das übertragene Ergebnis wird dann von der `receiveBAR`-Aktivität entgegengenommen. Nach Abschluss der drei `sequences` im `flow` werden die einzelnen Ergebnisse überprüft. Wenn die Rückmeldungen für alle drei Komponenten positiv ausfallen, d.h. eine Bestätigung für eine Reservierung im Lager für die erste Komponente, eine Fertigungszusage zum gewünschten Zeitpunkt für die zweite Komponente und eine Reservierungsbestätigung vom Lieferanten für die dritte Komponente vorliegen, erfolgt eine Rückmeldung an den Kunden, dass sein Auftrag durchgeführt werden kann. Fällt eine Rückmeldung hingegen negativ aus, erhält der Kunde eine Absage. Die Ergebnisbearbeitung erfolgt in der für den jeweiligen Fall vorgesehenen `sequence`, in der die entsprechende Behandlung implementiert ist. Der Fall, dass ein Lieferant sich nicht in einer vorgegebenen Zeit zurückmeldet, könnte mit einem entsprechenden `eventHandler` durch die Definition eines Alarms und der dann durchzuführenden Aktivität, behandelt werden.

2.4.3 Erweiterungen von BPEL

BPEL bietet einen Funktionsumfang für die Automatisierung von Geschäftsprozessen auf der Grundlage von Webservices. Anforderungen, die durch die von BPEL bereitgestellte Funktionalität nicht abgedeckt werden, sind bspw. die Einbindung von menschlicher Interaktion, ein übergreifendes Handling von Prozesshierarchien und die Bereitstellung einer internen prozeduralen oder objektorientierten Programmiersprache. Für diese Anforderungen sind jeweils Erweiterungen von BPEL erforderlich. Nachfolgend werden verfügbare Erweiterungen zu den genannten Anforderungen kurz vorgestellt [KKP08].

2.4.3.1 Erweiterung für menschliche Interaktion

Durch BPEL werden keine standardisierten Methoden bereitgestellt, um Personen in BPEL-gestützten Geschäftsprozessen einzubinden. Dies ist das Ziel der *WS-BPEL Extension for People* (kurz: *BPEL4People*) [Agr07a]. BPEL4People bietet Erweiterungen für WS-BPEL 2.0, die ermöglichen, dass Personen und deren Aktionen in BPEL-gestützten Prozessen eingebunden werden können. Durch diese Erweiterungen können bestimmte Prozessschritte, wie beispielsweise die Freigabe durch eine verantwortliche Person, die Prüfung von Informationen nach dem Vier-Augen-Prinzip oder Eskalationsmechanismen, abgebildet werden. BPEL4People basiert auf *Web Service Human Task* (kurz: *WS-HumanTask*) [Agr07b]. WS-HumanTask liefert eine abstrakte Beschreibung von menschlicher Interaktion in Form einer XML-Syntax, um Aufgaben *(Tasks)* und Benachrichtigungen *(Notifications)* beschreiben zu können. BPEL4People stellt hingegen eine konkrete Einbindung von menschlicher Interaktion in BPEL-Prozesse zur Verfügung.

Die Einbindung von Personen erfolgt in BPEL4People durch die folgenden vier Konzepte [Agr07a]: *Generic Human Roles*, *People Links*, *People Resolution* und *People Activities*. Die folgenden vier grundlegenden Rollen von *Generic Human Roles* werden unterschieden [Agr07a]:

- *Process Initiator*: Der *Process Initiator* ist die Person, die eine Prozessinstanz erzeugt.

- *Process Stakeholder*: Der *Process Stakeholder* ist einer Prozessinstanz zugeordnet, kann diese überwachen und ihren Fortschritt beeinflussen.

- *Owner (of a People Activitiy)*: *Owner* sind potenzielle Personen, die berechtigt sind, zugewiesene Aktionen eines Prozesses durchzuführen.

- *Business Administrator:* Ein *Business Administrator* hat die Berechtigung zur Verwaltung von Prozessen. Dies umfasst z.B. das Auflösen von Problemsituationen, die sich im Rahmen der Ausführung von Instanzen der zugeordneten Prozesse ergeben haben. Ein Business Administrator ist im Gegensatz zu einem Process Stakeholder für alle Instanzen eines Prozesses verantwortlich. Seine Aufgabe ist es, für einen funktionsfähigen Betrieb eines Prozesses, d.h. all seiner Prozessinstanzen, zu sorgen. Für den Ablauf und die Ergebnisse der einzelnen Prozessinstanzen sind die jeweiligen Process Stakeholder verantwortlich.

Über *People Links* können Personen oder Gruppen von Personen auf Basis einer Abfrage ermittelt werden. Von BPEL4People ist hierzu keine bestimmte Abfragesprache vorgegeben. Es können Sprachen wie SQL, XQuery oder Java verwendet werden. Über eine *People Resolution* werden die für eine bestimmte Generic Human Role verantwortlichen Personen zugewiesen. Die Einbindung von Personen in einen konkreten BPEL-Prozess erfolgt mit einer sogenannten *People Activity*. Dies ist ein spezieller Aktivitätstyp, der mit BPEL4People als Erweiterung eingeführt wird. Eine People Activity kann Tasks und Notifications bereitstellen.

2.4.3.2 Erweiterung für Prozesshierarchien

Da ein BPEL-Prozess durch einen Webservice zur Verfügung gestellt wird, kann dieser in anderen BPEL-Prozessen eingebunden werden. Dies ermöglicht prinzipiell den hierarchischen Aufbau von BPEL-Prozessen, hat jedoch die Einschränkung, dass kein separates Definieren und Zusammenfügen von Prozessfragmenten zu komplexen Prozessen ohne die lose Kopplung über Webservices möglich ist. Dadurch bedingt ist keine feste Kopplung zwischen einem Prozess und einem entsprechend untergeordneten Sub-Prozess möglich. Eine solche Funktionalität wird durch die BPEL-Erweiterung *BPEL-SPE (BPEL Extension for Sub-Processes)*

[Klo05] zur Verfügung gestellt. Diese erweitert BPEL um einen weiteren Aktivitätstyp für den Aufruf von Sub-Prozessen, um die Möglichkeit Sub-Prozesse zu definieren und um ein Protokoll, mit dem der Life Cycle von gekoppelten Prozessen verwaltet werden kann.

2.4.3.3 Erweiterung für eine Java-Integration

Für die Einbindung von Funktionen in einen BPEL-Prozess sind Webservices vorgesehen. Einfache Berechnungen können auch mit XPath durchgeführt werden. Jedoch ist es oft wünschenswert, auch innerhalb von BPEL eine prozedurale Programmiersprache zu nutzen. *BPELJ (BPEL for Java)* erweitert BPEL bzgl. dieser Anforderung [Blo04], d.h. es erlaubt die Inline-Programmierung mit Java an definierten Erweiterungspunkten durch sogenannte *Snippet Activities*. Darüber hinaus können mit BPELJ auch Transaktionseigenschaften durch die Funktionen der dadurch eingebundenen JEE-Umgebung in BPEL realisiert werden. Dadurch kann bspw. sichergestellt werden, dass Fragmente eines BPEL-Prozesses oder auch ein kompletter BPEL-Prozess als atomare Transaktion durchgeführt werden.

2.5   Frontends für SOA-basierte Systeme

Bei der bisherigen Entwicklung von Technologien für die Umsetzung SOA-basierter Systeme lag der Fokus auf der automatisierten Verarbeitung von Prozessen. Für die Einbindung von menschlicher Interaktion in Prozesse wird mit BPEL4People eine Erweiterung von BPEL zur Verfügung gestellt. Diese umfasst jedoch nicht die Realisierung von Anwendungsbausteinen mit entsprechenden Benutzerschnittstellen, die für die Durchführung eines Geschäftsprozesses notwendig sind. Neben der Information über eine zu realisierende Aufgabe benötigt ein Benutzer auch Anwendungsbausteine, um die zugeordnete Aufgabe durchzuführen. Dies kann von einfachen Eingabemasken bis hin zu komplexen graphischen Modellierungs- oder Definitionswerkzeugen, wie bspw. einer CAD-Anwendung, reichen. Diese Anwendungsbausteine müssen bei einem integrierten geschäftsprozessbasierten System dem Benutzer gemeinsam mit der Zuordnung der Aufgabe bereitgestellt werden.

2.5.1 Frontends und SOA

Benutzerschnittstellen, welche sowohl die Aufgabenzuordnung auf Basis der Prozesssteuerung als auch die Anwendungsbausteine zur Umsetzung einzelner Aufgaben eines Geschäftsprozesses berücksichtigen, werden nachfolgend als sogenannte Frontends von Geschäftsprozessen definiert.

Definition 2.10: Frontends von Geschäftsprozessen / Frontends einer SOA

Ein *Frontend* ist eine Softwarekomponente, die eine Mensch-Maschine-Interaktion auf Basis eines Softwaresystems ermöglicht. Eine solche Komponente umfasst einerseits Funktionen zur Anzeige bzw. Bearbeitung prozessrelevanter Steuerungsinformation, wie Aufgaben und Benachrichtigungen. Darüber hinaus werden durch die Frontends auch die aufgabenspezifischen Anwendungsbausteine eines Softwaresystems bereitgestellt, die zur Durchführung der zugewiesenen Aufgaben erforderlich sind. Bei einem SOA-basierten System erfolgen die Umsetzung des Frontends und dessen Integration mit der Backend-Funktionalität des zugrundeliegenden Softwaresystems auf Basis von IT Services. Ein solches Frontend wird dann als *Frontend einer SOA* bezeichnet.

Die Umsetzung der Frontend-Schicht kann sich in Abhängigkeit der jeweiligen Plattform unterscheiden. Eingabemasken für die Realisierung eines Geschäftsprozesses müssen auf einem mobilen Endgerät in einer anderen Form umgesetzt und dargestellt werden als auf einem Desktop-Computer über einen Web Browser. Die Frontend-Schicht ist unterteilt in eine Anzeige- und eine Steuerungsschicht. Die Frontend-Anzeigeschicht ist nur für die Darstellung von Inhalten zuständig. In der Frontend-Steuerungsschicht werden die Abläufe im Frontend gesteuert. Hierbei findet eine Steuerung der Komponenten der darüber liegenden Frontend-Anzeigeschicht auf Basis menschlicher Interaktion oder systembedingter Ereignisse statt. Über die Frontend-Steuerungsschicht wird zusätzlich der Aufruf von Services der Geschäftslogik als Reaktion auf entsprechende Benutzereingaben geregelt. Darüber hinaus sorgt die Frontend-Steuerungsschicht auch für die Bereitstellung der Antwort eines aufgerufenen Services mit Hilfe der Frontend-Anzeigeschicht. Eine weitere Aufgabe der Frontend-Steuerungsschicht ist die Regelung der erlaubten Navigationsschritte zwischen den einzelnen Nutzungseinheiten eines Frontends.

Die Frontends von Unternehmenssoftware werden zunehmend als Webanwendungen realisiert. Diese Entwicklung resultiert aus der steigenden Bedeutung des Internets bei der Nutzung solcher Anwendungssysteme und aus verwaltungstechnischen Gründen. So müssen beispielsweise keine zusätzlichen Softwarekomponenten auf den Clients installiert und administriert werden. Dadurch wird ein hoher Grad an Plattformunabhängigkeit erreicht und es müssen beispielsweise Änderungen an der Logik nur an einer zentralen Stelle – dem Server – durchgeführt werden. Eine solche Art der Umsetzung hat einen positiven Einfluss auf die Wartungskosten [KPR04]. Im Rahmen dieser Entwicklung ist das Web Engineering als spezielle Disziplin der Softwareentwicklung entstanden [DLW03]. Web Engineering wird von

[MeM06] als "the use of scientific, engineering and management principles and systematic approaches with the aim of successfully developing, deploying and maintaining high quality Web-based systems and applications" beschrieben. Web Engineering beschäftigt sich demnach mit dem Anwenden wissenschaftlicher ingenieursmäßiger Methoden zur Realisierung und Wartung hochwertiger webbasierter Anwendungssysteme [MeM06].

Der Umfang und die Komplexität von webbasierten Anwendungssystemen nehmen derzeit permanent zu. Die Ursachen liegen einerseits in der wachsenden Zahl der für die Frontend-Implementierung benötigten Werkzeuge und Technologien. Andererseits wird der umzusetzende Funktionsumfang immer größer. Inzwischen werden komplette Unternehmenssoftware-lösungen auf Basis von Webtechnologien erstellt. Kurze Entwicklungszyklen und häufige Änderungen von fachlichen Anforderungen sind weitere Herausforderungen. Diesen Problemen wird zwar bereits durch Einsatz von Web Frameworks und speziellen Entwurfsmustern entgegengewirkt, jedoch reicht dies bei großen Projekten meist nicht aus, da hier viele Entwickler an unterschiedlichen Teilen und auch Schichten innerhalb einer Webanwendung arbeiten.

Für die Handhabung der zuvor aufgeführten Komplexität ist eine höhere Abstraktionsstufe auf Basis von Modellen erforderlich. Die Verwendung von Modellen ermöglicht hierbei die Analyse und Definition von internen und externen Zusammenhängen komplexer Webanwendungen. Durch einen entsprechenden Aufbau in Form von zusammenhängenden Teilmodellen können fachliche und technische Aspekte einerseits getrennt von einzelnen Personen mit den jeweils entsprechenden Fähigkeiten und Verantwortlichkeiten bearbeitet werden. Andererseits wird jedoch auch die Zusammenarbeit unterstützt, da die Schnittstellen zwischen den Teilmodellen eine integrierte Gesamtbetrachtung des modellierten Systems erlauben. Dies sorgt für Transparenz und verbessert die Anpassungsfähigkeit eines Unternehmens an den ständigen Technologiewandel, der bei Webtechnologien besonders stark auftritt. Ein weiterer Vorteil des Einsatzes von Modellen bei der Erstellung komplexer Webanwendungen ist das Ermöglichen einer ingenieursmäßigen Vorgehensweise, welche die Modellierungsschritte und deren Reihenfolge festlegt und darüber hinaus auch Generierungsschritte für die automatisierte Erstellung von Softwarekomponenten auf Basis der erstellten Modelle vorsieht.

2.5.2 Webanwendungen und Webservices

Während Webservices Maschine-Maschine-Kommunikation ermöglichen, wird durch Webanwendungen Mensch-Maschine-Kommunikation zur Verfügung gestellt. Eine Verknüpfung beider Kommunikationsarten erfolgt über die verschieden Schichten eines Systems, das auf Basis von Webservices und Webtechnologien aufgebaut ist. Alle für eine Webanwendung dauerhaft benötigten Daten werden persistent, meist in einer Datenbank, gehalten. In einer darüber liegenden Schicht werden Funktionen bereitgestellt, die den transparenten Zugriff auf die Persistenzschicht ermöglichen. Dies geschieht derzeit meist in Form eines sogenannten Enterprise Service Bus, der dafür sorgt, dass Daten aus verschiedenen persistenten Datenspeichern entsprechend hinterlegter Regeln konsolidiert, transformiert und transferiert werden. Ein Enterprise Service Bus sorgt bspw. dafür, dass wenn ein Kunde in einer CRM-Datenbank angelegt wird, dieser dann auch automatisch in der Datenbank des Kundenabrechnungssystems angelegt wird. In der darüber liegenden Geschäftslogikschicht wird in aktuellen SOA-basierten Anwendungssystemen über Webservices auf die persistenten Daten zugegriffen. Oberhalb der Geschäftslogikschicht befindet sich die Frontend-Schicht, die das Frontend, d.h. in diesem Fall eine Webanwendung als graphische Benutzerschnittstelle bereitstellt.

2.5.3 Model View Controller

Für die Realisierung von Frontends als graphische Benutzerschnittstellen hat sich das Konzept des *Model View Controllers (MVC)* durchgesetzt. Das MVC-Architekturmuster wurde in den Jahren 1978/79 von Xerox für Smalltalk im Rahmen der GUI-Programmierung eingeführt [Cav03, CST05, Ree79]. Es kann verwendet werden, wenn für Anwendungen eine graphische Benutzerschnittstelle bei der Präsentation ihrer Daten realisiert werden muss. Das MVC-Architekturmuster soll einen flexiblen Entwurf einer entsprechenden Software unterstützen, der auch spätere Änderungen oder Erweiterungen in einfacher Weise ermöglicht. Darüber hinaus soll damit die Wiederverwendbarkeit einzelner Softwarekomponenten bei der Realisierung graphischer Benutzerschnittstellen unterstützt werden. Weiterhin hilft das Muster bei der Handhabung der Komplexität, die bei umfangreichen Benutzerschnittstellen entsteht, indem es eine feste Struktur vorgibt.

Das MVC-Architekturmuster teilt ein Softwaresystem zur Realisierung einer graphischen Benutzerschnittstelle – wie in Abbildung 9 dargestellt – in die drei folgenden Komponenten [Cav03, CST05, Ree79]:

- Das *Model* sorgt für die darstellungsunabhängige Bereitstellung von Daten. Informationen über die Darstellung oder über die Steuerung durch Änderungsmechanismen sind im Model nicht verfügbar. Diese Informationen sind jeweils nur der View und dem Controller bekannt. Bei Änderungen von Daten benachrichtigt das Model die View.

- Die *View* ist für die Präsentation, d.h. die Darstellung der Daten für den Benutzer zuständig. Das Model hat zwar auf die Darstellung von Daten direkt keinen Einfluss, es löst jedoch eine Aktualisierung der View bei Änderungen durch das Übermitteln einer entsprechenden Nachricht aus.

- Der *Controller* verwaltet die Views und steuert bzw. überwacht den Ablauf von Benutzereingaben. Hierzu werden durch den Controller die Benutzereingaben aus den Views geprüft und gegebenenfalls daraus resultierende Datenänderungen an das Model weitergeleitet. Durch den Controller wird somit das Verhalten einer graphischen Benutzerschnittstelle definiert, d.h. der möglichen Abläufe im Frontend.

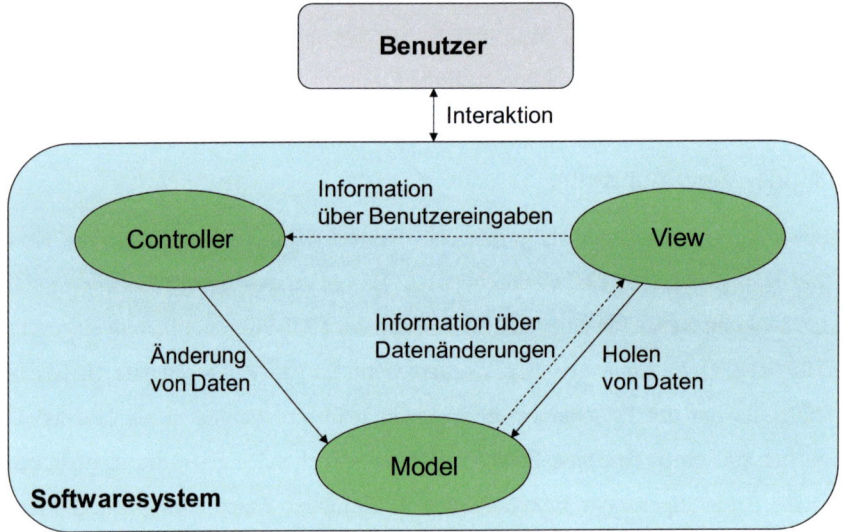

Abbildung 9: Ablauf - Model View Controller [vgl. Ree79]

Model-, View- und Controller-Instanzen stellen jeweils entsprechend konkrete Datenbelegungen, Anzeigen und Ablaufsteuerungen im Rahmen des Betriebs einer MVC-basierten Anwendung dar. Wird eine Anwendung auf Basis einer MVC-Realisierung ausgeführt, so muss für jede View-Instanz eine Controller-Instanz existieren. Mit einer Model-Instanz können beliebig viele solcher Paare verknüpft sein. Bei der Realisierung von Webanwendungen wird häufig eine leicht abgeänderte Variante des MVC-Musters eingesetzt, die als MVC Model 2 bezeichnet wird [Cav03]. Der Controller wird hierbei um eine zentrale Funktion ergänzt, die Eingaben validiert und angezeigte Views identifizieren kann. MVC Model 2 wird in einigen Frameworks zur Erstellung von Webanwendungen wie bspw. Jakarta Struts [Cav03] von Apache oder JavaServer Faces [GeH04] genutzt.

Bei mehrschichtigen Architekturen von komplexen Webanwendungen basierend auf einer SOA ist die Verwendung eines Model View Controllers ebenfalls naheliegend. Die Speicherung und Bereitstellung von Daten auf Basis der Geschäftslogik erfolgt durch das Model. Der Controller übernimmt die Aufgaben der Frontend-Steuerungsschicht, d.h. die Steuerung der Abläufe im Frontend. Die View sorgt für die Darstellung in der Frontend-Anzeigeschicht.

2.5.4 Technologien zur Realisierung

Im Folgenden werden Technologien erläutert, die derzeit zur Realisierung von Frontends verwendet werden. Beispielhaft werden JavaServer Faces beschrieben, da diese einen Framework-Standard zur Entwicklung von Frontends für Webanwendungen bereitstellen, der von einer Vielzahl von Herstellern unterstützt wird. Da JavaServer Faces zu den Webtechnologien der Java Platform Enterprise Edition (Java EE) gehören, wird zunächst kurz der prinzipielle Aufbau von Java, der Umfang der verschiedenen Java-Editionen und die Entwicklung von Java erläutert. Anschließend werden die Konzepte der JavaServer Faces beschrieben und weitere alternative Realisierungstechnologien für Frontends aufgeführt.

2.5.4.1 Java

Java ist eine Technologie, die Mitte der 90er Jahre von Sun Microsystems zur Realisierung plattformunabhängiger Programme entwickelt wurde [Ull09]. Die Java-Technologie umfasst einerseits die Programmiersprache Java und andererseits die Java-Laufzeitumgebung (Java Runtime Environment). Die Java-Laufzeitumgebung enthält die Java Virtual Machine (JVM), mit der die entwickelten Anwendungen ausgeführt werden können. Für die Java-Entwicklung wird das Java Development Kit (JDK) zur Verfügung gestellt, das einen Compiler, ein Dokumentationswerkzeug und weitere Hilfsprogramme zur Entwicklung enthält. Die Spezifikation der Java-Technologie und weiterer darauf aufbauender Technologien erfolgt im Rahmen des sogenannten *Java Community Process*, an dem unterschiedliche Unternehmen und Organisationen beteiligt sind.

Bei der Java-Laufzeitumgebung werden je nach den verwendeten Endgeräten und der Komplexität der umzusetzenden Anwendung verschiedene Editionen unterschieden. Mit der *Java Platform, Standard Edition (Java SE)* wird die grundlegende Entwicklung und Ausführung von Java-Programmen durch eine entsprechende Umgebung zur Verfügung gestellt. Die *Java Platform, Micro Edition (Java ME)* bietet eine spezielle Umgebung für mobile Endgeräte. Durch die *Java Platform, Enterprise Edition (Java EE)* wird die Java SE ergänzt, um eine Entwicklung von komplexen Unternehmensapplikationen zu ermöglichen.

Die Programmiersprache Java ist objektorientiert und der Compiler erzeugt Programmcode für eine sogenannte *virtuelle Maschine*. Durch dieses Konzept können Java-Programme unabhängig vom Betriebssystem realisiert werden. Entsprechende virtuelle Maschinen sind inzwischen für viele Plattformen verfügbar. Virtuelle Maschinen enthalten häufig einen *Just-In-Time-Compiler*, durch den deutliche Performance-Verbesserungen im Vergleich zum reinen Interpreter erzielt werden. Mit einem integrierten *Garbage Collector* werden bei Java nicht mehr referenzierte Objekte automatisch aus dem Speicher entfernt. Für einen kontrollierten Zugriff auf Objekte stehen in Java entsprechende Sicherheitskonzepte auf unterschiedlichen Ebenen zur Verfügung.

2.5.4.2 JavaServer Faces

Zur Unterstützung der Entwicklung von Frontends für Webanwendungen wurden in den letzten Jahren zahlreiche Frameworks entwickelt. Mit *JavaServer Faces (JSF)* wird ein Ansatz bereitgestellt, der die Entwicklung von Benutzeroberflächen für Webanwendungen durch ein solches Framework standardisieren soll [GeH04, HaM06]. Die erste Spezifikation der JavaServer Faces in der Version 1.1 wurde am 27. Mai 2004 durch den Java Specification Request[1] 127 (JSR 127) zur Verfügung gestellt. Version 1.2 wurde am 11. Mai 2006 im Rahmen des JSR 252 veröffentlicht. Seit Dezember 2009 ist die Version JSF 2.0 (JSR 314) verfügbar.

JavaServer Faces sind Bestandteil der Java Platform, Enterprise Edition und basieren auf den Technologien *Java Servlets* und *JavaServer Pages (JSP)*. Mit JSF können Komponenten für webfähige Benutzerschnittstellen in Webseiten erstellt werden. Dies beinhaltet auch die Definition einer möglichen Navigation. Durch diese wiederverwendbaren Komponenten kann die Webentwicklung auf einem höheren Abstraktionsniveau erfolgen. Die Positionierung von JavaServer Faces für webbasierte Benutzeroberflächen ist vergleichbar mit der von Java Swing[2] für traditionelle Oberflächen auf Java-Basis. Die grundlegende Architektur basiert bei JavaServer Faces auf dem MVC-Entwurfsmuster. JavaServer Faces sind HTTP-basiert, da die technische Implementierung durch Servlets erfolgt. Die JSF-Technologie ermöglicht das

---

[1] Ein Java Specification Request (JSR) ist eine Anforderung einer neuen Java-Spezifikation oder einer wichtigen Änderung einer existierenden Java-Spezifikation im Rahmen des Java Community Process.

[2] Bei *Swing* handelt es sich um eine Programmierschnittstelle und Bibliothek zur Erstellung graphischer Benutzeroberflächen für Java SE.

Speichern der Status einzelner Komponenten der graphischen Benutzerschnittstelle auf Basis von Benutzeranfragen.

Einige Grundkonzepte – wie etwa das *Rendering* oder das *Event Handling* – sind von Java Swing übernommen. Unter *Rendering* versteht man die Generierung von Mediendaten aus inhaltlichen Daten durch Anwendung geeigneter Verfahren. Als Rendering wird sowohl der Vorgang selbst als auch das Ergebnis des Vorgangs bezeichnet. Mit dem *Event Handling* von JavaServer Faces werden Benutzeraktivitäten durch das Auftreten von Ereignissen (Events) nach dem Prinzip des *Separation of Concerns* in der jeweils aktuellen Phase behandelt. Durch diesen Mechanismus soll die Umsetzung graphischer Benutzeroberflächen auf Basis von HTTP ermöglicht werden. Die Phasen des Event Handlings bilden den sogenannten Lebens-zyklus eines *Requests*, d.h. einer Anfrage im Rahmen der JSF-Technologie. In jeder Phase sind Aufgaben vorgegeben, die für die betroffenen Komponenten durchzuführen sind. Der Lebenszyklus eines Requests in JavaServer Faces wird in Abbildung 10 durch einen entspre-chenden Ablauf dargestellt. Nachfolgend werden die einzelnen im Request-Lebenszyklus der JSF-Technologie enthaltenen Phasen beschrieben [Ora11]:

1. Für eine ankommende Anfrage (Request) wird in der ersten Phase *Restore View* der ge-speicherte Komponentenbaum wieder hergestellt oder es wird ein neuer leerer Komponen-tenbaum erzeugt, falls keiner existiert.

2. In der Phase *Apply Request Value*s füllt das JSF-Framework den Komponentenbaum mit den Werten aus den Requests. Dies sind beispielsweise HTML-Parameter, HTTP-Header oder Cookies. Als Reaktion auf Benutzeraktionen werden sogenannte *Action Events* er-zeugt. Diese können von der Komponente ausgewertet werden, um die Geschäftslogik an-zubinden.

3. Die Validierung und Konvertierung der aus dem Request gelesenen Werte erfolgt in der Phase *Process Validations*. Validierungsfehler erzeugen Meldungen und markieren die Komponente als nicht gültig. Beim Auftreten eines Fehlers werden die nachfolgenden Pha-sen übersprungen und die Ausgabe direkt an die Phase *Render Response* weitergeleitet.

4. In der Phase *Update Model Values* werden die Eingabewerte in das angebundene Modell der Komponente übertragen, d.h. es werden beispielsweise entsprechende Setter-Methoden einer Objektinstanz aufgerufen.

5. Methoden der Geschäftslogik, die mit den Action Events verknüpft sind, werden in der Phase *Invoke Application* aufgerufen. Der Methodenaufruf ist in der Regel mit Hilfe eines sogenannten *Method Bindings* innerhalb der jeweiligen Komponente genauer spezifiziert.

6. In der letzten Phase *Render Response* wird der Komponentenbaum der nächsten View gespeichert. Es wird ein sogenannter *Outcome* zurückgeliefert. Ein Outcome repräsentiert einen symbolischen Wert, der auf der Basis von Navigationsregeln die nächste zu erstellende View definiert. Wenn die Phase *Invoke Application* übersprungen wurde, beispielsweise aufgrund eines Validierungsfehlers, wird die View angezeigt, die den Request generiert hat.

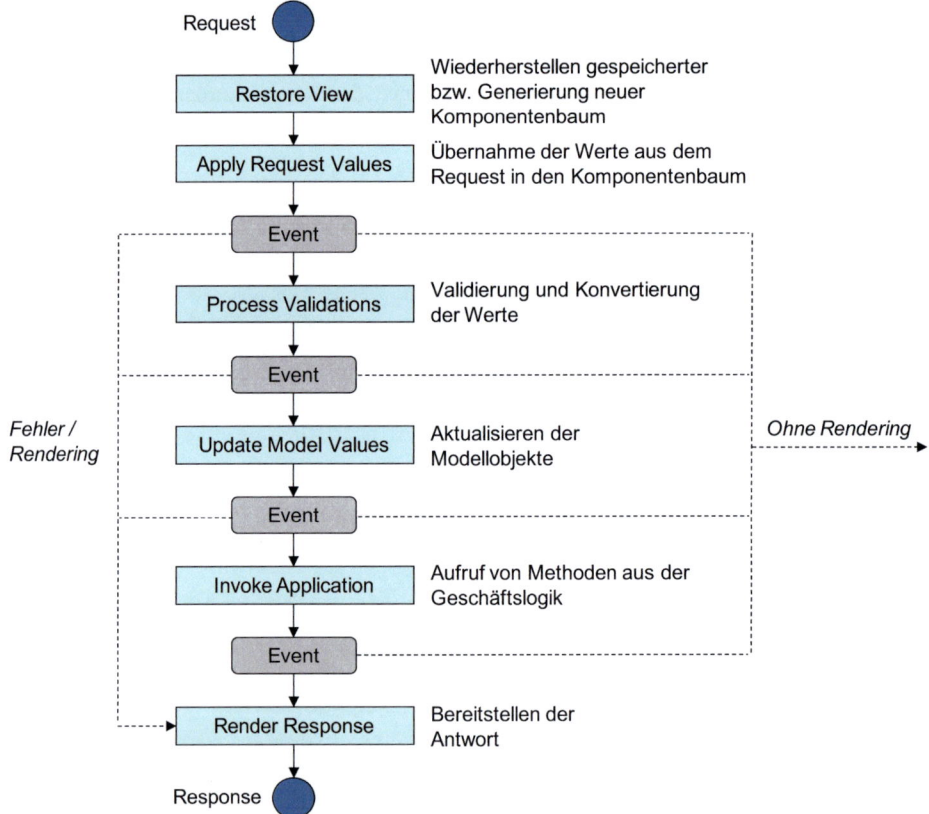

Abbildung 10: Lebenszyklus bei JavaServer Faces [vgl. Ora11]

Im Laufe der Abarbeitung der einzelnen Phasen können Situationen auftreten, bei denen Verzweigungen aus dem Lebenszyklus ohne das Rendering erfolgen müssen. Darüber hinaus können jedoch auch Ereignisse eintreten, bei denen direkt die Phase *Render Response* gestartet werden muss, um eine entsprechende Meldung anzuzeigen. Dies ist bspw. beim Auftreten eines Fehlers im Rahmen der Validierung und Konvertierung von Eingabewerten der Fall.

Das *Rendering* bei JavaServer Faces stellt verschiedene Arten für die Übersetzung der Seiten einer Anwendung für die Präsentation zur Verfügung. Beispielsweise können dadurch dynamische HTML-Seiten für eine Browser-basierte Anwendung erzeugt werden, wie dies bei der Bereitstellung als Webanwendung notwendig ist. Mit einem speziellen *Renderer* kann dieselbe Anwendung auch als Swing-Anwendung bereitgestellt werden. Das Verhalten von Komponenten kann hierbei getrennt von deren Präsentation festgelegt werden. Die JSF-Technologie ermöglicht die Speicherung benutzerspezifischer Zustände einer Anwendung. Diese spezifischen Daten werden in sogenannten *Sessions* hinterlegt, die im Rahmen des Ablaufs der Anwendung zur Steuerung ausgelesen werden.

Die Komponenten von JavaServer Faces werden in einer hierarchischen Struktur verwaltet. Durch diese Struktur werden die Wiederverwendung einzelner Elemente und der Entwurf von komplexen graphischen Benutzerschnittstellen unterstützt. Ein weiteres zentrales Konzept von JavaServer Faces stellen sogenannte Konverter *(Converters)* und Validatoren *(Validators)* für die Verarbeitung von Benutzereingaben dar. Mit Konvertern einerseits können getätigte Benutzereingaben in eine entsprechende Form zur weiteren Verarbeitung durch Funktionen im Hintergrund transformiert werden. Andererseits können Konverter auch die von darunterliegenden Funktionen bereitgestellten Daten für die Präsentation auf der Anwendungsoberfläche aufbereiten. Mit Validatoren können Benutzereingaben bzgl. ihrer formalen und semantischen Korrektheit geprüft werden, um gegebenenfalls entsprechende Fehlermeldungen zu erzeugen.

Bei der Realisierung des View-Teils durch JavaServer Faces erfolgt der Aufbau von Seiten aus einzelnen Komponenten, die durch die Verwendung spezieller XML Tags auf JavaServer Pages platziert werden. Die XML Tags werden in sogenannten *Tag Libraries* definiert und zusammengefasst. Dieses Verfahren sorgt für eine Reduzierung des Java Codes bei den JavaServer Pages und wurde bereits beim Vorgänger-Framework *Jakarta Struts* verwendet. Darüber hinaus ermöglicht dieses Verfahren eine klare Trennung der Bereiche, die einerseits von einem Webdesigner und andererseits von einem Entwickler bearbeitet werden müssen. Ein zentraler Vorteil von Tag Libraries ist die dadurch gegebene Unterstützung der Wiederverwendung realisierter Komponenten. Die Funktionalität im Hintergrund einer Webanwendung wird bei JavaServer Faces durch sogenannte *Managed Beans* realisiert. Managed Beans sind Java-Klassen, durch die einerseits die in JavaServer Faces verwendeten Datenelemente in gekapselter Form bereitgestellt werden. Andererseits stellen sie Methoden zur Verfügung, die bei entsprechenden Benutzeraktionen aufgerufen und ausgeführt werden können. Neben den Managed Beans stellt die XML-Konfigurationsdatei *facesConfig.xml* den Controller der Webanwendung dar, der in der Regel durch Entwickler umgesetzt wird. In dieser zentralen Steuerungsdatei wird die mögliche Navigation im Rahmen der Webanwendung durch sogenannte *Navigation Rules* festgelegt. Zusätzlich definierte Events können durch sogenannte *Phase Listener* behandelt werden. Technologien für die Umsetzung des Models sind bei JavaServer Faces nicht vorgegeben. Für die Realisierung einer persistenten Verwaltung der im Rahmen einer Anwendung zu verarbeitenden Daten wird in der Regel ein Persistenz-Framework genutzt. Beispiele für solche Frameworks sind Hibernate, Enterprise Java Beans, iBATIS und Java Persistence API.

Die JSF-Technologie bietet die Möglichkeit, eine Anwendung mehrsprachig zu realisieren. Hierbei werden in Abhängigkeit der Sprache sogenannte *Ressourcendateien (Resource Bundles)* mit entsprechenden Schlüssel/Wert-Paaren verwaltet. Eine mehrsprachige Webanwendung kann dann umgesetzt werden, indem in Abhängigkeit der jeweils in der Anwendung ausgewählten Sprache, die entsprechenden Werte ermittelt und angezeigt werden.

2.5.4.3 Weitere Technologien für Frontends

Im Folgenden werden alternative Realisierungsmöglichkeiten für Frontends aufgeführt. Diese sind unterteilt in Technologien für die Erstellung von *Thin Client Applications*, *Rich Internet Applications* und *Rich Client Applications*.

Thin Client Applications und Rich Internet Applications

Webbasierte Frontends können alternativ zu JavaServer Faces auch auf Basis des *Microsofts .NET-Frameworks* realisiert werden. Mit *ASP.NET MVC (Active Server Pages .NET Model View Controller)* wird .NET-Entwicklern der Einsatz der MVC-Architektur und des MVC-Entwurfsmusters ermöglicht [ASP11]. Bei ASP.NET MVC werden das Model durch eine Datenbank und XML-Code, die View durch User-Interface-Elemente und der Controller durch die Steuerungslogik der View abgebildet.

Eine weitere Alternative für die Realisierung webbasierter Frontends ist die Erstellung von sogenannten *Rich Internet Applications (RIA)*, wie es beispielsweise durch *Adobe Flex* ermöglicht [Ado11]. Adobe Flex ist ein Framework zur Entwicklung entsprechender Applikationen. Der Begriff *Rich Internet Application* beschreibt einen Ansatz für den Aufbau einer Anwendung, die Internet-Techniken nutzt und darüber hinaus eine intuitive Benutzeroberfläche bereitstellt. Eine Rich Internet Application zeichnet sich hierbei durch folgende Eigenschaften aus [Ado11]:

- Der Zugriff auf die Anwendung erfolgt über Internet-Techniken.

- Die Anwendung an sich muss nicht installiert werden. Gegebenenfalls ist jedoch die Installation von Plug-ins erforderlich.

- Eine entsprechende Anwendung unterstützt die Interaktion mit dem Benutzer.

Adobe Flex unterstützt ebenfalls die MVC-Architektur und das MVC-Entwurfsmuster. Über einen Front Controller erfolgt, ähnlich wie beim Request-Lebenszyklus bei JavaServer Faces, eine Steuerung von Aktionen auf Basis von Events in der Benutzeroberfläche.

Rich Client Applications

Bei einer *Rich Client Application (RCA)* wird auf dem Client eine graphische Benutzeroberfläche zur Verfügung gestellt und im Gegensatz zu einer *Thin Client Application* kann hier auch eine Verarbeitung der Daten auf dem Client erfolgen. Beispielsweise stellt *Eclipse* Möglichkeiten zur Verfügung, um Rich Client Application zu realisieren.

Eclipse ist derzeit als integrierte Entwicklungsumgebung für Java weit verbreitet. Zunehmend gewinnt jedoch auch die Entwicklung von Rich Client Applications auf Basis der *Eclipse Rich Client Platform (RCP)* an Bedeutung [ClR06, Ecl11]. Eclipse wurde ursprünglich von IBM als Nachfolger von IBM Visual Age for Java 4.0 entwickelt. Die Freigabe des Quellcodes von Eclipse erfolgte am 7. November 2001. Für die Weiterentwicklung von Eclipse ist ein von IBM geführte Eclipse-Konsortium verantwortlich.

Eclipse ermöglicht als erweiterbare IDE (Integrated Development Environment) die Entwicklung von spezifischen Erweiterungen. Eine zentrale Eigenschaft von Eclipse ist die Verwendung von sogenannten Plug-ins im Rahmen der Umgebung. Für die Entwicklung solcher Plug-ins steht die *Plug-in Development Environment (PDE)* zur Verfügung. Die Basis für die Realisierung einer Erweiterung stellen sogenannte *Extension Points* dar, die jeweils eine Erweiterungsmöglichkeit eines Plug-ins vorgeben. Plug-ins können über Extension Points mit anderen Plug-ins verbunden werden. Zunächst müssen Plug-ins und Extension Points in der Konfigurationsdatei *plugin.xml* definiert werden. Im nächsten Schritt werden die für die Erweiterung benötigten Klassen erstellt. Für die Realisierung von Erweiterungen müssen vordefinierte Interfaces oder Klassen erweitert werden, die bei den entsprechenden Extension Points beschrieben werden.

Generell werden eine MVC-Architektur und das MVC-Entwurfsmuster für Rich Client Applications in Eclipse mit dem *JFace Toolkit* [WaH04] realisiert. Das JFace Toolkit stellt Klassen zur Entwicklung von graphischen Benutzerschnittstellen zur Verfügung. Es erweitert das sogenannte *Standard Widget Toolkit*[3] *(SWT)* [SWT11] um das MVC-Konzept. Im Detail beinhaltet das JFace Toolkit Klassen zum Befüllen, Sortieren, Filtern und Ändern von sogenannten *Widgets*. Ein Widget ist eine kleine Softwarekomponente, die in eine graphische Benutzerschnittstelle integriert ist und zusammengestellte Informationen anzeigt, die durch den Benutzer auch geändert werden können. Die zentrale Eigenschaft eines Widgets ist die Bereitstellung eines eindeutigen Interaktionspunktes für die Manipulation von vorgegebenen Daten. Widgets sind somit elementare Bausteine mit denen ein Frontend einer Anwendung aufgebaut werden kann, um Daten und Interaktionsmöglichkeiten bereitzustellen. Mit dem JFace Toolkit kann das Verhalten von Interaktionselementen in einer graphischen Benutzeroberfläche, beispielsweise von Menüpunkten oder von Schaltflächen festgelegt werden. Darüber hinaus kann die mögliche Interaktion von Benutzern im Rahmen der Rich Client Application definiert werden.

Eine Möglichkeit zur Realisierung von graphischen Editoren im Rahmen der Eclipse-Umgebung stellt die Erweiterung des *Graphical Editing Frameworks (GEF)* dar [Maj04]. Das Framework basiert auf dem Plug-in *Draw2D*, welches als View-Komponente eine umfassende Unterstützung für die Darstellung von Diagrammen bietet. Hierbei können Figuren definiert oder bestehende verwendet werden. Über sogenannte Layout Manager kann die Anordnung der Figuren definiert werden. Für die Darstellung von Verbindungen, die Ermittlung von Wegen über die Verbindungen und die Definition von Ansatzpunkten für Verbindungen bei den Figuren können spezielle Klassen von Draw2D genutzt werden. Während Draw2D nur das Anzeigen von Diagrammen ermöglicht, kann mit GEF auch das Editieren realisiert werden. GEF verwendet – wie auch die anderen bisher vorgestellten Alternativen zur Realisierung von Frontends – ebenfalls das MVC-Entwurfsmuster. Das Model enthält die im Diagramm darzustellenden Daten. Die Realisierung erfolgt meist über hierarchisch verbundene Java-Objekte. Die View wird durch die Draw2D-Mechanismen bereitgestellt. Jedes anzuzeigende Model-Objekt ist mit einem entsprechenden View-Objekt verknüpft, das für seine Visualisierung

---

[3] Das Standard Widget Toolkit (SWT) ist eine Bibliothek für die Erstellung graphischer Oberflächen mit Java. SWT wurde für die Entwicklungsumgebung Eclipse entwickelt und nutzt im Gegensatz zu Swing die nativen graphischen Elemente des Betriebssystems.

verantwortlich ist. Der Controller wird durch Funktionen des GEF zur Verfügung gestellt. Er steuert den gesamten Editier-Prozess von Diagrammen und stellt somit das Bindeglied zwischen Model- und View-Objekten dar. Für jedes anzuzeigende Model-Objekt gibt es ein Controller-Objekt, das ein entsprechendes View-Objekt erzeugt.

3 Methoden und Werkzeuge für eine modellbasierte Realisierung von Geschäftsprozessen

Zur modellbasierten Realisierung von Geschäftsprozessen gibt es zahlreiche Methoden und Werkzeuge für unterschiedliche Ebenen einer IT-Architektur. Modellierungssprachen für Geschäftsprozesse bilden hierzu die Basis. Jedoch müssen im Rahmen der Realisierung von Geschäftsprozessen auch die Datenstrukturen berücksichtigt werden. Wie in den Abschnitten 2.1.4 und 2.5 erläutert, müssen bei der Implementierung integrierter IT-basierter Geschäftsprozesse auch die Frontends berücksichtigt werden. Nachfolgend werden Ansätze zur Modellierung von Geschäftsprozessen, Geschäftsobjekten und Abläufen in Frontends beschrieben. Abschließend werden Ansätze der Model Driven Architecture erläutert.

3.1 Modellierung von Geschäftsprozessen

Zur Modellierung von Geschäftsprozessen existieren viele verschiedene Modellierungsmethoden. Beispiele hierfür sind Datenflussdiagramme, Ereignisgesteuerte Prozessketten (EPKs) [Sch99, SKJ06], Business Process Model and Notation (BPMN) [BPM10], verschiedene Diagrammtypen der Unified Modelling Language (UML) [RJB04] oder Petri-Netz-basierte Sprachen [ElN93, ReR98]. In Anbetracht dieser Vielzahl vorhandener Modellierungssprachen und Werkzeuge kann im Rahmen dieser Arbeit nicht auf alle vorhandenen eingegangen werden.

Die Geschäftsprozessmodellierung mit Petri-Netzen wird nachfolgend detailliert beschrieben, da durch Petri-Netze eine formale, graphische Modellierungssprache bereitgestellt wird, mit der Systeme modelliert, analysiert, simuliert und transformiert werden können. Besondere Merkmale von Petri-Netzen sind ihre präzise graphische Darstellung und die einfache Verhaltensbeschreibung. Die Eigenschaft der formalen Beschreibungsmöglichkeit von Abläufen ermöglicht gegenüber anderen Beschreibungsverfahren eine exakte Transformation in andere Modelle und auch in konkrete technische Umsetzungen. In der vorliegenden Arbeit wird insbesondere der Ansatz der Modellierung auf Basis von XML-Netzen, einer Variante von Petri-Netzen, beschrieben. Diese stellen gerade in der XML-basierten SOA-Welt einen vielversprechenden Ansatz für die Modellierung und die anschließende technische Umsetzung auf Basis von Transformationen dar. Neben den Petri-Netz-basierten Ansätzen werden abschließend noch einige Alternativen kurz vorgestellt.

3.1.1 Petri-Netze

Die Modellierung von Geschäftsprozessen mit Petri-Netzen geht zurück auf Carl Adam Petri, der 1962 in seiner Dissertation durch verschiedene Vorschläge und Anregungen die erforderlichen Grundlagen geschaffen hat [Pet62]. Seitdem sind verschiedene Arten von Petri-Netzen und weitere auf Petri-Netzen basierende Modellierungssprachen entwickelt worden. Petri-Netze werden in den Gebieten Datenbanken und Informationssysteme, Software Engineering, Telekommunikationstechnik und Automatisierungstechnik angewandt [DeO96]. Aus diesen Anwendungsgebieten heraus sind einige Methoden und Werkzeuge zur Modellierung, Analyse, Ausführung und Simulation von Abläufen entstanden.

Bei Petri-Netzen werden lokale Zustände und Zustandsänderungen betrachtet, die eine Modellierung voneinander abhängiger, nebenläufiger und alternativer Prozessschritte ermöglichen. Petri-Netze ermöglichen eine eindeutige graphische Darstellung und eine exakte Beschreibung von dynamischen Sachverhalten. Die Berücksichtigung dieser dynamischen Sachverhalte bei der Modellierung mit Petri-Netzen erfolgt durch die sogenannte Schaltregel, die im Folgenden noch genau beschrieben wird.

Ein Petri-Netz ist ein gerichteter bipartiter Graph [Bau96 S. 50ff.], d.h. seine Knoten lassen sich in zwei disjunkte Teilmengen aufteilen, so dass zwischen den Knoten innerhalb beider Teilmengen keine Kanten verlaufen. Die Kanten führen von einem Ausgangsknoten zu einem Zielknoten. Bei den Knotentypen werden Stellen und Transitionen unterschieden. Stellen werden als Kreise, Transitionen als Rechtecke und Kanten als Pfeile dargestellt. Auf eine Stelle darf gemäß den zuvor genannten Eigenschaften nur eine Transition und auf eine Transition nur eine Stelle folgen. Die Stellen eines Petri-Netzes repräsentieren passive Komponenten wie Zustände, Daten, Dokumente etc. und die Transitionen wiederum aktive Komponenten wie Ereignisse, Aktivitäten oder lokale Zustandsübergänge [DeO96]. Die Menge aller Ausgangsknoten eines Zielknotens x nennt man auch den Vorbereich von x. Hingegen nennt man die Menge aller Zielknoten eines Ausgangsknotens x den Nachbereich von x. Bei Transitionen gibt es einen Vor- und Nachbereich aus Stellen und bei Stellen einen Vor- und Nachbereich aus Transitionen. Eine weitere zentrale Eigenschaft von Petri-Netzen ist die mögliche Abbildung von Dynamik in Abläufen durch sogenannte Marken [Bau96 S. 77ff.]. Marken werden als ausgefüllte Kreise in den Stellen dargestellt. Es können bei den Stellen entsprechende Kapazitätsangaben für die Marken angegeben werden [Bau96 S. 78]. Die Kapazitätsangaben legen die maximale Anzahl der Marken fest, welche die jeweilige Stelle aufnehmen kann.

Einzelnen Kanten kann ein Kantengewicht zugeordnet werden, das vorgibt, wie viele Marken beim Schalten einer Transition aus einer über die Kante zugeordneten Stelle des Vorbereichs entnommen bzw. bei einer über die Kante zugeordneten Stelle des Nachbereichs erzeugt werden. Als Standard ist das Kantengewicht 1 vorgegeben. Der Zustand eines Petri-Netzes wird durch die Menge aller Marken zu einem bestimmten Zeitpunkt repräsentiert. Die Belegung mit Marken wird als Markierung bezeichnet.

Die Ausführung von Transitionen in einem Petri-Netz erfolgt nach der sogenannten Schaltregel. Eine Transition kann nur ausgeführt werden (*schalten*), wenn alle Stellen im Vorbereich mit der erforderlichen Anzahl an Marken belegt sind und in allen Stellen des Nachbereichs die Anzahl an Marken entsprechend dem Kantengewicht der jeweiligen Ausgangskante hinzugefügt werden kann [Bau96 S. 80ff.]. Beim Ausführen einer Transition werden in allen Stellen des Vorbereichs die dem Kantengewicht der jeweiligen Eingangskante entsprechende Anzahl an Marken entnommen und in allen Stellen des Nachbereichs die dem Kantengewicht der jeweiligen Ausgangskante entsprechende Anzahl an Marken hinzugefügt. Stellen im Vorbereich einer Transition repräsentieren Vorbedingungen bzw. Voraussetzungen für die Ausführung. Stellen im Nachbereich stellen Ergebnisse bzw. Nachbedingungen dar. Das Erzeugen eines schaltbereiten Zustands einer Transition wird als Aktivieren bezeichnet.

Es wird zwischen einfachen und höheren Petri-Netzen unterschieden. In einfachen Petri-Netzen repräsentieren die Marken anonyme Prozessobjekte [vgl. Bau96 S. 77]. Zur Modellierung von Geschäftsprozessen, bei der die Verarbeitung von unterscheidbaren Geschäftsobjekten berücksichtigt werden soll, werden höhere Petri-Netze benötigt [Bau96 S. 193ff.]. Alle Petri-Netz-Varianten haben jedoch die Gemeinsamkeit, dass sie aus einer Menge von Transitionen (Rechtecke), einer Menge von Stellen (Kreise) sowie einer Menge von gerichteten Kanten (Pfeile), der sogenannten Flussrelation zwischen den Knoten bestehen.

Petri-Netze sind Netze oder Netzgraphen, denen die folgende Definition zugrundeliegt [Bau96, Rei90]:

Definition 3.1: Netz

Ein Netz ist ein Tripel $N = (S, T, F)$ für das gilt:

(i) $S \cap F = \emptyset$,

(ii) $S \cup F \neq \emptyset$ und

(iii) $F \subseteq (S \times T) \cup (T \times S)$.

Die Elemente von S heißen *Stellen*, die Elemente von T bezeichnen die *Transitionen*. Stellen und Transitionen sind die Knoten eines Netzes. Die Elemente der Flussrelation F eines Netzes werden als *Kanten* bezeichnet.

In Abbildung 11 ist ein Beispiel für ein Netz N = (S, T, F) dargestellt, das aus der Menge von Stellen S = {s1, s2, s3, s4, s5}, der Menge von Transitionen T = {t1, t2, t3} und der Flussrelation F = {(s1,t1), (t1,s2), (t1,s3), (s2,t3), (s3,t2), (t2,s4), (s4,t3), (t3,s5)} besteht [vgl. Mev06 S. 86].

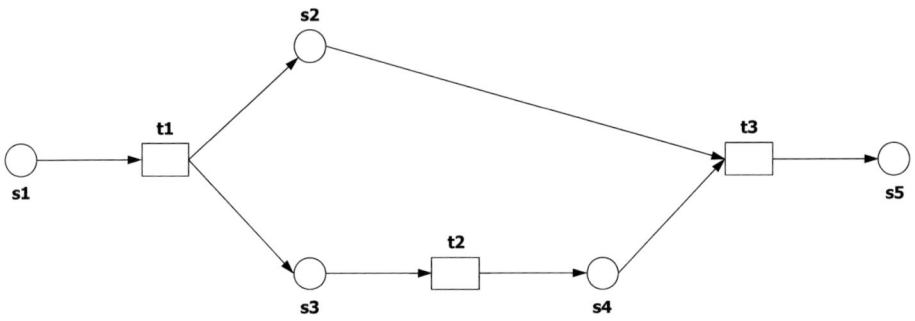

Abbildung 11: Beispiel für ein Petri-Netz [vgl. Mev06 S. 86]

3.1.1.1 Ablaufmuster

Auf Basis der Schaltregel können sich in einem Petri-Netz verschiedene Ablaufmuster ergeben. Diese werden anhand der aufgeführten Beispielnetze in Abbildung 12 und Abbildung 13 nachfolgend im Einzelnen erläutert [vgl. Bau96 S. 92ff.]:

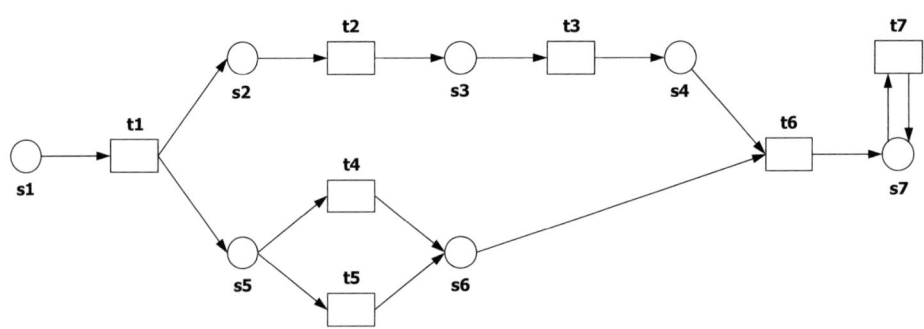

Abbildung 12: Beispiel für verschiedene Ablaufmuster

- *Kausalität:* Kausalität beschreibt eine Ausführungsabhängigkeit von Aktivitäten, d.h. dass bestimmte Transitionen ausgeführt sein müssen, bevor andere Transitionen ausgeführt werden können [Bau96 S. 92]. In dem in Abbildung 12 dargestellten Beispielnetz müssen *t1* und *t2* ausgeführt worden sein, bevor *t3* ausgeführt werden kann.

- *Sequenz:* Bei einer Sequenz werden die beteiligten Transitionen in einer vorgegebenen Reihenfolge nacheinander ausgeführt. Sie repräsentiert einen Spezialfall der Kausalität [Bau96 S. 92f]. Eine Sequenz ist in dem in Abbildung 12 dargestellten Beispielnetz im Ablauf zwischen *s2* und *s4* dargestellt.

- *Nebenläufigkeit:* Bei einer Nebenläufigkeit findet eine parallele Ausführung von Aktivitäten statt. Ein Prozess wird in parallele Teilprozesse aufgespalten, wenn eine Transition mehr als eine Stelle im Nachbereich besitzt, an denen jeweils Teilprozesse mit mindestens einer Transition hängen. Dies geschieht im Beispielnetz in Abbildung 12 bei Transition *t1*, welche die zwei Stellen *s2* und *s5* als Zielstellen besitzt. In diesem Fall werden der Teilprozess zwischen *s2* zu *s4* und der Teilprozess zwischen *s5* und *s6* parallel, d.h. nebenläufig zueinander, modelliert.

- *Konflikt/Alternative:* Ein Konflikt tritt auf, wenn nach einer markentragenden Stelle mindestens zwei Transitionen folgen [Bau96 S. 98f.]. Wenn sich in Stelle *s5* in Abbildung 12 eine Marke befindet, liegt ein Konflikt zwischen den Transitionen *t4* und *t5* vor, da die Marke nur von einer Transition verbraucht werden kann. Konflikte dienen zur Modellierung von Entscheidungen und werden auch als *Alternative* bezeichnet [Bau96 S. 99].

- *Kontakt:* Bei einem Kontakt sind mehrere Transitionen mit derselben Stelle im Nachbereich verknüpft [Bau96 S. 101f.]. Dies ist beim Beispielnetz in Abbildung 12 bei der Stelle *s6* der Fall. Sie hat die Transitionen *t4* und *t5* im Vorbereich. Bei einem Kontakt ist zu beachten, dass die Transitionen im Vorbereich der Stelle des Kontakts nicht schalten können, wenn die Kapazität der Stelle ausgeschöpft ist.

- *Synchronisation:* Bei der oben beschriebenen Nebenläufigkeit wird ein Prozess in parallele Teilprozesse aufgespalten. Nebenläufige Teilprozesse können im Rahmen eines Prozesses auch wieder synchronisiert werden [Bau96 S. 102]. Dies geschieht, wenn die abschließenden Stellen der zu synchronisierenden Teilprozesse genau eine gemeinsame Transition im Nachbereich besitzen, wie dies beim Beispielnetz in Abbildung 12 bei der Transition *t6* mit den Stellen im Vorbereich *s4* und *s6* der Fall ist. Die Transition *t6* muss warten, bis die beiden parallelen Prozesse abgeschlossen sind, so dass in beiden Stellen des Vorbereichs die entsprechende Anzahl von Marken liegen. Erst wenn dies der Fall ist, kann *t6* schalten.

- *Iteration:* Eine Iteration ist eine Schleife, d.h. ein Teil eines Netzes der Form ({s}, {t}, {(s,t), (t,s)}) [vgl. Bau96 S. 53]. In Abbildung 12 bilden die Stelle *s7* und die Transition *t7* eine Iteration.

- *Konfusion:* Eine Konfusion liegt dann vor, wenn ein Konflikt von dritter Seite herbeige-führt oder aufgelöst werden kann, d.h. je nachdem wie Stellen im Vorbereich markiert werden, kann für nachfolgende Transitionen ein Konflikt entstehen oder ein Schalten er-möglicht werden [Bau96 S. 103]. Das Beispielnetz in Abbildung 13 zeigt eine Konfusion. Je nach Markierung der beiden Stellen *s1* und *s2* entstehen unterschiedliche Konfliktsitua-tionen. Wenn nur Stelle *s1* markiert ist, kann lediglich Transition *t1* schalten. Analog dazu kann nur Transition *t3* schalten, falls ausschließlich Stelle *s2* markiert ist. Wenn hingegen gleichzeitig sowohl *s1* als auch *s2* markiert sind, liegt ein Konflikt vor, bei dem entweder *t1* und *t2* oder *t2* und *t3* schalten können.

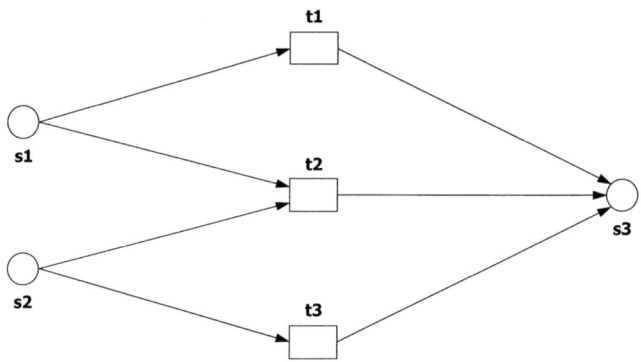

Abbildung 13: Beispiel für eine Konfusion

3.1.1.2 Eigenschaften

Für den Einsatz von Petri-Netzen in der Modellierung, Ausführung und Simulation von Ab-läufen ist die Prüfung bestimmter Eigenschaften erforderlich. Hierzu sind die nachfolgend aufgeführten Eigenschaften bedeutend [vgl. Bau96 S. 130ff.]:

- *Erreichbarkeit:* Erreichbarkeit bedeutet, dass ein bestimmter Systemzustand, d.h. eine bestimmte Markierung, von einem gegebenen Zustand aus erreichbar ist. Die Erreichbarkeitsmenge beinhaltet alle möglichen Markierungen, die ausgehend von einer Startmarkierung durch Anwenden der Schaltregel erreicht werden können [Bau96 S. 85 u. S. 158f.].

- *Beschränktheit:* Ein Petri-Netz ist genau dann beschränkt, wenn seine Erreichbarkeitsmenge endlich ist [Bau96 S. 132].

- *Sicherheit:* Sicherheit kann durch die Einhaltung von Sicherheitsgrenzen bei der Anzahl von Marken in Stellen gewährleistet werden. Eine Sicherheitsgrenze unterscheidet sich von Kapazitätsgrenzen. Durch Kapazitätsgrenzen werden bei der Modellierung solche Transitionsschaltvorgänge ausgeschlossen, die zu einer Überschreitung der Kapazität führen würden. Eine Sicherheitsgrenze ist hingegen erst das abschließende Ergebnis einer Analyse des Verhaltens eines Netzes [Bau96 S. 131]. Kapazität ist die Begrenzung a priori als Vorschrift, Sicherheit hingegen die Begrenzung a posteriori als Beobachtung [Bau96 S. 131].

- *Lebendigkeit:* Lebendigkeit kann im Rahmen von Petri-Netzen folgendermaßen beschrieben werden [vgl. Bau96 S. 137ff.]:

Eine Transition heißt

  - *tot*, falls keine Markierung ihres Vorbereichs erreichbar ist, bei der sie schalten kann.

  - *aktivierbar*, falls mindestens eine Markierung ihres Vorbereichs erreichbar ist, bei der sie schalten kann.

  - *aktiviert*, falls durch die Markierung ihres Vorbereichs ein Schalten der Transition möglich ist.

  - *lebendig*, falls sie in jeder erreichbaren Markierung ihres Vorbereichs aktivierbar ist.

Ein Petri-Netz heißt

  - *tot*, falls alle Transitionen des Petri-Netzes tot sind.

  - *deadlockfrei* oder *schwach lebendig*, falls unter jeder erreichbaren Markierung mindestens eine Transition des Petri-Netzes aktiviert ist.

  - *(stark) lebendig*, falls alle Transitionen des Petri-Netzes lebendig sind.

3.1.1.3 Transformationen

Nachfolgend werden mögliche Transformationen beim Einsatz von Petri-Netzen beschrieben, die den Detaillierungsgrad eines Netzes verändern [vgl. Bau96 S. 58ff., Obe96 S. 285ff.]:

- *Vergröberung / Verfeinerung:* Bei einer Vergröberung wird entweder ein transitionsberandetes Teilnetz eines Petri-Netzes, d.h. ein Teilnetz, das durch Transitionen begrenzt ist, durch genau eine Transition ersetzt oder ein stellenberandetes Teilnetz, d.h. ein Teilnetz, das durch Stellen begrenzt ist, durch genau eine Stelle ersetzt [Bau96 S. 59]. Bei einer Verfeinerung wird eine Stelle oder eine Transition durch ein stellenberandetes bzw. ein transitionsberandetes Teilnetz ersetzt [Bau96 S. 62]. Eine Verfeinerung stellt eine Konkretisierung, d.h. eine Detaillierung der Modellierung einer Stelle oder einer Transition, dar [Bau96 S. 62]. Abbildung 14 zeigt die Durchführung einer Vergröberung, bei der das Teilnetz bestehend aus den Transitionen t1, t2, t3, t4 und der Stelle s2 durch die Transition t5 vergröbert wird.

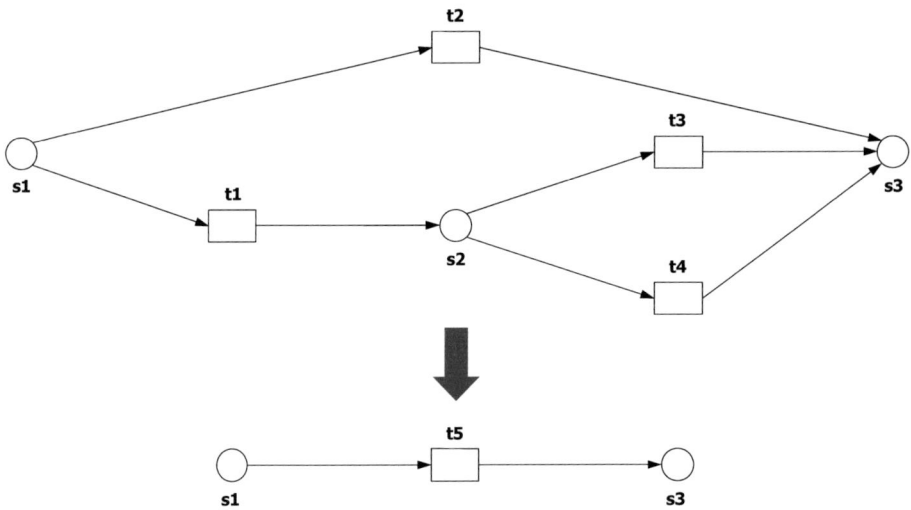

Abbildung 14: Beispiel für eine Vergröberung

- *Einbettung / Restriktion:* Bei einer Einbettung wird ein vorhandenes Netz durch Stellen und Transitionen in der Form ergänzt, dass das neu entstandene Netz das ursprüngliche Netz als Teilnetz enthält [Bau96 S. 63ff.]. Eine Restriktion ist die Umkehrung der Einbettung und stellt somit eine Beschneidung eines Netzes zu einem Teilnetz dar [Bau96 S. 66]. Abbildung 15 zeigt die Einbettung des Netzes mit den Stellen *s1* und *s2* und der Transition *t1* als Teilnetz.

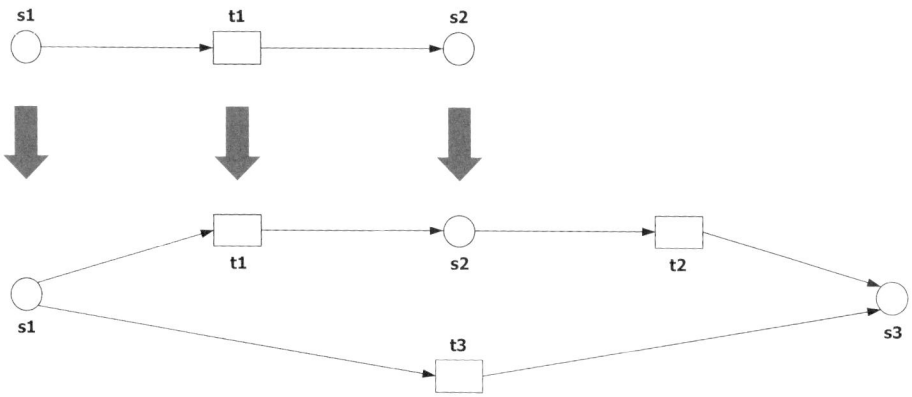

Abbildung 15: Beispiel für eine Einbettung

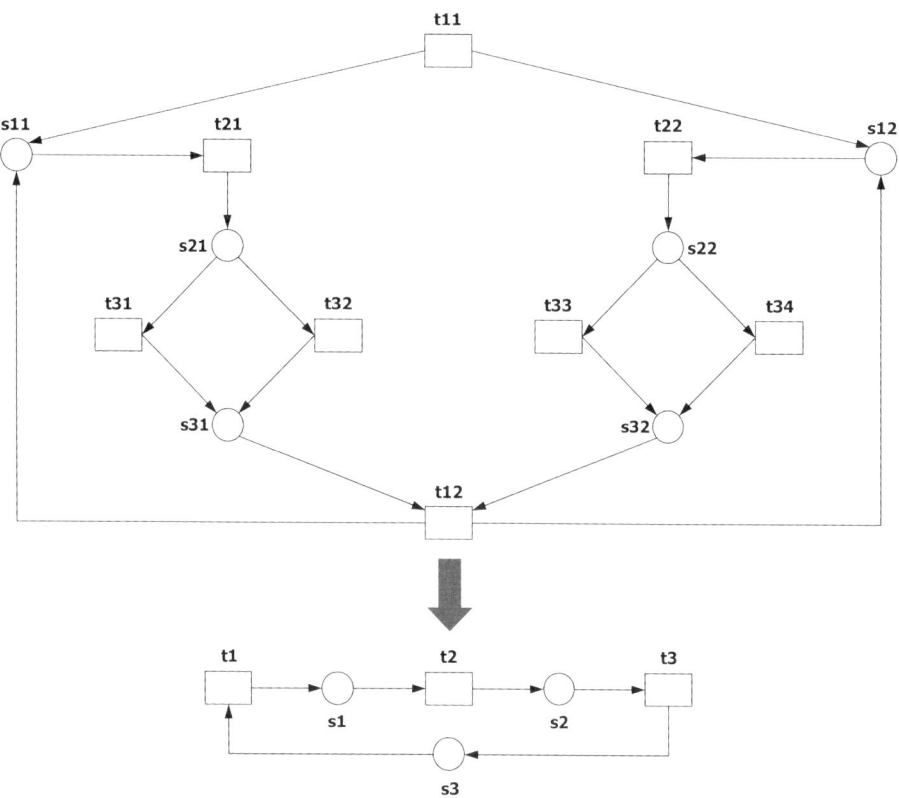

Abbildung 16: Beispiel für eine Faltung

- *Faltung / Entfaltung:* Bei einer Faltung werden gleichartige Teilnetze in der Form aufei-
nandergelegt, dass Knoten nur auf Knoten desselben Typs gelegt werden und die Flussre-

lation gewahrt bleibt [Bau96 S. 66]. Eine Entfaltung stellt die Umkehrung einer Faltung dar [Bau96 S. 66]. Abbildung 16 zeigt eine Faltung bei der die Transitionen *t11*, *t12* auf *t1*, die Transitionen *t21*, *t22* auf *t2*, die Transitionen *t31*, *t32*, *t33*, *t34* auf *t3*, die Stellen *s11*, *s12* auf *s1*, die Stellen *s21*, *s22* auf *s2* und die Stellen *s31*, *s32* auf *s3* gefaltet werden.

3.1.1.4 Einfache und höhere Petri-Netze

Auf Basis ihrer grundlegenden Modellierungskonzepte gibt es inzwischen viele verschiedene Varianten von Petri-Netzen [DeO96]. Petri-Netze werden hierbei in *einfache* und *höhere Petri-Netze* unterschieden. Bei *einfachen Petri-Netzen* sind die Marken nicht unterscheidbar. Dies ist bspw. bei *Stellen/Transitions-Netzen (S/T-Netzen)* der Fall. Die ununterscheidbaren Marken werden bei Stellen/Transitions-Netzen durch schwarze ausgefüllte Kreise dargestellt. Die Schaltregel für S/T-Netze aktiviert eine Transition, wenn jede Stelle im Vorbereich der Transition wenigstens die Anzahl der Marken entsprechend des jeweiligen Kantengewichts enthält. Beim Schalten einer aktivierten Transition wird die Markenzahl in jeder Stelle im Vorbereich um die Anzahl des jeweiligen Kantengewichts reduziert und in jeder Stelle im Nachbereich um die Anzahl des jeweiligen Kantengewichts erhöht. Diese Petri-Netz-Art erlaubt sowohl Stellen mit begrenzter als auch unbegrenzter Kapazität an Marken.

Abbildung 17 zeigt ein S/T-Netz mit einer Startmarkierung M und einer Folgemarkierung nach dem Schalten M′. Die Stellen *s1*, *s2* und *s4* sind jeweils mit einer Kapazität versehen. Bei der Stelle *s3* ist hingegen keine Kapazität angegeben. In diesem Fall wird bei S/T-Netzen defaultmäßig eine unendliche Kapazität der Stelle angenommen. Bei den Kanten *(s1,t1)*, *(t1,s3)* und *(t1,s4)* sind jeweils Kantengewichte angegeben. Bei unbeschrifteten Kanten, wie dies im dargestellten Beispiel bei Kante *(s2,t1)* der Fall ist, wird ein Kantengewicht von eins unterstellt.

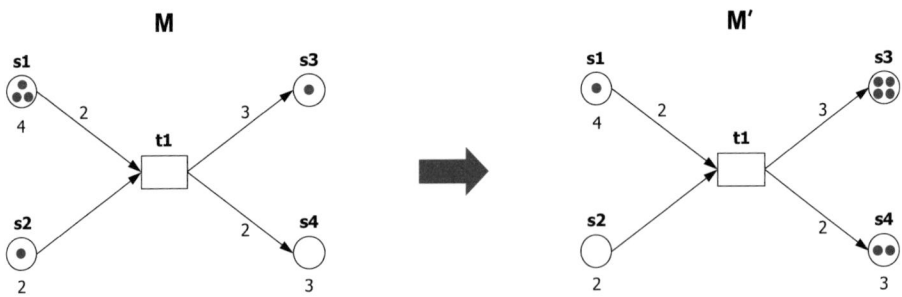

Abbildung 17: Beispiel für ein S/T-Netz mit einer Start- und Folgemarkierung

Unter die *höheren Petri-Netze* fallen die Petri-Netz-Arten, bei denen sich die Marken unterscheiden lassen, d.h. die Nutzung individueller Marken als zusätzliches Ausdrucksmittel gegeben ist [vgl. Bau96 S. 193]. Diese sind aufgrund der Möglichkeit der Einbeziehung strukturierter Geschäftsobjekte für die Modellierung von Geschäftsprozessen besonders geeignet [Obe96 S. 98ff.]. Verglichen mit einfachen Stellen/Transitions-Netzen ermöglichen sie eine kompaktere Darstellung von Sachverhalten [Bau96 S. 193]. Darüber hinaus ist die Modellierung mancher Algorithmen erst durch die Verwendung von höheren Petri-Netzen möglich, bspw. wenn eine Identifizierung einzelner zu verarbeitender Objekte erforderlich ist [Bau96 S. 193]. Zu ihnen gehören unter anderem Prädikat/Transitions-Netze (Pr/T-Netze) und XML-Netze.

Mit *Prädikat/Transitions-Netzen (Pr/T-Netzen)* [GeL81, Gen86, Sta90] können objektbezogene Aspekte bei der Modellierung und der Analyse von Modellen berücksichtigt werden [Obe96 S. 103f.]. Die Kreise werden bei Pr/T-Netzen als *Prädikate* und die Rechtecke als *Transitionen* bezeichnet [Obe96 S. 102]. Prädikate repräsentieren Relationsschemata und können mit einer bestimmten Anzahl an Relationen des entsprechenden Typs belegt sein [Obe96 S. 102]. Eine dem zugeordneten Relationsschema entsprechende Belegung eines Prädikats wird als Markierung bezeichnet. Die Marken in Pr/T-Netzen können sich sowohl in ihrer Struktur als auch in ihren Attributwerten unterscheiden und stellen Wertetupel einer (flachen) Relation dar [Len03 S. 14]. Eine Kantenbeschriftung ordnet den Kanten Mengen von Variablentupeln zu, deren Stelligkeit dem Relationsschema des adjazenten Prädikats entsprechen [Obe96 S. 293]. Den Transitionen kann jeweils ein prädikatenlogischer Ausdruck in Form einer Transitionsinschrift zugeordnet sein, der aus Operationen und Prädikaten gebildet wird [Obe96 S. 293]. Die Aktivierung einer Transition in einem Pr/T-Netz hängt davon ab, welche Werte die Variablen der Kantenbeschriftung aller adjazenten Kanten annehmen und welchen Wahrheitswert diese Variablenbelegung für die Transitionsinschrift induziert [Len03 S. 16]. Die Prüfung, ob eine Transition aktiviert ist, d.h. ob sie schalten kann, kann immer nur lokal durchgeführt werden. Die Aktivierung hängt nur von Marken in Prädikaten im Vor- und Nachbereich der Transition ab. Dieser Sachverhalt wird als Lokalitätsprinzip bezeichnet [DeO96]. Beim Schalten einer Transition in einem Pr/T-Netz werden einerseits bei allen Prädikaten im Vorbereich die durch die jeweilige Kantenbeschriftung identifizierten Wertetupel gelöscht und andererseits bei allen Prädikaten im Nachbereich der Transition Wertetupel entsprechend der Kantenbeschriftungen hinzugefügt [Obe96 S. 295].

Eine weitere Variante höherer Petri-Netze sind die sogenannten *XML-Netze* [Len03, CLO09]. Bei XML-Netzen werden die unterscheidbaren Marken durch XML-Dokumente repräsentiert. XML-Netze werden ausführlich in Abschnitt 3.1.2 beschrieben, da sie eine zentrale Rolle für den in dieser Arbeit vorgestellten Ansatz spielen.

3.1.1.5 Spezielle Petri-Netz-Varianten

Als spezielle Petri-Netz-Varianten werden in diesem Abschnitt noch Zeitnetze [vgl. Bau96 S. 256ff.] beschrieben, da die Berücksichtigung zeitlicher Aspekte bei einer softwaretechnischen Generierung und Ausführung von Abläufen eine zentrale Rolle spielt. *Zeitnetze* sind eine Erweiterung der Petri-Netze und basieren auf einfachen Stellen/Transitions-Netzen. Die spezifischen Erweiterungen für Zeitnetze können jedoch auch allen anderen Arten von Petri-Netzen hinzugefügt werden. Bei Zeitnetzen werden Petri-Netze so erweitert, dass Zeit auch quantitativ modelliert werden kann. Dies geschieht durch die Zuordnung von zusätzlichen Zeitattributen, um Zeitangaben hinterlegen zu können, und der Berücksichtigung dieser Attribute in einer entsprechenden Schaltregel. Für die Zuordnung von Zeitattributen gibt es verschiedene Ansätze [Bau96 S. 256]: Sie können beispielsweise an Stellen, Transitionen oder Kanten angeordnet werden.

Nachfolgend wird das mögliche Verhalten bei der Zuordnung von Zeitangaben einerseits bei Stellen und andererseits bei Transitionen beschrieben [vgl. Bau96 S. 257]:

Ist einer Stelle eine Zeitangabe zugeordnet, dann bestimmt diese Angabe die Mindestverweildauer einer Marke in dieser Stelle. Für die Weiterverarbeitung gibt es prinzipiell die folgenden beiden Möglichkeiten [Bau96 S. 257]:

1. Eine Transition kann diese Marke schon vorab reservieren.

2. Die Marke bleibt bis zum Ende der Verweildauer für alle Transitionen verfügbar.

Ist den Transitionen eine Zeitangabe zugeordnet, gibt diese Angabe die Wartezeit zwischen Aktivierung und Schaltung an. Auch hier gibt es zwei Möglichkeiten [Bau96 S. 257]:

1. Die Marke wird gleich zum Start der Ausführung der Transition verbraucht.

2. Die Marke wird erst nach Ablauf der Wartezeit, d.h. zum Zeitpunkt des Schaltens verbraucht. In diesem Fall kann die Marke noch von anderen Transitionen vorher verbraucht werden.

Es können verschiedene Arten von Zeitbedingungen hinterlegt werden. Dies sind bspw. der früheste Zeitpunkt, der späteste Zeitpunkt, die Mindestdauer, die Höchstdauer, der exakte

Zeitpunkt oder die exakte Dauer [Bau96 S. 257]. Zeitnetze, bei denen die Zeitangaben den Transitionen zugewiesen werden, können in die folgenden Klassen eingeteilt werden [Mar89]: *Stochastische Petri-Netze, Generalisierte Stochastische Petri-Netze* und *Deterministische und Stochastische Petri-Netze*. Bei den *Stochastischen Petri-Netzen (SPN)* wird jeder Transition eine stochastische Verteilung für ein zufallsgesteuertes Schalten zugewiesen. Dadurch variiert die Zeit zwischen Aktivieren und Schalten entsprechend der zugeordneten Wahrscheinlichkeitsverteilung. Für den eigentlichen Schaltvorgang wird keine Dauer berücksichtigt. Diese spezielle Variante einer Transition wird nachfolgend als stochastische Transition bezeichnet. Die *Generalisierten Stochastische Petri-Netze (GSPN)* stellen eine Erweiterung der Stochastischen Petri-Netze dar, die zeitlose und stochastische Transitionen besitzen. Bei zeitlosen Transitionen werden keine Zeitbedingungen angegeben, d.h. ihre Ausführung erfolgt direkt und ohne eine Wartezeit. Darüber hinaus sind in GSPN sogenannte Inhibitor-Kanten erlaubt, bei denen im Gegensatz zu gewöhnlichen Kanten eines Petri-Netzes auf das Nichtvorhandensein von Marken für die Aktivierung einer verbundenen Transition geprüft wird. *Deterministische und Stochastische Petri-Netze (DSPN)* beinhalten zeitlose, stochastische und deterministische Transitionen. Bei deterministischen Transitionen wird jeweils eine konstante Wartezeit vorgegeben.

3.1.2 XML-Netze

Als eine Variante höherer Petri-Netze werden hier sogenannte XML-Netze beschrieben. XML-Netze sind eine graphische, Petri-Netz-basierte Sprache zur Modellierung von Geschäftsprozessen, die auf dem Austausch von XML-Dokumenten oder durch diese repräsentierten Geschäftsobjektzustände basieren [Len03, LeO03, Mev06, CLO09]. XML-Netze eignen sich insbesondere für die Modellierung von Geschäftsprozessen im Bereich E-Business [Len03, Mev06], da viele Standards in diesem Umfeld (Webservices, WS-BPEL, ebXML etc.) XML-basiert sind und dadurch bereits bei der Modellierung eine enge Verzahnung mit der technologischen Basis ermöglicht wird.

XML-Netze zeichnen sich neben der Verwendung von XML-Dokumenten als Marken durch sogenannte *Filterschemata* aus [Len03, LeO03, Mev06, CLO09]. Diese können den Kanten als Kantenbeschriftung zur Selektion einer Teilmenge der sich in den Stellen befindenden XML-Dokumente zugewiesen werden. Filterschemata sind im Gegensatz zu XML Schema nicht nur strukturbeschreibend, sondern sie unterstützen zusätzliche Funktionen wie beispielsweise die Zuweisung von Variablen oder Konstanten zu Elementtypen oder Attributen

[Len03 S. 134]. Dies ermöglicht die Selektion bestimmter XML-Dokumente aus einer Menge von XML-Dokumenten, die demselben XML Schema genügen [Len03 S. 134]. Darüber hinaus können mit Filterschemata Elemente ausgezeichnet werden, die gelöscht, geändert oder eingefügt werden sollen. Diese Auszeichnung wird an alle Elemente des selektierten XML-Dokuments vererbt [Len03 S. 134]. Dadurch ermöglichen Filterschemata eine Manipulation der XML-Dokumente auf unterschiedlichen Hierarchieebenen [Len03 S. 134]. In einem Filterschema können Elementplatzhalter verwendet werden, falls der jeweilige Inhalt bei einem entsprechend markierten Element für die Abfrage nicht relevant ist [Len03 S. 134]. Filterschemata stellen dadurch Schablonen für die Verarbeitung von XML-Dokumenten und deren Elemente bereit [Len03 S. 134].

Für die Darstellung und die Umsetzung der Grundkonzepte von Filterschemata existieren verschiedene Ansätze. Bei der Definition von XML-Netzen in [Len03] werden XML-Schema-Diagramme für die Stellentypisierung und die Sprache XManiLa für die Abfrage und Manipulation von XML-Dokumenten verwendet. Die Sprache wird dort zur graphischen Darstellung der Abfragen und Manipulationen von XML-Dokumenten bei XML-Netzen eingesetzt. XManiLa stellt eine Erweiterung des XML-Schema-Modells dar [Len03 S. 133], d.h. die Filterschemata in XManila orientieren sich an der Notation von XML Schema. Graphische und semantische Erweiterungen stellen die zuvor aufgeführten Eigenschaften eines Filterschemas bereit, die über die reine Strukturbeschreibung hinausgeht, die durch XML Schema ermöglicht wird. Jedes Filterschema besitzt hierzu ein zugehöriges Filterdiagramm, das als Kantenbeschriftung in XML-Netzen genutzt wird [Len03 S. 134ff.]. Für Elementtypen eines XML Schemas können entsprechende Elementfilter gesetzt werden, die wiederum Attributfilter enthalten können [Len03 S. 134]. Elementfilter und Attributfilter können mit Variablen oder konstanten Werten belegt werden [Len03 S. 135]. Die Elementfilter werden graphisch durch Rechtecke dargestellt, in denen ggf. Attributfilter im entsprechenden Rechteck unter dem Elementfilter aufgelistet sind [Len03 S. 135]. Elementfilter können nicht nur verwendet werden, um Elemente eines Typs auszulesen, sondern auch um Elemente zu löschen oder sie zu erzeugen [Len03 S. 136].

Ein weiterer Ansatz für die Umsetzung der Filterschemata ist die Verwendung des W3C-Standards *XML Query (XQuery)* [W3C07c]. Im Rahmen der Arbeit von [Mev06] wird eine an XML Schema orientierte, vereinfachte Beschreibungssprache zur Darstellung des W3C-Standards XML Schema für die Stellentypisierung sowie die standardisierte Anfragesprache XQuery für die Dokumentenmanipulation verwendet [Mev06 S. 97]. Die Filterschemata werden hierbei mit der funktionalen Sprache XQuery beschrieben, die eine Verarbeitung von XML-Daten durch Abfrage-, Manipulations- und Verwaltungsfunktionen ermöglicht [Mev06 S. 97]. Bei XQuery werden keine Anweisungen, sondern ausschließlich Ausdrücke verwendet. Mit XQuery wird neben einer XML-basierten Syntax auch eine nicht-XML-basierte Syntax, d.h. eine für den Menschen besser nutzbare Form, bereitgestellt [W3C07c]. Die bei XQuery verwendeten Datentypen basieren auf XPath und XML Schema. XQuery wurde, ähnlich wie SQL, auf der Grundlage einer Algebra aufgebaut. Komplexe XQuery-Ausdrücke können mit Hilfe dieser zugrundeliegenden Algebra in einfachere äquivalente Ausdrücke transformiert werden. Viele Datenbanksysteme, wie bspw. Oracle, Microsoft SQL Server und IBM DB/2 unterstützen inzwischen eine Anbindung von XQuery [Mev06].

Die im Rahmen dieser Arbeit verwendete nachfolgende Definition von XML-Netzen wurde mit kleinen Änderungen aus [Len03 S. 173f., Mev06 S. 98f.] übernommen:

Definition 3.2: XML-Netz

Ein XML-Netz ist ein Tupel $XN = (S, T, F, \Psi, I_S, K, I_T, M_0)$ für das gilt:

(i) (S, T, F) ist ein Petri-Netz.

(ii) $\Psi = (D, FT, PR)$ ist eine Struktur, die aus einer Individuenmenge D, einer darauf definierten Menge von Funktionen FT und einer Menge von definierten Prädikaten PR mit unveränderlichen Ausprägungen besteht.

(iii)   Durch die Funktion $I_S : S \rightarrow XS$ wird jeder Stelle $s \in S$ ein XML Schema als Stellentypisierung zugewiesen, mit der die Struktur zulässiger Marken definiert wird.

(iv)   Die Kantenbeschriftung K weist jeder Kante aus F ein valides Filterschema zu, das bezüglich des adjazenten XML Schemas zulässig ist.

(v)   Durch die Funktion I_T wird jeder Transition $t \in T$ eine Transitionsinschrift in Form eines über Ψ und der Menge der an allen adjazenten Kanten vorkommenden Variablen gebildeten prädikatenlogischen Ausdrucks zugewiesen.

(vi)   Die Markierung M ordnet jeder Stelle $s \in S$ eine Menge von XML-Dokumenten zu, die bezüglich des XML Schemas gültig sind, wobei M_0 die Startmarkierung ist.

Die Struktur Ψ induziert für jeden prädikatenlogischen Ausdruck und jede Variablenbelegung β der Filterschemata an den Kantenbeschriftungen einen Wert aus der Menge $\{0,1\}$ zur Bewertung der Wahrheit des Ausdrucks in der jeweiligen Konstellation [Len03, Mev06]. Die Aktiviertheit einer Transition ist davon abhängig, welche Werte die Variablen der Kantenbeschriftung aller adjazenten Kanten annehmen und welchen Wahrheitswert diese Variablenbelegung für den prädikatenlogischen Ausdruck der Transition induziert [Len03].

Die Definition von XML-Netzen erfolgt in dieser Arbeit in allgemeiner Form, d.h. unabhängig von der Wahl der Umsetzung der Filterschemata mit XManila, XQuery oder anderen Mechanismen zur Selektion und Verarbeitung von XML-Dokumenten. Die folgenden Kriterien für Filterschemata müssen jedoch erfüllt sein:

- In einem Filterschema müssen die zu verarbeitenden XML-Strukturen als Schablone beschrieben werden können.

- Eine eindeutige Formulierbarkeit von Selektionen von XML-Dokumenten aus einer Menge von XML-Dokumenten muss durch ein Filterschema gegeben sein.

- Einzelne Elemente müssen in der Struktur für eine Verarbeitung auszeichenbar sein.

- In einem Filterschema müssen Zuweisungen und weitere Verarbeitungsfunktionen für Elemente und Attribute beschrieben werden können.

- In einem Filterschema muss erkennbar sein, welche grundlegende Operation (Lesen, Löschen, Erzeugen, Ändern) auf der jeweiligen Menge von XML-Dokumenten ausgeführt werden soll.

Abbildung 18 zeigt ein Beispiel für ein XML-Netz. Im dargestellten Beispiel werden die Filterschemata mit Pseudocode beschrieben [SVO11 S. 59f.]. Filterschema FS_1 liest die Angebote aus, die sich im Status *„Beauftragt"* befinden [SVO11 S. 59]. Durch die Transition *Auftrag anlegen* wird für jedes selektierte Angebot ein Auftrag angelegt [SVO11 S. 60]. Bei der Anlage der Aufträge werden über das Filterschema FS_2 neue Aufträge erzeugt, bei denen die Auftragsnummer generiert, die Artikel und der Kunde aus dem Angebot übernommen und der Status eines neu angelegten Auftrags initial auf *„Offen"* gesetzt wird [SVO11 S. 60]. Das Filterschema FS_3 dient dem Auslesen der Artikel aus den Aufträgen [SVO11 S. 60]. Über die zweite eingehende Kante aus der Stelle *Lagerbestand* werden über Filterschema FS_4 die Lagerbestände zu den Artikeln aus dem Auftrag ausgelesen. Bevor ein Artikelversand über die Transition *Artikel versenden* durchgeführt werden kann, wird über die Transitionsinschrift *TI* von *Artikel versenden* geprüft, ob ein ausreichender Bestand an Artikeln im Lager vorhanden ist, so dass eine Auslieferung der vom Kunden bestellten Anzahl an Artikeln erfolgen kann [SVO11 S. 60]. Nach dem Ausführen, d.h. dem Schalten, der Transition *Artikel versenden* werden Updates auf den Bestand über das Filterschema FS_5 und das Einfügen von Auslieferungen bei den Bewegungsdaten des Kunden über das Filterschema FS_6 vorgenommen [SVO11 S. 60].

XML-Netze bilden die Basis für die Modellierung und Umsetzung von Geschäftsprozessen dieser Arbeit. Durch die formale Definition von XML-Netzen und den enthaltenen XML Schemata, Filterschemata und Dokumentenoperationen sind XML-Netze neben der konzeptuellen Modellierung auch insbesondere für die Ausführung der damit beschriebenen Prozesse einsetzbar. Weitere Vorteile sind die Berücksichtigung der Geschäftsobjektstrukturen und deren Details durch die verwendeten XML-Strukturen. Die Nutzung von XML-Strukturen in den Prozessmodellen oder graphischen Notationen, die in XML-Strukturen umgesetzt werden können, ist darüber hinaus auch eine Voraussetzung für die Einbindung von Services in Prozessmodelle, da diese wie im Falle von Webservices ebenfalls XML-basiert bereitgestellt werden. Weiterhin bieten XML-Netze alle Möglichkeiten von Petri-Netzen wie bspw. die automatisierte Analyse, die Simulation oder die Transformation von Netzen. Ein weiterer Vorteil von XML-Netzen ist der vielseitige Einsatz durch die allgemeine Anwendbarkeit.

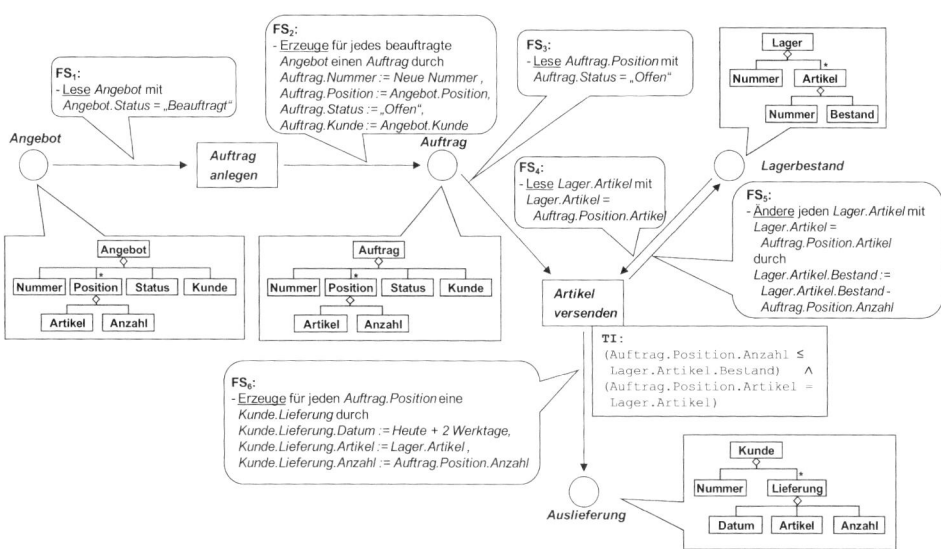

Abbildung 18: Beispiel für ein XML-Netz [vgl. SVO11]

Durch XML-Netze können auch Abläufe in den Frontends beschrieben werden, da derzeit nahezu alle Frontend-Technologien mit XML-basierten Strukturen arbeiten. Auf Basis Frontend-beschreibender XML-Strukturen können die Abläufe bei Frontends durch die Änderungen der Zustände durch Varianten von XML-Netzen beschrieben werden. Die entsprechenden Netzvarianten werden in Abschnitt 5.5 detailliert beschrieben.

3.1.3 Weitere Prozessmodellierungsmethoden

Neben den Petri-Netz-basierten Modellierungsmethoden existieren noch zahlreiche weitere. Nachfolgend werden zwei alternative Methoden zur Modellierung von Geschäftsprozessen beschrieben. Dies sind zum einen die sogenannten *Ereignisgesteuerte Prozessketten (EPKs)* und zum anderen *Business Process Model and Notation (BPMN)*. EPKs wurden aufgrund ihrer weiten Verbreitung in der betrieblichen Praxis und BPMN aufgrund der Standardisierung betrachtet und bezüglich der Verwendung in dieser Arbeit untersucht und bewertet.

3.1.3.1 Ereignisgesteuerte Prozessketten

Ereignisgesteuerten Prozessketten (EPK) sind eine semiformale graphische Modellierungssprache zur Beschreibung der Geschäftsprozesse von Unternehmen und sonstigen Organisationen [KNS92]. Die Sprache entstand im Rahmen der Entwicklung der *Architektur integrierter Informationssysteme (ARIS)*, die eine Methode zur Modellierung von Informationssystemen darstellt und hierbei eine sichtenorientierte Definition von Geschäftsprozessen ermöglicht [Sch97, Sch99, SKJ06]. Diese wird durch das ARIS-Toolset zur Verfügung gestellt, das die graphische Beschreibung von Geschäftsprozessen aus unterschiedlichen Perspektiven unterstützt. Geschäftsprozesse werden durch unterschiedliche Modelle dargestellt und in spezifischen Sichten zur Reduzierung der Komplexität präsentiert. Die Ereignisgesteuerte Prozesskette (EPK) wurde zur Modellierung von Geschäftsprozessen und auch als allgemeine Prozessmodellierungssprache entwickelt. Sie veranschaulicht den Ablauf von Prozessen und wird aus den folgenden drei Grundelementen zusammengesetzt [KNS92]:

- *Ereignis*: Ein Ereignis kann einen Auslöser für eine nachfolgende Funktion oder einen Zustand vor oder nach einer Funktion darstellen. Ereignisse werden in Form von Sechsecken dargestellt.

- *Funktion*: Eine Funktion stellt eine Aktion oder eine Aufgabe dar, die auf Ereignisse folgt oder weitere Ereignisse bewirkt. Funktionen werden durch Rechtecke mit abgerundeten Ecken symbolisiert.

- *Konnektor*: Konnektoren verbinden Funktionen und Ereignisse. Mit ihnen können exklusive, optionale und parallele Pfade im Prozessfluss beschrieben werden. Es stehen drei verschiedene Konnektoren zur Verfügung, die den logischen Operatoren $\wedge$ (Und), $\vee$ (Oder) und XOR (Exklusives Oder) entsprechen. Konnektoren werden durch Kreise dargestellt, die den jeweiligen Operator als Symbol enthalten.

Der Prozessfluss wird durch gerichtete Kanten zwischen Ereignissen, Konnektoren und Funktionen abgebildet. Bei der Modellierung der Abläufe sind jedoch nicht alle Kombinationen zwischen diesen drei Grundelementen erlaubt [Sch99]. Zur besseren Strukturierung von EPKs können in Geschäftsprozessmodelle Subprozesse eingebunden werden. Für die Modellierung von Subprozessen werden bei EPKs sogenannte *Prozesswegweiser* verwendet. Diese können anstatt einer Funktion verwendet werden. Mit einem Prozesswegweiser können komplexe Aktivitäten in Teilschritte zerlegt werden, die dann in einer separaten EPK auf einer darunterliegenden Ebene beschrieben werden. Prozesswegweiser werden durch ein Rechteck, hinter denen ein Sechseck liegt, dargestellt.

Bei einer sogenannten *erweiterten EPK (eEPK)* können zusätzlich noch Organisationseinheiten und Informationsobjekte mit einzelnen Funktionen verknüpft werden [Sch97]. Informationsobjekte stellen Dokumente oder Datenspeicher dar. Sie werden als Rechtecke dargestellt. Organisationseinheiten symbolisieren Rollen oder Personen, die für eine Funktion bzw. einen Prozessschritt verantwortlich sind. Sie werden als Ellipse, die vor dem linken Rand eine senkrechte Linie enthält, dargestellt.

Abbildung 19 zeigt ein Beispiel für eine EPK mit den drei Grundelementen. Der Prozess wird über das Ereignis eines eingehenden Auftrags gestartet. Zunächst wird der Auftrag im Rahmen einer entsprechenden Funktion geprüft. Über ein exklusives Oder wird der Prozessfluss aufgeteilt, abhängig davon, ob es sich um einen Artikel handelt, der im Lager geführt wird, oder ob es sich um eine kundenspezifische Anfertigung handelt. Unabhängig davon, ob es sich um einen Auftrag bzgl. eines Lagerartikels oder bzgl. einer kundenspezifischen Fertigung handelt, werden anschließend parallel der Versand und die Rechnungsstellung durchgeführt. Nach Fertigstellung beider Aktivitäten gilt der Auftrag als abgeschlossen.

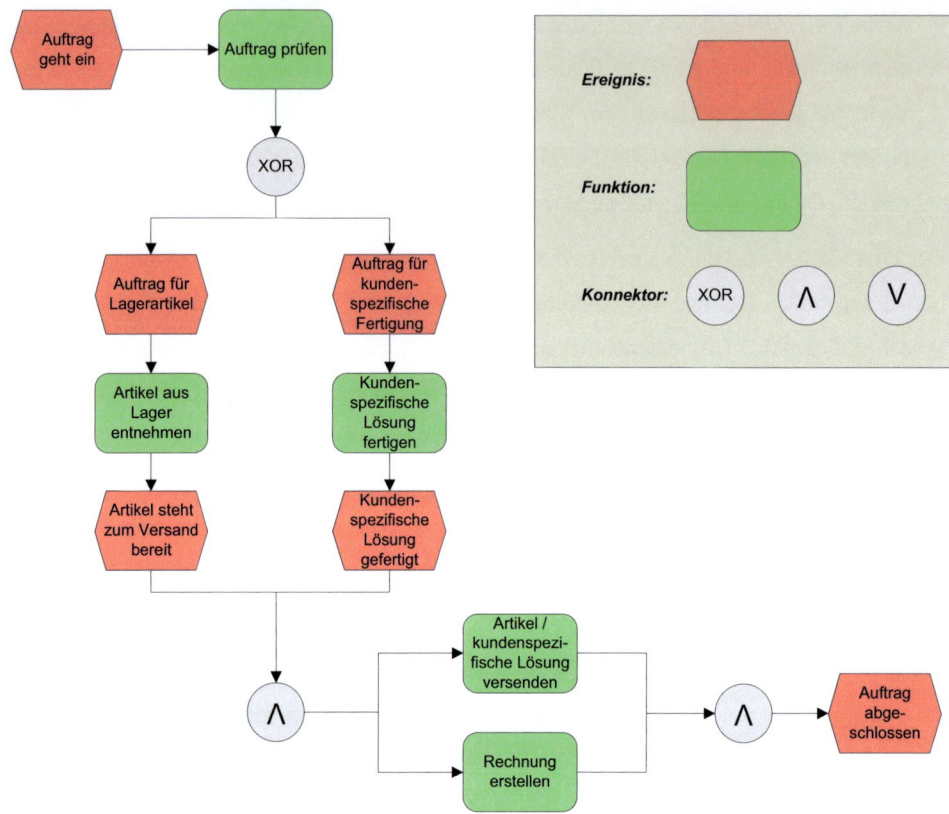

Abbildung 19: Beispiel für eine Ereignisgesteuerte Prozesskette (EPK)

Ereignisgesteuerte Prozessketten haben aufgrund der Anschaulichkeit in der Praxis eine weite Verbreitung gefunden. Sie ermöglichen jedoch im Vergleich zu Petri-Netz-basierten Ansätzen nur eine statische Sicht auf Prozessstrukturen [KNS92]. Ein weiterer Schwachpunkt von EPKs stellt die beschränkte Ausdrucksmächtigkeit aufgrund der unzureichenden formalen Basis dar [Aal99]. Als semiformale Modellierungssprache erlauben EPKs dadurch kein automatisiertes Überprüfen der semantischen Korrektheit von entwickelten Geschäftsprozessmodellen [EKO96]. Dies ist jedoch eine wesentliche Voraussetzung für die Transformation in eine softwaretechnische Umsetzung oder eine direkte Ausführung von Prozessmodellen. Darüber hinaus erschwert die Aufteilung in Funktions- und Datensicht bei der Anwendung des ARIS-Konzepts eine integrierte Modellierung von Geschäftsprozessen und Geschäftsobjekten [Mev06].

3.1.3.2 Business Process Model and Notation

Business Process Model and Notation (BPMN) [BPM10] ist ebenfalls eine graphische Modellierungssprache für Geschäftsprozesse. BPMN wurde 2002 von IBM entwickelt und durch die
Business Process Management Initiative (BPMI) veröffentlicht. Sie wurde 2005 durch die
Object Management Group (OMG) für den weiteren Ausbau übernommen. Seit 2006 ist
BPMN offiziell ein Standard der OMG. BPMN liegt seit 2010 in der derzeit aktuellsten Version 2.0 vor. BPMN verfolgt primär das Ziel eine Notation bereitzustellen, die gleichsam für
die Systemanalysten, die die groben Prozesse entwerfen, die Entwickler, die die Prozesse
implementieren und den Fachbereich, der Prozesse durchführt und überwacht, verständlich
ist. Ein weiteres Ziel von BPMN ist es, die modellierten Geschäftsprozesse in ausführbare
BPEL-Prozesse abzubilden [Whi05, Whi08]. Die Spezifikationen enthalten diesbezüglich
entsprechende Mappings.

Die graphischen Elemente bei BPMN (Version 2.0) werden grundsätzlich in die folgenden
vier Kategorien eingeteilt [BPM10]:

- *Flow Objects*: Flow Objects sind die Knoten in einem *Process*, d.h. einem BPMN-
  Geschäftsprozessdiagramm. Es gibt die drei verschiedenen Typen *Activity*, *Gateway* und
  Event. Eine *Activity* stellt einen Arbeitsschritt in einem Prozess dar. Sie wird als Rechteck
  mit abgerundeten Ecken dargestellt. Activities werden in *Tasks* und *Sub-Processes* unter-
  schieden, die jeweils wieder in verschiedene Typen unterteilt sind. Ein *Gateway* steuert
  Verzweigungen, parallele Ausführungen und Zusammenführungen für den abzubildenden
  Prozessfluss. Gateways werden als Rhomben dargestellt, die je nach Typ ein zusätzliches
  Symbol beinhalten. Die Typen für Gateways sind: datenbasiertes XOR, ereignisbasiertes
  XOR, OR, AND und COMPLEX (Kombination von Bedingungen). Ein *Event* stellt ein
  Ereignis dar, das einen Prozess starten, verzögern, unterbrechen oder beenden kann.
  Events werden als Kreise dargestellt, die je nach ihrer Position im Geschäftsprozess (Start,
  End, Intermediate) unterschiedlich dargestellt werden. Darüber hinaus können durch
  Symbole in den Kreisen verschiedene Arten von Events (Timer, Message, Exception etc.)
  gekennzeichnet werden. Darüber hinaus wird bei Events noch nach ihrer Wirkung auf den
  Geschäftsprozess in *Catching* und *Throwing* unterschieden, je nachdem ob auf das Ereig-
  nis gewartet wird oder ob es auslösend ist. Die Symbole werden bei Catching-Events weiß
  und bei Throwing-Events schwarz dargestellt.

- *Data Objects*: Daten werden durch die vier Elemente *Data Objects*, *Data Inputs*, *Data Outputs* und *Data Stores* repräsentiert. Ein *Data Object* steht für Daten, die für die Ausführung einer Aktivity innerhalb eines Prozesses benötigt werden oder als Ergebnis aus einer Activity hervorgehen. Sie können einzelne Objekte oder eine Menge von Objekten darstellen. *Data Inputs* und *Data Outputs* stellen entsprechend die Eingangsdaten und Ausgangsdaten für einen Prozess dar. Data Objects, Data Inputs und Data Outputs werden als Dokumentsymbol dargestellt. Die unterschiedlichen Typen sind entsprechend markiert. Ein Data Store repräsentiert einen Platz, an dem Daten gespeichert und wieder gelesen werden können, wie bspw. eine Datenbank. Data Stores werden als Tonne dargestellt.

- *Connecting Objects*: Connecting Objects sind die verbindenden Kanten in den BPMN-Geschäftsprozessdiagrammen. Bei den Kanten wird in sogenannte *Sequence Flows*, *Message Flows, Associations* und *Data Associations* unterschieden. *Sequence Flows* stellen den Prozessfluss dar, indem sie Flow Objects miteinander zu einem Prozess verbinden. Sie werden als durchgezogene Pfeile dargestellt. *Message Flows* stellen hingegen einen Nachrichtenaustausch zwischen zwei Elementen dar. Sie werden als gestrichelte Pfeile mit einem kleinen Kreis auf der Seite der Quelle dargestellt. *Associations* werden genutzt, um zusätzliche Informationen mit dem Prozessfluss zu verknüpfen. Über sie können Elemente wie Annotations mit den Elementen verbunden werden, die den Prozessfluss abbilden. Mit *Data Associations* können Data Objects als Input oder Output mit Activities verbunden werden. Associations können, müssen jedoch nicht, gerichtet sein. Sie werden als gepunktete Linien oder Pfeile dargestellt. Data Associations entsprechen von der Darstellung her gerichteten Associations. Für Sequence Flows und Message Flows sind entsprechende Regeln für die erlaubten Zuordnungsmöglichkeiten definiert. Hierzu sind die erlaubten Kombinationen für den jeweiligen Kantentyp in einer Matrix angegeben [BPM10 S. 42ff.].

- *Swimlanes (Pools* und *Lanes)*: Es gibt zwei Arten von Swimlanes in BPMN. Ein *Pool* repräsentiert eine an einem Prozess beteiligte Organisationseinheit oder Rolle. Ein Pool wird graphisch als Container (Rechteck mit Namen auf der linken Seite) dargestellt, der den Teilprozess enthält, welcher der beteiligten Organisationseinheit bzw. Rolle entsprechend zugeordnet wird. Mit *Lanes* können Pools in verschiedene Unterbereiche strukturiert werden. Sie dienen dazu, Activities innerhalb eines Pools weiter zu ordnen bzw. zu kategorisieren. Lanes werden ebenfalls als Container dargestellt und können sowohl horizontal als auch vertikal angeordnet werden. Darüber hinaus können bei Lanes Hierarchien abgebildet werden, d.h. Lanes können wiederum Lanes enthalten.

- *Artifacts*: Artifacts sind Elemente, mit denen zusätzliche Informationen, die nicht direkt zum Prozessfluss und Nachrichtenfluss gehören, abgebildet werden können [BPM10]. Standardmäßig sind dies sogenannte Groups (Gruppierungen von Elementen) und Text Annotations (Anmerkungen). Die graphische Darstellung ist je nach Typ unterschiedlich. Darüber hinaus können auch neue Artifact-Typen mit BPMN definiert werden.

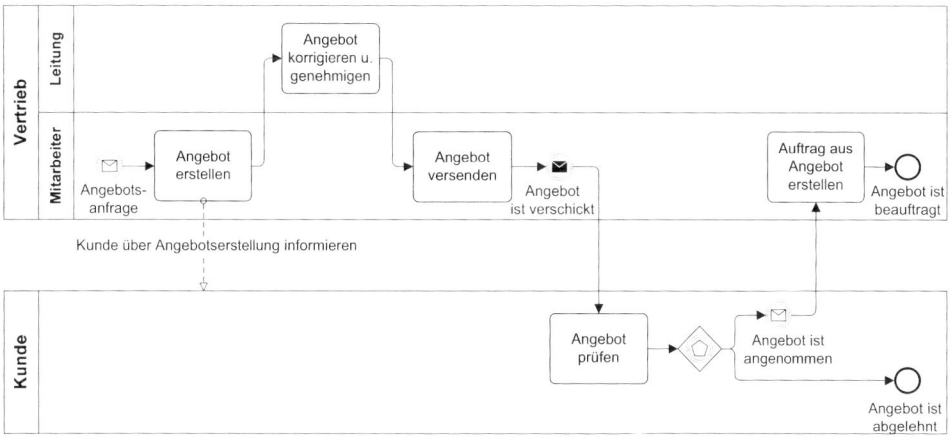

Abbildung 20: Beispiel für ein BPMN-Geschäftsprozessdiagramm

In Abbildung 20 ist ein Beispiel für ein BPMN-Geschäftsprozessdiagramm dargestellt. Der Prozess wird durch das Start Event *Angebotsanfrage* ausgelöst. Im ersten Arbeitsschritt, der Activity *Angebot erstellen*, wird ein Angebot von einem Vertriebsmitarbeiter erstellt. Nach der Erstellung wird das Angebot von der Vertriebsleitung korrigiert und genehmigt. Die unterschiedlichen Rollen *Vertriebsleitung* und *Vertriebsmitarbeiter* sind jeweils durch die Lanes *Leitung* bzw. *Mitarbeiter* im Pool *Vertrieb* gekennzeichnet. Nach dem Versenden des Angebots durch den Vertriebsmitarbeiter wird ein Intermediate Event *Angebot ist verschickt* erzeugt. Dies stellt bspw. das Versenden einer E-Mail mit dem Angebot an den Kunden dar. Der beim Kunden laufende Teilprozess ist in einem separaten Pool dargestellt. Zunächst überprüft der Kunde das ihm übermittelte Angebot. Er wurde bereits im Rahmen der Erstellung des Angebots über die groben Inhalte und den zeitlichen Ablauf vom entsprechenden Vertriebsmitarbeiter informiert. Dies wird durch den Message Flow *Kunde über Angebotserstellung informieren* zwischen der Activity *Angebot erstellen* und dem Pool *Kunde* beschrieben. Über das ereignisbasierte exklusive Gateway wird nach der Angebotsprüfung entweder der Prozess durch das End Event *Angebot ist abgelehnt* abgeschlossen oder aus dem Angebot nach dem empfangenden Event *Angebot ist angenommen* vom Vertriebsmitarbeiter ein Auftrag erstellt. Das Ereignis *Angebot ist beauftragt* schließt dann den Prozess ebenfalls als End Event ab.

Mit BPMN werden zwei Ziele verfolgt [BPM10, Whi05, Whi08]: Zum einen soll BPMN ein Kommunikationsmittel zwischen Fachbereich und der IT bereitstellen und zum anderen wird eine Ausführbarkeit der mit ihr erstellten Prozesse angestrebt. Aufgrund dieser Anforderungen enthält BPMN zwangsläufig auch Elemente, die für die technische Umsetzung vorgesehen sind, wie bspw. Compensation-, Exception-, und Transaction-Mechanismen. Diese sind für einen Mitarbeiter aus dem Fachbereich jedoch oft nicht verständlich. Ein weiteres Problem bei der Modellierung mit BPMN ist die große Anzahl verschiedener Typen von Elementen, die einen relativ hohen Ausbildungsaufwand bei den Modellierern und den Nutzern der Modelle nach sich zieht. Die Umsetzung der zweiten Anforderung erfolgt bei BPMN entweder durch die Ausführungssemantik von BPMN oder durch das Mapping auf BPEL [BPM10]. Bei einem solchen Mapping auf BPEL stellt sich das Problem, dass die Ausdrucksmächtigkeit von BPMN und BPEL nicht deckungsgleich ist. Es können bei BPMN-Modellen nicht alle zur Ausführung benötigten technischen Informationen hinterlegt werden. Darüber hinaus können bei der Übersetzung des Prozessablaufs von einem BPMN-Modell in ein BPEL-Schema Konflikte bei der Semantik auftreten, die sich durch den flussorientierten Aufbau auf BPMN-Seite und dem blockweisen Aufbau auf der BPEL-Seite ergeben. Dies führt bei unstrukturierten Schleifen oder Sprüngen im Prozessfluss, die beide in BPMN möglich sind, zu einem Konflikt bei der Transformation.

3.2 Modellierung von Geschäftsobjekten

Bei einem umfassenden Geschäftsprozessmanagement spielt neben der Modellierung der Abläufe vor allem auch die Definition der zu verarbeitenden Geschäftsobjekte eine zentrale Rolle [SVO11]. Nachfolgend werden verschiedene existierende Ansätze für die Modellierung von Geschäftsobjekten beschrieben und für den Einsatz im Rahmen des modellbasierten Geschäftsprozessmanagements bewertet [vgl. Web09].

3.2.1 Entity-Relationship- und Enhanced-Entity-Relationship-Modell

Das *Entity-Relationship-Modell*, kurz: *ER-Modell* oder auch *ERM*, dient zur Beschreibung von Informationen und der dazu benötigten Datenstrukturen [Che76]. Die Beschreibung erfolgt auf Basis einer Menge von Elementen mit einer jeweils entsprechenden graphischen Repräsentation. Das ER-Modell wurde mit dem Ziel entwickelt, eine modellbasierte Erstellung von Softwaresystemen zu unterstützen. Es ist in besonderem Maße für die Modellierung von Geschäftsobjekten im Rahmen der Realisierung betriebswirtschaftlicher Anwendungssysteme geeignet [LoD04]. Das ER-Modell besitzt die folgenden Grundelemente [Che76]:

- *Entitätstyp*: Ein Entitätstyp ist eine Klassifizierung gleichartiger Entitäten (z.B. Kunde, Rechnung, Artikel etc.). Eine Entität ist ein individuell identifizierbares Objekt der Realwelt (z.B. Kunde „Müller" mit der Kundennummer „3416"). Der Entitätstyp wird graphisch meist als Rechteck dargestellt.

- *Beziehungstyp*: Ein Beziehungstyp ist eine Klassifizierung gleichartiger Beziehungen (z.B. Rechnung für Kunde). Eine Beziehung ist eine Verknüpfung verschiedener Entitäten. Für die graphische Umsetzung von Beziehungstypen sind verschiedene Darstellungsformen in Gebrauch. Meist wird der Beziehungstyp durch eine Verbindungslinie, die auch eine Raute in der Mitte enthalten kann, dargestellt.

- *Kardinalität*: Die Kardinalität eines Beziehungstyps legt fest, an wie vielen Beziehungen eine Entität eines mit dem Beziehungstyp verbundenen Entitätstyps teilnehmen kann. Kardinalitäten können auf unterschiedliche Weise angegeben werden. Die Kardinalitäten werden prinzipiell zur jeweiligen Verbindung von Entitätstyp und Beziehungstyp angegeben. Weit verbreitet ist die Chen-Notation: 1:1, 1:n, n:m und die Min-Max-Notation: (Min, Max) mit Min, Max $\in$ {0,1,n}. Eine weitere Alternative ist der Einsatz der Krähenfuß-Notation (Crow's Foot Notation), bei der die Kardinalitäten in graphischer Form dargestellt werden. Bei dieser Notation werden 1:n- und n:m-Beziehungen in Form von Krähenfüßen (—<) auf der einen bzw. auf beiden Seiten dargestellt. Darüber hinaus werden über eine graphische Entsprechung zwischen den Minimalkardinalitäten 0 und 1 unterschieden, bspw. über eine gestrichelte bzw. eine durchgezogene Linie.

- *Attribut*: Attribute sind Eigenschaften eines Entitätstyps oder eines Beziehungstyps (z.B. die Kundennummer oder das Datum einer Rechnung).

Abbildung 21 zeigt ein Beispiel eines ER-Modells, bei dem die Entitäten *Rechnung*, *Kunde* und *Artikel* mit ihren Attributen dargestellt sind und über Beziehungen mit entsprechend zugeordneten Kardinalitäten miteinander verknüpft sind. Für einen Kunden kann es mehrere Rechnungen geben. Es kann jedoch auch Kunden geben, die noch keine Rechnung erhalten haben. Eine Rechnung ist genau einem Kunden zugeordnet. In einer Rechnung können mehrere Artikel enthalten sein. Eine Rechnung muss immer mindestens einen Artikel enthalten.

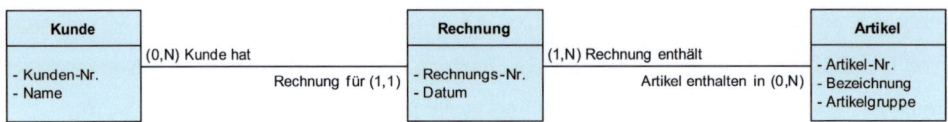

Abbildung 21: Beispiel für ein ER-Modell mit (min,max)-Kardinalitäten

Das *Enhanced-Entity-Relationship-Modell*, kurz: *EER-Modell* oder auch *EERM*, stellt eine konzeptionelle Erweiterung des ER-Modells dar [SSH10]. Diese wurde aufgrund der Anforderungen bei der Datenmodellierung zum Entwurf komplexer Anwendungssysteme entwickelt, um deren Datenstrukturen exakter beschreiben zu können [RaS07, SSH10]. Das EER-Modell umfasst im Wesentlichen die Konzepte und Modellierungselemente des ER-Modells und stellt unter anderem zusätzlich die Vererbungskonzepte *Spezialisierung*, *Partitionierung* und *Generalisierung* zur Verfügung. Diese drei weiteren Konzepte werden graphisch durch gerichtete Kanten, den sogenannten *Typkonstruktoren*, umgesetzt. Diese enthalten ein Dreieck mit einem Mengenoperator. Die verbundenen Entitätstypen können entsprechend ihrer Position als *Intyp* oder *Outtyp* klassifiziert werden.

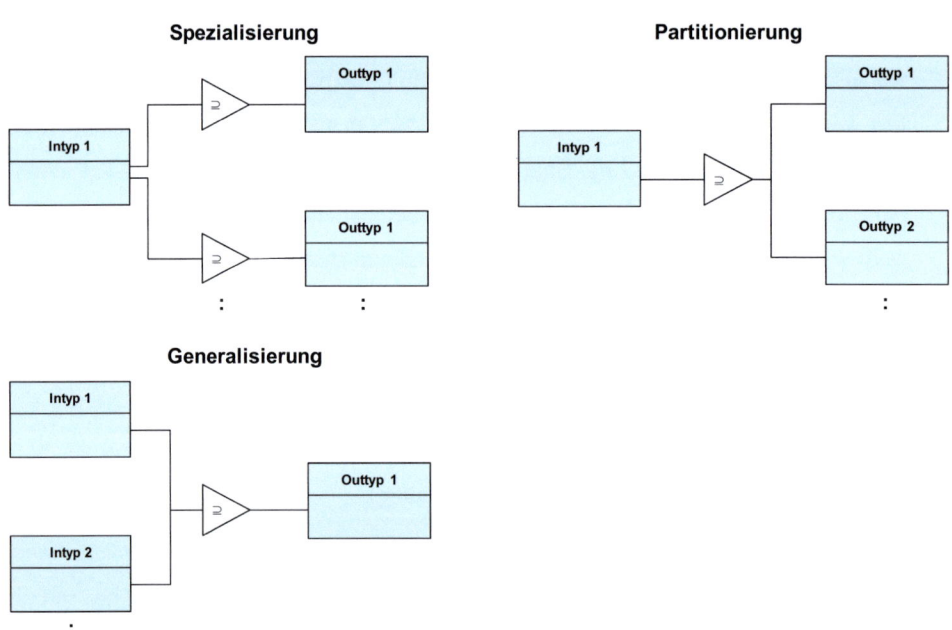

Abbildung 22: Typkonstruktor und zusätzliche Konzepte im EER-Modell [vgl. SSH10 S. 254 ff.]

Die drei Typkonstruktoren sind in Abbildung 22 dargestellt und haben jeweils die folgende Semantik [vgl. SSH10 S. 254 ff.]:

- *Spezialisierung:* Bei einer Spezialisierung gehört jede Entität in jedem Fall zum Intyp. Entitäten einer Spezialisierung können, müssen aber nicht, zu einem Outtyp gehören. Mehrfache Spezialisierungen sind erlaubt, d.h. dass Entitäten dem Intyp und mehreren Outtypen angehören können. Eine Spezialisierung entspricht einer Ist-ein(e)-Beziehung. Beispielsweise sind *Vertriebsberater* und *Sekretärin* als Outtypen Spezialisierungen des Intyps *Mitarbeiter*.

- *Partitionierung:* Dies ist ein Spezialfall der mehrfachen Spezialisierung, d.h. einer Spezialisierung mit mehr als einem Outtyp, bei der die Entitätsmengen aller Outtypen paarweise disjunkt sind. Eine Partitionierung kann vollständig oder unvollständig sein. Bei einer vollständigen Partitionierung gehört jede Entität eines Intyps auch genau zu einem Outtyp. Ein Beispiel für eine (unvollständige) Partitionierung ist der Intyp *Printmedium*, der in die Outtypen *Buch*, *Zeitschrift* und *Zeitung* eingeteilt wird. Da es noch weitere Printmedien geben kann, die weder Buch, Zeitschrift oder Zeitung sind, gilt diese Partition als unvollständig.

- *Generalisierung:* Bei einer Generalsierung gehört jede Entität zu mindestens einem Intyp. Eine Entität kann zum Outtyp gehören, muss jedoch nicht. Deshalb ist eine Generalisierung nicht automatisch die Umkehrung einer Spezialisierung. Beispielsweise können die Intypen *Person* und *Firma* zu einem Outtyp *Kunde* generalisiert werden.

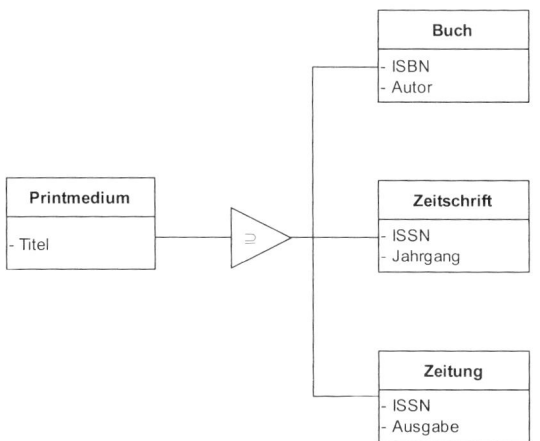

Abbildung 23: Beispiel für ein EER-Modell mit Partitionierung

Abbildung 23 zeigt das zuvor bei der *Partitionierung* beschriebene Beispiel. Weitere Konzepte, die mit der EER-Modellierung eingeführt werden, sind die *Aggregation* durch sogenannte *Ist-Teil-von-Beziehungen* und die *Kategorisierung* von Entitätstypen durch sogenannte *Unionstypen*.

Die Vorteile des ER-Modells und des EER-Modells sind, dass mit wenigen Elementen (Entitäten und Beziehungen) und Detailinformationen (Attribute und Kardinalitäten) die wesentlichen Strukturen von Geschäftsobjekten in einfacher Weise modelliert werden können. Das EER-Modell bietet als Erweiterung mit den Konzepten *Spezialisierung*, *Partitionierung*, *Generalisierung*, *Aggregation* und *Kategorisierung* Konzepte, welche die Modellierung komplexer Strukturen ermöglichen. Jedoch sind sowohl das ER-Modell als auch das EER-Modell grundsätzlich nicht für eine geschäftsprozessorientierte Modellierung ausgelegt, da ein Mechanismus für die Abbildung und Bereitstellung von einfachen und komplexen Geschäftsobjekten zur Verarbeitung in Prozessmodellen fehlt. Dies kann jedoch erreicht werden, indem auf Basis des EER-Modells Aggregationen als komplexe Geschäftsobjekte interpretiert werden und innerhalb einer Aggregation der Aufbau einer Baumstruktur inklusive der Auszeichnung einer Wurzelentität ermöglicht wird. Dies wird benötigt, um komplexe Geschäftsobjekte für die Zuordnung bei einem Geschäftsprozessmodell identifizieren zu können, die Zugehörigkeit der enthaltenen einfachen Geschäftsobjekte festlegen zu können und einen eindeutigen Einstiegspunkt für den Zugriff auf die Informationen eines komplexen Geschäftsobjekts bereitstellen zu können.

3.2.2 Unified Modeling Language

Die *Unified Modeling Language (UML)* ist eine von der *Object Management Group (OMG)* entwickelte und standardisierte Sprache zur Spezifikation, Visualisierung, Konstruktion und Dokumentation von Software [BRJ99, UML09]. Die Diagramme von UML werden in *Strukturdiagramme* und *Verhaltensdiagramme* gegliedert. Für die Modellierung von Geschäftsobjekten und deren Zusammenhänge eigenen sich die Strukturdiagramme *Klassendiagramm*, *Objektdiagramm* und *Paketdiagramm*.

Mit einem *Klassendiagramm* können *Klassen* und deren Beziehungen graphisch dargestellt gestellt werden. Eine *Klasse* stellt hierbei einen abstrakten Oberbegriff für Objekte dar, die eine gemeinsame Struktur und ein gemeinsames Verhaltens besitzen [BRJ99]. Klassen setzen sich aus Attributen (Variablen) und Methoden (Operationen) zusammen. Das Klassendiagramm lehnt sich bei der Datenstrukturbeschreibung stark an das ER-Modell und das EER-

Modell an. Es gibt verschiedene Arten von Beziehungen zwischen Klassen. Dies sind *Assoziation*, *Generalisierung*, *Aggregation* und *Komposition* [UML09]. Eine *Assoziation* beschreibt eine Beziehung zwischen zwei oder mehreren Klassen. Sie werden als Verbindungslinien zwischen den Klassen dargestellt. Assoziationen können ungerichtet, gerichtet oder bidirektional gerichtet sein. Eine mehrgliedrige Assoziation mit mehr als zwei beteiligten Klassen wird in der Regel durch eine separate Assoziationsklasse dargestellt. Bei Assoziationen können zu den jeweiligen angebundenen Klassen sogenannte *Multiplizitäten* hinterlegt werden. Diese geben wie die Kardinalitäten im ER-Modell an, wie viele Objekte der jeweiligen Klasse in Beziehung zu anderen Objekten verbundener Klassen dieser Assoziation stehen können. Die Notation der Multiplizitäten erfolgt in ähnlicher Form wie die Min-Max-Notation im ER-Modell. Die Tupel von Minimal- und Maximalwerten werden bei den Multiplizitäten durch zwei Punkte getrennt. Darüber hinaus ist * die Kennzeichnung für eine beliebige Menge möglicher Ausprägungen. Die Angaben der Multiplizitäten beim Klassendiagramm erfolgen im Gegensatz zur Min-Max-Notation des ER-Modells jedoch am jeweiligen Ende der Assoziation bei der entsprechenden Klasse. Dies bedeutet, dass die Min-Max-Notation des ER-Modells die jeweils mögliche Anzahl der Ausprägungen einer Beziehung angibt, während die Multiplizitäts-Notation von UML-Klassendiagrammen die jeweils mögliche Anzahl der Ausprägungen einer Klasse, d.h. der Objekte, angibt. Eine *Generalisierung* ist bei Klassendiagrammen eine gerichtete Kante von einer spezielleren (Unterklasse) zu einer generelleren Klasse (Oberklasse). Objekte einer Unterklasse sind damit auch automatisch Objekte der Oberklasse, d.h. dass eine Unterklasse alle Eigenschaften (Struktur- und Verhalten) einer zugeordneten Oberklasse erbt. Ein weiterer Beziehungstyp zwischen Klassen ist die *Aggregation*. Mit einer Aggregation können Ist-Teil-von-Beziehungen abgebildet werden. Die *Komposition* ist ein Spezialfall der Aggregation, der ausdrückt, dass die untergeordneten Teile ohne die übergeordnete Komposition nicht existieren können. Aggregationen und Kompositionen werden als spezielle Assoziationen zu den enthaltenen Teilen mit einer Raute auf der Seite der Aggregation bzw. der Komposition dargestellt.

Abbildung 24 zeigt ein Klassendiagramm, das den jeweiligen Aufbau der Klassen *Kunde*, *Privatkunde*, *Geschäftskunde*, *Angebot*, *Angebotsposition* und *Artikel* mit den zwischen den Klassen definierten Beziehungen darstellt. Bei den Klassen *Angebot* und *Kunde* ist auch das Verhalten in Form der jeweiligen Methoden angegeben. Von den Unterklassen *Privatkunde* und *Geschäftskunde* führt jeweils eine Generalisierungskante zur Oberklasse *Kunde*.

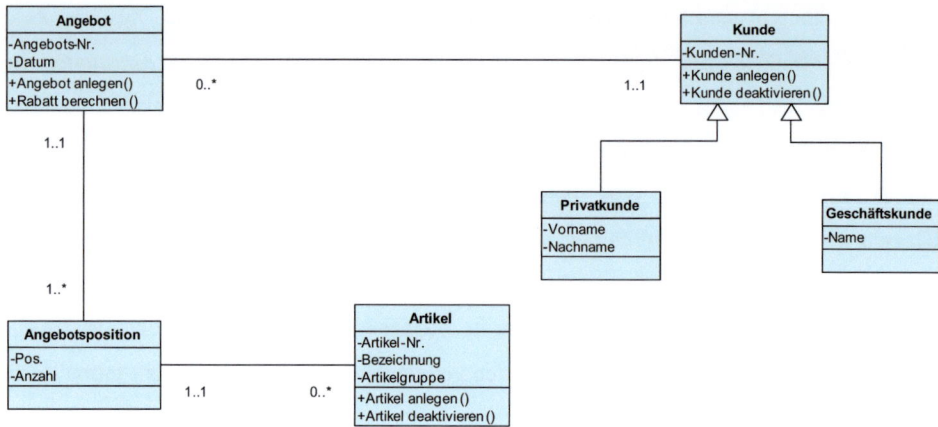

Abbildung 24: Beispiel für ein UML-Klassendiagramm

Weitere Integritätsbedingungen können mit der *Object Constraint Language (OCL)* definiert werden [UML09]. OCL ist Bestandteil von UML und kann unter anderem bei Klassendiagrammen für die textuelle Spezifikation von Einschränkungen genutzt werden. Die Syntax von OCL ist an die Programmiersprache Smalltalk angelehnt. Mit OCL können neben einfachen Einschränkungen von Attributen, wie z.B. dass eine Lagermenge immer ≥ 0 sein muss, auch komplexe Integritätsbedingungen, die auch Einschränkungen für andere Elemente wie bspw. Beziehungen enthalten, definiert werden. Dadurch können bei Beziehungen zwischen Klassen unter anderem auch die folgenden Teilnahmeeinschränkungen definiert werden [vgl. UML09]:

- *Oder:* Ein Objekt einer Klasse hat mindestens eine der in der Einschränkung aufgeführten Beziehungen zu Objekten der jeweils zugeordneten Klassen.

- *Exklusives Oder:* Ein Objekt einer Klasse hat genau eine der in der Einschränkung aufgeführten Beziehungen zu Objekten der zugeordneten Klasse.

- *Simultanität:* Wenn ein Objekt einer Klasse eine der in der Einschränkung aufgeführten Beziehungen zu Objekten einer zugeordneten Klasse hat, dann hat es auch alle anderen in der Einschränkung aufgeführten Beziehungen zu den Objekten der entsprechend zugeordneten Klassen.

Das *Objektdiagramm* dient der Darstellung von Ausprägungen von Klassen und Beziehungen zu einem bestimmten Zeitpunkt [UML09]. Es zeigt den aktuellen Zustand eines konkreten Objekts einer Klasse, d.h. die entsprechende Belegung der Attribute und die zugehörigen Ausprägungen der beteiligten Objektbeziehungen. Der Aufbau des Objektdiagramms ist an dem des Klassendiagramms angelehnt. Anstatt allgemeiner Bezeichnungen und Attribute werden konkrete Namen der Ausprägungen und Werte der Attribute angezeigt.

Das *Paketdiagramm* dient zur Gruppierung von Klassen oder anderen UML-Elementen [UML09]. Paketdiagramme eignen sich dazu, komplexe Klassendiagramme mit einer großen Anzahl von Klassen in übersichtlichere Bereiche zu zerlegen. In einem Paket werden in der Regel mehrere Klassen zusammengefasst, die eine starke Bindung untereinander aufweisen. Paketdiagramme ermöglichen die Definition von Beziehungen zwischen Paketen mit unterschiedlichen Beziehungstypen. Als Beziehungstypen können hierbei *Abhängigkeit*, *Import* oder *Verschmelzung* unterschieden werden.

Ein grundlegendes Konzept für eine projekt-, unternehmens- oder methodenspezifische Erweiterung von UML sind die sogenannten *Stereotype* [UML09]. Mit ihnen können vorhandene Modellelemente von UML beispielsweise um zusätzliche Eigenschaften erweitert werden. Dies erfolgt durch eine Erweiterung von Metaklassen aus dem UML-Metamodell. Um eine Beziehung zwischen einer Metaklasse und einem Stereotyp zu modellieren, stellt UML das Modellelement *Erweiterung (extension)* zur Verfügung, eine spezielle Form einer Assoziation zwischen einer Metaklasse und einem Stereotyp.

Die aufgeführten Strukturdiagramme von UML sind prinzipiell für eine Modellierung von Geschäftsobjekten geeignet. Durch Klassendiagramme können die Anforderungen an die Modellierung von einfachen Geschäftsobjekten und deren Zusammenhänge generell abdeckt werden. Darüber hinaus können über spezielle Beziehungstypen *Vererbung, Aggregation* und *Komposition* dargestellt und entsprechend unterschieden werden. Mit OCL können auch komplexe Integritätsbedingungen definiert werden. Ein Nachteil für die Nutzung von Klassendiagrammen für die Zuordnung von Geschäftsobjekten bei Geschäftsprozessmodellen ist jedoch, dass in einem Klassendiagramm wie bei den ER- und EER-Modellen keine Definition und Identifikation von komplexen Geschäftsobjekten standardmäßig möglich ist. Hier fehlen ebenfalls Mechanismen, um den Umfang, d.h. die Zugehörigkeit der enthaltenen einfachen Geschäftsobjekte und um einen eindeutigen Einstiegspunkt für den Zugriff auf die Informationen eines komplexen Geschäftsobjekts festlegen zu können. Klassendiagramme haben sich als Standard bei einer objektorientierten Vorgehensweise etabliert und stellen eine Vielzahl von Konzepten für die Modellierung von Geschäftsobjekten zur Verfügung. Allerdings führen diese verschiedenen Möglichkeiten, Datenstrukturen zu modellieren, zu einer hohen Komplexität in der Handhabung. Objektdiagramme sind für die Beschreibung der Strukturen von

Geschäftsobjekten nicht geeignet, da sie konkrete Instanzen von Objekten modellieren. Paketdiagramme ermöglichen es, die Modellierungsaspekte für Geschäftsobjekte von Klassendiagrammen zu erweitern, indem Klassen in Paketen für die Abbildung komplexer Geschäftsobjekte zusammengefasst werden können.

3.2.3 XML Schema

Eine weitere Möglichkeit, Strukturen von Geschäftsobjekten zu definieren, ist der Einsatz von XML. Hierzu ist XML Schema eine Empfehlung des W3C zur Definition von Strukturen für XML-Dokumente [W3C01, SWW11]. Durch XML Schema wird ein semistrukturiertes Datenmodell zur Verfügung gestellt, das die Definition des strukturellen Aufbaus für Klassen von XML-Dokumenten ermöglicht. Wenn ein XML-Dokument einem bestimmten XML Schema entspricht wird dies auch häufig als *Instanzdokument* oder kurz als *Instanz* bezeichnet. Mit XML Schema können Datentypen, Instanzen und Gruppen dieser Instanzen beschrieben werden. XML Schema ist inzwischen eine der vollständigsten, jedoch auch komplexesten Sprachen zur Beschreibung von Strukturen für XML-Dokumente.

Die prinzipielle Eigenschaft von XML und dadurch auch von XML Schema ist die Baumstruktur, d.h. der hierarchische Aufbau von XML-Dokumenten [Vli02]. Dadurch besitzt jedes XML-Dokument ein Wurzelelement. Bei XML Schema werden zwei grundlegende Arten von Datentypen unterschieden [W3C01]: Dies sind einerseits einfache Datentypen wie bspw. `string` oder `integer` und andererseits komplexe Datentypen, die einen Container für Elemente und Attribute darstellen. Einfache Datentypen haben keinen Einfluss auf die Beziehungen von Elementen untereinander. Die Definition der Struktur einer Klasse von XML-Dokumenten anhand gegebenenfalls geschachtelter Elemente und einer entsprechenden Reihenfolge erfolgt durch die Verwendung komplexer Datentypen. Für komplexe Datentypen stellt XML Schema darüber hinaus die Kardinalitäten `minOccurs` und `maxOccurs` zur Verfügung [Vli02].

Bei der Strukturbeschreibung von komplexen Datentypen gibt es drei verschiedene Möglichkeiten [SWW11, Vli02, W3C01]:

- `all`: Bei `all` wird für die aufgeführten Elemente keine feste Reihenfolge vorgegeben, d.h. die Elemente können bei Instanzen in einer beliebigen Reihenfolge vorkommen. Elemente können als obligatorisch oder als optional auftretend definiert werden. Die Definition des mehrfachen Auftretens eines Elements ist bei der Verwendung von `all` nicht möglich.

- sequence: Bei einer sequence kann die Reihenfolge der enthaltenen Elemente vorgegeben und jeweils eine erlaubte Häufigkeit des Auftretens bei Instanzen festgelegt werden.
Die einzelnen Elemente können dabei als optional, genau einmal oder entsprechend einem
beliebig großen Wert (bis zu unendlich) vorkommend definiert werden. Der Standardwert
für das Auftreten eines Elements ist 1. Mit dem sequence können auch ineinander geschachtelte Strukturen aufgebaut werden.

- choice: Durch die Verwendung von choice wird definiert, dass bei entsprechenden Instanzen nur jeweils mur eines der enthaltenen Elemente vorkommen darf. Auch mit dem
choice-Element können ineinander geschachtelte Strukturen aufgebaut werden. Bei der
Verwendung von choice ist auch die Definition des mehrfachen Auftretens eines Elements möglich.

XML Schema bietet mit dem Erweiterungsmechanismus xsd:extension auch ein Konzept
zur Vererbung bei der Definition von Datentypen [EcE03].

```
<xs:element name="Kunde">
  <xs:complexType>
    <xs:all>
     <xs:element name="Name" type="string"/>
     <xs:element name="Vorname" type="string"/>
     <xs:element name="Unternehmen" type="string" minOccurs="0"/>
     <xs:element name="Adresse">
     <xs:complexType>
      <xs:sequence>
        <xs:element name="Strasse" type="string"/>
        <xs:element name="Hausnummer" type="string"/>
        <xs:element name="Postfach" type="integer"/>
        <xs:element name="Postleitzahl" type="integer"/>
        <xs:element name="Ort" type="string"/>
      </xs:sequence>
     </xs:complexType>
    </xs:all>
  </xs:complexType>
</xs:element>
```

Quelltext 35: XML Schema des Geschäftsobjekts Kunde [Web09 S. 13]

In Quelltext 35 ist ein XML Schema dargestellt, das die Struktur eines Geschäftsobjekts *Kun-de* mit seinen Attributen beschreibt. Neben den einfachen Attributen *Name*, *Vornamen* und *Unternehmen* besteht *Kunde* noch aus dem komplexen Typ *Adresse* mit seinen Attributen *Strasse*, *Hausnummer*, *Postfach*, *Postleitzahl* und *Ort*.

Für den Entwurf von XML Schemata wird die Benutzung eines graphischen Werkzeugs emp-fohlen. Die graphische Darstellung eines XML Schemas erfolgt in der Regel in Form einer Baumstruktur. Abbildung 25 zeigt eine mögliche Darstellung einer solchen Baumstruktur eines XML Schemas durch das Softwarewerkzeug *XMLSpy* [AXS11]. Hierbei werden die Strukturbeschreibungen durch `all`, `sequence`, `choice` etc. mit entsprechenden graphischen Symbolen dargestellt. Auch die einfachen Datentypen einzelner Elemente sind in der graphischen Darstellung zu erkennen.

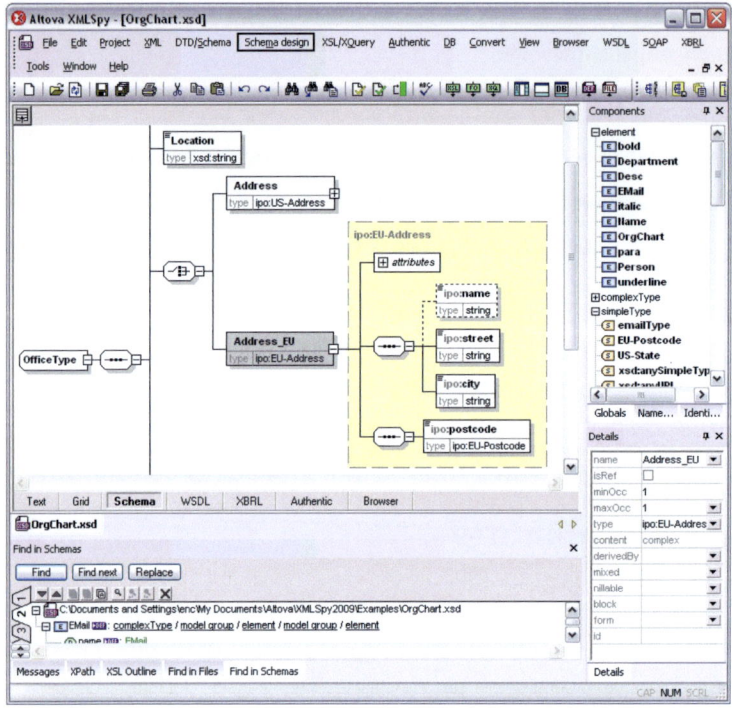

Abbildung 25: Graphische Darstellung eines XML Schemas mit XMLSpy [AXS11]

XML Schema bietet aufgrund der durch XML bedingten Baumstruktur die Möglichkeit, auch komplexe Geschäftsobjekte darzustellen und diese beispielsweise in Stellen von XML-Netzen im Rahmen einer prozessorientierten Vorgehensweise zu nutzen. XML Schema ist standardisiert und stellt umfangreiche Möglichkeiten zur Modellierung von Geschäftsobjektstrukturen bereit. Auf der anderen Seite führt der Umfang, die Komplexität und die eher technische Orientierung von XML Schema dazu, dass die Definitionen für einen Mitarbeiter aus dem Fachbereich oft nicht verständlich sind, auch wenn eine graphische Darstellung durch ein entsprechendes Softwarewerkzeug genutzt wird.

3.2.4 Semantisch-Hierarchisches Modell

Das *Semantisch-Hierarchische Modell (SHM)* ist eine netzorientierte Sprache, die verschiedene Abstraktionskonzepte zur Modellierung von Beziehungen bei komplexen Geschäftsobjekten bereitstellt [LaS87]. Die Modellierung erfolgt auf Basis von Objekttypen, d.h. einer Zusammenfassung von Objekten, die über die gleichen Eigenschaften verfügen. Ein Objekttyp wird durch seinen Namen eindeutig identifiziert und stellt entweder einen elementaren Typ, z.B. eine Zeichenkette oder ein Datum, dar oder er wird über Beziehungen zu anderen Objekttypen definiert. Die über Beziehungen definierten Typen werden als komplexe Typen bezeichnet. Abbildung 26 zeigt die verschiedenen Konzepte zur Strukturierung der verschiedenen Objekttypen bei der Modellierung mit SHM.

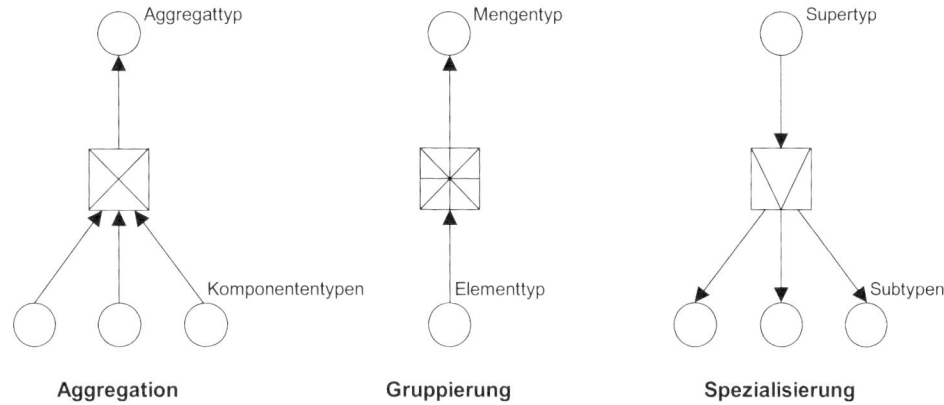

Abbildung 26: Strukturierungskonzepte von SHM [vgl. LaS87]

Die Strukturierungskonzepte haben die folgende Semantik [LaS87, Obe96]:

- Durch eine *Aggregation* wird ein Aggregattyp aus gegebenen Komponententypen aufgebaut. Eine Aggregation definiert hierbei Beziehungen zwischen verschiedenen Abstraktionsebenen. Ein konkretes Objekt eines Aggregattyps stellt ein Tupel aus Objekten zugeordneter Komponententypen dar.

- Bei einer *Gruppierung* kann ein untergeordneter Elementtyp einem Mengentyp zugewiesen werden. Ein konkretes Objekt eines Mengentyps besteht dann aus einer Menge von Objekten des zugeordneten Elementtyps.

- Mit einer *Spezialisierung* können Beziehungen zwischen einem Supertyp und Subtypen definiert werden. Ein konkretes Objekt eines Subtyps umfasst dann mindestens die Eigenschaften des zugeordneten Supertyps und kann zusätzlich noch weitere besitzen.

Einzelne Objekttypen können gleichzeitig auch in mehreren der aufgeführten Strukturkonzep-te verwendet werden.

SHM stellt ein einfaches Modell zur Verfügung, mit dem sowohl einfache als auch komplexe Geschäftsobjekte modelliert werden können. Ein Nachteil ist, dass Attribute durch einen ele-mentaren Objekttyp abgebildet werden müssen und nicht als eigenes Konzept zur Verfügung stehen. Dies kann dazu führen, dass Modelle bei einer großen Anzahl von Attributen unüber-sichtlich werden. Darüber hinaus können keine Beziehungen mit Kardinalitäten im Sinne des ER-Modells definiert werden, was die Modellierung von unternehmensweiten Zusammen-hängen stark einschränkt.

3.2.5 Asset Oriented Modeling

Mit *Asset Oriented Modeling*, kurz: *AOM*, können einfache und komplexe Datenstrukturen mit ihren jeweiligen Attributen und Beziehungen beschrieben werden [Dau03, Dau08]. Hier-bei werden auch Beziehungen höherer Ordnung unterstützt, d.h. hierarchisch verschachtelte Beziehungen [SSH10 S. 271], da AOM auf dem *Higher-Order-Entity-Relationship-Modell (HERM)* basiert [Dau03, Dau08]. Anstatt Entitäten und Beziehungen werden bei AOM soge-nannte *Assets* verwendet, mit denen sowohl die eigentlichen Datenstrukturen als auch die Beziehungen beschrieben werden können. Assets können durch sogenannte *Arcs* miteinander verbunden werden und durch *Properties* bzgl. ihrer Eigenschaften beschrieben werden. Darü-ber hinaus können mit AOM komplexe Datenstrukturen auf Basis einer regulären Grammatik erstellt werden. Durch den stark an XML Schema orientierten Aufbau von AOM können die damit erstellten Modelle leicht durch Transformationen in entsprechende XML-Strukturen überführt werden [Dau03]. Ein weiterer Ursprung von AOM liegt in Konzepten zur Wissens-repräsentation, da in AOM *Assets* und *Arcs* in ähnlicher Weise verwendet werden, wie Knoten und Kanten in der graphischen Notation des *Resource Description Frameworks (RDF)* [Dau03]. RDF ist ein Standard des W3C und dient zur Formalisierung und Beschreibung von Informationen über sogenannte Ressourcen. Ressourcen stellen diesbezüglich Objekte dar, die über eindeutige Bezeichner identifiziert werden können. Die Informationen über diese Res-sourcen können dadurch in einer von einer maschinenlesbaren Form erstellt werden. Gemein-sam mit anderen Standards des W3C, wie bspw. der *Web Ontology Language (OWL)*, stellt RDF die Basis für das Semantische Web dar.

3.2.5.1 Grundelemente

Die Modellierung mit AOM erfolgt auf Basis der drei Grundelemente *Asset*, *Arc* und *Level 2 Structure*, die nachfolgend kurz beschrieben werden [Dau08]:

Assets:

Assets sind die zentralen Modellierungselemente von AOM. Mit Assets werden sowohl Datenstrukturen als auch Beziehungen abgebildet. Die graphische Darstellung von Assets erfolgt in ähnlicher Weise wie Entitätstypen beim ER-Modell als Rechtecke mit abgerundeten Ecken. Assets können konkret oder abstrakt sein. Abstrakte Assets besitzen keine Instanzen. Sie werden für Vererbung und die Definition von komplexen Typen verwendet. Die zentralen festzulegenden Eigenschaften von Assets sind [Dau08]:

- *Name*: Eindeutiger Name des Assets.

- *Key*: Schlüssel (ggf. mehrere) des Assets.

- *Properties*: Attribute des Assets jeweils mit einem entsprechenden Datentyp. Datentypen können einfach oder komplex sein.

- *Constraints*: Zusätzliche Einschränkungen für Properties. Diese können für einzelne Properties, Property-übergreifend und Asset-übergreifend definiert werden.

- *Operations*: Operations definieren die Zugriffsmethoden zu Asset-Instanzen. Operations werden durch abstrakte Methodennamen spezifiziert.

- Weitere optionale Eigenschaften von Assets sind *Label* als Anzeigename für Asset-Instanzen, *Subject IDs* zur Referenzierung von Ontologien, *Scope* um den Kontext des Assets zu definieren, *Annotations* um Bemerkungen zu Assets zu erfassen.

Arcs:

Assets werden durch gerichtete Kanten, sogenannten *Arcs* miteinander verbunden. Es gibt zwei Typen von Kanten [Dau08]:

- *Arc:* Ein *Arc* drückt aus, dass ein Asset eine Rolle bei einem anderen Asset spielt. Eine entsprechende Kante umfasst die folgenden optionalen Attribute: *Role* stellt die Rolle, die das Ziel-Asset im Quell-Asset spielt, dar. *[min..max]* zeigt die minimale und maximale Kardinalität an. * steht für den Bereich zwischen 0 und unendlich, d.h. für *[0..*]*. + steht für den Bereich zwischen 1 und unendlich, d.h. für *[1..*]*. *Key* definiert den Schlüssel des entsprechenden Ziel-Assets, falls mehrere vorhanden sind. Mit *Range* kann die Menge der möglichen Instanzen des Ziel-Assets festgelegt werden. Arcs sind keine Beziehungen im Sinne eines ER-Modells. Beziehungen im Sinne des ER-Modells müssen als Asset mit entsprechenden Arcs zu den beteiligten Datenstruktur-Assets modelliert werden.

- *is_a-Arc:* Zur Modellierung von Vererbung sind sogenannte is_a-Arcs vorgesehen. Einer entsprechenden Kante wird die Roll *is_a* als Bezeichnung zugeordnet. Das Quell-Asset der gerichteten Kante erbt alle Eigenschaften vom Ziel-Asset. Mit is_a-Arcs kann Einfachvererbung und Mehrfachvererbung modelliert werden.

Arcs können durch *Cluster* ergänzt werden, falls ausgehend von einem Asset, Verbindungen über Arcs zu verschiedenen anderen Assets führen. Mit einem Cluster können alternative exklusive Verbindungen definiert werden. Die Darstellung eines Clusters erfolgt durch einen Kreis am Quell-Asset, der den Auswahloperator | enthält. Cluster können bei beiden Typen von Arcs (*Arcs* und *is_a-Arcs*) angewendet werden.

Level 2 Structures:

Level 2 Structures (L2S) sind zusammengesetzte Strukturen, die aus mehreren Assets und/oder anderen Level 2 Structures bestehen [Dau08]. L2Ss repräsentieren in AOM Objekte der realen Welt. In einem Geschäftsprozessumfeld repräsentieren sie Geschäftsobjekte oder Geschäftsdokumente. Eine L2S kann als eine Aggregation angesehen werden. Jedes L2S hat ein sogenanntes *Identifiying Item*, d.h. ein in der Struktur enthaltenes Asset oder eine andere enthaltene Level 2 Structure, das/die als Wurzelelement der L2S ausgezeichnet ist. Level 2 Structures besitzen ein Label, das die Bezeichnung der L2S angibt und Annotations zur Hinterlegung von Bemerkungen als Attribute.

Die Abgrenzung eines durch eine L2S abgebildeten Geschäftsobjekts erfolgt durch eine beschriftete Umrandung der Assets, die Bestandteil dieser L2S sind. Grafisch wird das Wurzelelement innerhalb einer L2S durch eine hervorgehobene (fette) Umrandung des Assets oder alternativ der L2S dargestellt. Bei einer L2S müssen alle enthaltenen Assets über Verbindungen innerhalb der L2S, d.h. die Arcs, erreichbar sein. Durch den hierarchischen Aufbau von Level 2 Structures wird eine Transformation der dadurch modellierten Geschäftsobjekte in hierarchische XML Schemata ermöglicht.

Abbildung 27 zeigt drei Assets mit ihren Arcs, die zu einer Level 2 Structure zusammengefasst wurden. Zur Sicherstellung der Baumstruktur wird bei Arcs ggf. die Richtung gedreht. Man spricht hier vom sogenannten *Arc Reversal* in Level 2 Structures. Dies ist beispielsweise in Abbildung 29 zwischen *department* und *receives* zu sehen.

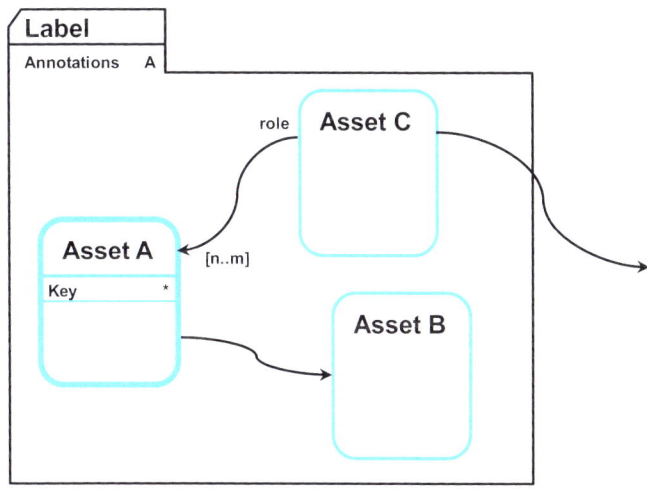

Abbildung 27: Assets, Arcs und Level 2 Structures [Dau08]

3.2.5.2 Stufen der Modellierung

Die Modellierung bei AOM erfolgt stufenweise. Hierbei können grob die drei folgenden Stufen unterschieden werden [Dau08]:

1. In der ersten Stufe werden Assets mit ihren grundlegenden Eigenschaften (Name, Key und Properties), Arcs mit Kardinalitäten und ggf. Cluster identifiziert und modelliert. Abbildung 28 zeigt ein AOM-Level-1-Diagramm mit Assets, Arcs und Cluster. Die Assets *receives* und *forwards* bilden mit den jeweils zugehörigen Arcs Beziehungen ab.

2. Die zweite Stufe beinhaltet die Identifizierung und Modellierung sogenannter *Level 2 Structures (L2S)*. Diese werden in AOM verwendet, um die eigentlichen Geschäftsobjekte bzw. Geschäftsdokumente abzubilden. Hierzu können Assets, Arcs und Cluster in einer einer L2S durch eine beschriftete Umrandung zusammengefasst werden. Anschließend muss für jede L2S ein Wurzelelement bestimmt werden.

3. Im Rahmen der dritten Stufe erfolgt das Ergänzen von Details. Diese können auf Modellebene, Asset-Ebene, Arc-Ebene oder Property-Ebene ergänzt werden und beinhalten Informationen wie *Global Model Settings*, *Namespaces*, *Scopes*, *Types*, *Constraints*, *Operations* und *Annotations*.

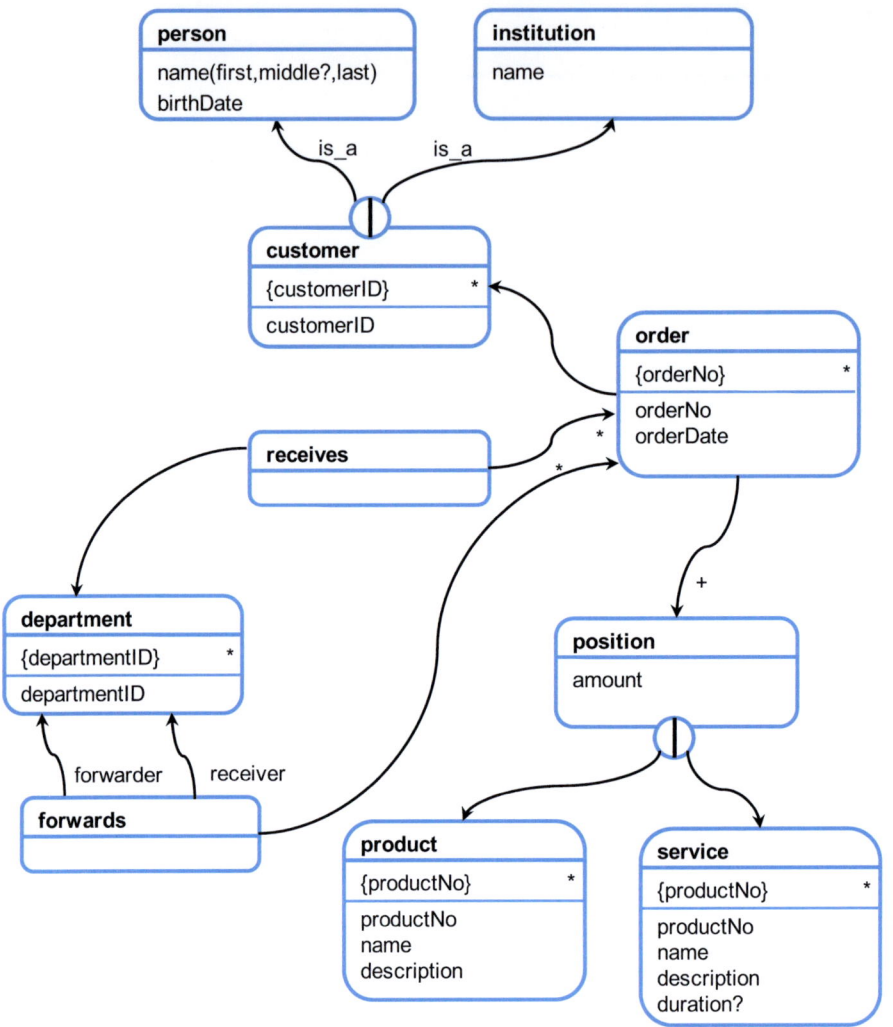

Abbildung 28: Modellierung mit AOM (Stufe 1) [Dau08]

In Abbildung 29 werden Ergänzungen der Stufen 2 und 3 von den in Abbildung 28 modellierten Assets und deren Zusammenhängen dargestellt [Dau08]. Hierbei werden sowohl Level 2
Structures mit den enthaltenen Assets als auch die Details bei den unterschiedlichen Elementen berücksichtigt. Dies sind Bereichsdefinitionen bei Arcs wie bspw. zwischen den Assets
forwards und *department* oder Einschränkungen bei einzelnen Assets wie bspw. beim Asset
order. Die Typisierung der Eigenschaften der Assets erfolgt auf der Grundlage von XML
Schema. Hierbei muss nicht allen Eigenschaften ein Typ zugeordnet sein, d.h. ein Attribut
kann auch undefiniert sein.

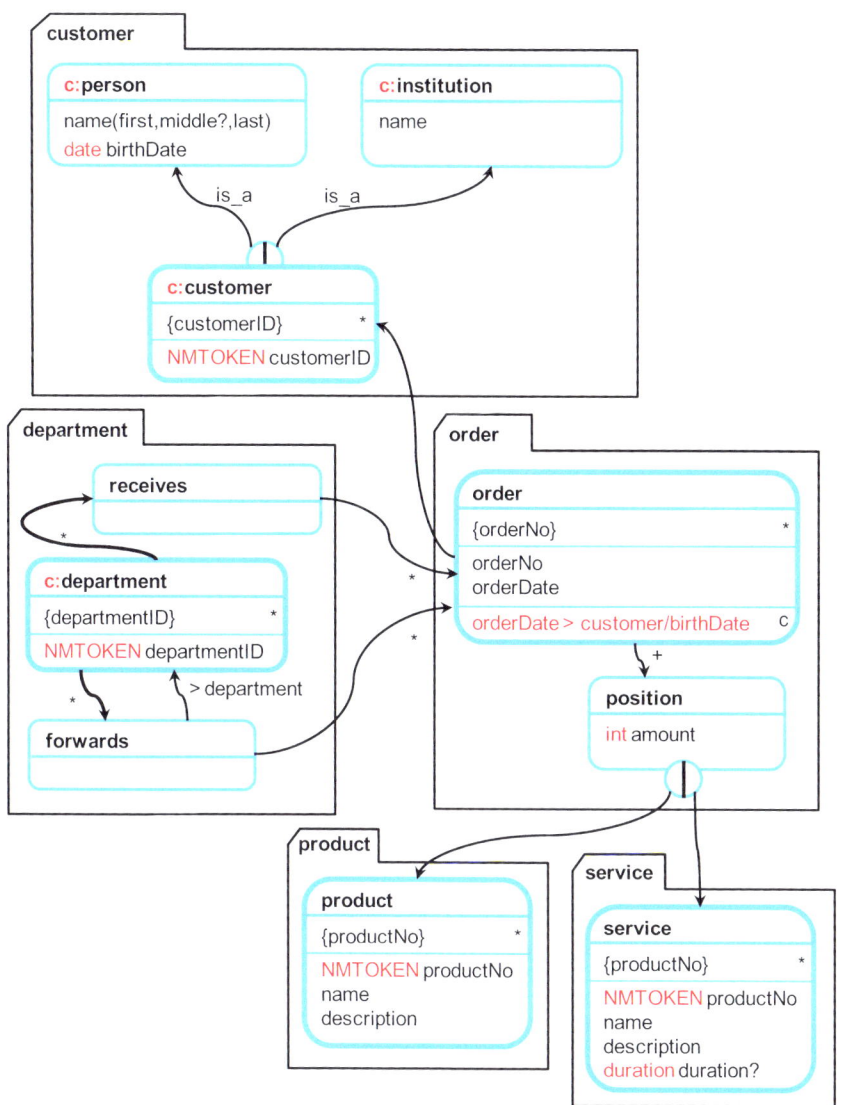

Abbildung 29: Modellierung mit AOM (Stufe 2 und Stufe 3) [Dau08]

Der Vorteil von AOM ist, dass sowohl Strukturen von einfachen Geschäftsobjekten in Form von Assets als auch von komplexen Geschäftsobjekten in Form von Level 2 Structures definiert werden können. Darüber hinaus können durch Arcs sowohl einfache als auch komplexe Objekte miteinander verbunden werden, da Arcs auch Assets verschiedener Level 2 Structures verbinden können. Durch die Aggregation im Rahmen von Level 2 Structures, die gerichteten Kanten und die Auszeichnung eines Wurzel-Assets sind Baumstrukturen komplexer Objekte gegeben, die dadurch in XML-Strukturen abgebildet werden können. Dies ermöglicht eine

Einbindung in eine XML-basierte Prozessmodellierung und -ausführung. Die Nachteile von AOM sind die Beschränkung des Clusters bei Arcs auf das *Exklusive Oder* und die „unscharfe" Definition der Arcs, welche nur die Semantik „$Asset_1$ spielt eine Rolle bei $Asset_2$" bereitstellt. Dies ist auch der Grund, der gegebenenfalls zu einer Richtungsumkehrung bei Arcs innerhalb von Level 2 Structures führen kann.

3.3   Modellierung von Abläufen in Frontends

In diesem Abschnitt werden einige bekannte Ansätze zur Modellierung von Abläufen in Frontends erläutert [vgl. EsK04]. Ein Frontend steht hierbei für eine Softwarekomponente, die eine Mensch-Maschine-Interaktion auf Basis eines Softwaresystems ermöglicht. Frontends können, wie in Abschnitt 2.5 beschrieben, mit unterschiedlichen Technologien realisiert werden. Dies umfasst sämtliche Webtechnologien, aber auch andere Technologien, mit denen Benutzerschnittstellen realisiert werden können.

Zunächst wird mit *UML-based Web Engineering (UWE)* ein größtenteils auf UML basierender Ansatz zur Modellierung von Webanwendungen beschrieben. Anschließend wird mit der *Web Modeling Language (WebML)* ein Ansatz vorgestellt, mit dem durch verschiedene zu modellierende Perspektiven die Anforderungsanalyse mit der nachfolgenden Implementierung im Rahmen der Entwicklung von Webanwendungen verknüpft werden soll. Ein weiterer alternativer Ansatz wird mit der *Navigational Development Technique* erläutert, bei der der Schwerpunkt auf der Modellierung der Navigation liegt und die auf natürlich-sprachlichen Elementen basiert.

3.3.1 UML-based Web Engineering

UML-based Web Engineering (UWE) ist ein Ansatz, der die Realisierung von Webanwendungen von der Analyse über den Entwurf bis hin zur Implementierung abdeckt. Der Ansatz wurde am Lehrstuhl für Programmierung und Softwaretechnik der Ludwig-Maximilians-Universität von München entwickelt [HeK01, KrK02, KKZ08, UWE11]. UWE ermöglicht neben der Modellierung von Frontends eine semiautomatische Generierung von Webanwendungen. Auf der Modellierungsebene wird durchgängig UML mit Erweiterungen durch UML-Profile verwendet. Bei der Modellierung einer Webanwendung werden die Aspekte *Inhalt*, *Navigation* und *Präsentation* berücksichtigt.

Die Ziele von UWE sind es, einen modellbasierten Entwurf von Webanwendungen auf Basis von Standardnotationen und eine anschließende Generierung zu ermöglichen. Für die Definition von Erweiterungen wird neben UML-Profilen auch die *Meta Object Facility*[4] *(MOF)* zur formalen Definition der Metamodelle genutzt und es werden weitere Standards wie XML und OCL eingesetzt. Darüber hinaus wird mit UWE auch eine Vorgehensweise für die Erstellung der Modelle vorgegeben, die an den von Jacobsen, Booch und Rumbaugh entwickelten *Rational Unified Process (RUP)* angelehnt ist. Der Rational Unified Process ist ein Vorgehensmodell zur objektorientierten Softwareentwicklung und ein kommerzielles Produkt der Firma Rational Software, die seit 2002 Teil des IBM Konzerns ist. Eine grundlegende Zielsetzung von UWE ist es, die Entwicklung von Webanwendungen mit Open-Source-Entwicklungswerkzeugen zu unterstützen.

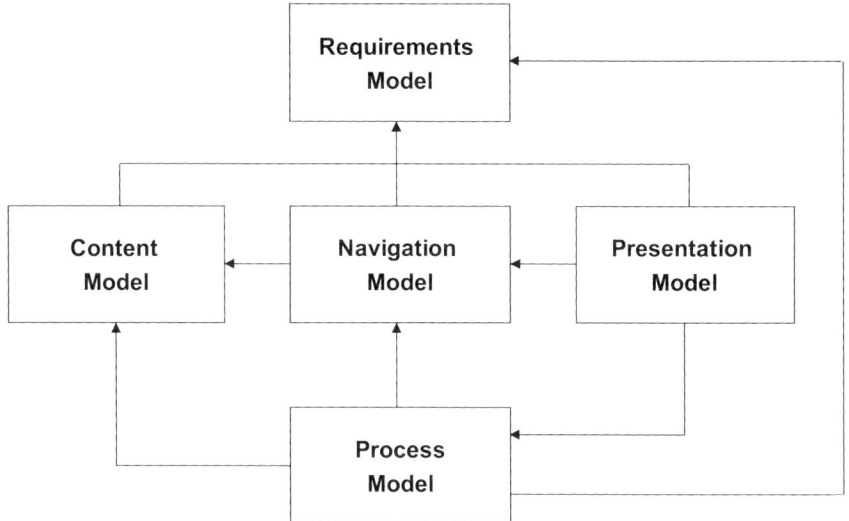

Abbildung 30: Modelltypen von UWE bei Analyse und Design von Webanwendungen [KKZ08 S. 177]

Abbildung 30 zeigt eine Übersicht der im Rahmen des Modellierungsprozesses von UWE zu erstellenden Modelle. Die Pfeile zeigen die Abhängigkeiten zwischen den verschiedenen Modellen, in dem sie jeweils auf das zugrundeliegende Vorgängermodell verweisen. Der Modellierungsprozess enthält die folgenden Schritte [KKZ08 S. 163ff.]:

1. Für die Beschreibung von fachlichen Anforderungen werden Use-Case-Diagramme im sogenannten *Requirements Model* verwendet, um einen funktionalen Ausschnitt einer

---

[4] Die Meta Object Facility (MOF) wurde von der Object Management Group (OMG) eingeführt und beschreibt eine spezielle Metadaten-Architektur [MOF10]. Die MOF-Spezifikation enthält die Definition des XMI-Formats (XML Metadata Interchange) für den Austausch von Metadaten.

Webanwendung für bestimmte Benutzer, sogenannte *Actors*, zu beschreiben. Alle nachfolgend erstellten Modelle der anderen Typen basieren auf diesem Requirements Model.

2. Beim *Content Model* wird in Form von Klassendiagrammen der für eine Webanwendung benötigte Inhalt der fachlichen Domäne festgelegt. Die Objekte, die in den Use-Case-Diagrammen verwendet werden, stellen mögliche Kandidaten für die Klassen in einem Content Model dar.

3. Auf Basis des Requirements Models und des Content Models wird die Navigationsmodellierung im sogenannten *Navigation Model* durchgeführt. Hierbei werden die Navigationspfade der Webanwendung modelliert. Es wird festgelegt, über welche Strukturen innerhalb einer Webanwendung auf den Content und einzelne Elemente der Benutzeroberfläche zugegriffen wird. Navigation Models bestehen aus Knoten verschiedener Typen, die mit Links verknüpft werden. Die Navigationsmodellierung erfolgt auf Basis von Stereotypen eines speziellen Navigations-UML-Profils, bei der die Knoten durch Klassen abgebildet werden. Die Erstellung des Navigation Models wird bei UWE durch spezielle methodische Richtlinien unterstützt.

4. Mit dem *Process Model* können Abläufe der Geschäftslogik mit der Navigationsmodellierung verknüpft werden. Bei Knoten vom Typ *process class* können im Navigation Model diese Abläufe hinzugefügt werden. Die Abläufe können sich aus den Anforderungen im Requirements Model ergeben. Die Prozessmodellierung erfolgt durch eine Erweiterung des UML-Aktivitätsdiagramms.

5. Das *Presentation Model* stellt eine abstrakte Sicht auf die Benutzeroberfläche dar. Im Rahmen dieses Modellierungsschritts wird die Grundstruktur der Benutzeroberfläche in Form der benötigten Elemente definiert. Die Elemente eines Presentation Models stellen Klassen dar, die auf den Knoten des Navigation Models basieren. Diese Art der Modellierung wird als *Sketching* bezeichnet, bei der sowohl der Inhalt als auch der grobe Aufbau von Seiten skizziert wird.

Für die modellbasierte Generierung von Anwendungen mit UWE gibt es inzwischen mehrere Ansätze. Beispielsweise können mit UWE JEE-basierte Anwendungen halbautomatisiert erstellt werden [KrK02]. Bei der dadurch bereitgestellten Transformation werden die logischen Objekte der UWE-Modelle aus Analyse und Design auf eine physische Repräsentation abgebildet. Die Geschäftslogik wird hierbei über Enterprise Java Beans realisiert, die jedoch separat implementiert werden müssen. Mit UWE4JSF ist inzwischen auch die Generierung von

Webanwendungen auf Basis von JavaServer Faces (JSF) möglich. Für die Modellierung werden Erweiterungen der vorgestellten UWE-Profile in Kombination mit einer textuellen Sprache verwendet [UWE11].

Die Modellierung von Webanwendungen über UWE hat die folgenden Stärken [vgl. Her07]: Durch UWE werden umfangreiche Modellierungsmöglichkeiten für Webanwendungen zur Verfügung gestellt. Es wird die Modellierung von Abläufen im Frontend durch das Process Model bzw. durch die Use-Case-Diagramme unterstützt. Darüber hinaus wird eine Strukturierung des abstrakten Aufbaus von Frontends durch das Presentation Model ermöglicht. Der Einsatz von UWE hat jedoch auch die folgenden Schwächen [vgl. Her07]: Es ist Expertenwissen notwendig, um die speziellen – durch UML-Erweiterungen entstandenen – Modelle von UWE zu verstehen und einsetzen zu können. Die Definition von Rollen und deren Rechte wird bei der Modellierung nicht unterstützt. Darüber hinaus können auch keine Eingabevalidierungen modelliert werden. Die Definition der Prozesse ist eher technisch orientiert und wird im Rahmen der Modellierung in UWE nur als Ergänzung der restlichen Modelle genutzt. Die Einbindung von Geschäftslogik erfolgt nur indirekt über eine entsprechend separat zu implementierende Schicht.

3.3.2 Web Modeling Language

Die sogenannte *Web Modeling Language (WebML)* wurde am Dipartimento di Elettronica e Informazione der Politecnico di Milano entwickelt, um eine strukturierte Methode und Werkzeuge im Bereich der zunehmend komplexer werdenden Webentwicklung bereitstellen zu können [BCC06, BCF07, CFB00, WeM11]. Sie ist Bestandteil des W3I3-Projekts, das im Rahmen des *Fourth Framework Programs* der Europäischen Union zur Realisierung einer intelligenten Informations-Infrastruktur für datenintensive Webanwendungen initiiert wurde.

Das Ziel von WebML ist es, einen durchgängig methodisch und werkzeugtechnisch unterstützen Realisierungsprozess von der Anforderungsanalyse über den gesamten Entwurf bis hin zur Entwicklung zu ermöglichen. Hierzu sollen Entwurfsmethoden, Formalismen, Sprachen und Werkzeuge bereitgestellt werden. Es soll vor allem die Einbindung dynamischer Inhalte aus Datenquellen bei Webanwendungen für moderne Entwicklungstechnologien unterstützt werden. Der Schwerpunkt bei WebML liegt auf der plattformunabhängigen Spezifikation von datenintensiven Webanwendungen. Bei den Konzepten von WebML werden auch die Personalisierung von Inhalten und die Präsentation auf unterschiedlichen Endgeräten berücksichtigt. Für die Anwendung der Konzepte von WebML steht eine CASE-Entwicklungsumgebung

ToriiSoft zur Verfügung, mit der auf Basis der Modelle auch entsprechender Programmcode generiert werden kann.

Bei der Spezifikation von Webanwendungen mit WebML werden vier unterschiedliche, zueinander orthogonale Perspektiven genutzt [CFB00, WeM11]:

- *Data Model:* Über das Data Model werden die in einer zu spezifizierenden Webanwendung benötigten Daten in Form von Entitätstypen und Beziehungstypen definiert. WebML beinhaltet keine neue Datenmodellierungssprache, sondern sie ist kompatibel zu bestehenden Ansätzen, wie beispielsweise der ER-Modellierung oder der Modellierung mit Klassendiagrammen aus UML. Berechnete Daten und/oder redundante Daten, die bei der Realisierung von webbasierten Benutzeroberflächen in den meisten Fällen benötigt werden, werden bei WebML durch eine einfache OQL-ähnliche[5] Anfragesprache unterstützt.

- *Hypertext Model:* Beim Hypertext Model wird eine Menge von Hypertexten beschrieben, die für den Aufbau der zu spezifizierenden Webanwendung genutzt werden. Das Hypertext Model ist in ein *Composition Model* und ein *Navigation Model* aufgeteilt. Im Composition Model werden die Webseiten und die einzelnen Bausteine – die sogenannten *Units* – definiert, aus denen die Webseiten aufgebaut sind. Es gibt die folgenden sechs unterschiedliche Arten von Units: *data*, *multidata*, *index*, *filter*, *scroller* und *direct units*, die jeweils einen technologieunabhängigen Baustein darstellen. Das Navigation Model definiert hingegen die Verknüpfungen von Webseiten mit den einzelnen Units. Bei diesen Links werden zwei verschiedene Arten unterschieden: Ein *non-contextual* Link verknüpft semantisch unabhängige Seiten und ein *contextual* Link wird hingegen verwendet, wenn der Inhalt der Zielunit vom Inhalt der Quellunit abhängt. Contextual Links basieren auf dem Data Model, weil sie Units miteinander verknüpfen, deren darunter liegende Entitätstypen durch Beziehungstypen miteinander verknüpft sind.

- *Presentation Model:* Durch das Presentation Model wird das Layout und der graphische Stil der Webseiten in abstrakter XML-Syntax unabhängig vom genutzten Endgerät und der jeweiligen Sprache beschrieben. Einzelne Spezifikationen können im Presentation Model entweder für Seiten oder die komplette Webanwendung erstellt werden.

---

[5] Die Object Query Language (OQL) ist eine an SQL angelehnte Abfragesprache für objektorientierte Datenbanken, die von der Object Database Management Group (ODMG) als Standard definiert wurde.

- *Personalization Model:* Im Personalization Model kann Benutzer- bzw. Benutzergruppen-spezifischer Inhalt festgelegt werden, der dann für eine entsprechend angepasste Anzeige genutzt werden soll. Es kann sowohl die Komposition der Units als auch das Layout mit entsprechenden Zusatzinformationen versehen werden. Zusätzlich können auch einfache benutzerabhängige Regeln zur jeweiligen Gestaltung des Frontends XML-basiert definiert werden.

Der Entwurfsprozess mit WebML ist in Abbildung 31 dargestellt. Die Rückverweise zwischen den einzelnen Phasen verdeutlichen, dass bei der Vorgehensweise auch der Schritt zur vorherigen Phase erlaubt bzw. in manchen Fällen erforderlich ist. Die folgenden Phasen werden beim Modellierungsprozess mit WebML durchlaufen [WeM11]:

1. Die *Requirements Analysis* umfasst die Definition der Ziele der Umsetzung der Webanwendung und Beispiele für Inhalt und Layout. Darüber hinaus werden die benötigte Personalisierung umgangssprachlich festgelegt sowie die Anforderungen bei den zu übernehmenden Daten definiert.

2. Beim *Data Design* erfolgt die Erstellung der Data Models. Hier werden gegebenenfalls auch Datenstrukturen von abzulösenden Systemen als Basis für die weitere Bearbeitung geladen.

3. Im Rahmen des *Coarse Hypertext Design* wird die grobe Anwendungsstruktur festgelegt, d.h. es wird die Verknüpfung von Seiten und Units festgelegt. Ebenso erfolgt die Abbildung der Units auf die Entitätstypen des strukturellen Schemas und deren Beziehungen. Bezüglich der Personalisierung erfolgt hier bereits eine grobe Definition. Auf Basis von Rollen können entsprechende Sichten auf die Anwendung definiert werden.

4. Im Anschluss an das Coarse Hypertext Design erfolgt das sogenannte *Detailed Hypertext Design*. Hierbei wird der Aufbau der einzelnen Seite und Units im Detail untersucht und deren Hypertext Model gegebenenfalls angepasst. Es können hierbei zusätzliche *non-contextual* Links eingefügt, die Attribute der Units bearbeitet oder auch zusätzliche Units und Seiten bzgl. spezieller Anforderungen ergänzt werden. Beispielsweise können so vorgeschaltete Suchmasken oder Filter für Dateneinschränkungen definiert werden. Bezüglich Personalisierungsanforderungen können in diesem Schritt Detailregeln festgelegt werden.

5. Auf Basis der in den voranstehenden Schritten definierten Anwendungsstruktur, kann dann die Definition von Layout und Stil der Seiten im Rahmen des *Presentation Designs* für die Webanwendung erfolgen.

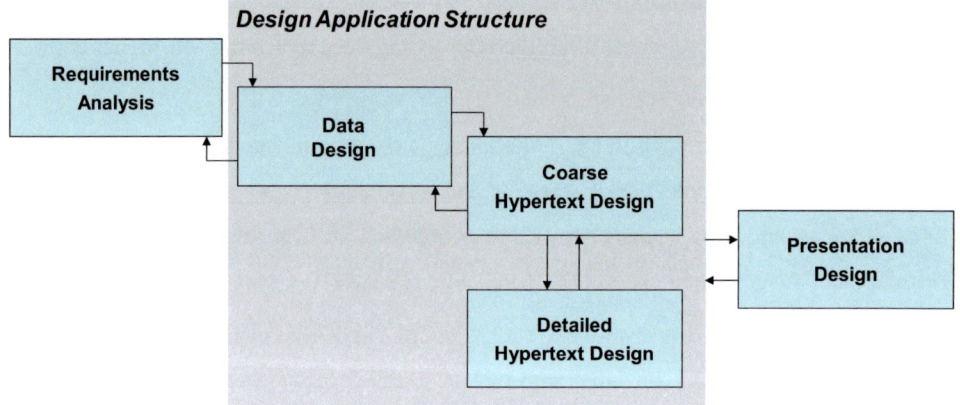

Abbildung 31: Modellierungsprozess mit WebML [vgl. WeM11]

Die ToriiSoft-Umgebung nutzt die WebML-Spezifikationen als Input für einen Code-Generator, der die definierten Aspekte der Webanwendung in eine konkrete Auszeichnungssprache (z.B. HTML oder WML) übersetzt. Die durch das Data Model und das Hypertext Model definierten datenrelevanten Funktionen werden auf Konstrukte einer serverseitigen Skriptsprache abgebildet (z.B. JSP oder ASP).

WebML hat die folgenden Stärken bei der Modellierung von Webanwendungen [vgl. Her07]: Der Schwerpunkt und dadurch auch die größte Unterstützung liegt bei WebML auf inhaltlichen Aspekten und der darauf aufbauenden Navigation einer Webanwendung. Ein weiterer Vorteil ist die Unterstützung datenintensiver Anwendungen durch spezielle Konzepte im Bereich der Definition der Anwendungsstruktur. Die bei Webanwendungen häufig benötigte Personalisierung wird durch ein separates Modell berücksichtigt. Darüber hinaus wird die Personalisierung auch im Rahmen der Vorgehensweise beim Modellierungsprozess berücksichtigt. Abläufe im Frontend können durch die Modellierung der Navigation und des Datenflusses in der Anwendung unterstützt werden. WebML hat jedoch auch die folgenden Schwächen [vgl. Her07]: Die umfassenden Modellierungsmöglichkeiten erfordern einen hohen Einarbeitungsaufwand. Es ist keine direkte Einbindung von Geschäftsprozessmodellen in den Modellen zur umzusetzenden Webanwendung vorgesehen, d.h. dies muss separat beschrieben werden.

3.3.3 Navigational Development Technique

Die *Navigational Development Technique (NDT)* wurde am Department of Computer Languages and Systems der Universität von Sevilla entwickelt [EPM09, ERT04]. NDT stellt eine prozessorientierte Methode zur modellgetriebenen Realisierung von Webanwendungen zur Verfügung. Der Schwerpunkt dieses Ansatzes liegt derzeit auf dem Requirements Engineering. Die Anwendung der Konzepte wird durch das ebenfalls an der Universität von Sevilla entwickelte NDT-Tool unterstützt.

Die Aufteilung in verschiedene Aspekte (Separation of Concerns) ist bei NDT ein grundlegendes Prinzip. Der Schwerpunkt liegt jedoch auf der Modellierung der Navigation und soll bei NDT bereits bei der Analyse berücksichtigt werden, um in einem möglichst frühen Stadium Anforderungen entsprechend korrekt zu definieren. Darüber hinaus können auch andere Aspekte einer Webanwendung wie Datenstrukturen, zu verarbeitende Informationen, Benutzerinteraktionen und Benutzerrollen definiert werden.

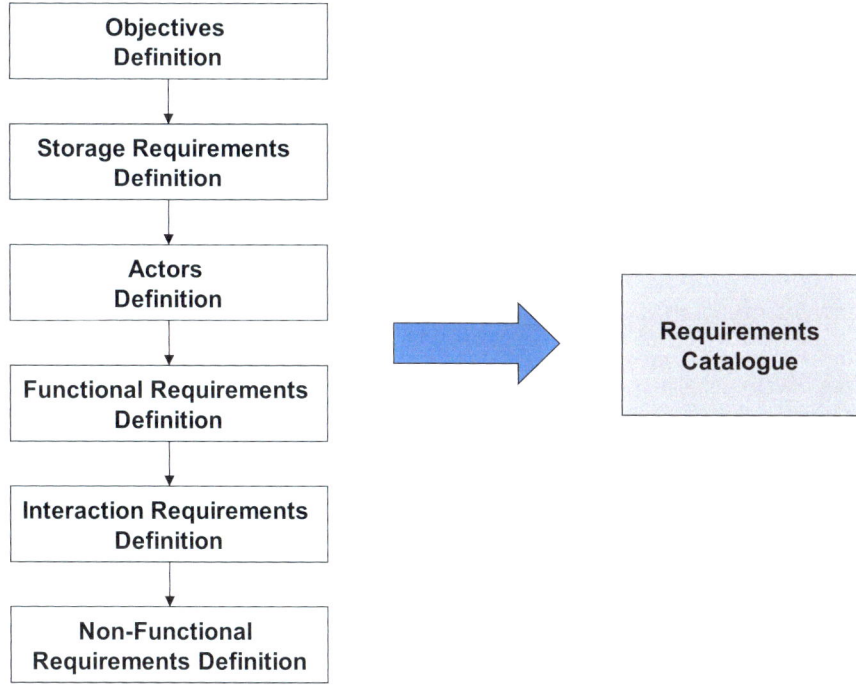

Abbildung 32: Prozess der Anforderungsdefinition bei NDT [ERT04 S. 3]

Das Vorgehen ist bei NDT durch einen fest vorgegebenen Prozess zur Anforderungsdefinition festgelegt. Hierbei werden die Schritte jeweils entsprechende Beschreibungsschablone dokumentiert, die tabellarisch aufgebaut sind. Das Ausfüllen der Schablonen erfolgt in vielen Fällen auf textueller Basis. Es werden vordefinierte Lückentexte verwendet, um die bei natürlicher Sprache auftretende Ambiguität zu reduzieren. Die Verwendung natürlicher Sprache soll dafür sorgen, dass die im Rahmen der Analyse definierten Ergebnisse ohne Expertenwissen verständlich sind. Eine ausgefüllte Schablone stellt einen strukturierten Informationsblock dar. Dieser wird durch einen Code eindeutig identifiziert und kann somit in anderen Informationsblöcken referenziert werden.

Bei der Anforderungsdefinition werden im Rahmen von NDT die in Abbildung 32 dargestellten Schritte zur Erstellung eines sogenannten Requirements Catalogue durchlaufen [ERT04 S. 3ff.]:

1. Bei der *Objectives Definition* werden zunächst die Ziele definiert, die durch die Webanwendung erreicht werden sollen. Hierzu werden für jedes Ziel ein Identifikationscode, ein Name und eine Beschreibung in einer speziellen Zielschablone erfasst.

2. Im Anschluss daran werden bei der *Storage Requirements Definition* die Speicherungsanforderungen definiert. Hierbei wird festgelegt, welche Daten vom zu realisierenden System gespeichert werden sollen. In die entsprechende Schablone für die Speicherungsanforderung werden der Identifikationscode, der Name, die assoziierten Ziele, eine Beschreibung und spezifische Informationen zu den zu speichernden Daten angegeben. Die spezifischen Informationen zu den zu speichernden Daten enthalten jeweils einen Namen, eine Beschreibung und eine abstrakte Datentypbeschreibung für jedes Datenfeld.

3. Bei der *Actors Definition* werden Benutzerrollen für die umzusetzende Webanwendung definiert. Dabei werden zunächst sogenannte Basisrollen erstellt. Die entsprechende Schablone für die Basisrollen umfasst den Identifikationscode, den Namen, die assoziierten Ziele, eine Beschreibung der Rolle sowie ein Klassifikationskriterium für die Zuordnung dieser Rolle zu einem Benutzer. Zum Abschluss dieses Schritts werden die definierten Basisrollen bzgl. Kompatibilitäten untersucht. Gegebenenfalls erfolgt eine Konsolidierung und es werden Kombinationsrollen aus zueinander kompatiblen Rollen gebildet.

4. Nach der Definition der Benutzerrollen erfolgt die Beschreibung umzusetzender Funktionalität der Webanwendung in der *Functional Requirements Definition*. Hierbei werden neben einer speziellen Schablone auch Use-Case-Diagramme eingesetzt. Die Schablone enthält neben Identifikationscode, Name, Beschreibung, assoziierte Ziele und Rollen auch die

Beschreibung von Abläufen als sequentielle Abfolge von einzelnen Schritten. Darüber hinaus kann eine Fehler- und Ausnahmebehandlung definiert werden.

5. Die Anforderungen bzgl. der Interaktion des Benutzers mit der Webanwendung werden in der *Interaction Requirements Definition* festgelegt. In Abhängigkeit der Rolle des Benutzers wird beschrieben, welche Informationen bei möglichen Interaktionen angezeigt werden. Bei der Definition der Interaktionsanforderungen werden zwei verschiedene Aspekte berücksichtigt: Einerseits werden über sogenannte *Phrasen* mit Hilfe von Schablonen Anfragen beschrieben. Sie beschreiben den Zugriff der zu realisierenden Webanwendung auf die zugrundeliegende Datenbasis. Andererseits können durch sogenannte *Browsing-Prototypen* alle anderen zuvor definierten Spezifikationen referenziert werden. Die Schablonen von Browsing-Prototypen beschreiben wie die Navigation für einen Benutzer erfolgt, Funktionen ausgeführt werden können und Information dargestellt werden. Hierzu werden entsprechende Phrasen, Benutzerrollen und Browsing-Prototypen miteinander verknüpft. Durch die beiden Konzepte werden sowohl funktionale Anforderungen an die zu realisierenden Seiten als auch Navigationsanforderungen in abstrakter Form definiert.

6. Bei der *Non-Functional Requirements Definition* werden nichtfunktionale Anforderungen beschrieben, die keiner der zuvor definierten Spezifikationen entsprechen. Mögliche Anforderungen sind hier Benutzerfreundlichkeit, Skalierbarkeit, Zuverlässigkeit, Wartbarkeit etc.

NDT hat die folgenden Vorteile [vgl. Her07]: Da der Aspekt der Navigation bereits während der Anforderungsdefinition berücksichtigt wird, erhält man zu einem frühen Zeitpunkt bereits eine Spezifikation, die sich durch einen hohen Detaillierungsgrad auszeichnet. Durch die Verwendung von natürlicher Sprache wird die Mitwirkung des Fachbereichs bei der Anforderungsspezifikation erleichtert. NDT hat jedoch auch die folgenden Nachteile [vgl. Her07]: Der Schwerpunkt liegt bei NDT auf der Analyse und nicht auf der Generierung von ausführbarem Programmcode. Die durch die Verwendung von natürlicher Sprache auftretende Ambiguität führt bei einer automatisierten Verarbeitung der erstellten Spezifikationen zu Problemen.

3.4 Model Driven Architecture

Mit *Model Driven Development (MDD)* wird die Verwendung von Modellen und Generatoren zur Verbesserung der Softwareentwicklung bezeichnet [StV05]. Bei MDD soll mit Generatoren auf Basis von Modellen Quellcode erzeugt werden. Ein möglicher Weg zur Implementierung eines Model Driven Developments wird mit der von der *Object Management Group*

(OMG) entwickelten *Model Driven Architecture (MDA)* zur Verfügung gestellt [OMG11, RSN03]. Dies ist der derzeit am weitesten verbreitete Ansatz zur modellgetriebenen Softwareerstellung [StV05]. Die OMG verfolgt das Ziel, Standards für die Integration und die Portabilität von Softwaresystemen zu entwickeln.

Durch den Einsatz von MDA soll die Entwicklungsgeschwindigkeit und die Qualität des entwickelten Programmcodes gesteigert werden. Darüber hinaus soll durch MDA die Komplexität bei der Entwicklung mehrschichtiger Softwaresysteme reduziert werden und der Wiederverwendungsgrad erhöht werden. Die Definition der umzusetzenden Software soll hierbei auf einer abstrakteren Ebene erfolgen. Hierzu müssen Modelle erstellt werden, aus denen die dann mit Hilfe von Softwaregeneratoren Programmcode erzeugt wird. Durch die Trennung von fachlichen, technischen und technologiespezifischen Aspekten soll eine Beherrschung von technologischen Änderungen erreicht werden.

MDA geht im Unterschied zu den CASE-Ansätzen der 90er Jahre nicht von einer vollständig automatisierten Erzeugung von Software auf Basis definierter fachlicher Anforderungen aus. Es wird hingegen ein Automatisierungsgrad angestrebt, der an die jeweiligen Rahmenbedingungen angepasst ist, d.h. je nach Umgebung (Fachdomäne, Anforderungen, verwendete Technologien etc.) variieren kann. Die bei MDA zu erstellenden Modelle werden in der Regel auf Basis von UML definiert.

3.4.1 Modelle, Plattformen und Abstraktionsebenen

Bei MDA werden generell Modelle und Plattformen unterschieden. Ein Modell stellt eine abstrakte Repräsentation einer Struktur oder des Verhaltens eines Systems dar. Eine Plattform bezeichnet eine einheitliche technologische Basis mit der Anwendungssoftware (C++, Java, Webservices etc.) realisiert und ausgeführt werden kann. Modelle werden in verschiedene Abstraktionsebenen aufgeteilt, die aufeinander aufbauen und dadurch die Komplexität bei den einzelnen Modellen im Vergleich zu einem alle Aspekte umfassenden Modell reduzieren. Generell werden bei MDA drei verschiedene Arten von Modellen unterschieden [KeM05]:

- Das *Computation Independent Model (CIM)* beschreibt eine Anwendung auf der fachlichen Ebene. Die Modellierung soll hierbei in einer für den Anwender verständlichen Form erfolgen, da dieses Modell zur Abstimmung der Anforderungen des Fachbereichs mit der IT genutzt werden soll.

- Mit dem *Platform Independent Model (PIM)* werden Strukturen und Funktionalitäten von Anwendungsbausteinen zu den in entsprechenden CIMs definierten Anwendungen plattformunabhängig beschrieben.

- Auf Basis eines PIM und einer gegebenen Plattform kann ein sogenanntes *Platform Specific Model (PSM)* definiert werden. Dieses Modell nutzt die von der Plattform bereitgestellten technologiespezifischen Schnittstellen.

3.4.2 Transformationen zwischen den Modellarten

Die Transformationen zwischen verschiedenen Modellarten werden in der Regel von einer abstrakteren Ebene in eine konkretere Ebene (CIM → PIM → PSM → Code) durchgeführt. Transformationen müssen einerseits flexibel, andererseits jedoch formal definiert werden können [RSN03]. Eine Transformation kann manuell, semiautomatisch oder vollautomatisch erfolgen [KeM05]. Bei den Transformationen werden aus den Modellelementen des Quellmodells entsprechend festzulegender Transformationsregeln die Modellelemente des Zielmodells oder Codefragmente erzeugt. Diese Transformationsregeln werden bei MDA auch als Mappings bezeichnet.

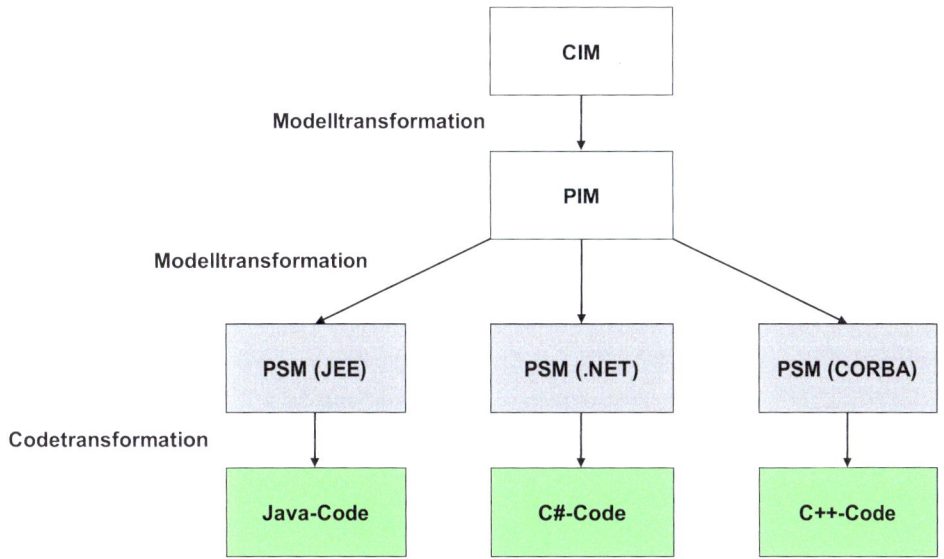

Abbildung 33: Transformationen zwischen den Modellarten [KeM05]

Bei Transformationen zwischen den Modellarten werden bei MDA grundsätzlich die folgenden zwei Typen unterschieden [RSN03]:

- Modelltransformation: Bei der Modelltransformation wird ausgehend von einem bestehenden Modell ein neues Modell einer anderen Modellart erzeugt. Aus den Elementen des Quellmodells werden die Elemente des Zielmodells abgeleitet.

- Codetransformation: Bei der Codetransformation erfolgt ausgehend von einem Modell eine Generierung von Programmcode. Aus einzelnen Elementen des Quellmodells werden Codefragmente erzeugt.

In Abbildung 33 ist ein Transformationsprozess zwischen den verschiedenen Modellarten dargestellt. Hierbei wird ausgehend von einem CIM über Modelltransformationen zunächst ein PIM und anschließend drei PSM für die unterschiedlichen Technologien Java, C# und C++ erzeugt. Auf Basis der einzelnen PSM wird über eine Codetransformation jeweils entsprechender Programmcode erstellt.

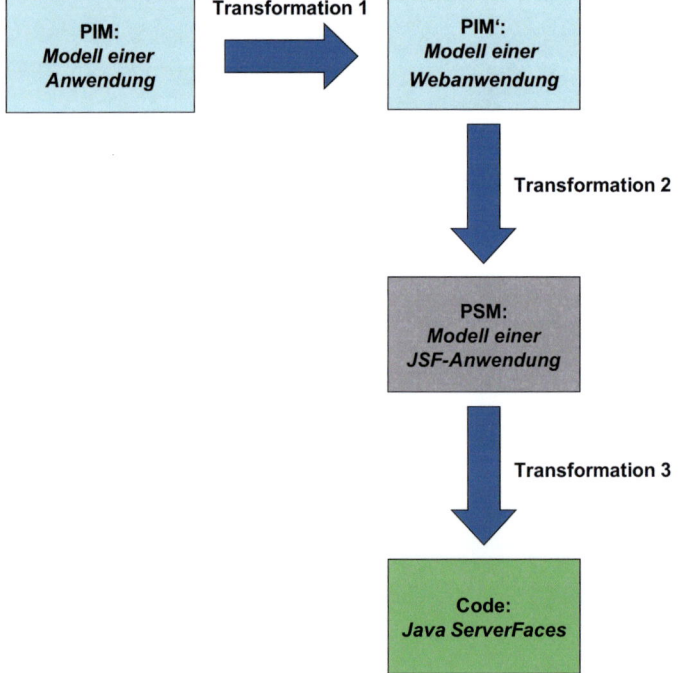

Abbildung 34: Transformation innerhalb derselben Ebene bzw. verschiedenen Ebenen [vgl. RSN03]

Transformationen können auch innerhalb derselben Abstraktionsebene erfolgen. Wie in Abbildung 34 dargestellt, wird ein PIM, das bspw. eine Anwendung in allgemeiner Form beschreibt durch eine Transformation in ein weiteres PIM überführt, das die Umsetzung durch eine Webanwendung modelliert. Erst in einer zweiten Transformation wird aus dem PIM der Webanwendung dann ein PSM zur Beschreibung der Umsetzung durch die konkrete Technologie *JavaServer Faces* erzeugt. Auf Basis des PSM wird dann im Rahmen einer dritten Transformation – einer Codetransformation – Java- und JSF-Code generiert.

Für die Transformation eines PIM in ein PSM werden bei MDA die Transformationsregeln noch in die folgenden Arten unterschieden [KeM05 S. 300]:

- *Model Type Mapping:* Model Type Mappings werden auf Ebene der zugrundeliegenden Modellsprachen definiert [KeM05]. Sie beschreiben die Regeln zur Transformation von Sprachkonstrukten des Quellmodells in entsprechende Sprachkonstrukte des Zielmodells. Beispielsweise kann so eine generische Abbildung von Entitätstypen auf Java-Klassen definiert werden.

- *Model Instance Mapping:* Bei Model Instance Mappings werden hingegen Regeln für die Transformation konkreter Instanzen eines PIM in konkrete Instanzen eines PSM beschrieben [KeM05]. Hierbei wird eine Identifikation der zu transformierenden Instanzen benötigt. Diese Identifikation erfolgt bei MDA anhand von Markierungen.

- *Combined Type and Instance Mappings:* Diese dritte Art ermöglicht auch die Kombination der zuvor genannten Arten [KeM05].

Die Dokumentation der bei einer Transformation angewendeten Transformationsregeln erfolgt im sogenannten *Record of Transformation*.

3.4.3 Einsatz von MDA

Bei MDA können beliebige Modellierungssprachen als Basis verwendet werden. Für die Definition von Konstrukten entsprechender Modellierungssprachen wurde von der OMG die Beschreibungssprache *Meta Object Facility (MOF)* [MOF10] definiert. MOF stellt hierzu generische Konzepte wie Klassen, Assoziationen, Ausnahmen etc. zu einer übergeordneten Beschreibung unterschiedlicher Modellierungssprachen zur Verfügung. Obwohl MDA prinzipiell unabhängig von den zugrundeliegenden Modellierungssprachen konzipiert wurde, hat sich vor allem UML als Modellierungssprache durchgesetzt, die durch sogenannte UML-Profile branchen- und projektspezifisch angepasst werden kann [KeM05].

Beim Einsatz von MDA ergeben sich die folgenden Vorteile [KeM05]: MDA ermöglicht auf den höheren Abstraktionsebenen eine kompakte Darstellung komplexer Systeme. Durch die

Unterscheidung in plattformunabhängige und plattformspezifische Modelle kann eine Umsetzung auf Basis einer neuen Technologie sehr schnell erfolgen, da direkt auf den plattformunabhängigen Modellen aufgesetzt werden kann. Durch die Verwendung von standardisierten Modellierungssprachen und Metamodellierungskonzepten wird die Integration in verschiedene Werkzeuge unterschiedlicher Hersteller unterstützt. Es sind sowohl Modelle zur Kommunikation mit dem Fachbereich als auch für die Kommunikation zwischen IT-Mitarbeitern vorgesehen. Generierungsschritte zwischen den Modellarten können den Entwicklungsprozess beschleunigen und die Fehlerhäufigkeit bei gleichbleibenden Erstellungsmustern minimieren.

Beim Einsatz von MDA können sich jedoch auch die folgenden Probleme ergeben [KeM05]: Da meist keine vollständige Generierung von Programmcode erreicht werden kann, sind in diesen Fällen nachträgliche Erweiterungen und Änderungen erforderlich. Der Aufwand und die Wartbarkeit bei solchen Anpassungen sind abhängig von der Qualität des generierten Programmcodes. Bei manuellen Anpassungen kann die Konsistenz zwischen den Modellen nicht mehr automatisiert sichergestellt werden, da es sich beispielsweise bei einem PIM um eine Abstraktion eines PSM handelt [RSN03]. Bei der Definition von Transformationsalgorithmen ergeben sich in der Regel Einschränkungen, die nach einer Generierung manuelle Optimierungsschritte erfordern, um eine ausreichende Performance des generierten Systems zu erreichen. Durch den Freiraum, den die Verwendung von MDA erlaubt, ist das problemlose Zusammenspiel bei Produkten unterschiedlicher Hersteller derzeit noch nicht gegeben. Für die erfolgreiche Generierung von Anwendungslogik ist neben der Beschreibung der strukturellen Aspekte eines Systems, vor allem die Beschreibung dynamischer Aspekte relevant. Die Modelle und Konstrukte zur Beschreibung dynamischer Aspekte sind bei UML jedoch auf der gleichen Ebene wie eine Programmiersprache und stellen somit keine geeignete Plattform zur Kommunikation mit dem Fachbereich dar.

4 Kollaborative Softwareentwicklung

Bei der Erstellung betriebswirtschaftlicher Softwaresysteme sind verschiedene Personen in unterschiedlichen Rollen beteiligt. Häufig gehören die Beteiligten zu unterschiedlichen Unternehmen und Institutionen. Die Realisierung solcher Systeme erfolgt zunehmend durch die Herstellung von Komponenten durch einzelne Zulieferer, die dann von Systemintegratoren zusammengeführt und implementiert werden [Hil07]. Dadurch gewinnt die zwischenbetriebliche Zusammenarbeit in der Softwarebranche immer mehr an Bedeutung. Um den Wertschöpfungsprozess innerhalb dieser entstehenden sogenannten Softwarelieferketten zu stärken, müssen Umgebungen geschaffen werden, welche die organisationsübergreifende Realisierung und Assemblierung von Softwarekomponenten unterstützen. Für eine effiziente und effektive Zusammenarbeit bei der Realisierung komplexer Geschäftsprozesse im Rahmen serviceorientierter Softwaresysteme müssen diesbezüglich die besonderen Anforderungen bei den verschiedenen Phasen von der Anforderungsanalyse bis hin zur Implementierung berücksichtigt werden.

4.1 Grundlagen kollaborativer Arbeit

Neue Herausforderungen aufgrund der gestiegenen Komplexität und Dynamik bei der Herstellung von Produkten oder der Durchführung von Dienstleistungen erfordern die Zusammenarbeit vieler Beteiligter [GrK07 S. 1]. Zusätzlich nimmt der Bedarf an Unterstützung einer solchen Zusammenarbeit aufgrund der sozialen Veränderungen im Arbeitsumfeld wie Globalisierung, Flexibilisierung und Innovationsdruck sowie der Entwicklung neuer Organisationsformen wie Tele-Arbeit, Offshoring und Outsourcing immer mehr zu [GrK07 S. 2]. Darüber hinaus wird durch die Vernetzung von Computern, insbesondere durch das Internet, die Nachfrage nach einer integrierten Unterstützung der Zusammenarbeit stetig erhöht [GrK07 S. 2].

4.1.1 Kollaboration, Kooperation, Koordination und Kommunikation

Der Begriff *Kollaboration* wird oft sehr unterschiedlich verwendet. Er steht meistens nicht für sich alleine, sondern wird oft mit anderen – ähnlichen – Begriffen wie *Kooperation*, *Koordination* und *Kommunikation* genannt [Sto03, Wen96]. Die Vorsilbe „Ko" drückt eine Beziehung zwischen zwei Subjekten oder Objekten aus, die „miteinander", „zusammen" oder „gemeinsam" handeln [Sto03].

Die Begriffe *Kollaboration* oder *Kooperation* werden häufig auch als Synonyme verwendet. Der Begriff der Kollaboration hat diesbezüglich seinen Ursprung in der englischsprachigen Fachliteratur durch die Verwendung des Begriffs „Collaboration". Sowohl Kollaboration als auch Kooperation beschreiben die Zusammenarbeit von zwei oder mehreren Personen bzw. Organisationen zur Erreichung eines gemeinsamen Ziels [HRH07]. Die beiden Begriffe können jedoch laut [Sto03 S. 38ff.] auch folgendermaßen voneinander abgegrenzt werden:

- Eine *Kollaboration* bezeichnet die Zusammenarbeit von zwei oder mehreren Partnern am selben Arbeitsgegenstand oder Problem [Sto03 S. 40-43]. Die Partner stehen hierzu miteinander in einem wechselseitigen Austausch und arbeiten dadurch an einem gemeinsamen Bedeutungsraum. Bei einer kollaborativen Handlung nehmen die Beiträge wechselseitig aufeinander Bezug und sind daraufhin ausgerichtet, ein gemeinsames Ziel zu erreichen.

- Eine *Kooperation* bezeichnet die gegenseitige Unterstützung von zwei oder mehreren Partnern zum besseren oder schnelleren Erreichen eines gemeinsamen Ziels [Sto03 S. 38-40]. Dies erfordert nicht unbedingt einen kollaborativen Prozess, da in vielen Fällen bereits der Austausch von Ressourcen, Wissen und Erfahrungen einen ausreichenden Mechanismus darstellt. Bei einer Kooperation können auch durch die beteiligten Partner gemeinsame Aufgaben in disjunkte Teilaufgaben zerlegt werden, die dann von den einzelnen Partnern jeweils individuell bearbeitet werden müssen. Jedoch ist auch hier die Vorgabe, dass sich alle Beteiligten dazu bereit erklären, im Rahmen der Kooperation ein gemeinsam definiertes Ziel zu erreichen. Die Umsetzung der einzelnen Teilaufgaben kann zunächst separat erfolgen. Für das Zusammenfügen der Teillösungen zu einer kohärenten Lösung ist dann eine kollaborative Phase erforderlich.

Die Definition von Kollaboration erfolgt in dieser Arbeit etwas weiter gefasst als in [Sto03 S. 47], indem nicht zwingend ein wechselseitiger Bezug der Beiträge bei der Zusammenarbeit für eine Kollaboration gefordert wird und die Kooperation als Teil der Kollaboration verstanden wird [vgl. Bor09 S. 6]:

Definition 4.1: Kollaboration

Kollaboration bezeichnet die Zusammenarbeit von Partnern, die am gleichen Artefakt (Arbeitsgegenstand) arbeiten und ein gemeinsames Ziel verfolgen. Partner können Personen oder Organisationen sein. Die drei Grundelemente kollaborativer Arbeit sind *Kooperation*, *Koordination* und *Kommunikation*. Kooperation bezeichnet dabei die arbeitsteilige Leistungserbringung zwischen zeitlich, räumlich oder organisatorisch verteilten

Aufgabenträgern oder Organisationen zur Erreichung eines gemeinsamen Ziels. Unter Koordination wird die Organisation der Zusammenarbeit verstanden, d.h. die Anwendung von Mechanismen, die lenkenden Einfluss auf Aktivitäten und Prozesse bei der Erstellung eines Produkts oder der Erbringung einer Dienstleistung haben. Kommunikation stellt mit dem Austausch von Informationen zwischen den beteiligten Partnern die Basis für Koordination und Kooperation dar, wobei Informationen Daten bzw. Nachrichten in einem entsprechenden Anwendungskontext darstellen.

Beispiele für Kollaboration sind das gemeinsame verteilte Erstellen oder Bearbeiten von Dokumenten oder der gemeinsame Entwurf eines Produkts im Rahmen der Konstruktion.

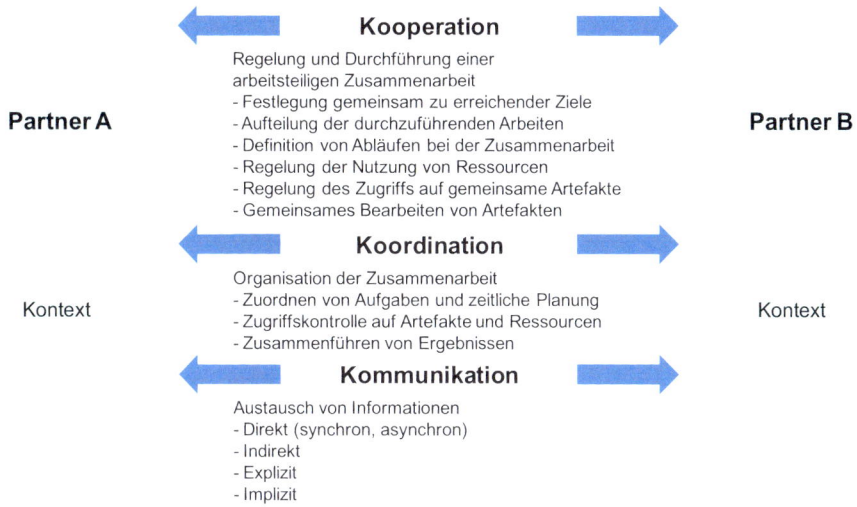

Abbildung 35: Grundelemente kollaborativer Arbeit [vgl. BeR06 S. 5]

Abbildung 35 veranschaulicht die grundlegenden in der Definition genannten Interaktionsmechanismen einer Kollaboration. Bedeutend bei einer Kollaboration ist, dass auch der jeweilige Kontext in Form des entsprechenden Arbeitsumfelds und der aktuellen Rahmenbedingungen der beteiligten Personen bzw. Organisationen berücksichtigt werden. Die drei grundlegenden Interaktionsmechanismen einer Kollaboration werden nachfolgend detailliert beschrieben.

4.1.1.1 Kommunikation

Kommunikation ist die Basis jeder Zusammenarbeit und bezeichnet jegliche Art von Informationsaustausch zwischen Personen [GrK07 S. 8]. Die an einer Kommunikation beteiligten Personen werden nachfolgend als *Kommunikationspartner* bezeichnet.

Kommunikation wird in *direkte* und *indirekte* Kommunikation unterschieden [vgl. GrK07 S. 79]:

- Bei der *direkten Kommunikation* werden Informationen gezielt von einem Sender zu einem oder mehreren Empfängern übertragen. Direkte Kommunikation wird nochmals in *synchrone* und *asynchrone* Kommunikation unterschieden. Bei *direkter synchroner Kommunikation* findet der Informationsaustausch in Echtzeit statt, d.h. allen Kommunikationspartnern stehen alle Informationen sofort und gleichzeitig zur Verfügung. Ein Vorteil der direkten synchronen Kommunikation ist die zeitgleiche Anwesenheit von Sender und Empfänger, so dass eine persönliche Kommunikation stattfinden kann. Dies ist jedoch auch gleichzeitig ein Nachteil, der sich vor allem bei weltweit verteilten Kommunikationspartnern bemerkbar macht. Bei *direkter asynchroner Kommunikation* stehen den Kommunikationspartnern die Informationen ggf. erst mit einer Zeitverzögerung zur Verfügung. Der Vorteil direkter asynchroner Kommunikation ist, dass sie räumlichen und zeitlichen Verteilungen besser gerecht wird, da keine gemeinsamen Zeitfenster für die Kommunikation festgelegt werden müssen. Dies ist gleichzeitig auch der Nachteil, da der Erhalt und das Verständnis bzgl. der übermittelten Information beim beteiligten Kommunikationspartner erst zeitlich verzögert geprüft werden kann.

- Bei der *indirekten Kommunikation* wird die Information nicht von einem Sender an bestimmte Empfänger versandt, sondern gespeichert und so zur Verfügung gestellt, dass andere – entsprechend berechtigte – Kommunikationspartner darauf zugreifen können. Ob und wann berechtigte Kommunikationspartner diese Information abrufen, ist zum Zeitpunkt der Bereitstellung nicht bekannt. Potenzielle Empfänger können zu einem beliebigen Zeitpunkt auf die Informationen zugreifen und nach verschiedenen Kriterien abrufen, d.h. indirekte Kommunikation ist immer asynchron. Indirekte Kommunikation kann für die Umsetzung von Wissensmanagement und zur Koordinationsunterstützung genutzt werden [vgl. GrK07 S. 97-101].

Kommunikation kann darüber hinaus in explizite und implizite Kommunikation unterschieden werden:

- *Explizite Kommunikation* erfolgt durch ein aktives und bewusstes Bereitstellen von Informationen durch einen Kommunikationspartner für andere Kommunikationspartner.

- *Implizite Kommunikation* bezeichnet das passive automatisierte Bereitstellen von Informationen durch die Veröffentlichung von Tätigkeiten der Kommunikationspartner, z.B. die Anzeige welcher Mitarbeiter gerade welches Artefakt bearbeitet bzw. zu bearbeiten plant.

4.1.1.2 Koordination

Koordination umfasst sämtliche Tätigkeiten zur Organisation der Zusammenarbeit zum Erreichen eines gemeinsamen Ziels [vgl. GrK07 S. 87ff.]. Hierzu gehören die Zuordnung von Aufgaben, deren zeitliche Planung, die Kontrolle des Zugriffs auf Artefakte und Ressourcen durch Sperren oder andere Mechanismen zur Mehrbenutzerkontrolle und das Zusammenführen von Ergebnissen. Bei Koordination kann ähnlich wie bei Kommunikation zwischen *expliziter* und *impliziter* Koordination unterschieden werden:

- Bei der *expliziten Koordination* erfolgen die Koordinationsanweisungen direkt durch den Menschen.

- Die *implizite Koordination* bezeichnet das automatisierte Bereitstellen von Koordinationsanweisungen, die durch bestimmte Regeln ermittelt werden können, z.B. das automatische Erzeugen und Zuweisen eines Arbeitspakets für einen zur Verfügung stehenden Mitarbeiter nach der Fertigstellung eines bestimmten Artefakts.

4.1.1.3 Kooperation

Als Kooperation wird die eigentliche Zusammenarbeit verschiedener beteiligter Akteure bezeichnet [GrK07 S. 8]. Die Kooperation wird auf Basis der zur Verfügung gestellten Kommunikations- und Koordinationsmittel durchgeführt. Dies umfasst die Festlegung der gemeinsam zu erreichenden Ziele, die Aufteilung der durchzuführenden Arbeiten, die Definition von Abläufen bei der Zusammenarbeit und die Regelung der Nutzung von Ressourcen und des Zugriffs auf gemeinsame Artefakte. Die Art einer Kooperation kann mit Hilfe folgender Kriterien untersucht und beschrieben werden [vgl. Bor09, HRH07]:

- Räumliche und zeitliche Verteilung: Die bei einer Kooperation vorhandene Art der Verteilung der Zusammenarbeit kann mit Hilfe der Raum-Zeit-Taxonomie [Gru94 S. 25] angegeben werden. Durch diese Taxonomie wird die Zusammenarbeit anhand der beiden Dimensionen *Raum* und *Zeit* aufgeteilt, bei denen jeweils drei Zustände unterschieden werden. Bei der Raumdimension befinden sich die Beteiligten im Rahmen der Zusammenarbeit entweder am gleichen Ort, an unterschiedlichen, aber bekannten Orten oder an unterschiedlichen und unbekannten Orten. Bei der Zeitdimension arbeiten die Beteiligten entweder gleichzeitig, zu unterschiedlichen, aber bekannten Zeiten oder zu unterschiedlichen und unbekannten Zeiten.

- Intensität: Die Untersuchung und Bewertung der Intensität einer Kooperation kann auf Basis des Anteils der gemeinsam durchgeführten Leistungserbringung eines im Rahmen der Kooperation zu erbringenden Leistungspakets erfolgen. Ist dieser Anteil groß, dann ist die Kooperationsintensität hoch. Werden die Aufgaben überwiegend von einzelnen Beteiligten selbständig durchgeführt und abschließend zusammengeführt, dann ist die Kooperationsintensität niedrig.

- Abhängigkeitsstruktur: Der Abhängigkeitsgrad zwischen einzelnen Aufgaben kann bei kooperativer Arbeit stark variieren. Dieser Abhängigkeitsgrad resultiert aus drei grundlegenden Konstellationen in denen Aufgaben zueinander in Beziehung stehen können [vgl. Sha93]. Können Aufgaben zeitlich parallel zueinander und von den jeweils Beteiligten individuell ausgeführt werden, dann werden diese als unabhängig voneinander bezeichnet. Bei einer sequenziellen Abhängigkeit von Aufgaben hängt eine Aufgabe B vom Resultat einer vorhergehenden Aufgabe A ab und kann erst nach Abschluss von Aufgabe A begonnen werden. Sind zwei oder mehr Aufgaben stark ineinander verwoben, d.h. der Fortschritt jeder einzelnen Aufgabe ist von Teilergebnissen der anderen Aufgaben abhängig, dann wird dies als eine reziproke Abhängigkeit bezeichnet. Die Abhängigkeitsstruktur kann die Intensität einer Kooperation beeinflussen. Eine reziproke Abhängigkeitsstruktur der Aufgaben unterschiedlicher Beteiligter bedingt eine hohe Intensität der Kooperation.

- Organisationsstruktur: Die Organisationsstruktur beschreibt, in welchem organisatorischen Rahmen die Kooperation stattfindet, d.h. welche Organisationseinheiten in welcher Funktion beteiligt sind. Eine Kooperation kann bspw. komplett innerhalb eines Unternehmens oder auch über mehrere Unternehmen oder sonstige Organisationen hinweg erfolgen. Bei der Betrachtung der Organisationsstruktur sollte auch die Anzahl der jeweils beteiligten Personen berücksichtigt werden, da der Kommunikationsbedarf und vor allem der Koordinationsbedarf mit steigender Anzahl von Beteiligten stark zunehmen.

4.1.2 Computergestützte Kollaboration

Die *Computer Supported Cooperative Work* oder auch *Computer Supported Collaborative Work (Abkürzung für beide: CSCW)* ist ein multidisziplinäres Arbeitsgebiet, das sich damit beschäftigt, soziale Interaktion zu verstehen und technische Systeme zur Unterstützung dieser sozialen Interaktion zwischen den Benutzern solcher Systeme zu entwerfen, zu entwickeln und zu evaluieren [GrK07 S. 194]. Die Kernaufgabe stellt die IT-technische Unterstützung der Interaktionsmechanismen *Kommunikation*, *Koordination* und *Kooperation* dar [Wen96, SDK99]. Laut der Gesellschaft für Informatik versteht man unter CSCW „das Forschungsgebiet hinter dem Einsatz von Software zur Unterstützung von Zusammenarbeit (Collaboration), das Einflüsse aus den Forschungsgebieten Organisations- und Führungslehre, Psychologie, Informatik, Soziologie, u.a. zusammenfasst. Es wird untersucht wie Personen in Arbeitsgruppen oder Teams zusammenarbeiten und wie sie dabei durch den Einsatz von Informations- und Kommunikationstechnologie unterstützt werden können" [GeI11]. Bowers und Benford definieren CSCW folgendermaßen: „Die Computer Supported Cooperative Work untersucht die Möglichkeiten und Auswirkungen der technologischen Unterstützung von Menschen, die in Gruppen und über Arbeitsprozesse hinweg zusammenarbeiten und kommunizieren" [BoB91]. Computergestützte Kollaboration auf Basis des Internets [LLH06, Sto03] oder weiter gefasst auf Basis elektronischer Technologien [KoN05] wird als E-Collaboration bezeichnet.

Zusätzlich zu den grundlegenden Interaktionsmechanismen werden im Rahmen der CSCW die nachfolgenden Entitätstypen und Konzepte entsprechend der beschriebenen Bedeutung verwendet [vgl. Bor09, GrK07 S. 16ff.]:

- Gruppe: Eine Gruppe besteht aus mehreren Personen, die regelmäßig unmittelbar in Beziehung treten und dabei einander wechselseitig beeinflussen [Pri92 S. 70].

- Team: Ein Team ist eine Gruppe, die innerhalb einer Organisation zur eigenständigen Bearbeitung einer durch die Organisation gestellten Aufgabe gebildet wird [Wen96].

- Rolle: Eine Rolle bezeichnet einen kontextbezogenen Kompetenz-, Zuständigkeits- und Aufgabenbereich.

- Artefakt: Unter einem Artefakt wird jegliche Form eines Arbeitsgegenstands verstanden. Dies umfasst unter anderem Dokumente, Programme und Modelle. Diese werden von ggf. unterschiedlichen Personen in bestimmten Rollen erstellt, angezeigt, verändert oder gelöscht.

- Aufgabe, Teilaufgabe: Eine Aufgabe ist ein Arbeitsschritt, der erledigt werden muss, um ein festgelegtes Ziel zu erreichen [vgl. GrK07 S. 88-89]. Eine Aufgabe kann in Teilaufgaben zerlegt werden, um eine detailliertere Beschreibung und eine feingranulare Zuordnung von Rollen zu ermöglichen.

- Tätigkeit: Eine Tätigkeit bezeichnet eine Handlung einer Person [vgl. GrK07 S. 89]. Tätigkeiten, die dem Erreichen der vorgegebenen Ziele dienen, sind mit Aufgaben verknüpft. Eine Person kann jedoch auch Tätigkeiten ausüben, die keiner vorgegebenen Aufgabe entsprechen.

- Awareness: Awareness bedeutet das Wahrnehmen von Tätigkeiten anderer Beteiligter, d.h. dass Personen über relevante Tätigkeiten anderer beteiligter Personen jederzeit informiert sind [GrK07 S. 25].

Für die Umsetzung einer computergestützten Kollaboration im Sinne der CSCW werden Funktionen für die Unterstützung von *Kommunikation, Koordination, Kooperation* und *Awareness* benötigt [GrK07].

4.1.2.1 Kommunikationsmittel

Nachfolgend werden verschiedene Kommunikationsmittel und deren technische Unterstützungsmöglichkeiten beschrieben [vgl. And03, GrK07].

Die folgenden Kommunikationsmittel stellen Möglichkeiten zur direkten synchronen Kommunikation zur Verfügung [vgl. Bor09, GrK07]:

- *Persönliche Besprechung / Konferenz:* Die grundlegendste Form von Kommunikation stellt die persönliche Besprechung (zwei Teilnehmer) oder die Konferenz (drei und mehr Teilnehmer) dar. Diese Form wird auch als Face-to-Face-Kommunikation bezeichnet und benötigt für die Kommunikation an sich keine technischen Hilfsmittel. Der Vorteil der persönlichen Besprechung stellt die mögliche Nutzung sämtlicher nonverbalen Informationen wie Tonfall, Mimik, Gestik etc. im Rahmen der Kommunikation dar. Darüber hinaus kann der Informationsaustausch zusätzlich durch die Verwendung technischer Hilfsmittel unterstützt werden. Beim Einsatz von Geschäftsprozessmodellierungswerkzeugen können dann bspw. direkt im Rahmen einer Besprechung Anmerkungen hinterlegt oder Änderungen an den Modellen durchgeführt werden. Der Nachteil der persönlichen Besprechung stellt die Notwendigkeit dar, dass sich alle Beteiligten zur gleichen Zeit am selben Ort befinden müssen und dementsprechend die Kosten für eine Face-to-Face-Kommunikation – vor allem bei globalen Projekten – sehr hoch sein können.

- *Telefonische Besprechung / Telefonkonferenz:* Telefonische Besprechungen bzw. Telefonkonferenzen werden aufgrund der weltweiten Verfügbarkeit der Technik und der geringen Kosten häufig als Kommunikationsmittel genutzt. Inzwischen wurde als Ergänzung zur klassischen Telefonic die IP-Telefonie – auch Internet-Telefonie oder Voice over IP (kurz: VoIP) genannt – entwickelt, bei der die Sprachübertragung über das Internet erfolgt. Die Vorteile der telefonischen Besprechung sind die weltweite Verfügbarkeit, die einfache Bedienung und die zumindest eingeschränkt nutzbaren nonverbalen akustischen Kommunikationsmöglichkeiten durch den jeweiligen Sprecher. Der Nachteil der telefonischen Besprechung stellt im Vergleich zur persönlichen Besprechung die Einschränkung der nonverbalen Kommunikationsmöglichkeiten dar.

- *Videobesprechung / Videokonferenz:* Die Videobesprechung oder Videokonferenz ergänzt die telefonische Besprechung um die Übertragung von Bildinformationen zwischen den jeweiligen Kommunikationspartnern in Echtzeit. Dadurch kommt die Videobesprechung nahe an die Vorteile einer persönlichen Besprechung heran. Die Nachteile sind die höheren Kosten im Vergleich zu einer Telefonkonferenz und der mit der Organisation einer Videokonferenz verbundene Aufwand.

- *Desktop-Besprechung / Desktop-Konferenz:* Bei einer Desktop-Besprechung oder Desktopkonferenz erhalten Kommunikationspartner einen definierbaren Zugriff auf Bildschirmbereiche oder Anwendungen eines Rechners anderer beteiligter Kommunikationspartner. Zudem werden Desktop-Besprechungen bzw. -Konferenzen üblicherweise durch Audio- und Video-Verbindungen ergänzt, die ebenfalls über den Rechner integriert bereitgestellt werden [GrK07 S. 55]. Mit einer Desktop-Besprechung bzw. -Konferenz ist eine über die integrierten Kommunikationskanäle räumlich verteilte Kommunikation möglich, bei der gleichzeitig auch gemeinsam Artefakte bearbeitet werden können.

- *Instant-Messaging-Dialog / Instant-Messaging-Konferenz:* Instant Messaging ermöglicht eine spontane Kommunikation zwischen Kommunikationspartnern, die an einem entsprechenden System angemeldet sind [GrK07 S. 67ff.]. Durch Instant Messaging wird eine semi-synchrone Kommunikation ermöglicht, da die vom Sender abgeschickten Informationen zwar unmittelbar an den Rechner des Empfängers übertragen werden, dort jedoch nicht sichergestellt werden kann, dass diese Informationen auch direkt gelesen werden. Die meisten Instant-Messaging-Systeme bieten aus diesem Grund als Unterstützung eine Kontaktliste an, die den Status potenzieller Kommunikationspartner anzeigt. Instant Messaging ermöglicht eine direkte und kostengünstige Kommunikation zwischen räumlich getrennten Kommunikationspartnern. Durch die Anzeige des Verfügbarkeitsstatus lassen sich auch kurzfristig Instant-Messaging-Konferenzen mit wenig Aufwand organisieren.

Eine direkte asynchrone Kommunikation kann durch Verwendung folgender Techniken erfolgen [vgl. Bor09, GrK07, Sto03]:

- *E-Mail:* E-Mail-Systeme stellen die bekannteste asynchrone Kommunikationsmöglichkeit dar, die sich durch die Verbreitung des Internets und die Weiterentwicklung entsprechender Standards für den elektronischen Nachrichtenaustausch etabliert hat [GrK07 S. 81f.]. Mailinglisten und Newsgroups stellen bei der Zusammenarbeit mehrerer Teams einen hilfreichen Mechanismus der E-Mail dar. Die Vorteile der E-Mail sind die einfache Nutzung, die weltweite Verfügbarkeit und die niedrigen Kosten. Ein Nachteil der E-Mail als Kommunikationsmittel stellt die standardmäßig fehlende Meldung dar, ob und wann eine Nachricht vom Empfänger gelesen wurde. Die geringe Sicherheit von E-Mails stellt einen weiteren Nachteil dar, der eine rechtliche Verbindlichkeit von E-Mails im Rahmen einer standardmäßigen Nutzung verhindert. Diese Nachteile können jedoch inzwischen durch Mechanismen wie Lesebestätigung, Verschlüsselung und digitaler Signatur teilweise kompensiert werden.

- *Fax:* Der Versand per Fax stellt eine immer noch weit verbreitete Form der direkten asynchronen Kommunikation dar. Der Vorteil liegt vor allem bei der Übermittlung rechtsverbindlicher Dokumente, wie beispielsweise unterschriebener Aufträge oder Bestellungen. Faxversand und -empfang werden heutzutage meist nahtlos in die E-Mailsysteme integriert. Der Faxversand kann dadurch wie der Versand einer E-Mail durchgeführt werden. Eingehende Faxe werden meist automatisch auf einem Server abgelegt und im E-Mail-Client bereitgestellt.

- *Unified Messaging:* Mit Unified Messaging wird generell das Verfahren bezeichnet, mit dem ein Empfangen und Senden von Nachrichten in verschiedenen Formaten (z.B. E-Mail, Voice-Mail, Fax, SMS etc.) ermöglicht wird. Die Nachrichten werden hierzu intern meist in einer einheitlichen Form gespeichert und über Transformationen in die jeweils benötigten Formate überführt.

Für die indirekte Kommunikation stehen unter anderem die folgenden Formen zur Verfügung [vgl. Bor09, GrK07]:

- *Wikis:* Wikis stellen in Unternehmen eine immer häufiger verwendete Technik dar, um Wissen zu dokumentieren und bereitzustellen. Ein Wiki ist ein Hypertext-System für Webseiten, dessen Inhalte von den Benutzern nicht nur gelesen, sondern auch online direkt über einen Browser geändert werden kann. Diese Eigenschaft wird durch ein vereinfachtes Content-Management-System, die sogenannte Wiki Software oder Wiki Engine, bereitgestellt. Zum Bearbeiten der Inhalte wird im Allgemeinen eine einfach zu erlernende Auszeichnungssprache verwendet. Eine bekannte Anwendung ist die Online-Enzyklopädie *Wikipedia*, welche die Wiki Software MediaWiki [MeW11] einsetzt. Durch Wikis kann eine Änderungshistorie für bestehenden Content realisiert werden. Wikis ermöglichen insbesondere das Verknüpfen von verschiedenen Einträgen durch die Verwendung von Verweisen. Semantische Wikis stellen eine Weiterentwicklung von Wikis dar, bei der Einträge durch genormte Zusatzinformationen so beschrieben werden, dass diese von Softwaresystemen interpretiert werden können. Dies ermöglicht eine Automatisierung der Erzeugung und der Verarbeitung von Content. Beispielsweise könnten auf Basis eines semantischen Wikis und geeigneter Software automatisiert aus den im Wiki hinterlegten Informationen entsprechende Geschäftsprozessmodelle erzeugt werden. Der größte Vorteil von Wikis ist die einfache Möglichkeit, Content bereitzustellen. Ein Nachteil ist die Gefahr eines Wildwuchses an Informationen, da diese ohne viele Einschränkungen und nur grob strukturiert in ein solches System gebracht werden.

- *Digitale Tagebücher (Blogs):* Eine weitere Form der indirekten Kommunikation ist das Führen eines sogenannten digitalen Tagebuchs, auch Blog genannt. Hierbei stellt eine Person oder eine Gruppe von Personen Informationen über ihre Tätigkeiten in digitaler Form anderen berechtigten Personen zur Verfügung. Solche Informationen für andere an einem Vorhaben beteiligte Personen sind bspw. Lösungen zu aufgetretenen Problemen oder der aktuelle Stand von Aufgaben. Die zugriffsberechtigten Personen können durch die zur Verfügung gestellten Informationen vom Wissen der Autoren profitieren. Der Vorteil digitaler Tagebücher ist die ebenfalls einfache Möglichkeit, Informationen bereitzustellen. Der Nachteil ist, dass dies meist unstrukturiert in reiner Textform stattfindet. Dadurch wird eine automatische Weiterverarbeitung dieser Information erschwert.

- *Digitale Messageboards:* Digitale Messageboards stellen generell eine Informationswand in elektronischer Form dar, auf der Nachrichten angezeigt werden. Diese Nachrichten werden in der Regel von einzelnen Personen – bspw. einem Projektleiter – erfasst und sind an eine Gruppe gerichtet. Für die technische Umsetzung von digitalen Messageboards gibt es viele Möglichkeiten. Beispielsweise kann ein digitales Messageboard über eine Webseite eines Portals oder als integrierte Anwendung in einer gemeinsamen kollaborativen Arbeitsumgebung, siehe Abschnitt 4.1.2.3, realisiert werden.

- *Foren:* Ein Forum ermöglicht innerhalb einer Gruppe oder einer Community einen dokumentierten Austausch von Beiträgen zu bestimmten Themen. Unter einer Community wird in diesem Zusammenhang ein Zusammenschluss von Individuen zu einer Gemeinschaft verstanden, die das Interesse an gemeinsamen Themen teilen und bei der die Kommunikation mit elektronischen Medien erfolgt [Gro01]. Foren werden meist an Themen ausgerichtet aufgebaut, die wiederum hierarchisch mit entsprechenden Unterthemen strukturiert werden können. Die Beiträge können in der Regel nur von angemeldeten Mitgliedern eingebracht werden. Moderatoren überwachen die Einhaltung von Umgangsregeln oder sonstigen Vorgaben des Forums.

- *Content-Management-Systeme:* Ein Content-Management-System ermöglicht die zentrale Ablage und Veröffentlichung von elektronischen Inhalten. Die Inhalte bestehen aus Texten, Multimedia-Daten oder sonstigen Daten, die über ein solches System verwaltet und veröffentlicht werden können.

4.1.2.2 Koordinationsmittel

Zur Unterstützung von Koordination existieren unter anderem die folgenden Möglichkeiten [vgl. Bor09, GrK07, Wen96]:

- *Gruppenkalender:* Bei einem Gruppenkalender führen die Gruppenmitglieder ihren Terminkalender in einem Kalendersystem und geben anderen Gruppenmitgliedern einen Zugriff auf diese Daten [GrK07 S. 97]. Der Zugriff kann mit unterschiedlichen Berechtigungen (z.B. lesend oder schreibend) ausgestattet werden. Neben dem Management von Terminen können meist auch Aufgaben und Tätigkeiten verwaltet werden. Weiterhin wird die Verwaltung und Zuteilung von gemeinsam genutzten Ressourcen wie beispielsweise Besprechungsräumen oder Kommunikationsmedien unterstützt.

- *Workflow-Management-Systeme:* Eine Koordination von Arbeitsabläufen kann durch Workflow-Management-Systeme erfolgen. Hierbei wird die Ausführung von Arbeitsschritten auf Basis von Regeln gesteuert, die im Workflow-Management-System hinterlegt sind. Beim Automatisierungsgrad sind beliebige Abstufungen zwischen *voll automatisiert* und *manuell* möglich. Darüber hinaus kann zwischen sich ständig wiederholenden und einmaligen Arbeitsabläufen unterschieden werden [Obe96]. Bei einer vollständigen Automatisierung der Koordination von durchzuführenden Aufgaben auf Basis eines vorgegebenen Ablaufs ziehen Abweichungen vom Ablauf auch entsprechende Änderungen der Prozesssteuerung nach sich. Im Gegensatz dazu ist beim sogenannten Ad-hoc-Workflow kein klar definierter Prozess vorhanden, sondern es existieren höchstens Muster von Abläufen. Prinzipiell kann bei einem Ad-hoc-Workflow in jedem Arbeitsschritt das weitere Vorgehen durch entsprechend berechtigte Mitarbeiter festgelegt werden. Dies ermöglicht zwar eine flexible Gestaltung von Arbeitsabläufen, reduziert jedoch die Möglichkeiten der Automatisierung.

- *Work-Management- / Projektmanagement-Systeme:* Ein Work-Management-System oder ein Projektmanagement-System ermöglicht eine rechnergestützte Koordination von Arbeitspaketen im Rahmen der Zusammenarbeit mehrerer Personen. Die Koordination kann hier einerseits durch vorgegebene Aufgaben aus Arbeits- oder Projektplänen erfolgen. Andererseits können auch Arbeitspakete kurzfristig zugewiesen werden.

4.1.2.3 Kooperationsmittel

Für eine Kooperation stehen prinzipiell alle zuvor genannten Kommunikations- und Koordinationsmittel als mögliche Basis zur Verfügung. Darüber hinaus gibt es auch die folgenden speziellen Kooperationsmittel [vgl. Alt99, Bor09, GrK07]:

- *Gruppeneditoren:* Gruppeneditoren ermöglichen das gemeinsame, gegebenenfalls auch gleichzeitige Bearbeiten eines Artefakts [GrK07 S. 54]. An solchen Editorsystemen sind hierzu mehrere Benutzer angemeldet, die gegenseitig über die einzelnen Aktionen der anderen Benutzer informiert werden. Bei Gruppeneditoren können synchrone und asynchrone Systeme unterschieden werden. Bei synchronen Systemen werden die Änderungsinformationen in Echtzeit übertragen. Asynchrone Systeme unterstützen hingegen das gemeinsame zeitversetzte Editieren. Die Artefakte werden hierzu für das gemeinsame Editieren in Segmente eingeteilt, die bei einer Bearbeitung eines Benutzers entsprechend gekennzeichnet werden, so dass die durchgeführten Änderungen oder aktuelle Sperrungen für die anderen Benutzer sichtbar sind.

• *Kollaborative Arbeitsumgebungen:* In einer kollaborativen Arbeitsumgebung werden Kommunikationsmittel, Koordinationsmittel und Kooperationsmittel integriert zur Verfügung gestellt. Die Basis solcher Arbeitsumgebungen stellt ein digitaler Arbeitsbereich dar, in dem alle im Rahmen der Zusammenarbeit zu bearbeitenden Artefakte verwaltet werden. Hierbei wird durch ein entsprechendes System eine Zugriffskontrolle für diese Artefakte sichergestellt. Darüber hinaus können pessimistische und optimistische Verfahren unterschieden werden. Bei pessimistischen Verfahren erfolgt die Zugriffskontrolle durch das Setzen ggf. unterschiedlicher Sperren für den Zugriff auf bestimmte Artefakte. Bei optimistischen Verfahren wird hingegen zunächst eine parallele Bearbeitung desselben Artefakts zugelassen und erst zum Zeitpunkt des Abschließens der Bearbeitungen auf Konflikte geprüft. Diese werden dann entweder auf Basis vorgegebener Regeln automatisch aufgelöst oder sie müssen manuell, d.h. durch Rücksprache der unterschiedlichen Bearbeiter, aufgelöst werden.

4.1.2.4 Awarenessmittel

Awarenessmittel sind meist in anderen Kollaborationsmitteln bereits integriert enthalten, wie bspw. die Kontaktliste beim Instant Messaging, um den Status von Beteiligten anzuzeigen. Auch ein lesender Zugriff auf die Aufgaben anderer Mitarbeiter über gemeinsame Projektmanagementfunktionen bietet Awareness bzgl. der Aktivitäten und Absichten anderer Mitglieder. In kollaborativen Arbeitsumgebungen können Informationen über die Organisationsstruktur, welche die Mitglieder und ihre Rollen, Verantwortlichkeiten und Positionen beschreibt, als Awarenessinformationen bereitgestellt werden.

4.2 Kollaboration bei der Realisierung von Software

IT-Systeme werden aufgrund der zunehmenden Anzahl der eingesetzten Komponenten immer komplexer. Gleichzeitig sind leistungsfähige IT-Systeme von Unternehmen der ausschlaggebende Faktor für Wettbewerbsvorteile und dadurch eine entscheidende Voraussetzung für den Geschäftserfolg [HGB07 S. 1]. Die fortschreitende Globalisierung bedingt zunehmend eine weltweit verteilte Realisierung der IT-Systeme. Da hier verschiedene Partner an den gleichen Artefakten (Modelle, Dokumente, Softwarekomponenten etc.) arbeiten und das gemeinsame Ziel der Fertigstellung eines Softwaresystems in einer vorgegebenen Zeit und einem vorgegebenen Budget verfolgen, kann dies als Kollaboration bzw. genauer als kollaborative Software-entwicklung bezeichnet werden.

Definition 4.2: Kollaborative Softwareentwicklung

Kollaborative Softwareentwicklung bezeichnet die Anwendung der Konzepte und Methoden der Computer Supported Cooperative Work im Rahmen von Software-projekten.

Abbildung 36 zeigt beispielhaft die Struktur und die Komponenten einer Umgebung zur Un-terstützung kollaborativer Softwareentwicklung. Aufgabenträger, die über spezifisches Wissen verfügen, mit bestimmten Kompetenzen ausgestattet sind und in gegebenenfalls unterschied-lichen Rollen agieren können, arbeiten gemeinsam an verschiedenen Artefakten, die in der Gesamtheit ein zu erstellendes Softwaresystem darstellen. Die zu bearbeitenden Artefakte umfassen neben Softwarekomponenten auch Modelle, Dokumente und sonstige Artefakte, die bspw. als Dokumentation oder im Rahmen einer Online-Hilfe genutzt werden und somit wei-tere Bestandteile des zu erstellenden Softwaresystems darstellen.

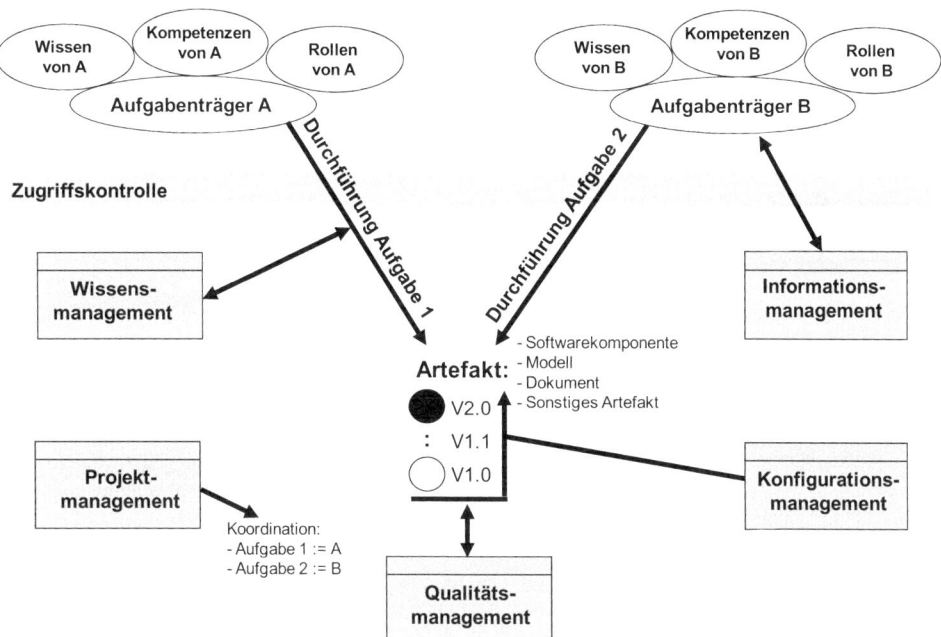

Abbildung 36: Kollaborative Softwareentwicklung

Um die Zusammenarbeit zu unterstützen, muss eine solche Umgebung Kommunikations-, Koordinations- und Kooperationsmittel durch verschiedene Komponenten bereitstellen.

Kommunikation wird durch die Komponenten *Informationsmanagement* und *Wissensmanagement* unterstützt. Unter *Informationsmanagement* wird hier die Gesamtheit der Aufgaben verstanden, die sich mit der Bereitstellung von Information und Kommunikation befassen [HeS09]. Hierzu ist eine Unterstützung durch direkte synchrone und asynchrone Kommunikationsmittel erforderlich. Unter *Wissensmanagement* wird in dieser Arbeit die Erzeugung, Sammlung und Verbreitung des Wissens aller Personen in einem Unternehmen bzw. einer Organisation verstanden [TaN04]. Im Rahmen der automatisierten Verbreitung von Wissen spielen Mechanismen der indirekten Kommunikation eine zentrale Rolle. Die Komponente *Projektmanagement* ist für die Koordination zuständig. Koordinationsanweisungen können über die im Informationsmanagement verfügbaren Kommunikationsmittel direkt an die entsprechenden Beteiligten übermittelt werden. Bei einer kollaborativen Softwareentwicklung ist im Rahmen der Koordination aufgrund der hohen Änderungshäufigkeit vor allem die Fähigkeit der Sicherstellung eines konsistenten, einheitlichen und weiterverwertbaren Arbeitsergebnisses gefordert. Hierzu werden ein *Konfigurationsmanagement* und eine *Zugriffskontrolle* mit einem entsprechenden Berechtigungskonzept für die Artefakte und die Werkzeuge zur Bearbeitung der Artefakte benötigt. Kooperation wird durch einzelne Werkzeuge zur Bearbeitung von Artefakten unterstützt, bspw. durch kooperative Funktionen in Gruppeneditoren. Die Komponente *Qualitätsmanagement* dient zur Sicherstellung von Qualitätsanforderungen bzgl. der zu realisierenden Artefakte.

Nachfolgend werden die grundlegenden Aufgaben der aufgeführten Komponenten bei einer kollaborativen Softwareentwicklung beschrieben:

- *Zugriffskontrolle:* Für den Zugang zu Artefakten, Aufgaben, Wissen, Werkzeugen und weiteren Informationen, die im Rahmen eines kollaborativ durchgeführten Projekts benötigt werden, ist eine grundlegende Zugriffskontrolle für die Kollaboration, bspw. über ein Portal, erforderlich. Portale beinhalten in der Regel bereits eine standardisierte Anbindung an eine Benutzerverwaltung, z.B. über das Lightweight Directory Access Protocol (LDAP) [LDA06], einen Login-Mechanismus und eine Zugriffskontrolle auf Ebene der über das Portal bereitgestellten Funktionsbausteine, der sogenannten Portlets [AbH03]. Darüber hinaus muss die Zugriffskontrolle in einer komplexen kollaborativen Umgebung feingranularer, d.h. auf Ebene der einzelnen zu erstellenden Artefakte wie Softwarekomponenten, Modelle, Dokumente, Aufgaben etc. oder ggf. sogar auf Teilartefakten erfolgen. Ein solches Portal wird im Folgenden als Kollaborationsportal bezeichnet.

- *Informationsmanagement:* Den an der kollaborativen Realisierung beteiligten Mitarbeitern und Mitarbeitergruppen müssen gezielt Informationen zur Verfügung gestellt werden. Dies kann über die in 4.1.2.1 aufgeführten direkten Kommunikationsmittel erfolgen, die eine Verteilung von Informationen ermöglichen. Diese Bausteine müssen dann in ein Kollaborationsportal integriert werden. Weitere zentrale Bestandteile des Informationsmanagements sind Mechanismen der ebenfalls in 4.1.2.1 aufgeführten indirekten Kommunikation wie Content-Management-Systeme, Wikis, Foren etc. Durch den Einsatz von Workflow-Technologien kann der Informationsfluss zusätzlich gesteuert werden.

- *Projektmanagement:* Das Projektmanagement umfasst alle Aufgaben zur Planung, Überwachung und Steuerung von Projekten. Dabei ist die generelle Koordination der Zusammenarbeit, die Aufteilung und Zuweisung von Aufgaben und das Überwachen der Einhaltung von Budget- und Zeitrahmen zu unterstützen [HBR06]. Die Durchführung dieser Aufgaben erfolgt im Rahmen der Softwareentwicklung in der Regel durch einen Projektmanager. Bei großen Projekten ist das Projektmanagement in der Praxis oft auf mehrere Ebenen aufgeteilt, bspw. durch eine zusätzliche Ebene mit Teilprojektleitern, welche die Detailkoordination für die einzelnen fachlichen Bereiche übernehmen. Komponenten für das Projektmanagement müssen Funktionen für das Planen, Verwalten, Zuweisen und Überwachen von Aufgaben und Terminen bereitstellen. Auch die weiteren Mitarbeiter eines Projektteams benötigen Funktionen des Projektmanagements. Diese sind für die Detailplanung und die Erfassung von Aufwänden, Fertigstellungsgraden oder Restaufwänden ihrer zugewiesenen Aufgaben verantwortlich. Der verbleibende Restaufwand einer Aufgabe wird bspw. vom bearbeitenden Mitarbeiter geschätzt und im System protokolliert. Ein Projektleiter kann dann auf Basis dieser Zahlen die weitere Planung und Steuerung des Projekts durchführen. Die Informationsflüsse, die sich aus Projektmanagementaktivitäten ergeben, können über die zuvor beim Informationsmanagement beschriebenen Funktionen gesteuert werden.

- *Wissensmanagement:* Das Management von Wissen in einem Projekt ist gerade bei verteilten Aufgabenträgern ein entscheidender Erfolgsfaktor [Gas05], da der Wissensaustausch auf Basis von persönlichen Gesprächen entfällt oder zumindest stark reduziert ist. Im Rahmen eines kollaborativ durchgeführten Projekts wird Wissensmanagement durch eine Verknüpfung von zu erfüllenden Aufgaben mit den dazu benötigten Informationen und Wissensträgern realisiert [FSW05]. Bei geschäftsprozessorientiertem Wissensmanagement müssen operative Methoden um Wissen zu erzeugen, zu verteilen, zu bewahren und anzuwenden in die Realisierung und Weiterentwicklung von Geschäftsprozessen integriert werden [vgl. HKT02]. Die für die Realisierung von Geschäftsprozessen benötigten Informationen sind Beschreibungen der umzusetzenden Geschäftsprozesse inklusive der hierzu benötigten Geschäftsobjekte und der diesbezüglich systemtechnisch umzusetzenden Funktionen (Masken, Reports, Routinen, Workflows etc.). Darüber hinaus wird die Dokumentation der für die Realisierung einzusetzenden Werkzeuge, Frameworks, Techniken etc. benötigt. Hierzu ist es sinnvoll, auch die entsprechenden Werkzeuge, die zum Erfüllen einer Aufgabe benötigt werden, wie beispielsweise ein Modellierungswerkzeug für die Erstellung von Geschäftsprozessen, im Rahmen eines Kollaborationsportals bereitzustellen [GrH98]. Weiterhin sollte ein Teammitglied bei zugewiesenen Aufgaben neben Beschreibungen der zu realisierenden Artefakte oder Dokumentationen auch zusätzlich Informationen zu den Wissensträgern, die einen Bezug zur gestellten Aufgabe haben, angezeigt bekommen. So kann schnell auf verfügbares Know-how, wie bspw. fachliche Kenntnisse aus der Analysephase oder technisches Wissen bzgl. bestimmter Umsetzungstechnologien, zugegriffen werden.

- *Konfigurationsmanagement:* Konfigurationsmanagement wird benötigt, um allen berechtigten Beteiligten jederzeit einen konsistenten Zustand des aktuellen Realisierungsstands der gemeinsam umzusetzenden Artefakte bereitzustellen. Das Konfigurationsmanagement darf sich hierbei nicht auf die Softwarekomponenten beschränken, sondern muss alle in einem Projekt benötigten Typen von Artefakten wie Modelle, Dokumente etc. berücksichtigen. Da verschiedene Artefakte, auch unterschiedlicher Typen, in einem Projekt meist untereinander in Beziehung stehen, ist dies bei einem Konfigurationsmanagement im Rahmen einer Kollaboration ebenfalls zu berücksichtigen. Der Zugriff auf eine bestimmte Version eines zu realisierenden Artefakts sollte dann auch die jeweils in Beziehung stehenden Artefakte in der richtigen Version bereitstellen. Dies bedeutet, dass bspw. bei einer Softwarekomponente, die in einer bestimmten Version vorliegt, auch das entsprechend zugeordnete Geschäftsprozessmodell oder die aktuelle Dokumentation des benötigten Entwicklungswerkzeugs in der passenden Version angezeigt wird. Eine weitere zentrale Funktion des Konfigurationsmanagements ist die Bereitstellung einer adäquaten Mehrbenutzerkontrolle. Diese kann sich je nach Anforderungen sowohl in der Granularität, d.h. in der Ebene auf der eine Kontrolle stattfindet, als auch beim Typ, d.h. ob ein optimistisches oder ein pessimistisches Verfahren angewendet wird, unterscheiden.

- *Qualitätsmanagement:* Beim Qualitätsmanagement im Rahmen von Softwareentwicklung wird die Einhaltung von Vorgaben anhand festgelegter bewertbarer Qualitätsmerkmale bei einem Softwareprodukt überwacht [vgl. Bal08 S. 459ff.]. Durch die internationale Norm ISO/IEC 9126-1 werden solche Qualitätsmerkmale vorgegeben [Bal08 S. 462]. Bei dieser Norm werden die Merkmale *Funktionalität, Zuverlässigkeit, Benutzbarkeit, Effizienz, Wartbarkeit* und *Portabilität* berücksichtigt, die jeweils durch weitere Teilmerkmale detailliert werden [Bal08]. Die Einhaltung solcher Vorgaben bei den Qualitätsmerkmalen wird in der Regel durch eine entsprechende Qualität des Softwareentwicklungsprozesses sichergestellt, der von der kollaborativen Umgebung zu unterstützen ist [HBR06].

Bei der Realisierung von IT-Systemen für die Umsetzung von Geschäftsprozessen auf Basis serviceorientierter Architekturen sind besondere Aspekte zu beachten. Hierzu werden nachfolgend die in einem entsprechenden SOA-Projekt benötigten Rollen beschrieben. Anschließend werden die speziellen Rahmenbedingungen bei verteilten Projekten erläutert. Auf Basis dieser Gegebenheiten werden dann Anforderungen an eine kollaborative Softwareentwicklungsumgebung ermittelt.

4.2.1 Rollen bei einer SOA-basierten Realisierung

Bei der Realisierung von Systemen, basierend auf einer wie in Abschnitt 2.2 beschriebenen serviceorientierten Architektur, ist das Projektteam auf Basis der verschiedenen Schichten der Architektur und der entsprechenden Fähigkeiten und Kompetenzen der Teammitglieder verteilt. Folgende Gruppen werden unterschieden:

- Fachbereich / Prozessanalysten: In jedem Projekt bei dem es um die Umsetzung von Geschäftsprozessen geht, gibt es fachliche oder fachlich orientierte Mitglieder des Projektteams, die für die Beschreibung der fachlichen Anforderungen, d.h. die Beschreibung der Geschäftsprozesse und der umzusetzenden Funktionen im Frontend und in der Geschäftslogik verantwortlich sind. Diese Mitglieder kommen in der Regel aus dem Fachbereich oder sie werden als Prozessspezialisten oft auch in Form von externen Beratungsfirmen in solche Projekte eingebunden. Die Tätigkeiten dieser Gruppe sind nicht auf die Analysephase beschränkt, sondern sie verteilen sich über die gesamte Laufzeit des Projekts. In weiteren Projektphasen umfasst dies Aufgaben wie bspw. das Testen und Schulen der implementierten Software.

- Funktionale Spezialisten für Standardkomponenten: Werden bei der Realisierung von Geschäftsprozessen Komponenten einer betriebswirtschaftlichen Standardsoftware eingesetzt, dann werden diese von entsprechenden Spezialisten für die gewünschte Funktionalität so eingerichtet, dass die geforderten Services bereitgestellt werden.

- Datenbankspezialisten: Für die Realisierung der Datenbankschicht sind entsprechende Spezialisten erforderlich, die den Entwurf, die Entwicklung und die Optimierung von Datenbankobjekten durchführen.

- Komponentenentwickler: Die Entwicklung einzelner Komponenten kann mit vielen unterschiedlichsten Technologien erfolgen. Hierzu sind Entwickler notwendig, die über das Know-how der entsprechenden Technologie verfügen. Die Komponenten können auf allen Ebenen einer SOA angesiedelt sein. Im Idealfall werden alle entwickelten Komponenten als Services zur Verfügung gestellt.

- Prozessimplementierer: Die grundlegende Umsetzung der Geschäftsprozesssteuerung erfolgt durch Orchestrierung von Services zu Geschäftsprozessen, z.B. mit WS-BPEL Dies wird von Prozessimplementierern durchgeführt, die darüber hinaus auch häufig Entwicklungen innerhalb der Geschäftsprozesssteuerung durchführen, die über die reine Orchestrierung hinausgehen, z.B. in Form von Berechnungen.

- Frontend-Implementierer: Sie entwickeln die benötigten Masken und Applikationsbausteine der Frontend-Schicht, bspw. mit Java. Darüber hinaus nutzen sie graphische Werkzeuge, mit denen auf Basis eines Model View Controllers wie Struts [Cav03] oder JavaServer Faces [GeH04] die Frontend-Steuerung realisiert werden kann.

- Administratoren: Administratoren sind für die Verwaltung der Artefakte und der technischen Basiskomponenten einer Systemarchitektur (Datenbanken, Applikations-Server, Standardkomponenten etc.) zuständig. Dies umfasst neben der Verwaltung von Berechtigungen vor allem das Monitoring und das Sicherstellen einer reibungslosen Nutzung der Artefakte und Komponenten. Administrationstätigkeiten fallen auf allen Schichten einer SOA-basierten Lösungsarchitektur an.

- Systemarchitekten: Systemarchitekten stellen auf Basis von fachlichen und technischen Anforderungen die Komponenten, Technologien und Werkzeuge für ein Projekt zusammen und passen diese bei Änderungen von Rahmenbedingungen an, bspw. durch die Einführung neuer Versionen von Werkzeugen oder Standardkomponenten.

- Projektleiter: Je nach Größe eines Projekts kann es unterschiedliche Konstellationen der Projektleitung geben. In den meisten Fällen ist eine Aufteilung in einen fachlichen und einen technischen Projektleiter sinnvoll. Bei großen Projekten ist darüber hinaus häufig eine separate Ebene für Teilprojektleiter erforderlich.

In der Regel sind die Gruppen nicht disjunkt besetzt, d.h. Teammitglieder üben meist mehrere der beschriebenen Rollen in einem Projekt aus. Beispielsweise implementieren Entwickler oft die gesamte Geschäftslogik, welche die Entwicklung einzelner Services und die Orchestrierung der Geschäftsprozesse umfasst. In Projekten sind bzgl. der Aufteilung beliebige Kombinationen möglich.

4.2.2 Spezielle Rahmenbedingungen bei weltweit verteilten Softwareprojekten

Bei einer weltweit verteilten Realisierung eines Projekts, bspw. bei einem Offshore-Softwareentwicklungsprojekt, wird die Durchführung durch die dort vorzufindenden Rahmenbedingungen weiter erschwert. Hier können die folgenden speziellen Probleme auftreten [KaS07, OUT11]:

- Verschiedene Sprachen im Projekt führen zu Informationsverlusten und Zusatzaufwänden. Eine Spezifikation wird beispielsweise in Deutsch erstellt, muss dann jedoch in Englisch übersetzt werden, so dass Entwickler am Offshore-Standort diese dann für die Implementierung nutzen können.

- Unterschiedliche Kulturen führen zu Missverständnissen bei der Projektdurchführung. Aussagen und Gesten werden entsprechend der jeweiligen Kultur häufig unterschiedlich aufgefasst und dadurch falsch interpretiert. Bei bestimmten Rollen in einem Projekt können je nach Kulturkreis auch unterschiedliche Erwartungshaltungen an die Aufgaben und Verantwortlichkeiten gegeben sein.

- Räumliche Verteilungen und Zeitverschiebungen zwischen den Standorten führen zu einer fehlenden oder zumindest nur sehr eingeschränkt möglichen Face-to-Face-Kommunikation der Teammitglieder.

Die genannten sprachlichen, kulturellen, zeitlichen und geographischen Unterschiede erschweren die Kommunikation zwischen den Projektbeteiligten. Dies kann gegebenenfalls zu nicht verwendbaren Artefakten oder Projektverzögerungen führen und dadurch zusätzliche Kosten verursachen. Im schlimmsten Fall können Projekte scheitern. Die genannten Ursachen können einzeln durch die folgenden Maßnahmen beeinflusst werden [KaS07, OUT11]: Um Zeitverschiebungen und geographische Unterschiede besser handhaben zu können, ist der

Einsatz direkter und indirekter Kommunikationsmittel aus der CSCW sinnvoll. Eine Standardisierung der Entwicklungsprozesse bspw. durch eine Zertifizierung nach dem Reifegradmodell *Capability Maturity Model Integration (CMMI)* [CKS09] kann dabei helfen, die Probleme durch kulturelle Unterschiede zu reduzieren. Mit der Einführung einer verbindlichen Projektsprache können Informationsverluste aufgrund unterschiedlicher Sprachen reduziert werden. Jedoch kompensieren die genannten Maßnahmen nicht zwingend die nur eingeschränkt mögliche Kommunikation in verteilen Projekten. Eine mögliche Lösung könnte ein Ansatz sein, der jedem Beteiligten möglichst automatisiert und gezielt adäquate Informationen zur Verfügung stellt, da bei einer verteilten Softwareentwicklung die Informationsbeschaffung noch aufwändiger ist, als bei einer nicht verteilten Entwicklung. Hierbei ist es wichtig, dass die zur Verfügung gestellte Information einen Sachverhalt möglichst exakt beschreibt, um Missverständnisse bei der Implementierung zu vermeiden, da der Korrekturaufwand nach der Implementierung einer Softwarekomponente um ein Vielfaches höher ist, als bei der Spezifikation der im Rahmen der Komponente umzusetzenden Anforderungen. Für exakte Beschreibungen ist der Einsatz formaler Sprachen notwendig. Bei exakten Anforderungsbeschreibungen, die Entwicklern gezielt zur Verfügung gestellt werden, kann der Nachteil von Zeitverschiebungen sogar in einen Vorteil umgewandelt werden. Wenn zwischen dem Standort an dem Anforderungen spezifiziert werden und dem Standort an dem die Entwicklung stattfindet eine Zeitverschiebung existiert, kann diese die Abläufe beim Prototyping, bei der Entwicklung und beim Test optimieren. Werden bspw. Änderungsanforderungen am Kundenstandort am Ende des Arbeitstages an den Entwicklungsstandort kommuniziert, dann können Ergebnisse bedingt durch die Zeitverschiebung am Kundenstandort ggf. bereits am nächsten Morgen vorliegen und präsentiert bzw. getestet werden.

4.2.3 Anforderungen an eine kollaborative Softwareentwicklungsumgebung

Aufgrund der beschriebenen Teamstrukturen bei der SOA-basierten Realisierung und den erläuterten speziellen Rahmenbedingungen bei verteilten Softwareprojekten werden kollaborative Mechanismen für eine erfolgreiche Zusammenarbeit der verschiedenen Rollen benötigt. Basierend auf den zuvor beschriebenen Erkenntnissen ist eine gezielte und möglichst automatisierte Bereitstellung von aufgabenrelevanten Informationen für den jeweiligen Projektmitarbeiter anzustreben. Alle verfügbaren Informationsquellen sollen genutzt werden und rollenspezifisch aufbereitet werden, so dass die in weltweit verteilten Projekten nur schwer umsetzbare direkte synchrone Kommunikation kompensiert wird. Für eine kollaborative Softwareentwicklungsumgebung ergeben sich daraus die folgenden grundlegenden Anforderungen [KaS07, OUT11]:

- Es ist eine exakte Beschreibung der Anforderungen nötig, um eine möglichst große Unabhängigkeit von kulturellen und sprachlichen Unterschieden zu erreichen. Dies erfordert den Einsatz formaler Beschreibungsmethoden wie bspw. Petri-Netze und die Verwendung von Prototypen.

- Die durch die räumliche Verteilung stark eingeschränkten natürlichen Kommunikationsmöglichkeiten, müssen durch eine kollaborative Softwareentwicklungsumgebung möglichst kompensiert werden. Die Umgebung muss dem Benutzer, möglichst aktiv, die im Kontext seiner Aufgaben benötigten Informationen zur Verfügung stellen.

Um diesen grundlegenden Anforderungen gerecht zu werden, müssen die unterschiedlichen Rollen durch ein solches System in ihren speziellen Aufgaben, wie in Abbildung 37 dargestellt, unterstützt werden. Die zu unterstützenden Aufgaben der Teammitglieder vom Fachbereich sind die Definition von Anforderungen in Form von möglichst formalen Modellen. Eine weitere Aufgabe des Fachbereichs ist die Evaluierung der auf Basis der Modelle generierten Prototypen und die daraus ggf. resultierende Anpassung der Modelle. Nach der Realisierung der Softwarekomponenten in Form von Datenbankobjekten, Services, Prozessimplementierungen, Frontends etc. müssen diese durch den Fachbereich getestet und abgenommen werden. Teammitglieder aus der IT (Datenbankspezialisten, Komponentenentwickler, Prozessimplementierer, Frontend-Implementierer und Administratoren) müssen die Modelle bzgl. technischer Aspekte ergänzen, um Prototypen und einsetzbare Softwarekomponenten zu generieren bzw. zu implementieren. Ihre Hauptaufgabe ist die technische Realisierung von Softwarekomponenten, um die geforderten Geschäftsprozesse des Fachbereichs abbilden zu können. Hierzu ist ein Zugriff für die IT-Teammitglieder auf die vom Fachbereich erstellten Modelle und Spezifikationen erforderlich. Die zentralen Aufgaben der Projektleitung sind das Planen, Steuern und Überwachen des Projekts. Die Lösungsarchitekten sind für die Vorgabe, den Einsatz und die Weiterentwicklung von Technologien, Werkzeugen und Frameworks für die Realisierung zuständig.

Für eine solche kollaborative Softwareentwicklungsumgebung, die den Einsatz von Software-generatoren vorsieht, ist der Einsatz formaler Modelle, welche die verschiedenen Aspekte bei der SOA-basierten Realisierung von Geschäftsprozessen abdecken, unabdingbar. Diese müssen neben der Geschäftslogik in Form von Services und Geschäftsprozesssteuerung auch die Applikationslogik im Frontend umfassen. Um automatisiert und aktiv Informationen in einer solchen Umgebung bereitzustellen, müssen Zusammenhänge zwischen allen Artefakten, d.h. zwischen den Modellen, den Softwarekomponenten, Dokumenten und sonstigen Informationen erstellt und gespeichert werden. Ein grundlegendes Basismodell, das alle formalen Modelle zur Beschreibung von SOA-basierten Geschäftsprozessen umfasst, ermöglicht die Definition von Regeln für die Kollaboration, wie bspw. die Vergabe und die Kontrolle von Zugriffsberechtigungen auf Artefakte. Darüber hinaus kann eine solche zusammenhängende Struktur genutzt werden, um Informationen auf Basis von Abhängigkeiten gezielt zu übermitteln, bspw. für Benachrichtigungen von entsprechenden Teammitgliedern bei Änderungen an Artefakten.

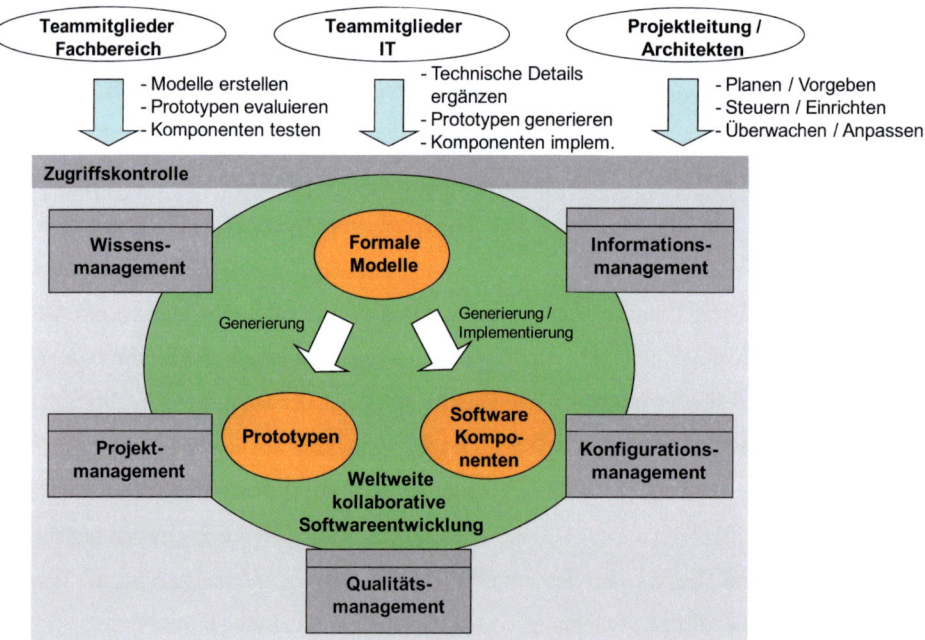

Abbildung 37: Kollaborative Softwareentwicklungsumgebung

4.2.3.1 Unterstützung des Softwareentwicklungsprozesses

Zur Softwareentwicklung existiert inzwischen eine Vielzahl an Vorgehensweisen und Modellen. Alle Vorgehensmodelle beinhalten in jeweils mehr oder weniger ausgeprägter Intensität die folgenden groben Aufgaben [vgl. Bal08, HBR06]:

- Anforderungsanalyse

- Entwurf (Software & Architektur)

- Implementierung

- Test und Abnahme

- Transition

- Betrieb und Wartung

Diese Aufgaben fallen bei agilen Methoden ebenso an, wie bei klassischen Vorgehensmodellen. Bei agilen Methoden werden jedoch im Vergleich zu klassischen Vorgehensmodellen wesentlich mehr Zyklen zwischen Anforderungsanalyse und Test durchlaufen. Nachfolgend werden die speziellen Anforderungen an eine kollaborative Softwareentwicklungsumgebung im Rahmen der einzelnen Aufgaben erläutert [vgl. Bal08, HBR06]:

- *Anforderungsanalyse:* Bei der Anforderungsanalyse ist die Erhebung und Dokumentation von Anforderungen an das zu realisierende Softwareprodukt zu unterstützen [vgl. Bal08, HBR06 S. 9]. Um eine möglichst exakte Definition der Anforderungen zu erhalten, ist hier der Einsatz von zumindest semi-formalen Modellen notwendig. Es sollten hierbei Beschreibungsverfahren für Geschäftsprozesse, Geschäftsobjekte, Frontends und sonstige Funktionen verfügbar sein, die zur Unterstützung der Zusammenarbeit verschiedener Modellierer miteinander verknüpft sind.

- *Entwurf:* Beim Entwurf wird die technische Umsetzung mit entsprechenden Details auf Basis der Ergebnisse der Anforderungsanalyse festgelegt [vgl. Bal08, HBR06 S. 9]. Im Rahmen der kollaborativen Unterstützung sollte hier möglichst nahtlos auf den Modellen der Anforderungsanalyse aufgebaut werden. Dies bedeutet, dass die Weiterverarbeitung der vom Fachbereich erstellten Modelle über die Ergänzung technischer Details durch die Teammitglieder aus der IT erfolgen kann.

- *Implementierung:* Im Rahmen der Implementierung erfolgt die tatsächliche Umsetzung der Entwurfsmodelle zu ausführbaren Softwarekomponenten [vgl. Bal08, HBR06 S. 9].

Das Ziel ist hierbei, durch die Anreicherung der Modelle in der Entwurfsphase einen möglichst hohen Generierungsgrad zu erreichen. Nicht generierbare Komponenten werden mit den vorgegebenen Programmiersprachen entwickelt und sollten dann mit den Modellen verbunden werden. Ein entwickelter Service wird beispielsweise in das Entwurfsmodell der Geschäftsprozesssteuerung eingebunden, um diesen bei der Generierung eines ausführbaren Geschäftsprozesses, z.B. durch BPEL, berücksichtigen zu können. Die kollaborative Umgebung sollte einerseits den Einsatz von Generatoren unterstützen und andererseits für die entwickelnden Komponenten alle Wissensquellen optimal einbinden.

- *Tests und Abnahme:* Beim Test können die folgenden Arten von Tests auftreten [vgl. Bal08, HBR06 S. 9, Rät02]:

  - Unit Tests: Einzelne Komponenten werden von den Entwicklern oder auch vom Fachbereich getestet.

  - System Tests: Abgrenzbare Bereiche oder Systeme werden von den jeweiligen Fachbereichen separat getestet.

  - Integration Tests: Es wird speziell die Integration zwischen verschiedenen Bereichen oder Systemen getestet. Dies betrifft Schnittstellen zwischen Systemen, aber auch Schnittstellen zwischen betriebswirtschaftlichen Modulen einer Standardsoftware.

  - Performance Tests: Diese werden durchgeführt, um ein System unter speziellen Lastbedingungen, die im späteren Betrieb auftreten können, zu testen. Dies kann sowohl die Simulation einer Vielzahl von Benutzern als auch das Generieren großer Datenmengen betreffen, um das Verhalten des Systems diesbezüglich zu analysieren und ggf. Optimierungsmaßnahmen einzuleiten.

  - Acceptance Tests: Hier erfolgt die Abnahme des realisierten Systems üblicherweise durch die Fachbereiche. Der Acceptance Test erfolgt in der Regel anhand der in der Anforderungsanalyse definierten Geschäftsprozesse.

  Für eine Unterstützung sind den Testern die im Projekt für den Test vorliegenden Informationen gezielt bereitzustellen. Ergebnisse der Tests sollten mit den entsprechenden Artefakten verknüpft sein, so dass die Kommunikation mit einem entsprechenden Entwickler möglichst automatisiert erfolgen kann.

- *Transition:* Bei der Transition erfolgt die Übergabe und die Einführung des fertigen Softwareprodukts im Unternehmen für eine betriebliche Nutzung [vgl. Bal08, HBR06 S. 9].

Die zu unterstützenden Aktivitäten sind hierbei unter anderem Installation, Schulung und Betreuung der Anwender im Rahmen der Einführungsphase [vgl. Bal08, HBR06 S. 9]. Die notwendige Unterstützung besteht bei diesem Schritt in erster Linie in der Bereitstellung aller hierzu benötigten Informationen.

- *Betrieb und Wartung:* Hier ist die Zusammenarbeit bei der Stabilisierung, der Nutzung, der Optimierung, der Anpassung und der Erweiterung eines betrieblich eingesetzten Softwareprodukts zu unterstützen [vgl. Bal08, HBR06]. Da dies alle zuvor aufgeführten Aufgaben von der Anforderungsanalyse bis zur Transition betreffen kann, ist dann auch die jeweils aufgeführte Unterstützung erforderlich.

4.2.3.2 Unterstützung von Querschnittsfunktionen

Neben den zuvor beschriebenen phasenbezogenen Aufgaben sind bei großen Softwareprojekten auch phasenübergreifende Aktivitäten erforderlich, innerhalb derer steuernde und unterstützende Aufgaben durchgeführt werden [Bal08, HBR06 S. 10]. Diese Aktivitäten werden als Querschnittsfunktionen bezeichnet und umfassen Tätigkeiten wie Informations-, Projekt-, Wissens-, Konfigurations- und Qualitätsmanagement [vgl. HBR06], die im Rahmen der Beschreibung der in Abbildung 36 dargestellten kollaborativen Softwareentwicklungsumgebung bereits erläutert wurden.

4.2.3.3 Kollaborationspunkte

Zur Beschreibung der Zusammenarbeit bei der Realisierung von Softwareprodukten können die von Behm und Rashid in [BeR06] vorgestellten, sogenannten *Kollaborationspunkte* verwendet werden. Bei den am Softwareentwicklungsprozess beteiligten Akteuren wird zwischen *Anwendern*, *Komponentenherstellern* und *Systemintegratoren* unterschieden [BeR06 S. 2]. Als Anwender werden hierbei die Akteure aus dem Fachbereich bezeichnet, die bei der Realisierung eines Softwareprodukts involviert sind. Komponentenhersteller übernehmen die Entwicklung einzelner Softwarekomponenten. Systemintegratoren erstellen aus den von den Komponentenherstellern realisierten Softwarekomponenten ein Gesamtsystem. Die von Behm und Rashid eingeführten Kollaborationspunkte stellen organisatorische Schnittstellen zwischen den verschiedenen Gruppen dar, an denen kollaborative Mechanismen zur Zusammenarbeit erforderlich sind.

Dieses Konzept kann auf die in Abschnitt 4.2.1 aufgeführten Rollen übertragen werden. Zur Beschreibung der in dieser Arbeit verwendeten Kollaborationspunkte werden die Gruppen *Datenbankspezialisten, Komponentenentwickler, Prozessimplementierer, Frontend-Implemen-*

tierer, *Administratoren* und *Systemarchitekten* zusätzlich noch zu einer übergeordneten Gruppe IT zusammengefasst. Darüber hinaus werden die Gruppen *Fachbereich / Prozessanalysten* und *Projektleiter* unterschieden. Unter der Gruppe *Projektleiter* sind auch die bei großen Projekten vorhandenen Teilprojektleiter zusammengefasst. Die folgenden Kollaborationspunkte können dann unterschieden werden:

1. *Zwischen verschiedenen Gruppen von Fachbereichen bzw. den jeweils entsprechenden Prozessanalysten:* Hier findet die Kollaboration bzgl. der Abstimmung von fachlichen Anforderungen zwischen verschiedenen Bereichen statt [vgl. KSS09]. Beispielsweise muss eine Abstimmung zwischen der Logistik- und der Finanzabteilung erfolgen, wenn bereits in der Logistik die Kostenstellen und Kostenträger zugeordnet werden sollen, um eine spätere Verarbeitung in der Finanzabteilung zu optimieren.

2. *Zwischen einem Fachbereich bzw. den jeweils entsprechenden Prozessanalysten und der IT:* Bzgl. der Umsetzung von Anforderungen oder der Änderung von Anforderungen muss eine Abstimmung zwischen dem Fachbereich und der IT erfolgen. Auch können technische Restriktionen, die sich aus den Umsetzungstechnologien ergeben, zu Änderungen bei Anforderungsumsetzungen führen.

3. *Zwischen den verschiedenen Teilgruppen der IT:* Im Rahmen der technischen Zusammenhänge zwischen den verschiedenen Schichten und Technologien einer SOA sind Abstimmungen bzgl. eines funktionierenden Gesamtsystems erforderlich. Beispielsweise hat die Änderung eines Services Auswirkungen auf die Frontends und die Geschäftsprozesssteuerungen in denen er verwendet wird.

4. *Zwischen Projektleiter und allen anderen Gruppen:* Zwischen einem Projektleiter oder einem Teilprojektleiter und den an seinem Projekt/Teilprojekt beteiligten anderen Gruppen finden inhaltliche und organisatorische Abstimmungen statt. Dies umfasst bspw. Fertigstellungsgrade, Restaufwände und die weitere Planung.

5 Integriertes Modell zur Unterstützung kollaborativer Softwareentwicklung

Für die Umsetzung der in Abschnitt 4.2.3 aufgeführten Anforderungen ist ein integriertes Modell notwendig, das alle genannten Aspekte als Basis für eine Unterstützung kollaborativer Softwareentwicklung beschreibt. Hierzu sind verschiedene Modelltypen erforderlich, die neben den Geschäftsprozessen und deren Abbildung auf ausführbare Abläufe, d.h. der Geschäftsprozesssteuerung, auch die Frontends und die darin zu steuernden Abläufe beschreiben. Das Modell soll zusätzlich zu einer exakten Beschreibung der umzusetzenden Anforderungen für die Generierung von Prototypen und Softwarekomponenten eingesetzt werden können. Vor allem soll das Modell jedoch als Basis für eine kollaborative Entwicklungsumgebung für komplexe Softwaresysteme dienen. Hierzu sind zentrale Voraussetzungen, dass die verschiedenen Modelltypen miteinander verbunden sind und auch weitere Artefakte, wie bspw. Softwarekomponenten oder Dokumente mit den Modellen verknüpft werden können.

5.1 Verwendete Sprachen und Konzepte

Im nachfolgend beschriebenen Modell werden zur Modellierung von Geschäftsprozessen XML-Netze auf verschiedenen Abstraktionsebenen verwendet. Da XML-Netze als Variante von Petri-Netzen eine formale Beschreibungssprache darstellen und die Verarbeitung von XML-basierten Datenstrukturen ermöglichen, bieten sie eine ideale Sprache um einen Geschäftsprozess möglichst exakt zu beschreiben und ihm bereits bei der Modellierung existierende Services oder Beschreibungen von Services zuzuordnen.

Für die Modellierung der Geschäftsprozesssteuerung werden XML-Netze mit entsprechenden technischen Erweiterungen verwendet. In dieser Arbeit wird diesbezüglich eine Erweiterung von XML-Netzen zur Beschreibung von BPEL-Prozessen definiert. Es liegt nahe, dass Transitionen, die eine Aktivität in einem Geschäftsprozess verkörpern, in Basis-Aktivitäten von BPEL übersetzt werden können, d.h. eine Transition in einem XML-Netz wird dann beispielsweise in eine `invoke`-Aktivität in BPEL transformiert. Auf Basis der durch ein XML-Netz modellierten Dynamik können die den Ablauf eines BPEL-Prozesses bestimmenden strukturierten Aktivitäten abgeleitet werden. Bei Standard-XML-Netzen können nicht alle Angaben für den Umgang mit Webservices hinterlegt werden. Daher werden XML-Netze für das Modell hierzu entsprechend erweitert, so dass alle notwendigen Informationen, die zu einer Transformation in BPEL erforderlich sind, hinterlegt werden können.

Bei der Abbildung der Frontends steht die Modellierung von Abläufen in der Oberfläche der Anwendung, d.h. in der Steuerungsschicht der Frontends, im Vordergrund. Darüber hinaus wird die logische und physische Struktur der Frontends im Modell berücksichtigt. Das Modell wird zusätzlich mit sämtlichen fachlichen und technischen Informationen ergänzt, die notwendig sind, um ein lauffähiges Frontend der Anwendung zu beschreiben und zu generieren. Die Modellierung der Abläufe innerhalb der Frontends erfolgt ebenfalls auf Basis spezieller XML-Netze. Dies beinhaltet einerseits die Definition von Interaktionsabläufen zur Beschreibung des Wechselspiels zwischen den Benutzern und der Anwendung. Andererseits werden auch die technischen Abläufe der Frontend-Steuerung und die möglichen seitenübergreifenden Navigationsabläufe beschrieben.

Als zugrundeliegende Sprache wurden XML-Netze ausgewählt, da mit ihnen die erforderliche Dynamik aufgrund der hierbei verwendeten Petri-Netz-Logik formal definiert und dargestellt werden kann. Darüber hinaus ist durch XML-Netze eine nahtlose Integration mit XML-basierten Technologien gegeben, wie dies bspw. bei modernen Geschäftsprozesstechnologien wie BPEL und bei modernen Frontend-Technologien wie JavaServer Faces der Fall ist. Da XML-Netze auch als Modellierungssprache für die Geschäftsprozesse verwendet werden, wird dadurch ein einfaches und durchgängiges Konzept zur Modellierung von Abläufen im gesamten Modell bereitgestellt.

Die Basis des integrierten Modells stellen Geschäftsprozessmodelle dar, die dann bzgl. weiterer Aspekte ergänzt werden. Mit entsprechenden Transformationen sollen basierend auf den Modellen funktionsfähige IT-Komponenten generiert werden. Dies erfolgt einerseits durch eine Detaillierung der Geschäftsprozessmodelle und eine Ergänzung mit technischen Aspekten zur Umsetzung der Geschäftsprozesssteuerung. Andererseits bilden die Geschäftsprozessmodelle auch die Grundlage für die Definition der Detailabläufe in der Oberfläche der umzusetzenden Anwendung, denn die Geschäftsprozessmodelle umfassen üblicherweise Prozessschritte, die auf Basis von Frontends bereitgestellt werden sollen.

Die Modellierung einzelner Services an sich ist nicht Bestandteil des vorliegenden Ansatzes. Bestehende Services werden im Modell verwaltet und den entsprechenden Abläufen in der Geschäftsprozesssteuerung und den Frontends zugeordnet. Neue Services können implementiert und in das Modell eingebunden werden.

5.2 Modellierung der Geschäftsprozesse

Die Modellierung von Geschäftsprozessen erfolgt mit XML-Netzen. Die Abläufe der Geschäftsprozesse werden in verschiedenen Schichten mit jeweils unterschiedlichem Abstraktionsniveau beschrieben. Da bei der Geschäftsprozessmodellierung neben der Verknüpfung zu Objekten, die bei XML-Netzen durch die Verwendung von XML-Dokumenten in den Stellen gegeben ist, auch die Verknüpfung zur Organisation eine wesentliche Anforderung ist, wird hier eine Erweiterung genutzt, die dies ermöglicht. Im Rahmen des vorgestellten Modells wird dies durch die Zuordnungsmöglichkeit einer für die Ausführung des Prozessschritts verantwortlichen Rolle bei den Transitionen berücksichtigt. Auf eine weitere Detaillierung der Organisationsmodellierung wird hier verzichtet. Für die Geschäftsprozessmodellierung werden Geschäftsprozessnetze auf Basis von XML-Netzen folgendermaßen definiert:

Definition 5.1: Geschäftsprozessnetz

Ein Geschäftsprozessnetz ist ein Tupel $GPN = (S, T, F, \Psi, I_S, K, IT, M_0, R)$ für das gilt:

(i) $(S, T, F, \Psi, I_S, K, IT, M_0)$ ist ein XML-Netz.

(ii)   Jeder Transition T_i des XML-Netzes muss mindestens eine Rolle R_j zugewiesen werden.

Abbildung 38 zeigt ein Beispiel für ein Geschäftsprozessnetz, das einen CRM-Geschäftsprozess von der Akquisition bis zur Auftragsabwicklung beschreibt [vgl. SVO11 S. 57f.]. Es werden durch Mitarbeiter der Rolle *Call Center* im Rahmen der Akquisition Produktinteressen erfasst. Auf Basis dieser Produktinteressen werden durch Mitarbeiter der Rolle *Vertrieb* Angebote erstellt. Über das Filterschema FS_2 wird modelliert, dass jedes Angebot eine eindeutige Angebotsnummer bekommt, der Artikel und die Anzahl aus dem Produktinteresse als Position ins Angebot übernommen werden, der Status des Angebots auf „Offen" gesetzt wird und als Kunde der Interessent zugeordnet wird. Nach einer Beauftragung durch den Kunden wird der Status des Angebots auf „Angenommen" umgesetzt. Im letzten Schritt werden auf Basis von angenommenen Angeboten die Auftragserfassung und der Versand durch Mitarbeiter der Rolle *Auftragsbearbeitung* durchgeführt. Als Endergebnis einer erfolgreichen Durchführung des CRM-Geschäftsprozesses steht die durchgeführte Lieferung.

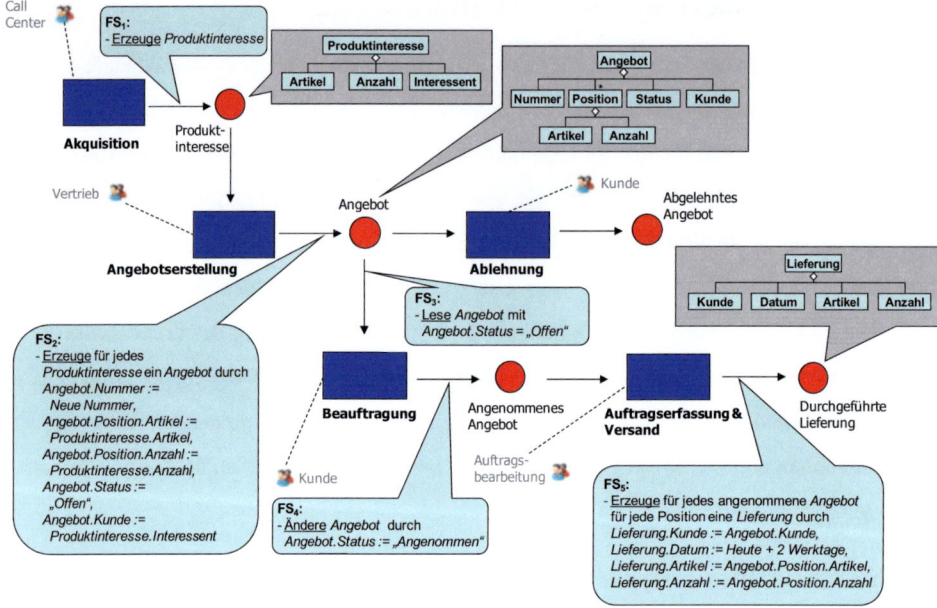

Abbildung 38: Geschäftsprozessnetz [vgl. SVO11 S. 57]

Durch das Filterschema *FS₅* wird modelliert, dass die Lieferung für den Kunden aus dem Angebot durchgeführt wird, die Auslieferung zwei Tage nach der Durchführung der Auftragserfassung und des Versands erfolgt und den Artikeln mit der jeweiligen Anzahl aus den Angeboten entspricht. Bei einer erfolglosen Verhandlung mit dem Kunden steht ein abgelehntes
Angebot am Ende des Geschäftsprozesses.

Für die Beherrschung der Komplexität der Geschäftsprozesse eines Unternehmens ist für die
Modellierung ein hierarchischer Aufbau erforderlich. Eine serviceorientierte Strukturierung
auf Basis gekapselter Services schafft zusätzlich Transparenz bzgl. der darunter liegenden IT-
Systeme [SVO011 S. 158]. Bei der Definition von Geschäftsprozessmodellen kann das Konzept einer serviceorientierten Architektur durch einen entsprechenden hierarchischen Aufbau
berücksichtigt werden, so dass eine Orchestrierung von komplexen Prozessen aus bestehenden Services auf verschiedenen Ebenen ermöglicht wird [SVO011 S. 158]. Die Detaillie-
rungstiefe kann entsprechend des Projektumfangs unterschiedlich ausfallen. Die Grundidee ist
eine Beschreibung von Geschäftsprozessen, welche die Komplexität durch die Aufteilung auf
mehrere Schichten handhabbar macht [HKS08]. Die Prozessbeschreibungen sollen allgemein
verständliche betriebswirtschaftliche Abläufe, die in Business Services auf den höheren abs-

trakteren Ebenen strukturiert werden, durch Verfeinerungen in den unteren Detailschichten mit existierenden oder noch zu implementierenden IT Services verknüpfen [SVO011 S. 158].

Eine solche mehrschichtige Geschäftsprozesshierarchie ist in Abbildung 39 beispielhaft dargestellt [vgl. HKS08]. Bei der Hierarchie werden in der obersten Ebene, der sogenannten *Enterprise Business Service Orchestration*, Business Services zu unternehmensweiten oder auch unternehmensübergreifenden Prozesslandkarten orchestriert. Eine Enterprise Business Service Orchestration ist die Zusammenstellung mehrerer Business Services zur Abbildung der Kernprozesse in einem Unternehmen. Auf der Ebene der Enterprise Business Service Orchestration werden die für ein Unternehmen oder einen Unternehmensbereich erforderlichen Business Services aufgeführt und zu groben Unternehmensabläufen orchestriert. Das Ergebnis der Orchestrierung ist wiederum ein Business Service, der ggf. auf weiteren Orchestrierungs-Ebenen der Business Services auf noch höherem Abstraktionsniveau genutzt werden kann.

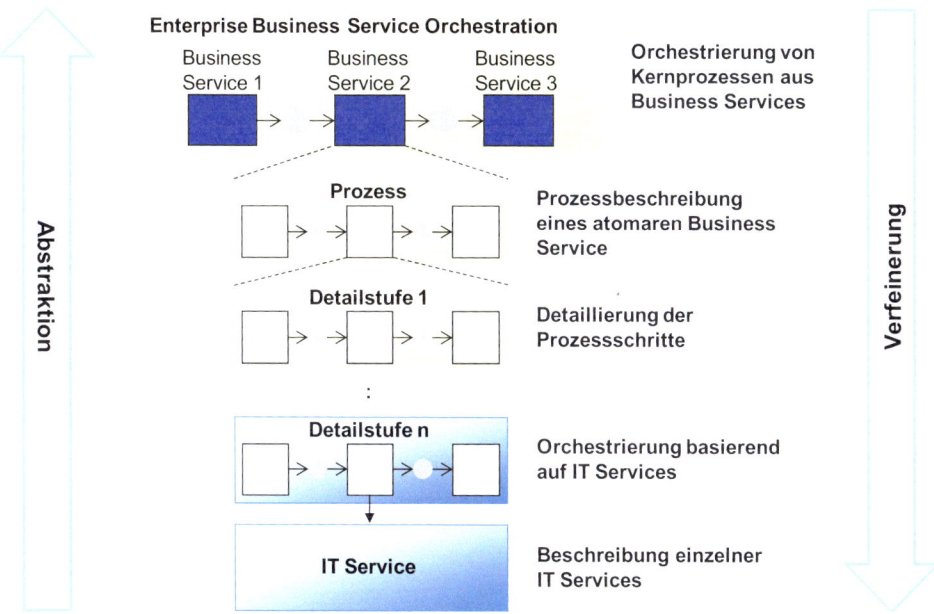

Abbildung 39: Mehrschichtige Geschäftsprozesshierarchie [vgl. HKS08]

Die kleinste Einheit stellen sogenannte atomare Business Services dar, die wie folgt definiert werden [vgl. HKS08]:

Definition 5.2: Atomarer Business Service

Ein *atomarer Business Service* ist ein Business Service, der nicht mehr in weitere Business Services aufgeteilt wird, d.h. dass er eine betriebswirtschaftliche Komponente bereitstellt, die in einem Unternehmen als Einheit genutzt wird und darüber hinaus die kleinste Granularität für eine Orchestrierung von Business Services darstellt.

Ein atomarer Business Service stellt bspw. die Auftragserfassung in einem Unternehmen dar. Dieser Business Service enthält den abgeschlossenen Teilprozess vom Auftragseingang bis zum Erfassen des Auftrags.

In der dargestellten Prozesshierarchie wird die Orchestrierung eines Kernprozesses auf Basis von drei Business Services skizziert. Business Service 2 stellt in diesem Beispiel einen atomaren Business Service dar, dessen grober Prozessablauf auf der darunterliegenden Ebene beschrieben wird. Auf weiter darunterliegenden Schichten können für einzelne Prozessschritte Detailabläufe modelliert werden. Das Ziel ist hierbei, eine Detaillierungsebene zu erreichen, auf der den einzelnen Prozessschritten IT Services zugeordnet werden können.

5.3   Modellierung der Geschäftsobjekte

Um Geschäftsprozesse umfassend definieren zu können, müssen zusätzlich zu den Abläufen auch die im Rahmen dieser Prozesse zu verarbeitenden Geschäftsobjekte betrachtet werden [SVO11 S. 46]. Für die Modellierung von Geschäftsobjekten beim Einsatz von XML-Netzen ergeben sich aufgrund des Aufbaus von XML-Netzen und der Zielsetzung der Verwendung der Modelle durch den Fachbereich die folgenden Anforderungen [SVO11 S. 46]:

1. „Die Strukturen der Geschäftsobjekte müssen mit Attributen und Beziehungen definiert werden können" [SVO11 S. 46].

2. „Die Darstellung sollte für den Fachbereich verständlich sein und für die IT eine formal exakte Darstellung eines Sachverhalts liefern, die auch für Softwaregeneratoren genutzt werden kann" [SVO11 S. 46].

3. „Die Modellierung der Geschäftsobjektstrukturen muss auch unabhängig vom jeweiligen Geschäftsprozess möglich sein, um einerseits eine Modellierung der Zusammenhänge der für ein Projekt, einen Bereich oder ein ganzes Unternehmen benötigten Geschäftsobjekte zu ermöglichen" [SVO11 S. 46].

4. „Andererseits müssen einzelne Komponenten der Geschäftsobjektstrukturen zu Objekten, die in einem Schritt eines Geschäftsprozesses verarbeitet werden, festgelegt oder zusammengefasst werden können. Beispielsweise wird bei einem Genehmigungsschritt einer Bestellung gegebenenfalls nur der Kopf der Bestellung mit dem Gesamtbetrag benötigt und nicht die einzelnen Bestellpositionen. Beim Anlegen der Bestellung werden hingegen der

komplette Bestellkopf und die einzelnen Bestellpositionen benötigt. Die Modellierung der Geschäftsobjektstrukturen muss somit die Definition von einfachen Strukturen in Form von Einzelkomponenten wie Bestellkopf und Bestellposition, die dann mit entsprechenden Beziehungen verknüpft werden können, umfassen. Darüber hinaus muss jedoch auch das Zusammenfassen der einfachen Geschäftsobjektstrukturen, wie *Bestellkopf* und *Bestellposition*, zu einer komplexen Geschäftsobjektstruktur *Bestellung* möglich sein" [SVO11 S. 46f.].

5. „Auf Basis der modellierten Geschäftsobjektstrukturen müssen entsprechende XML-Schema-Dokumente erzeugt und den XML-Netzen zugeordnet werden können" [SVO11 S. 47]. Abbildung 40 zeigt das Zusammenspiel zwischen Geschäftsobjektmodellierung und Geschäftsprozessmodellierung durch die Zuordnung von Geschäftsobjektstrukturen zu Geschäftsprozessen auf Basis von XML Schema und XML-Netzen [SVO11 S. 47].

„Abläufe und Strukturen können bei komplexen Projekten dadurch zunächst getrennt bearbeitet werden und mit einer Geschäftsobjektstruktur/Geschäftsprozess-Zuordnung in weiteren Schritten zusammengeführt werden. Alternativ können Geschäftsprozess- und Geschäftsobjektstruktur-Definition auch gemeinsam erfolgen, falls dies von der Projektstruktur, d.h. vom Wissen und von der Arbeitsteilung eines Teams, so möglich oder sogar erforderlich ist" [SVO11 S. 47].

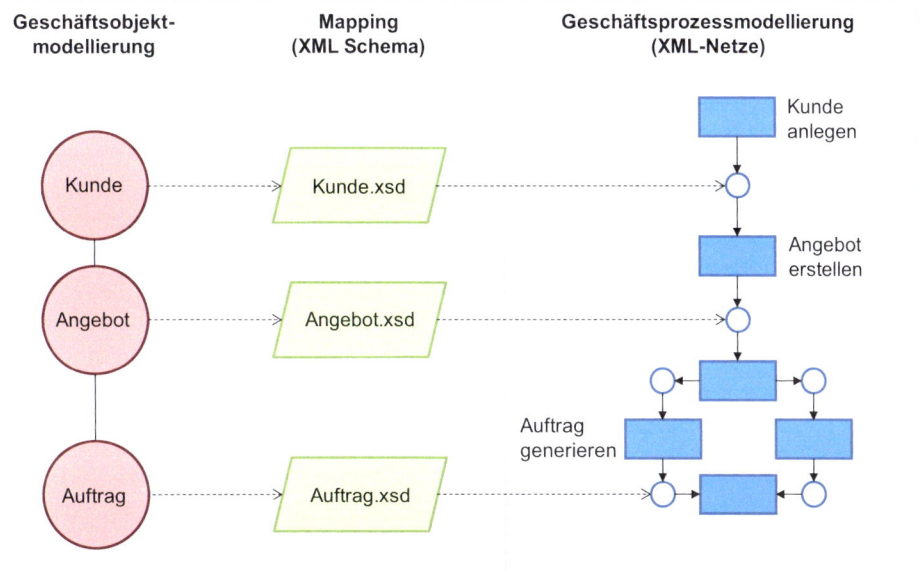

Abbildung 40: Zuordnung von Geschäftsobjektstrukturen zu Geschäftsprozessen [vgl. SVO11 S. 47]

5.3.1 Notation

Als Notation für die Modellierung der Strukturen der Geschäftsobjekte wird eine Kombination spezieller Konzepte der in Abschnitt 3.2 vorgestellten Ansätze verwendet, die mit zusätzlichen Modifikationen und Erweiterungen die zuvor genannten Anforderungen ideal abdecken kann [vgl. SVO11 S. 48, Web09]. „Die Grundlage des hier genutzten Modells ist AOM, denn diese Methode kommt dem Ziel der Modellierung von Geschäftsobjektstrukturen für XML-Netze prinzipiell am nächsten, da eine Definition komplexer hierarchischer Objekte ermöglicht wird" [SVO11 S. 48]. Zusätzlich werden Konzepte aus dem UML-Klassendiagramm und dem ER- bzw. EER-Modell in dem hier vorgestellten Ansatz angewendet. AOM besitzt viele Konzepte, die für die zuvor beschriebenen Anforderungen nicht benötigt werden und die Modellierung eher verkomplizieren. Statt des *Asset*-Konzeptes werden die gängigen Konzepte *Entitätstyp* und *Beziehungstyp* aus dem ER-Modell genutzt [vgl. SVO11 S. 48]. Auf Operationen bei den Entitätstypen, wie sie bspw. entsprechend bei UML-Klassen und Assets in AOM genutzt werden und ihren Ursprung in der Objektorientierung haben, wird hier vollständig verzichtet, da ein rein prozessorientierter Ansatz verfolgt wird [vgl. SVO11 S. 48]. Ein weiterer Grund für den Verzicht auf Operationen bei der Geschäftsobjektmodellierung ist, dass XML Schema keine Operationen enthält.

Die nachfolgend beschriebene Notation zur Geschäftsobjektmodellierung wird auch kurz als *Objektmodell* bezeichnet. Für eine entsprechende Modellierung stehen die folgenden Grundelemente zur Verfügung [vgl. SVO11 S. 48]:

- Entitätstyp mit Attributen (Einfache Geschäftsobjektstruktur)

- Aggregationstyp aus Entitätstypen (Komplexe Geschäftsobjektstruktur)

- Zwei Arten von Verbindungstypen zwischen einfachen Geschäftsobjektstrukturen (Entitätstypen): Beziehungs- und Vererbungskanten

- Sammelbedingungen für Kanten

Entitätstypen:

Ein *Entitätstyp* ist ein Container, um die Attribute von Geschäftsobjekten in logischen Einheiten zusammenzufassen [vgl. SVO11 S. 48]. Ein Entitätstyp besitzt einen eindeutigen Namen, optional ein oder mehrere Schlüsselattribute, weitere Attribute und gegebenenfalls Bedingungen [vgl. SVO11 S. 48]. Schlüssel und Attribute können auf regulären Ausdrücken basieren. Entitätstypen werden als Rechtecke mit abgerundeten Ecken dargestellt [vgl. SVO11 S. 48].

Kopic-Entitätstypen können genutzt werden, um die Darstellung komplexer Modelle über-sichtlicher zu machen [vgl. SVO11 S. 48]. Sie haben die gleiche Semantik wie ihr entspre-chender Original-Entitätstyp, können jedoch an beliebig vielen verschiedenen Stellen auch unterschiedlicher Diagramme eingebunden werden [vgl. SVO11 S. 48]. Kopie-Entitätstypen werden durch gestrichelte Rahmen dargestellt und können inhaltlich nicht geändert werden [vgl. SVO11 S. 48]. Abbildung 41 zeigt die Darstellung eines Entitätstyps und eines Kopie-Entitätstyps [vgl. SVO11 S. 48]. Jedes Attribut ist mit einem Datentyp versehen (z.B.: `string`). Darüber hinaus können Datentypen von Attributen auch Verbundtypen sein. Diese können durch reguläre Ausdrücke wie beispielsweise `string first+` oder `string middle?` definiert werden.

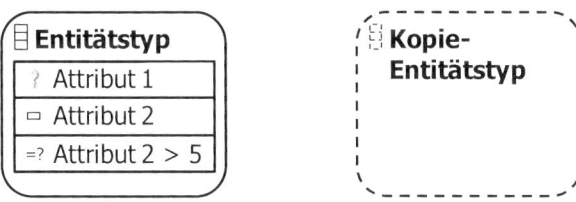

Abbildung 41: Entitätstyp und Kopie-Entitätstyp [vgl. SVO11 S. 48]

Verbindungstypen zwischen Entitätstypen – Beziehungs- und Vererbungskanten:

Verbindungstypen zwischen Entitätstypen sind Elemente, die eine Klassifizierung gleicharti-ger Beziehungen oder Abhängigkeiten zwischen Entitäten der verknüpften Entitätstypen ab-bilden [vgl. SVO11 S. 49]. Es gibt zwei Arten von Verbindungstypen [SVO11 S. 49]:

- *Beziehungskanten:* Eine Beziehungskante stellt einen Beziehungstyp zwischen Entitätsty-pen entsprechend der Semantik im ER-Modell dar. Bei Beziehungskanten können zwei Bezeichnungen hinterlegt werden [vgl. SVO11 S. 49]. Diese werden jeweils beim Kanten-ende bei den angebundenen Entitätstypen angegeben und beziehen sich auf die vom je-weiligen Entitätstyp ausgehende Richtung [vgl. SVO11 S. 49]. „Es werden prinzipiell drei Arten für Beziehungskanten zwischen Objekten zur Verfügung gestellt: 1:1, 1:n und n:m, die in der „crow's feet"-Notation dargestellt werden. Darüber hinaus muss für jedes Ende einer Kante eine Angabe der Detail-Kardinalitäten erfolgen" [SVO11 S. 49]. Anhand der Kardinalitäten ist abzulesen, ob es sich um Kann- (<0..X>) oder Muss-Beziehungen (<1..X>) mit $X \in \{1..n\}$ und n = ∞ aus Sicht des ausgehenden Entitätstyps handelt. In Ta-belle 1 werden die möglichen Arten von Beziehungskanten mit der jeweiligen graphischen Darstellung inklusive der entsprechenden Detailkardinalitäten aufgeführt.

- *Vererbungskanten:* Eine Vererbungskante stellt eine Vererbung zwischen Entitätstypen dar [vgl. SVO11 S. 49]. „Eine Vererbungskante ist mit der Bezeichnung „ist ein(e)" versehen. Die Vererbung wird durch einen einfachen Pfeil dargestellt" [SVO11 S. 49]. In Pfeilrichtung bedeutet eine Vererbungskante, dass der Ausgangs-Entitätstyp eine Spezialisierung des Ziel-Entitätstyps darstellt [vgl. SVO11 S. 49]. Gegen die Pfeilrichtung gelesen bedeutet eine Vererbungskante, dass der Ausgangs-Entitätstyp eine Generalisierung des Ziel-Entitätstyps ist [vgl. SVO11 S. 49].

Art der Beziehungskante	Graphische Darstellung
1:1-Beziehung (Kann/Kann)	ET1 <0..1> Text 1 — <0..1> Text 2 ET2
1:1-Beziehung (Kann/Muss)	ET1 <0..1> Text 1 — <1..1> Text 2 ET2
1:1-Beziehung (Muss/Muss)	ET1 <1..1> Text 1 — <1..1> Text 2 ET2
1:n-Beziehung (Kann/Kann)	ET1 <0..X> Text 1 — <0..1> Text 2 ET2
1:n-Beziehung (Kann/Muss)	ET1 <0..X> Text 1 — <1..1> Text 2 ET2
1:n-Beziehung (Muss/Muss)	ET1 <1..X> Text 1 — <1..1> Text 2 ET2
n:m-Beziehung (Kann/Kann)	ET1 <0..X> Text 1 — <0..Y> Text 2 ET2
n:m-Beziehung (Kann/Muss)	ET1 <0..X> Text 1 — <1..Y> Text 2 ET2
n:m-Beziehung (Muss/Muss)	ET1 <1..X> Text 1 — <1..Y> Text 2 ET2

Tabelle 1: Arten von Beziehungskanten und ihre graphische Darstellung

Abbildung 42 zeigt eine 1:n-Beziehungskante zwischen Kunde und Rechnung, die durch kann/muss-Enden entsprechend markiert ist, d.h. ein Kunde kann mehrere Rechnungen haben, jedoch ist auch zugelassen, dass er ggf. keine Rechnung hat [SVO11 S. 49]. Im zweiten in der Abbildung dargestellten Beispiel wird eine Vererbungskante zwischen Mitarbeiter und Person dargestellt [SVO11 S. 49]. Diese beschreibt, dass ein Mitarbeiter eine Person ist und dadurch alle Attribute von Person an Mitarbeiter vererbt werden [SVO11 S. 49].

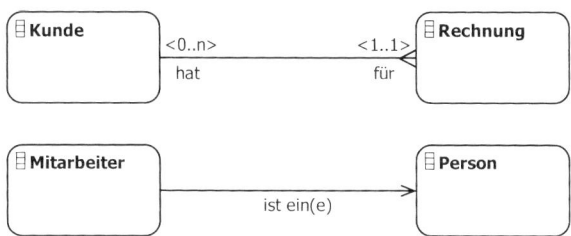

Abbildung 42: Beziehungskante und Vererbungskante [vgl. SVO11 S. 49]

Sammelbedingungen für Verbindungstypen und der beteiligten Entitätstypen:

Für Verbindungstypen können zusätzliche Sammelbedingungen definiert werden [vgl. SVO11 S. 49]. Sammelbedingungen sind zwischen einem Entitätstyp und mindestens zwei Verbindungstypen positioniert und werden durch einen an den Entitätstyp angehängten Kreis dargestellt [vgl. SVO11 S. 49]. Es gibt drei Arten von Sammelbedingungen, die mit der bisher vorgestellten Semantik (1:1-, 1:n-, n:m-Beziehung und Detailkardinalitäten) nicht definiert werden können [SVO11 S. 49]:

- *XOR:* Eine XOR-Sammelbedingung ist ein *Ausschließendes Oder* der an die Sammelbedingung angeschlossenen Verbindungstypen, d.h. bei einer Instanz des angeschlossenen Entitätstyps darf nur genau eine Verbindungsinstanz der an das XOR angeschlossenen Verbindungstypen vorhanden sein [vgl. SVO11 S. 50].

- *OR:* „Eine OR-Sammelbedingung ist ein *Oder mit mindestens einer Auswahl*" [SVO11 S. 50]. Bei einer OR-Sammelbedingung muss mindestens eine Verbindungsinstanz vorhanden sein. Es können jedoch auch mehrere Verbindungsinstanzen existieren [vgl. SVO11 S. 50].

- *SIM:* „Eine SIM-Sammelbedingung ist eine *Simultanität*, d.h. eine *Gleichzeitigkeit*" [SVO11 S. 50]. Bei einer SIM-Sammelbedingung müssen bei Vorhandensein einer Verbindungsinstanz dann gleichzeitig auch für alle anderen angeschlossenen Verbindungstypen entsprechende Verbindungsinstanzen vorhanden sein [vgl. SVO11 S. 50].

Abbildung 43 zeigt jeweils ein Beispiel für eine XOR-Sammelbedingung bei Vererbungskanten und Beziehungskanten. Im ersten Beispiel wird ausgedrückt, dass ein Kunde entweder eine Privatperson oder ein Unternehmen ist, aber ein Kunde gleichzeitig nicht beides sein kann. Das zweite Beispiel stellt den Sachverhalt dar, dass ein verkauftes Produkt entweder einen Produktionsauftrag oder einen Beschaffungsauftrag auslöst [SVO11 S. 50].

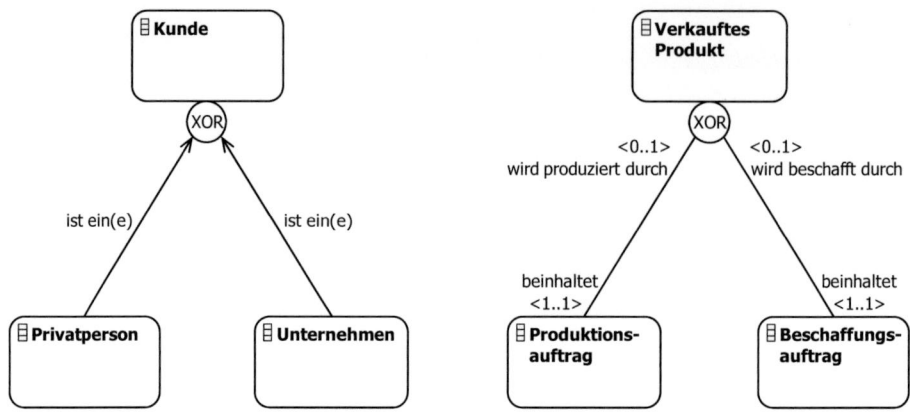

Abbildung 43: XOR-Sammelbedingung [vgl. SVO11 S. 50]

Abbildung 44 zeigt eine OR-Sammelbedingung bei Vererbungskanten und bei Beziehungs-kanten. Im ersten Beispiel wird ausgedrückt, dass ein Manager ein Bereichsleiter oder ein Projektleiter ist, jedoch auf jeden Fall eines von beiden. Im zweiten Beispiel wird beschrie-ben, dass eine Bestellung genau eine Dienstleistung oder einen Artikel enthalten kann [SVO11 S. 51]. Eine Bestellung kann im dargestellten Beispiel auch eine Dienstleistung und einen Artikel enthalten. Jedoch muss eine Bestellung mindestens eine Dienstleistung oder alternativ einen Artikel enthalten. Artikel und Dienstleistungen können jeweils in beliebig vielen Bestellungen enthalten sein. Dies wird durch die im Beispiel dargestellten entspre-chenden 1:n-Beziehungen beschrieben, die auch im Zusammenhang mit Sammelbedingungen verwendet werden können.

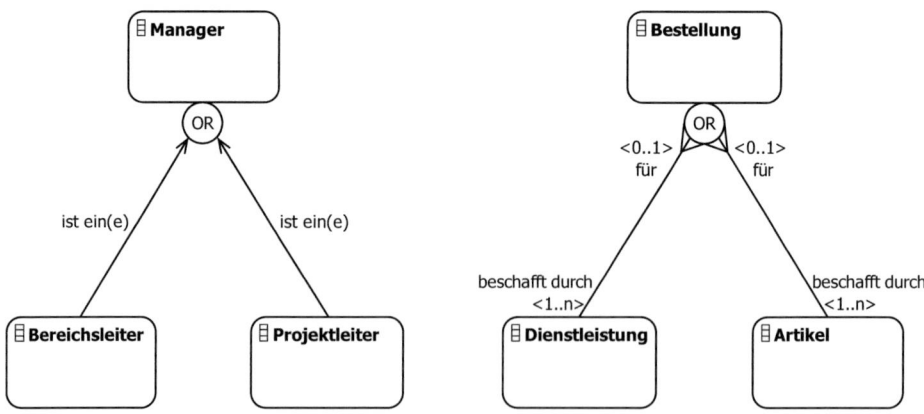

Abbildung 44: OR-Sammelbedingung [vgl. SVO11 S. 51]

Abbildung 45 zeigt eine SIM-Sammelbedingung bei Vererbungskanten und bei Beziehungskanten. Im ersten Beispiel wird ausgedrückt, dass wenn ein Mitarbeiter ein Bereichsleiter ist, dann ist er auch gleichzeitig ein Manager. Umgekehrt wird dadurch ebenfalls ausgedrückt, dass sobald ein Mitarbeiter ein Manager ist, er auch automatisch einen zuzuordnenden Bereich verantwortet. Im zweiten Beispiel wird dargestellt, dass falls ein Kundenauftrag für ein kundenspezifisches, d.h. individuell gefertigtes Produkt angelegt wird, auch ein entsprechender interner Produktionsauftrag angelegt werden muss [SVO11 S. 51]. Zu Kundenaufträgen kann es beliebig viele Produktionsaufträge geben, falls es sich um kundenspezifische Produkte handelt. Umgekehrt kann es zu einem Produktionsauftrag auch beliebig viele Kundenaufträge geben, bspw. wenn ähnliche Kundenaufträge zu einem Produktionsauftrag zusammengefasst werden. Dies wird durch die im Beispiel dargestellte m:n-Beziehung ausgedrückt.

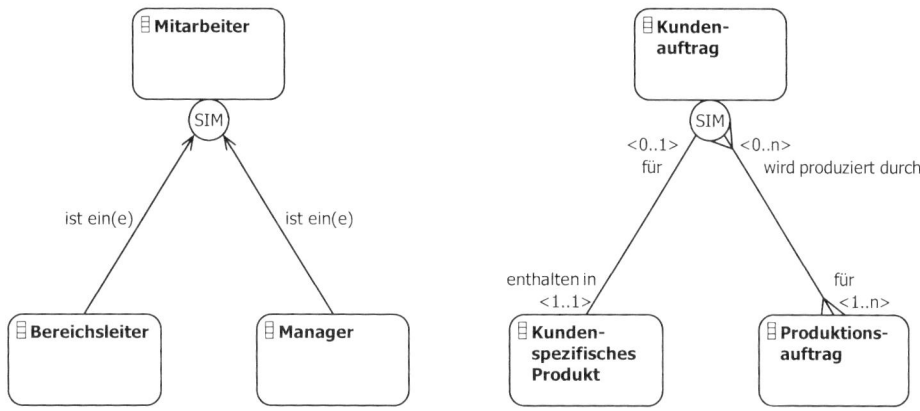

Abbildung 45: SIM-Sammelbedingung [vgl. SVO11 S. 51]

„Bestimmte Sachverhalte können bzw. müssen ohne Sammelbedingungen modelliert werden" [SVO11 S. 50]. In Abbildung 46 wird im ersten Beispiel eine flexible Oder-Verbindung dargestellt, die im Gegensatz zur Modellierung in Abbildung 43 auch zulässt, dass für ein verkauftes Produkt weder ein Produktionsauftrag, noch ein Beschaffungsauftrag erzeugt werden muss, da ein Produkt auch bspw. auf Lager sein kann [SVO11 S. 50 u. 52]. Es könnte jedoch auch für ein verkauftes Produkt je ein Produktionsauftrag und ein Beschaffungsauftrag erzeugt werden [SVO11 S. 52]. Das zweite Beispiel drückt aus, dass bei einer Auftragsposition immer ein Produkt und ein bearbeitender Mitarbeiter zugewiesen sein müssen [SVO11 S. 52]. Diese Verbindungstypen sind beide obligatorisch, haben jedoch im Gegensatz zu der SIM-Sammelbedingung in Abbildung 45 keine Abhängigkeiten untereinander, sondern beziehen sich nur auf den korrespondierenden Entitätstyp [vgl. SVO11 S. 52].

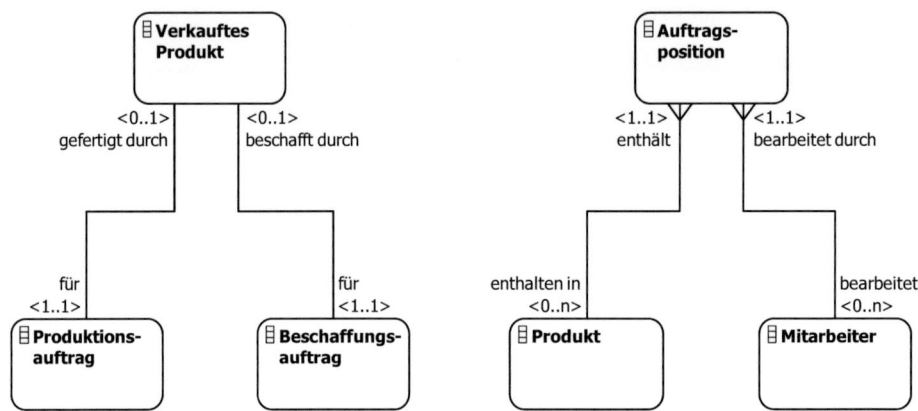

Abbildung 46: Semantik ohne Sammelbedingungen [vgl. SVO11 S. 52]

Aggregationstyp:

Ein *Aggregationstyp* fasst mehrere über Verbindungstypen zusammenhängende Entitätstypen zu einer komplexen Geschäftsobjektstruktur zusammen [vgl. SVO11 S. 52]. Für den Aggregationstyp muss ein Wurzelentitätstyp ausgezeichnet werden, um eine komplexe Geschäftsobjektstruktur eindeutig zu identifizieren [vgl. SVO11 S. 52]. Jeder Aggregationstyp besitzt genau einen Wurzelentitätstyp [vgl. SVO11 S. 52]. Dies ist eine Voraussetzung für die Transformation des Aggregationstyps in XML Schema, so dass diese XML-Strukturen dann in einem XML-Netz verarbeitet werden können [vgl. SVO11 S. 52]. Ein Aggregationstyp hat einen eindeutigen Namen und wird als Kasten mit dem entsprechenden Namen dargestellt, der die dazugehörigen Entitätstypen inklusive des Wurzelentitätstyps umfasst [vgl. SVO11 S. 52]. Der Wurzelentitätstyp des Aggregationstyps wird, analog zu AOM, durch eine hervorgehobene Umrandung (fett) markiert [vgl. SVO11 S. 52].

Entitätstypen können in beliebig vielen Aggregationstypen verwendet werden [vgl. SVO11 S. 52]. Auch innerhalb eines Aggregationstyps kann ein Entitätstyp beliebig oft verwendet werden [vgl. SVO11 S. 52]. Da Aggregationstypen als komplexe Geschäftsobjektstrukturen in Prozessen verwendet werden sollen und dadurch eine Baumstruktur für die Transformation in XML Schema erforderlich ist, gibt es bei der Modellierung der Verbindungstypen zwischen Entitätstypen innerhalb eines Aggregationstyps die folgenden Einschränkungen [vgl. SVO11 S. 52]:

- Ausgehend vom markierten Wurzelentitätstyp muss die Struktur der enthaltenen Entitätstypen als Baum aufgebaut sein, d.h. Zyklen innerhalb des Aggregationstyps sind verboten [vgl. SVO11 S. 52]. Sollte ein Entitätstyp im Rahmen der Struktur mehrfach benötigt werden, so kann dies durch entsprechende Kopie-Entitätstypen modelliert werden [vgl. SVO11 S. 52].

- Innerhalb eines Aggregationstyps sind die erlaubten Beziehungskanten zwischen Entitätstypen im Vergleich zu Tabelle 1 eingeschränkt. Da eine Baumstruktur aufgebaut werden muss, sind Beziehungskanten, die diese verletzen, verboten. Beispielsweise sind m:n-Beziehungskanten zwischen Entitätstypen zwar außerhalb von Aggregationstypen erlaubt, jedoch werden diese innerhalb eines Aggregationstyps in Wurzel→Blatt-Richtung auf die entsprechende 1:n-Beziehung eingeschränkt, welche dann die Baumstruktur des komplexen Geschäftsobjekts sicherstellt. Die graphische Umsetzung erfolgt, indem nur die Einschränkung einer Beziehungskante innerhalb einer komplexen Geschäftsobjektstruktur angezeigt wird. Bei kann-Beziehungen in Wurzel→Blatt-Richtung ist die Einschränkung zu beachten, dass die Baumstruktur ggf. für einzelne komplexe Geschäftsobjektstrukturen am Ausgangs-Entitätstyp der Beziehungskante bereits endet. Da dies in Abhängigkeit von Instanzen des Aggregationstyps bzw. Instanzen der enthaltenen Entitätstypen unterschiedlich sein kann, ist keine separate graphische Umsetzung in der Modellierung der Geschäftsobjektstrukturen hierzu vorgesehen. In Tabelle 2 sind alle möglichen Konstellationen von Beziehungskanten mit entsprechenden Kardinalitäten zwischen Entitätstypen und deren jeweils entsprechende Einschränkung bei der Verwendung innerhalb von Aggregationstypen aufgeführt.

Abbildung 47 zeigt die Modellierung des Aggregationstyps *Bestellung* mit den enthaltenen zusammenhängenden Entitätstypen *Bestellkopf*, *Lieferant*, *Bestellposition*, *Artikel* und *Dienstleistung* [vgl. SVO11 S. 52]. Der Entitätstyp *Bestellkopf* ist als Wurzelentitätstyp entsprechend markiert [vgl. SVO11 S. 52]. Die 1:n-Beziehung mit den Kardinalitäten [1..1] und [0..n] zwischen Lieferant und Bestellkopf wird im Rahmen des komplexen Geschäftsobjekts *Bestellung* auf eine 1:1-Beziehung mit den Kardinalitäten [1..1] und [0..1] eingeschränkt. Durch die XOR-Sammelbedingung bei der Bestellposition wird garantiert, dass auf jeden Fall entweder ein Artikel oder eine Dienstleistung einer Bestellposition zugeordnet ist [SVO11 S. 52f.].

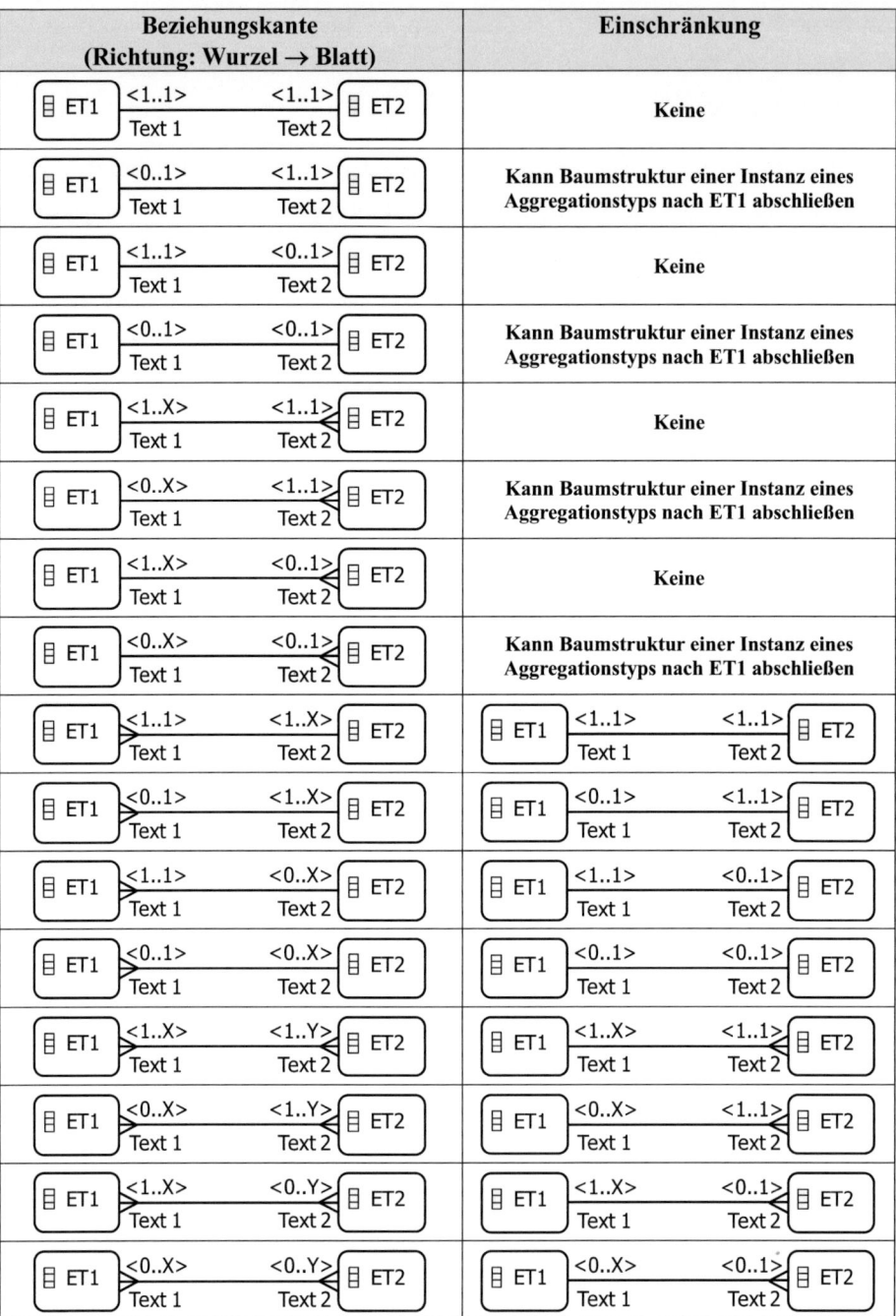

Tabelle 2: Beziehungskanten zwischen Entitätstypen in Aggregationstypen

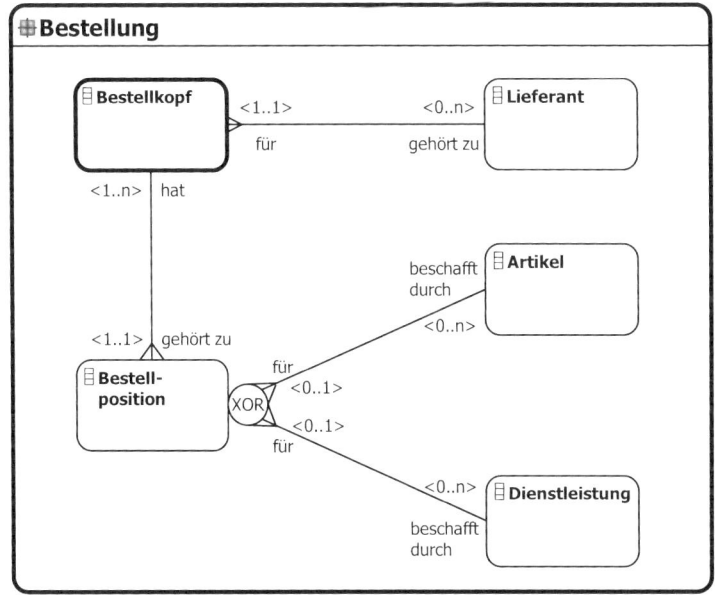

Abbildung 47: Aggregationstyp mit enthaltenen Entitätstypen [vgl. SVO11 S. 53]

5.3.2 Geschäftsobjektstrukturen und Prozessobjekte

Auf Basis der beschriebenen Konzepte können nun Geschäftsobjektstrukturen folgendermaßen definiert werden [SVO11 S. 53-54]:

Definition 5.3: Geschäftsobjektstruktur und Instanz einer Geschäftsobjektstruktur

Eine Geschäftsobjektstruktur ist eine Datenstruktur, die mit den Elementen *Entitätstyp*, *Verbindungstyp*, *Aggregationstyp* und *Sammelbedingung* definiert wird [vgl. SVO11 S. 53]. Es wird zwischen einfachen und komplexen Geschäftsobjektstrukturen unterschieden [vgl. SVO11 S. 52]:

(i) Einfache Geschäftsobjektstrukturen: Einfache Geschäftsobjektstrukturen werden durch Entitätstypen gebildet. Eine einfache Geschäftsobjektstruktur umfasst die Schlüsselattribute, die weiteren Attribute jeweils mit den zugeordneten Datentypen und einfache Bedingungen des entsprechenden Entitätstyps. Verbindungstypen zu anderen Entitätstypen, Sammelbedingungen und die Zugehörigkeit zu Aggregationstypen werden bei einfachen Geschäftsobjektstrukturen nicht berücksichtigt [vgl. SVO11 S. 53].

(ii) Komplexe Geschäftsobjektstrukturen: Komplexe Geschäftsobjektstrukturen werden durch Aggregationstypen gebildet. Eine komplexe Geschäftsobjektstruktur umfasst alle Informationen gemäß (i) der enthaltenen einfachen Geschäftsobjektstrukturen, die Verbindungstypen innerhalb des Aggregationstyps und deren Sammelbedingungen [vgl. SVO11 S. 52]. Eine komplexe Geschäftsobjektstruktur umfasst keine Verbindungstypen von enthaltenen Entitätstypen zu außerhalb des Aggregationstyps liegenden Entitätstypen. Auch die zu solchen Verbindungstypen gehörigen Sammelbedingungen, die ebenfalls außerhalb des Aggregationstyps liegen, werden nicht berücksichtigt.

(iii)   Instanz einer Geschäftsobjektstruktur: Eine Instanz einer Geschäftsobjektstruktur repräsentiert den aktuellen Zustand eines konkreten Geschäftsobjekts gemäß Definition 2.3. Dies entspricht einer Belegung der Attribute aller Entitätstypen einer Geschäftsobjektstruktur mit konkreten Werten und aller Ausprägungen der beteiligten Verbindungstypen gemäß (ii) bei einer komplexen Geschäftsobjektstruktur.

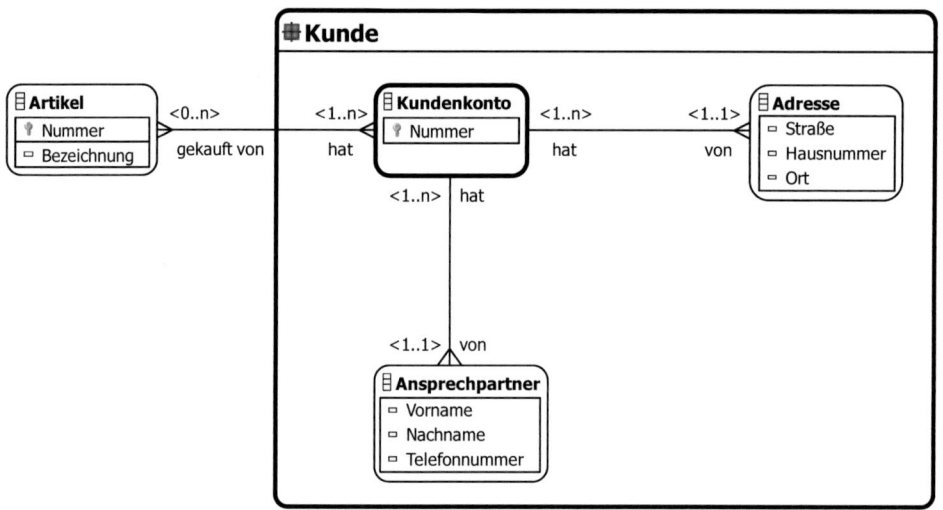

Abbildung 48: Einfache und komplexe Geschäftsobjektstrukturen [vgl. SVO11 S. 54]

Abbildung 48 zeigt den Unterschied zwischen einfachen und komplexen Geschäftsobjekten [SVO11 S. 53]. Der Aggregationstyp *Kunde* beschreibt ein komplexes Geschäftsobjekt, denn es besitzt mehrere über Beziehungskanten zusammenhängende Entitätstypen [vgl. SVO11 S. 53]. Der Entitätstyp *Kundenkonto* ist als Wurzelentitätstyp ausgezeichnet und liefert dadurch mit seinem Schlüssel auch den Schlüssel für die komplexe Geschäftsobjektstruktur [vgl. SVO11 S. 53-54]. Der Entitätstyp *Artikel* hingegen stellt eine einfache Geschäftsobjekt-struktur dar, da er keine weiteren Entitätstypen enthält [vgl. SVO11 S. 54]. Einfache und komplexe Geschäftsobjektstrukturen können über Verbindungstypen miteinander verknüpft sein. Die Beziehung zwischen Geschäftsobjektstrukturen erfolgt auf Ebene der Entitätstypen, wie dies in Abbildung 48 zwischen den Entitätstypen *Artikel* und *Kundenkonto* der Fall ist [vgl. SVO11 S. 54].

Das Ziel ist, eine Beschreibung von Geschäftsobjektstrukturen für die Verwendung in Ge-schäftsprozessmodellen, insbesondere bei XML-Netzen, zu ermöglichen. Die zuvor definier-ten Geschäftsobjektstrukturen können aufgrund ihrer Eigenschaften, die eine Abbildung in XML Schema ermöglichen, den Stellen eines XML-Netzes zur Beschreibung der Struktur entsprechend zu verarbeitender Geschäftsobjekte zugeordnet werden [SVO11 S. 54].

Auf Basis von Geschäftsobjektstrukturen können nun Prozessobjekte folgendermaßen defi-niert werden:

Definition 5.4: Prozessobjekt

Ein Prozessobjekt ist eine Instanz einer Geschäftsobjektstruktur, die bei mit XML-Netzen modellierten Geschäftsprozessen als Marken verwendet werden [vgl. SVO11 S. 54]. Prozessobjekte werden von Transitionen im Vor- oder Nachbereich der zugeord-neten Stellen entsprechend der Schaltregel von XML-Netzen [Len03] genutzt. Es wird zwischen einfachen und komplexen Prozessobjekten unterschieden:

(i)   Einfache Prozessobjekte: Einfache Prozessobjekte sind Instanzen von ein-fachen Geschäftsobjektstrukturen (Entitäten), die den Stellen von XML-Netzen zugewiesen sind.

(ii)   Komplexe Prozessobjekte: Komplexe Prozessobjekte sind Instanzen von komplexen Geschäftsobjektstrukturen (Aggregationen), die den Stellen von XML-Netzen zugewiesen sind. Ein komplexes Prozessobjekt umfasst keine Verbindungen von enthaltenen Entitäten zu Entitäten, die außerhalb der Aggregation liegen.

Aus dem in Abbildung 48 dargestellten Objektmodell können sowohl der Entitätstyp *Artikel* als auch der Aggregationstyp *Kunde* einem Geschäftsprozessmodell als Geschäftsobjektstruk-tur zugeordnet werden [SVO11 S. 54]. Auch könnte bspw. nur die einfache Geschäftsobjekt-struktur *Kundenkonto* der komplexen Geschäftsobjektstruktur *Kunde* als Prozessobjekt ge-nutzt werden. Der Verbindungstyp zu Artikel aus der komplexen Geschäftsobjektstruktur

Kunde kann im Rahmen einer entsprechenden Instanz dieser komplexen Geschäftsobjekt-struktur nicht genutzt werden. Hierzu müsste der Verbindungstyp inklusive des Entitätstyps *Artikel* zusätzlich im Aggregationstyp *Kunde* enthalten sein.

5.4 Modellierung der Geschäftsprozesssteuerung

Abbildung 39 beschreibt, wie bei den Geschäftsprozessmodellen komplexe Zusammenhänge durch hierarchische Darstellung handhabbar gemacht werden können. Auf der untersten Schicht einer solchen Prozessdokumentation erfolgt die Zuordnung zu konkreten IT Services, d.h. auf dieser Ebene wird die Geschäftsprozesssteuerung modelliert. In dem in dieser Arbeit vorgestellten integrierten Modell wird hierzu eine plattformunabhängige Beschreibung ge-wählt, die auf den Geschäftsprozessnetzen basiert und diese lediglich um die Zuordnungs-möglichkeit von IT Services bei den Transitionen erweitert.

5.4.1 Backend-Netze

Backend-Netze sind XML-Netze bei denen den einzelnen Transitionen gegenüber den Ge-schäftsprozessnetzen zusätzlich IT Services zugewiesen werden können. Die Modellierung der Geschäftsprozesssteuerung ist hierbei sowohl von der Technologie, mit der einzelne zu-geordnete Services implementiert werden, als auch von der Technologie mit der die Ge-schäftsprozesssteuerung implementiert wird, unabhängig. Backend-Netze beziehen sich somit nicht auf eine konkrete Plattform wie bspw. Webservices bzw. BPEL. Bezüglich einer Einord-nung bei der Model Driven Architecture repräsentiert dieses Teilmodell somit ein Platform Independent Model. Backend-Netze bilden jedoch bereits die Basis für die IT-technische Um-setzung der modellierten Geschäftsprozesse und sind folgendermaßen definiert:

Definition 5.5: Backend-Netz

Ein Backend-Netz ist ein Tupel $BEN = (S, T, F, \Psi, I_S, K, IT, M_0, R, IS)$ für das gilt:

(i) $(S, T, F, \Psi, I_S, K, IT, M_0)$ ist ein XML-Netz.

(ii)   Jeder Transition T_i des XML-Netzes muss mindestens eine technische Rol-le R_j zugewiesen werden.

(iii)   Jeder Transition T_i des Backend-Netzes kann genau ein IT Service IS_j zu-gewiesen werden.

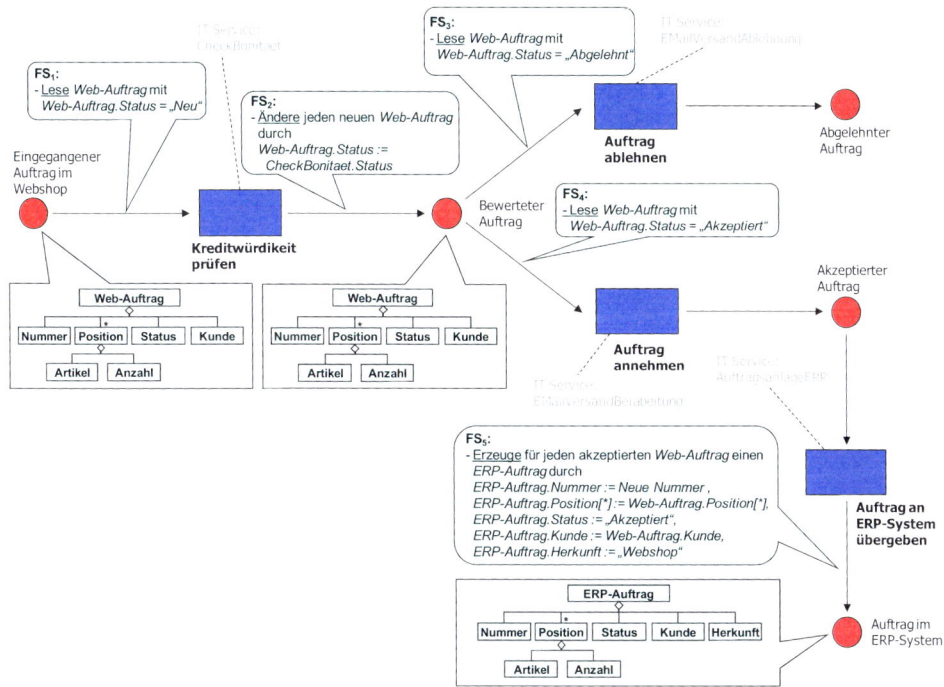

Abbildung 49: Backend-Netz

Abbildung 49 zeigt ein Beispiel für ein Backend-Netz. Im Gegensatz zur Beschreibung der Abläufe im Frontend, die noch in Abschnitt 5.5 behandelt werden, werden hier die im Hintergrund – meist automatisiert – ablaufenden IT-basierten Prozesse dargestellt. Backend-Netze beschreiben die Abläufe, die häufig in einer Middleware implementiert werden und bei der Realisierung bereichsübergreifender Geschäftsprozesse für die Integration verschiedener Systeme genutzt werden.

In dem dargestellten Beispiel werden die in einem Webshop eingegangenen Aufträge im ersten Schritt automatisch bzgl. der Kreditwürdigkeit des (potenziellen) Kunden geprüft. Hierzu wird der IT Service `CheckBonitaet` aufgerufen. Dieser IT Service erhält als Input die der Stelle im Vorbereich zugewiesene Geschäftsobjektstruktur *Web-Auftrag*, die durch den Filter *FS₁* nur die Aufträge aus dem Webshop enthält, die sich im Status *Neu* befinden. Das Ergebnis des IT Services wird im entsprechenden Output, der ebenfalls der Geschäftsobjektstruktur *Web-Auftrag* entspricht, durch das Umsetzen des Status dokumentiert. In Abhängigkeit des gesetzten Status wird automatisch entschieden, ob der Auftrag akzeptiert oder abgelehnt wird. Im Falle einer Ablehnung wird im dargestellten Beispiel – ebenfalls automatisch – eine E-Mail mit einem Ablehnungstext durch den IT Service `EMailVersandAblehnung` generiert und an den Auftraggeber versendet. Im Falle der Annahme bekommt der Auftraggeber durch den IT Service `EMailVersandBearbeitung` eine Benachrichtigung, dass sein Auftrag bearbeitet wird. Im nächsten Schritt wird der Auftrag aus dem Webshop dann an das ERP-System zur weiteren Bearbeitung übergeben und dort angelegt.

5.4.2 Webservice-Netze

Für die Umsetzung auf einer konkreten technologischen Plattform wird in diesem Abschnitt eine Erweiterung der Backend-Netze zur Modellierung der Geschäftsprozesssteuerung beispielhaft für den Einsatz, d.h. die Transformation in BPEL, beschrieben. Webservices sollen dabei mit Hilfe sogenannter *Webservice-Netze* zu ausführbaren Geschäftsprozessen orchestriert werden können [Bau08, KoM05]. Hierzu werden wiederum XML-Netze als Basis genutzt, bei denen die Transitionen in Basis-Aktivitäten von BPEL übersetzt werden können. Es muss den einzelnen Transitionen als Erweiterung gegenüber den Backend-Netzen jeweils ein Webservice zugeordnet und mit den für den Aufruf erforderlichen technischen Informationen für den jeweiligen BPEL-Aktivitätstyp hinterlegt werden können. Da bei BPEL-Aktivitäten XML-basierte Input- und Output-Nachrichten verarbeitet werden, müssen diese XML-Strukturen bei den Modellen ebenfalls hinterlegt werden können.

Ein Webservice-Netz stellt somit ein plattformspezifisches Teilmodell für die Realisierung eines mit BPEL ausführbaren Prozesses dar. Bezüglich einer Einordnung bei der Model Driven Architecture repräsentiert dieses Teilmodell somit ein Platform Specific Model. Die Grundstruktur eines Webservice-Netzes ist aus zwei Transitionen und zwei Stellen aufgebaut [Bau08 S. 41f.]. Die erste Transition muss in dieser Grundstruktur immer eine `receive`-Aktivität und die letzte Transition entweder eine `reply`- oder eine `invoke`-Aktivität darstellen [Bau08 S. 41]. Der Ablauf zwischen der ersten und letzten Transition kann in analog zur Modellierung der Backend-Netze durchgeführt werden, d.h. es gibt hier keine weiteren – die Ablaufmodellierung betreffende – Einschränkungen. Alternativ zur `receive`-Aktivität kann als erste Aktivität in einem BPEL-Prozess auch eine `pick`-Aktivität stehen. Da diese jedoch im Wesentlichen eine Kombination aus der Funktionalität einer `receive`-Aktivität und anderen BPEL-Aktivitäten, wie der `wait`-Aktivität und der `if`-Aktivität darstellt, wird diese im Rahmen der Webservice-Netze nicht mehr weiter betrachtet. In Abbildung 50 ist die Grundstruktur eines Webservice-Netzes dargestellt.

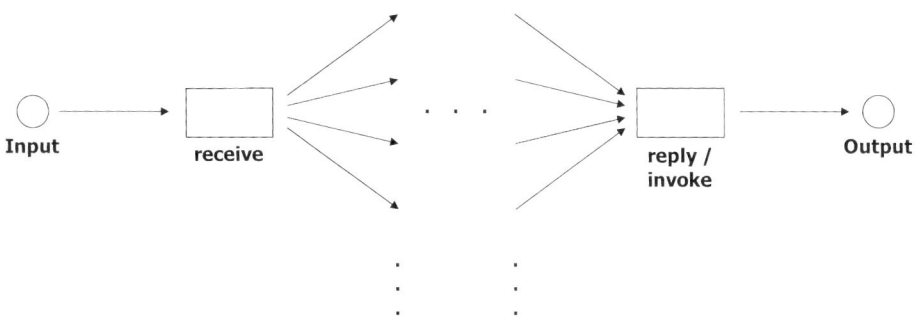

Abbildung 50: Grundstruktur eines Webservice-Netzes [vgl. Bau08]

Webservice-Netze basieren – wie auch die Backend-Netze – auf XML-Netzen. Während bei Backend-Netzen noch allgemeine IT Services zugewiesen werden, können bei Webservice-Netzen hingegen konkrete Angaben zu entsprechend zugeordneten Webservices bei den Transitionen hinterlegt werden. Diese Informationen sind für eine Transformation in BPEL erforderlich [vgl. Bau08 S. 40ff.]. In einem Webservice-Netz existiert exakt eine Stelle ohne eingehende Kanten, die als Input-Stelle des Webservice-Netzes bezeichnet wird [vgl. KoM05]. Der Nachbereich dieser Stelle umfasst nur eine Transition, die sogenannte Input-Transition [vgl. Bau08]. Weiterhin existiert exakt eine Stelle ohne ausgehende Kanten, die als Output-Stelle des Webservice-Netzes bezeichnet wird [vgl. KoM05]. Der Vorbereich dieser Stelle umfasst nur eine Transition, die sogenannte Output-Transition [vgl. Bau08]. Alle in einem Webservice-Netz verwendeten Knoten müssen auf einem Pfad zwischen der Input- und der Output-Transition liegen. Durch die XML Schemata der jeweiligen Input- und Output-Stelle wird festgelegt, wie die eingehenden und ausgehenden Nachrichten eines mit einem Webservice-Netz definierten BPEL-Prozesses aufgebaut sind. Die XML Schemata der Stellen im Vor- und Nachbereich von Transitionen, die zwischen der Input- und der Output-Transition liegen, definieren den Aufbau der Nachrichten, die an einen einer Transition zugeordneten Webservice gesendet werden bzw. als Ergebnis an einen solchen zurück übertragen werden. Die im Vergleich zu reinen XML-Netzen zusätzlich benötigten Informationen, die für die Transformation in BPEL erforderlich sind, können in Form spezieller Attribute bei den Transitionen hinterlegt werden. Soll ein Webservice an eine Transition gebunden werden, so muss dessen WSDL-Datei vorliegen. Eine WSDL-Datei kann dem Attribut `wsdl` einer Transition eines Webservice-Netzes zugeordnet werden. Auf Basis der WSDL-Datei müssen für die Attribute `partnerLinkType`, `portType` und `operation` die für den aktuellen Prozessschritt passenden Werte ausgewählt werden, da ein Webservice mehrere `partnerLinkTypes`, `portTypes` und `operations` anbieten kann. Weiterhin muss in `activity` der Typ der entsprechenden Basisaktivität festgelegt werden, durch den der Typ der BPEL-Basisaktivität definiert wird, der durch diese Transition repräsentiert wird. Hierbei können die Typen `receive`, `reply`, `invoke`, `empty` und `wait` angegeben werden. Aktivitäten vom Typ `empty` und `wait` erfordern im Vergleich zu Aktivitäten vom Typ `receive`, `reply` und `invoke` keine Angaben bei den Attributen `wsdl`, `partnerLinkType`, `portType` und `operation`. Bei Verwendung einer Aktivität vom Typ `wait` muss eine Zeitangabe hinterlegt werden. Mit den Attributen `unit` und `duration` können Zeiteinheit und Zeitdauer für eine `wait`-Aktivität festgelegt werden. Auf Basis der zuvor beschriebenen Konzepte kann ein Webservice-Netz nun folgendermaßen definiert werden [vgl. Bau08, KoM05]:

Definition 5.6: Webservice-Netz

Ein Webservice-Netz ist ein Tupel $WSN = (S, T, F, \Psi, I_S, K, IT, M_0, WS_{Attribute})$ für das gilt:

(i) $(S, T, F, \Psi, I_S, K, IT, M_0)$ ist ein XML-Netz.

(ii)   Ein WSN hat genau eine Stelle S_I ohne eingehende Kanten. Diese Stelle wird als die Input-Stelle des WSN bezeichnet. Der Stelle muss ein XML-Dokument als Startmarkierung zugeordnet sein. In ihrem Nachbereich besitzt diese Stelle genau eine Transition. Diese Transition ist die Input-Transition des WSN.

(iii)   Ein WSN hat genau eine Stelle S_o ohne ausgehende Kanten. Diese Stelle wird als die Output-Stelle des WSN bezeichnet. Ein dieser Stelle zugeordnetes XML-Dokument kann von keiner Transition des WSN geändert oder gelöscht werden. In ihrem Vorbereich besitzt diese Stelle genau eine Transition. Diese Transition ist die Output-Transition des WSN.

(iv)   Transitionen haben die zusätzlichen Attribute `wsdl`, `activity` und `role`, über die einer Transition ein Webservice WS_i zugewiesen werden kann. Das Attribut `wsdl` enthält eine gültige WSDL-Datei eines Webservice. Der Typ der Transition wird über das Attribut `activity` festgelegt, das einen Wert aus der Menge {`receive`, `reply`, `invoke`, `wait`, `empty`} enthalten muss. Für die Transition müssen bei Typen aus der Menge {`receive`, `reply`, `invoke`} die Attribute `wsdl`, `partnerLinkType`, `portType` und operation einen zugeordneten Wert ≠ {} enthalten. Das Attribut role enthält die für die Ausführung des durch die Transition repräsentierten Geschäftsprozessschritts zuständige Rolle.

(v)   Bei einer Transition vom Typ wait müssen die zusätzlichen Attribute unit und duration angegeben werden.

(vi)   Die Input-Transition ist immer vom Typ receive. Die Output-Transition ist immer entweder vom Typ reply oder invoke.

Abbildung 51 zeigt den Kontext eines Webservice-Netzes mit den entsprechenden Zusammenhängen. Diese Zusammenhänge können in Kombination mit den bei den einzelnen Elementen der Webservice-Netze hinterlegten Informationen verwendet werden, um BPEL-Code für eine Umsetzung der modellierten Geschäftsprozesssteuerung zu erzeugen.

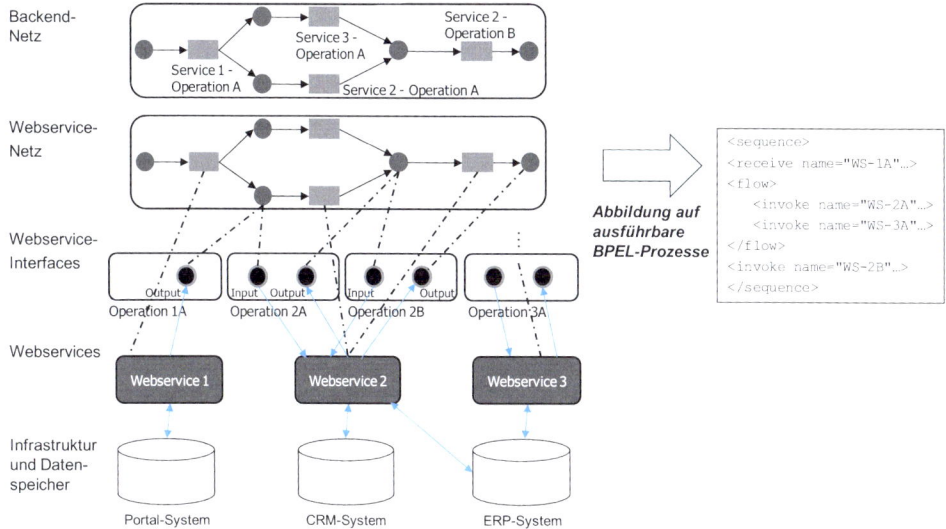

Abbildung 51: Kontext eines Webservice-Netzes [vgl. HKS08]

Diese Variante von XML-Netzen eignet sich zur Definition und zum Management von Webservice-basierten Geschäftsprozessen, da sie durch eine Transformation direkt in BPEL übersetzt werden kann. Geschäftsprozesse, die über diese Teilmodell als ausführbarer BPEL-Prozess realisiert werden sollen, müssen jeweils als korrektes Webservice-Netz definiert sein. Als Erweiterung für eine konkrete Umsetzung des in Abbildung 49 dargestellten Backend-Netzes müssten außer der Zuordnung von Webservices und der Anreicherung mit den zusätzlichen Attributen bei den Transitionen gemäß (iv) und (v) auch eine Input-Stelle mit nachfolgender Input-Transition am Anfang und eine Output-Transition mit nachfolgender Output-Stelle am Ende des Netzes modelliert werden.

Das grundlegende Konzept von Webservice-Netzen auf Basis von XML-Netzen wurde in [KoM05] entwickelt. Darüber hinaus stellen die in [Aal97] eingeführten Workflow-Netze und die in [HaB03] vorgestellten Service-Netze weitere Grundlagen der hier verwendeten Webservice-Netze dar. In dem hier beschriebenen Ansatz wird zusätzlich definiert, welche Angaben in Webservice-Netzen hinterlegt werden müssen, um einen ausführbaren BPEL-Prozess zu erzeugen [vgl. Bau08].

5.5 Modellierung der Geschäftsprozess-Frontends

In diesem Abschnitt wird die Modellierung der Geschäftsprozess-Frontends (nachfolgend Frontends genannt) beschrieben. Dies umfasst sowohl die Definition der inhaltlichen Struktur als auch die Definition der Abläufe innerhalb der Frontends, d.h. der Benutzeroberfläche eines zu realisierenden Anwendungssystems. Die einzelnen Teilmodelle werden unter dem Begriff *Frondend-Modell* zusammengefasst [vgl. Her07 S. 53ff.]. Durch die Modellierung von Abläufen in der Benutzeroberfläche des Anwendungssystems soll die Steuerungslogik der Frontends definiert werden. Darüber hinaus soll in entsprechenden Teilmodellen auch der strukturelle Aufbau der Benutzeroberfläche berücksichtigt werden. Im Rahmen der Modellierung der Frontends sollen fachliche und technische Informationen soweit ergänzt werden können, dass auf Basis der hinterlegten Informationen über Generatoren lauffähige Frontends erzeugt werden können.

Die Ausgangsbasis für die Modellierung der Geschäftsprozess-Frontends stellen die bereits modellierten Geschäftsprozesse dar. Auf Basis dieser Geschäftsprozessmodelle können die durch eine Benutzeroberfläche zu unterstützenden Aufgaben identifiziert werden, da diese Modelle auch die Aktionen umfassen, die einzelne Anwender im Rahmen eines Geschäftsprozesses systemgestützt durchführen. Entsprechende Schritte in einem modellierten Geschäftsprozess stellen somit einen Einstiegspunkt in die Frontend-Modellierung dar. Logische Schnittstellen zwischen Frontend-Steuerung und Geschäftsprozesssteuerung werden durch den Aufruf von Backend Services aus der Frontend-Steuerung heraus definiert. Dadurch werden Aktionen von Anwendern mit entsprechenden Backend Services der Geschäftslogik verknüpft, d.h. der Ansatz berücksichtigt das Zusammenspiel der Frontend-Logik eines Anwendungssystems mit der Geschäftslogik. Im Rahmen dieses Zusammenspiels können Informationen wiederverwendet werden. Beispielsweise können Datentypen aus zugrundeliegenden Backend Services der Implementierung der Geschäftslogik für die Erzeugung von Frontend Services im Rahmen der Implementierung der Frontend-Logik genutzt werden. Die in einem Frontend verwendeten Datenstrukturen, die im Zusammenspiel mit der Geschäftslogik verarbeitet werden, basieren auf den Eingabe- und Ausgabeparametern von Backend Services. Die Basis für die Definition solcher Frontend-Datenstrukturen stellt idealerweise ein grundlegendes Datenmodell bereit, welches bereits die benötigten Datenstrukturen entsprechend des in Abschnitt 5.3 beschriebenen Geschäftsobjektmodells enthält. Die Nutzung der beschriebenen Zusammenhänge zwischen den verschiedenen Schichten ist eine zentrale Voraussetzung für eine automatisierte bzw. teilautomatisierte Erstellung von Unternehmenssoftware.

Innerhalb von Frontends gibt es drei unterschiedliche Arten von Abläufen [vgl. Her07 S. 53f.]:

- Interaktionsabläufe beschreiben das über einen abgegrenzten Bereich einer Benutzeroberfläche mögliche Zusammenspiel zwischen den Anwendern und dem System.

- Navigationsabläufe beschreiben die über verschiedene Bereiche der Anwendung hinweg erlaubten Navigationspfade für entsprechende Anwender.

- Technische Abläufe beschreiben das Zusammenspiel zwischen Speicherstrukturen und Backend Services im Rahmen einer systemseitig oder durch den Anwender ausgelösten Aktion im Frontend.

Als Basis für die Modellierung dieser drei Ablaufarten in Frontends bietet sich die Verwendung von XML-Netzen an, da dadurch die Dynamik formal und für alle drei Arten einheitlich definiert werden kann. Darüber hinaus können bei der Verwendung von XML-Netzen durch die Nähe zu XML auch strukturelle Aspekte der Frontends bei der Modellierung bereits berücksichtigt werden. Dies ist vor allem für eine automatisierte Umsetzung entsprechender Frontends ein großer Vorteil, da die Technologien zur Implementierung von Benutzeroberflächen zunehmend auf XML-Strukturen aufbauen.

5.5.1 Grundmodell der Interaktion

Nachfolgend wird das grundsätzliche Muster bei der Interaktion eines Anwenders mit einem SOA-basierten System beschrieben [vgl. Her07 S. 54]. Hierbei wird das Zusammenspiel von Anwender, Frontend und Backend Service im Rahmen von Interaktionen abgebildet. Die Interaktion zwischen Anwender und Frontend findet dadurch statt, dass ein Anwender innerhalb des Frontends navigiert, Aktionen bspw. durch einen Mausklick auslöst oder Daten eingibt bzw. ändert. Die Ausführung dieser Aktionen erfolgt von der Frontend-Steuerung entweder durch die Verwendung von Frontend Services innerhalb der Frontend-Schicht oder durch Aufruf von Backend Services bei geschäftslogikrelevanten Interaktionen.

Als Architekturgrundlage kann hier das MVC-Konzept in Verbindung mit einer SOA verwendet werden. Das Frontend beinhaltet View und Controller. Das Model realisiert den Zugriff auf Daten, die durch Backend Services zur Verfügung gestellt werden. Auf Basis dieses Konzepts kann ein Anwender eine Aktion im Frontend auslösen. Diese Aktion ruft einen Backend Service auf, der nach seiner Ausführung Ergebnisse an das Frontend zurücksendet. Die Ergebnisse werden innerhalb des Frontends verarbeitet und dem Anwender bereitgestellt. Der beschriebene Ablauf entspricht der in Abbildung 52 dargestellten Schritte 1,2,3 und 4. Diese vereinfachte Darstellung des Zusammenspiels zwischen Anwender, Frontend und Backend Service wird im Folgenden als Grundmodell der Interaktion bezeichnet [vgl. Her07 S. 54]. Es ist jedoch auch ein verkürzter Ablauf möglich, bei dem ein Backend Service aufgerufen wird, jedoch vom Frontend nicht auf eine Rückmeldung gewartet wird, d.h. es werden nur die Schritte 1 und 2 ausgeführt. Darüber hinaus kann eine Antwort auch direkt vom Frontend ohne Aufruf eines Backend Services erfolgen. Dieser ebenfalls verkürzte Ablauf, der nur die Schritte 1 und 4 beinhaltet, tritt beispielsweise dann auf, wenn als Reaktion auf eine Benutzereingabe vom Frontend eine Meldung für den Anwender erzeugt wird, die auf einer Validierung basiert, welche ausschließlich innerhalb des Frontends erfolgt.

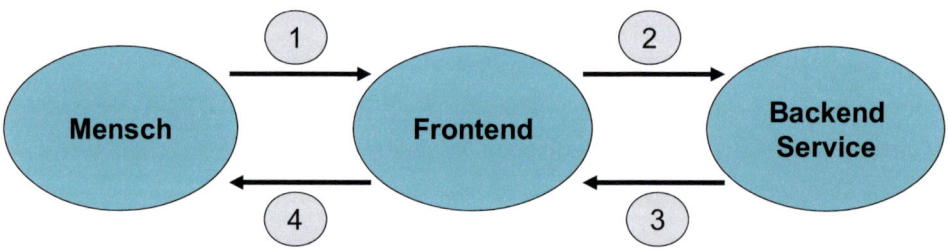

Abbildung 52: Grundmodell der Interaktion [vgl. Her07 S. 54]

5.5.2 Aspekte und Abhängigkeiten im Frondend-Modell

Für die Analyse und den Entwurf von Benutzeroberflächen für Unternehmenssoftware soll nun ein entsprechendes Frontend-Modell entwickelt werden. Hierbei soll eine Reduktion der Komplexität durch das Aufteilen des Modells in einzelne, voneinander weitgehend unabhängige Modellierungsaspekte erreicht werden [vgl. Her07 S. 56-57]. Darüber hinaus soll da-

durch eine Zuordnung der verschiedenen Aspekte zu entsprechenden verantwortlichen Bearbeitern ermöglicht werden. Beispielsweise kann so einem Webdesigner bei der Realisierung
einer webbasierten Benutzeroberfläche die Berechtigung für das Anordnen einzelner Elemente auf den Webseiten zugewiesen werden. Die Definition von technischen Aspekten für die
Umsetzung eines Frontends ist hingegen von entsprechenden IT-Spezialisten durchzuführen.
Das Frontend-Modell soll einerseits so gestaltet werden, dass Modellierer nur wenige Modellierungselemente erlernen müssen, andererseits sollen durch das Modell jedoch auch keine
Einschränkungen für die Umsetzung eines Frontends entstehen.

Bei der Entwicklung des Frontend-Modells wurde insbesondere auf die Trennung der fachlichen und der technischen Aspekte geachtet. Bei der Modellierung der technischen Aspekte
wird zusätzlich zwischen technologieunabhängigen und technologiespezifischen Aspekten
unterschieden. Einerseits gibt es Aspekte, die zwar technische Sachverhalte beschreiben, jedoch komplett technologieunabhängig modelliert werden können, wie bspw. das Zusammenspiel des Lesens und Schreibens von Speicherstrukturen mit dem Aufruf von Services. Andererseits gibt es jedoch auch Aspekte, die sich rein auf die spezifische technologische
Umsetzung beziehen, wie bspw. die Definition und Einbindung von Resource Bundles und
erforderlicher Java-Bibliotheken für JavaServer Faces.

Für die Modellierung der fachlichen Aspekte sollten bereits Geschäftsprozessmodelle und
Geschäftsobjektmodelle vorliegen. Diese Modelle sollten als Grundlage zur Diskussion und
Erstellung der nachfolgend beschriebenen Teilmodelle für das Frontend genutzt werden. Die
fachlichen Aspekte der Frontend-Modellierung beziehen sich auf die grundlegende Bedienung
der zu realisierenden Benutzeroberfläche. Diese muss in enger Zusammenarbeit mit dem
Fachbereich erstellt werden. Darunter fällt beispielsweise die Modellierung der möglichen
Interaktionen, die zwischen den Benutzern und der Anwendung auftreten können. Auch die
Festlegung der Struktur von zu realisierenden Seiten sowie die Festlegung der verschiedenen
Benutzerrollen inklusive deren Berechtigungen fallen in diesen Bereich. Ein weiterer Aspekt
ist die Navigation, die bereits bei der fachlichen Modellierung definiert werden soll. Ebenso
müssen neben der Navigation weitere wichtige Aspekte von Benutzeroberflächen wie etwa
Personalisierung und Mehrsprachigkeit berücksichtigt werden.

Die Modelle für die fachlichen Aspekte bilden die Grundlage für die technische technologieunabhängige Modellierung der Frontends. Bei dieser technischen Modellierung wird das Zusammenspiel von Servicezugriffen und dem Frontend technologieunabhängig beschrieben. In

der Definition der technologiespezifischen Aspekte werden zusätzlich die jeweils relevanten technischen Parameter entsprechend der ausgewählten Technologie festgelegt. Zum Beispiel müssen bei der Verwendung von JavaServer Faces als Umsetzungstechnologie die JSF-Elemente definiert werden können, welche die Eingabefelder, Buttons etc. repräsentieren. Die einzelnen Modelle zur Beschreibung der technologiespezifischen Aspekte können je nach verwendeter Technologie völlig unterschiedlich sein. Solche technologiespezifischen Modelle enthalten bspw. notwendige Verzeichnisse, einzubindende Bibliotheken und vor allem Mapping-Regeln für die Zuordnung der Elemente der fachlichen und technischen technologieunabhängigen Modelle zu den vorgegebenen Elementen der jeweiligen Technologie.

Bestimmte Aspekte sollen für das komplette Frontend pauschal definiert werden können. Jedoch ist es auch erforderlich, diese pauschal vorgegebenen Aspekte individuell anzupassen. Beispielsweise müssen alle Seiten mit einer einheitlichen Layoutvorgabe versehen werden können, die bei einer modellbasierten Generierung berücksichtigt wird. Bei einzelnen Seiten muss hingegen auch ein individuelles Layout durch eine entsprechende Zuordnung und Darstellung ermöglicht werden. Bei der Definition der technologiespezifischen Aspekte eines Frontends ist dies in gleicher Weise erforderlich, wenn bspw. ein generell vorgegebenes Mapping zu technologiespezifischen Umsetzungen in Einzelfällen bzgl. spezieller Anforderungen angepasst werden muss.

Im Frontend-Modell müssen die verschiedenen Aspekte in separaten Teilmodellen definiert werden. Die Teilmodelle und deren Abhängigkeiten sind in Abbildung 53 dargestellt. Ein Pfeil von einem Aspekt zu einem anderen bedeutet, dass bei der Definition eines Zielaspekts Definitionen des Ausgangsaspekts verwendet werden können. Es gibt Modellaspekte die komplett unabhängig von allen anderen Modelaspekten definiert werden können. Bei anderen Modellaspekten kann hingegen auch eine wechselseitige Abhängigkeit zu einem anderen Modellaspekt auftreten, d.h. eine Abhängigkeit bei der Verwendung von definierten Aspekten in beiden Richtungen.

Eine Grundlage des Frontend-Modells stellt das Teilmodell zur Definition der *Frontend-Datenobjektstrukturen* mit den darin enthaltenen *Frontend-Datenobjekttypen* dar. In ihnen werden die Datenstrukturen festgelegt, die über die Frontends verarbeitet werden sollen. Darüber hinaus werden über das Teilmodell der *Servicezugriffe* die zur Verfügung stehenden IT Services für die Nutzung im Frontend-Modell abgebildet. Eine weitere Grundlage bildet die Definition der einzelnen *Elemente*, die innerhalb von Frontends im Rahmen der

Mensch/System-Interaktion verwendet werden sollen. Auf Basis der Frontend-Datenobjektstrukturen und Frontend-Datenobjekttypen kann der Kern des Frontend-Modells, die Modellierung der Interaktionsaspekte, erfolgen. Die Interaktionen werden im Rahmen von sogenannten Bereichen definiert, welche unteilbare Nutzungseinheiten eines Frontends darstellen. In den *Interaktionsnetzen* werden sowohl die möglichen Interaktionen zwischen Mensch und System als auch der Zugriff auf Services definiert, die im Rahmen des Frontends zur Verfügung stehen. Detaillierte technische Abläufe für einzelne, in einen Bereich stattfindende Interaktionen, können basierend auf den Interaktionsnetzen durch die *technischen Aktionsnetze* definiert werden. Hier erfolgen die Detaillierung der Zuordnung von Interaktionen zu IT Services und die Beschreibung der technischen Ausführung. Die bereichsübergreifende Darstellung der Abhängigkeiten zwischen den Bereichen und das funktionale Zusammenstellen und Verbinden von Bereichen und Seiten erfolgt durch die Definition von *Frontend-Netzen*. Über Strukturierungsteilmodelle können einzelne *Bereichsstrukturen* und *Seitenstrukturen* definiert werden. Es werden diesbezüglich Elemente auf den Bereichen und Bereiche auf den Seiten angeordnet. Im Teilmodell zu den *Berechtigungen / Personalisierungen* können Zugriffsberechtigungen und Personalisierungsmöglichkeiten für die *Benutzerrollen* definiert werden, die sich auf Komponenten aller anderen Teilmodelle des Frontend-Modells beziehen können. Darüber hinaus gibt es grundlegende Teilmodelle für Aspekte, die Abhängigkeiten zu allen anderen Aspekten im Frontend-Modell besitzen können. Dies sind einerseits die *Layoutaspekte* für die Definition von Layoutattributen oder sonstigen Layoutvorgaben. Ein weiteres grundlegendes Teilmodell umfasst die Definition der *technologiespezifischen Aspekte* für die jeweils verwendete Frontend-Technologie. Dieses Teilmodell kann ebenfalls Abhängigkeiten zu allen anderen im Frontend-Modell modellierbaren Aspekten besitzen. Ein Aspekt muss nicht vollständig ausmodelliert sein, um mit dem nächsten beginnen zu können. Definitionen können und sollen während des Modellierungsvorgangs bei allen Aspekten ergänzt werden können. Bei Änderungen an den Modellelementen müssen dann jedoch die entsprechenden abhängigen Aspekte aus anderen Teilmodellen gegebenenfalls angepasst werden.

Vergleicht man das hier beschriebene Frontend-Modell mit den Modellen der Model Driven Architecture, dann kann folgendes festgestellt werden [vgl. Her07 S. 57]: Einem CIM (Computation Independent Model) kommen die als Modellierungsbasis genutzten Geschäftsprozess- und Geschäftsobjektmodelle am nächsten. Die Modellierung der technologiespezifischen Aspekte entspricht der Erstellung eines PSM (Platform Specific Model). Die restlichen Teilmodelle entsprechen einem PIM (Platform Independent Model).

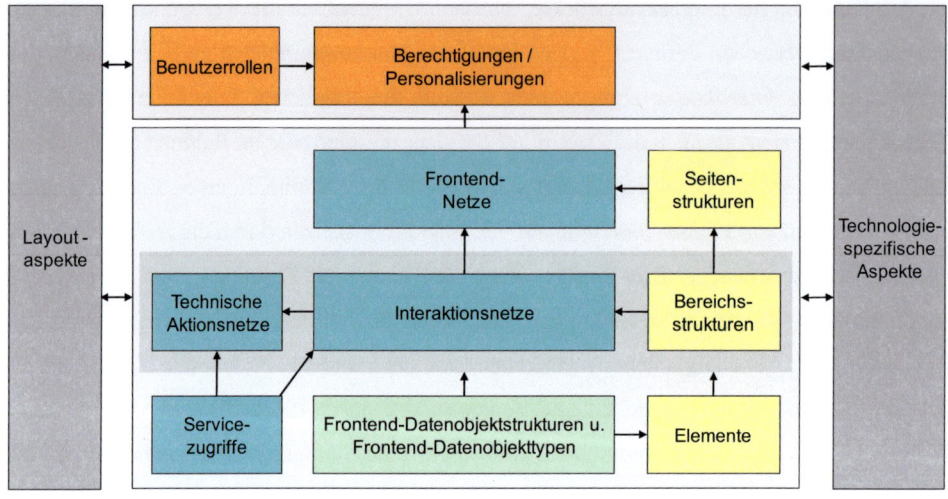

Abbildung 53: Aspekte und Abhängigkeiten im Frontend-Modell [vgl. Her07 S. 57]

Nachfolgend werden die einzelnen Teilmodelle des Frontend-Modells im Detail erläutert. Beim Frontend-Modell werden generell alle modellierten Aspekte in XML-Strukturen gespeichert. Die Aspekte, welche sich auf dynamische Sachverhalte im Frontend beziehen, werden durchgängig auf Basis von XML-Netzen beschrieben. Für die Definition der Frontend-Datenobjektstrukturen werden die in Abschnitt 5.3 beschriebenen Konzepte der Geschäftsobjektmodellierung als Basis genutzt. Die Definition der Bereichs- und Seitenstrukturen erfolgt durch graphische Modelle, die eine strukturelle Anordnung von Elementen auf Bereichen bzw. von Bereichen auf Seiten ermöglichen. Generell soll die Modellierung – soweit dies möglich – in graphischer Form erfolgen. Für die Beschreibung von Aspekten, bei denen dies nicht möglich oder sinnvoll ist, sind textuelle Definitionen vorgesehen.

5.5.3 Frontend-Datenobjektstrukturen und Frontend-Datenobjekttypen

Als Basis für die Definition von Frontends müssen die zugrundeliegenden Datenstrukturen definiert werden, die innerhalb des Frontends verarbeitet werden sollen [vgl. Her07 S. 58f.]. Diese Datenstrukturen werden im weiteren Verlauf als *Frontend-Datenobjektstrukturen* bezeichnet. Ein Geschäftsobjektmodell kann hierzu als Basis genutzt werden. Die in Abschnitt 5.3 im Rahmen der Geschäftsobjektmodellierung beschriebenen Konzepte können auch verwendet werden, um die Datenstrukturen für Frontends zu beschreiben. Im optimalen Fall sind die erforderlichen Datenstrukturen für die Frontends bereits in einem Geschäftsobjektmodell vorhanden. In einem Geschäftsobjektmodell können jedoch auch Geschäftsobjekte auftreten, die in den Frontends nicht genutzt werden, da sie nur automatisiert im Hintergrund verarbeitet werden und für einen Benutzer nicht sichtbar sind. Andererseits können auch Datenstrukturen benötigt werden, die sich nicht direkt aus den Geschäftsobjektmodellen ableiten lassen, wie beispielsweise Datenstrukturen, die für berechnete Werte oder die interne technische Verarbeitung in den Frontends benötigt werden. Prinzipiell können Frontend-Datenobjektstrukturen aus bestehenden oder anzulegenden Geschäftsobjektstrukturen zusammengestellt werden, die in dieser Konstellation für eine spezielle Anwendungsmaske erforderlich sind. Zum Beispiel ist es für eine Auskunftsmaske eines CRM-Systems notwendig, Informationen zu vielen Geschäftsobjekten anzuzeigen. Diese können mit der vorgestellten Methode durch eine Frontend-Datenobjektstruktur beschrieben werden, die Strukturen der Kundenstammdaten, Angebotsdaten, Auftragsdaten, Rechnungsdaten, Zahlungsdaten etc. aus Geschäftsobjektmodellen enthält und darüber hinaus auch über Strukturen für berechnete Werte, wie beispielsweise für kumulierte Auftragswerte, verfügt.

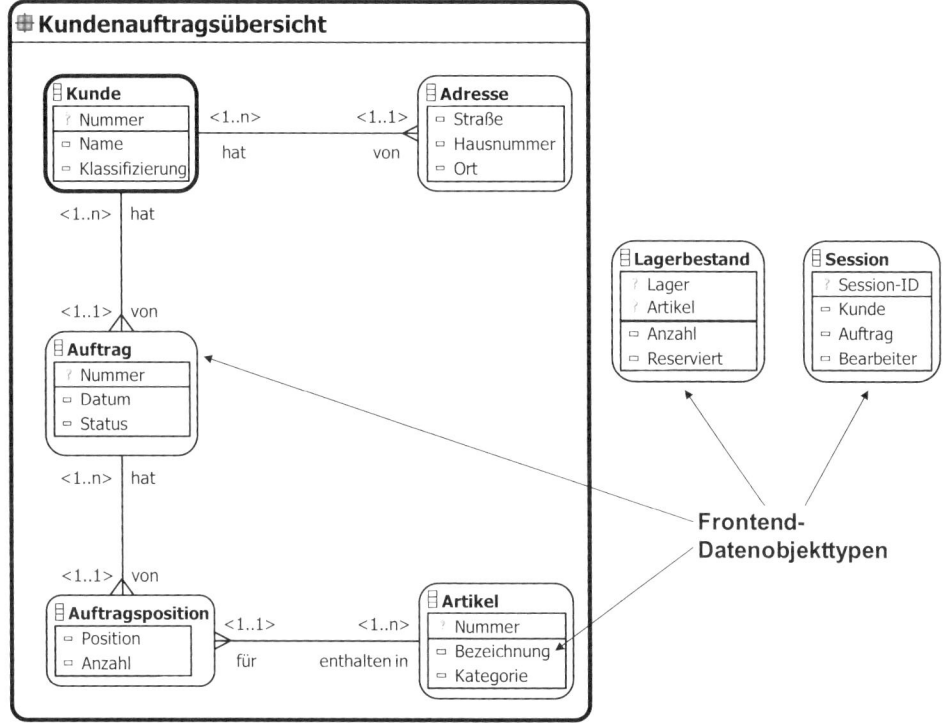

Abbildung 54: Frontend-Datenobjektstruktur mit Frontend-Datenobjekttypen

Ein Beispiel für eine graphische Repräsentation einer Frontend-Datenobjektstruktur ist in Abbildung 54 dargestellt. Für eine Benutzeroberfläche, die für eine Auftragsverarbeitung erstellt werden soll, werden hierzu Kundenstammdaten inklusive einer ggf. beliebigen Anzahl von Adressen und Auftragsdaten in einer Frontend-Datenobjektstruktur zusammengefasst. Anhand der beschriebenen Struktur lässt sich ein möglicher Aufbau einer Benutzeroberfläche zur Anzeige, Erfassung und Änderung von Kundenaufträgen bereits grob erkennen. Eine Master/Detail-Struktur in einer Benutzeroberfläche entspricht einer Struktur, bei der ein Kopfdatensatz und eine beliebige Anzahl von zugehörigen Positionsdatensätzen für eine Interaktion des Benutzers mit den Daten angeordnet sind. Eine Master/Detail/Detail-Struktur kann aus den Beziehungen zwischen den Entitätstypen *Kunde*, *Auftrag* und *Auftragsposition* abgeleitet werden. Ob nun jedoch die Kundenstammdaten mit allen Aufträgen und jeweils allen Auftragspositionen auf einer einzigen Maske dargestellt werden sollen, ist durch die Frontend-Datenobjektstruktur nicht definiert. Es wäre auch eine Verteilung auf drei Masken möglich: Maske 1 enthält die Kundenstammdaten und eine Liste der Aufträge ohne die jeweiligen Auftragspositionen. Maske 2 beinhaltet die Adressen und zeigt im Kopf den jeweiligen Kunden an. Maske 3 zeigt die einzelnen Auftragspositionen inklusive der eingebundenen Attribute der Artikel an. Eine Navigation zu den Masken 2 und 3 könnte über Navigations-Buttons aus Maske 1 heraus realisiert werden.

Für die Verarbeitung der Datenstrukturen in den zu definierenden Frontend-Teilmodellen werden Frontend-Datenobjektstruktur und Frontend-Datenobjekttyp nun folgendermaßen definiert:

Definition 5.7: Frontend-Datenobjektstruktur und Frontend-Datenobjekttyp

Eine *Frontend-Datenobjektstruktur* wird aus einer Menge von einfachen oder komplexen Geschäftsobjektstrukturen gebildet, die einem Frontend-Modell zugeordnet werden.

Ein *Frontend-Datenobjekttyp* ist ein Entitätstyp oder ein Attribut eines Entitätstyps in einer Frontend-Datenobjektstruktur.

Frontend-Datenobjekttypen werden in den nachfolgenden Teilmodellen benutzt, um die in konkreten einzelnen Interaktionsschritten zu verarbeitenden Daten zu modellieren. Beispielsweise kann der Frontend-Datenobjekttyp *Auftragsposition* der in Abbildung 54 dargestellten Frontend-Datenobjektstruktur verwendet werden, um die für die Erfassung einer Auftragsposition notwendigen Attribute zu beschreiben. Frontend-Datenobjektstrukturen können dazu verwendet werden, um sämtliche Datenstrukturen zu beschreiben, die im Rahmen eines

Frontends zur Speicherung von Daten benötigt werden. Dies sind beispielsweise Datenstrukturen zum Speichern von Daten zur aktuellen Belegung eines Bereichs, von Variablen oder von Parametern der verwendeten Services.

5.5.4 Servicezugriffe

Neben den zuvor beschriebenen Frontend-Datenobjektstrukturen stellt die Definition der *Servicezugriffe* eine zentrale Grundlage im Rahmen des Frontend-Modells dar [vgl. Her07 S. 59f.]. Durch vorgegebene Attribute werden in diesem Teilmodell die innerhalb eines Frontend-Modells zur Verfügung stehenden IT Services definiert. Hierbei werden keine Services definiert, sondern nur deren Aufruf aus dem Frontend heraus. Für die eigentlichen Services wird angenommen, dass diese entweder bereits vorliegen oder noch realisiert werden. Die Definition des Servicezugriffs erfolgt unabhängig von der verwendeten Umsetzungstechnologie. Im Falle der Verwendung von Webservices als Umsetzungstechnologie könnten WSDL-Dateien als technologiespezifischer Aspekt des Servicezugriffs ergänzt werden.

Ein Servicezugriff definiert die mögliche Nutzung eines IT Services im Rahmen des Frontend-Modells und enthält die folgenden Attribute [vgl. Her07 S. 59f.]:

- Eindeutiger Name des Servicezugriffs

- Typ (Frontend Service / Backend Service)

- Beschreibung des Servicezugriffs

- Aufruf des Services (Benötigte Operationen und Aufrufparameter)

- Rückgabeparameter (Frontend-Datenobjektstruktur)

- Ausnahmen (Auslösende Ereignisse und Beschreibung der jeweiligen Ausnahmebehandlung)

Für jeden Servicezugriff muss ein eindeutiger Name, ein Typ und eine Beschreibung angegeben werden. Darüber hinaus muss der Typ des Services bestimmt werden, d.h. ob es sich um die Nutzung eines Frontend Services oder einen Backend Services handelt. Bei der Definition eines Servicezugriffs vom Typ *Frontend Service* werden mögliche Funktionen modelliert, die innerhalb der Frontend-Logik genutzt werden können. Hingegen werden bei der Definition vom Typ *Backend Service* mögliche Funktionen der Geschäftslogik modelliert. Ein Aufruf eines Backend Services aus einem Frontend heraus stellt somit eine Verbindung zwischen der Frontend-Logik und der darunterliegenden Geschäftslogik dar. Für den Aufruf eines Services müssen die benötigten Operationen und die jeweiligen Aufrufparameter angegeben werden. Weiterhin müssen die Rückgabeparameter eines entsprechenden Serviceaufrufs definiert werden. Die Abbildung der Rückgabeparameter erfolgt durch die Verwendung von Frontend-Datenobjektstrukturen. Für die Definition von Ausnahmen, die bei einem Servicezugriff auftreten können, müssen die verschiedenen auslösenden Ereignisse festgelegt und mit der jeweiligen Beschreibung der entsprechenden Ausnahmebehandlung versehen werden.

5.5.5 Interaktionsnetze

Den Kern des Frontend-Modells stellt die Modellierung möglicher Interaktionen eines Benutzers mit dem Frontend dar [vgl. Her07 S. 60-65]. Aus der Sicht des Benutzers können prinzipiell zwei Interaktionstypen unterschieden werden: Einerseits gibt es aktive Interaktionen, die dem Schritt 1 des Grundmodells der Interaktion aus Abbildung 52 entsprechen und beispielsweise eine Benutzereingabe oder das Klicken auf einen Button darstellen. Andererseits gibt es auch passive Interaktionen, die dem Schritt 4 des Grundmodells der Interaktion entsprechen und beispielsweise die Anzeige von Ergebnissen einer Benutzeraktion oder von Fehlermeldungen darstellen. Mit sogenannten *Interaktionsnetzen* werden die im Rahmen der Bedienung einer Benutzeroberfläche auftretenden Abläufe mit den möglichen aktiven und passiven Interaktionen modelliert. Auf Basis dieser definierten Interaktionen sollen dann entsprechende Elemente von Benutzeroberflächen abgeleitet werden können, welche die beschriebene Interaktion implementieren.

Die Beschreibung von Interaktionen basiert in den nachfolgend vorgestellten Interaktionsnetzen auf sogenannten *Bereichen*. Unter einem Bereich versteht man eine Nutzungseinheit eines Frontends, der darin enthaltenen Elemente zu deren Bedienung und die Anordnung der Elemente in dieser Nutzungseinheit. Ein Bereich wird durch einen Namen eindeutig definiert und ist dadurch klar von anderen Bereichen unterscheidbar. Elemente können in mehreren Bereichen verwendet werden. Eine detaillierte Beschreibung der Definition des strukturellen Aufbaus von Bereichen erfolgt in Abschnitt 5.5.7. Da moderne betriebswirtschaftliche Anwendungen meist webbasiert realisiert werden, wird der grundlegende Maskenaufbau im Frontend-Modell durch Seiten beschrieben, auf denen Bereiche angeordnet sind, die wiederum einzelne Elemente enthalten.

Durch Interaktionsnetze sollen erlaubte Abläufe im Frontend modelliert werden können. Ein Interaktionsablauf ist meist nicht linear, d.h. es kommt häufig zu Verzweigungen. Diese repräsentieren unterschiedliche Ziele, die ein Benutzer mit Interaktionen in einem Bereich verfolgt.

Beispiele für Interaktionsschritte innerhalb solcher Abläufe sind die Auswahl eines Navigationsbuttons in einem Menü oder die Erfassung von Daten.

Ein Interaktionsnetz wird auf Basis eines Bereichs definiert, d.h. es wird die mögliche Interaktion für diesen Bereich festgelegt. Weiterhin sollen jedoch auch die Navigationsmöglichkeiten zu anderen Bereichen über abschließende Interaktionen im Interaktionsnetz festgelegt werden. Die übergreifende Definition möglicher Navigationsabläufe im Frontend ergibt sich dann durch die Verwendung der Interaktionsnetze in den Frontend-Netzen, die in Abschnitt 5.5.6 beschrieben werden. Die Definition der möglichen Interaktionen sollte sich an den jeweils zu erfüllenden Aufgaben des zugrundeliegenden Geschäftsprozessschritts orientieren. Um eine intuitive Bedienung des Frontends zu erreichen, sollte die Definition benötigter Funktionen in Form von Services und die Definition der benötigten Navigationsmöglichkeiten gemeinsam erfolgen.

Da bei der Interaktionsmodellierung Abläufe definiert werden und die Umsetzung von Frontends zunehmend auf Basis von XML-Strukturen erfolgt, bietet sich auch hier die Verwendung von XML-Netzen an. Die erforderlichen Interaktionen können mit entsprechend erweiterten XML-Netzen, den sogenannten Interaktionsnetzen, modelliert werden. Hierbei repräsentieren die Stellen entsprechende Zustände des jeweiligen Bereichs im Frontend, d.h. alle Stellen eines Interaktionsnetzes beziehen sich auf genau einen Bereich. Die Beschreibung dieser Zustände beinhaltet die derzeitige Belegung von Frontend-Datenobjekten und sonstige Informationen zur Interaktion, wie bspw. den Benutzerfokus. Eine Stelle eines Interaktionsnetzes beschreibt somit einen bestimmten Zustand des Frontends hinsichtlich der Bedienung durch einen Anwender.

Bei den Interaktionsnetzen werden generell die nachfolgend erläuterten *Transitionstypen* unterschieden, um die Abläufe in einem Frontend vollständig zu beschreiben. Bei aktiven Interaktionen unterteilen sich die Transitionstypen in sogenannte *User Control Actions* für Steuerungsaktionen eines Benutzers und *User Input Actions* für Eingabeaktionen eines Benutzers. Bei passiven Interaktionen werden als Transitionstypen *Display Actions* für Anzeigeaktionen eines Systems und *System Actions* für automatisch ausgeführte Aktionen auf Basis von Systemereignissen unterschieden. Als Spezialfall von System Actions werden noch *Exception Actions* für die Kennzeichnung von Ausnahmebehandlungen genutzt.

Mit den Transitionen der Interaktionsnetze werden die einzelnen Funktionen und Ereignisse beschrieben, die für die Definition von Interaktionen zwischen Benutzer und Anwendung relevant sind. Aus den Transitionen und ihren jeweiligen Typen können die konkreten zu implementierenden Frontend-Elemente abgeleitet werden, die dann auf den einzelnen Seiten der Frontends bereitzustellen sind. Ein konkret implementiertes Frontend-Element im weiteren Verlauf als eine sogenannte *Repräsentation* bezeichnet, um die in einer Anwendung umgesetzten Elemente begrifflich klar von den Modellelementen unterscheiden zu können. Repräsentationen können beispielsweise Buttons, Links, Anzeigefelder, Eingabefelder oder sonstige Elemente auf einer implementierten graphischen Benutzeroberfläche darstellen. Bei datenbezogenen Transitionen von Interaktionsnetzen, bspw. vom Typ *User Input Action*, müssen entsprechende Frontend-Datenobjekttypen angegeben werden, um die Verarbeitung dynamischer Inhalte zu modellieren. Derselbe Frontend-Datenobjekttyp kann in einem Bereich auch bei verschiedenen Interaktionen verwendet werden. Darüber hinaus gibt es viele Frontend-Datenobjekttypen, bei denen die Anzahl der zu verarbeitenden Datensätze erst zur Laufzeit bekannt ist. In diesem Fall kann die Verarbeitung von Datensätzen für ein solches Datenobjekt in Form eines sogenannten *Multi-Instanzen-Element* erfolgen. Ein Multi-Instanzen-Element wird verwendet, um Inhalte von Datenbanktabellen dynamisch anzuzeigen oder um Daten in Tabellenform zu erfassen. In diesen Fällen ist die Anzahl der zu verarbeitenden Tupel zum Modellierungszeitpunkt in den meisten Fällen noch nicht bekannt. Die Art der Verarbeitung, d.h. ob als Multi-Instanzen-Element oder nur als einzelner Datensatz, muss bei den jeweiligen Interaktionen angegeben werden.

Nachfolgend werden die einzelnen Transitionstypen im Detail beschrieben [vgl. Her07 S. 62ff.]:

User Control Action:

Eine *User Control Action* beschreibt eine mögliche Aktivität eines Benutzers zur Steuerung des Frontends und ggf. der darunterliegenden Geschäftslogik innerhalb eines Bereichs. Bei der Ausführung einer User Control Action können ein oder mehrere Services aufgerufen oder ein Navigationsschritt innerhalb des Frontends durchgeführt werden. Es kann auch ein Serviceaufruf und ein Navigationsschritt in einer User Control Action kombiniert verwendet werden. User Control Actions entsprechen in einer Umsetzung eines Frontends beispielsweise Buttons und Links mit einer entsprechend hinterlegten Funktionalität. Diese stellen dadurch Repräsentationen der User Control Actions dar. Stellt eine User Control Action eine sogenannte Endtransition des Interaktionsnetzes dar, d.h. eine Transition, die keine Ausgangskanten im Interaktionsnetz besitzt, dann kann sie eine Navigation in einen anderen Bereich darstellen. Diese bereichsübergreifendende Navigation wird im Rahmen der Einführung von Frontend-Netzen in Abschnitt 5.5.6 noch detailliert beschrieben.

User Input Action:

Eine *User Input Action* beschreibt eine Eingabemöglichkeit für den Benutzer. Eingabefelder oder andere Elemente zur Datenerfassung stellen die entsprechenden Repräsentationen der Input User Actions in der Umsetzung eines Frontends dar. Bei User Input Actions können sowohl einzelne Attribute von Frontend-Datenobjekttypen als auch komplette Frontend-Datenobjekttypen für eine Datenerfassung angegeben werden. Bei Verwendung eines kompletten Frontend-Datenobjekttyps können dann die Attribute ausgewählt werden, für die eine Datenerfassung ermöglicht werden soll. Die für eine User Input Action ausgewählten Attribute werden nachfolgend *Input-Felder* genannt, denen bestimmte Eigenschaften zugeordnet werden können. Für jedes Input-Feld kann ein entsprechendes Label angegeben werden, das die Bedeutung eines Felds für den Benutzer am Frontend anzeigt. Die Angabe und Positionierung des Labels erfolgt in der Bereichsstrukturmodellierung, siehe Abschnitt 5.5.7. Die daraus resultierenden Repräsentationen werden *Label-Repräsentationen* genannt. Darüber hinaus kann bei Input-Feldern definiert werden, ob diese mit einem Default-Wert belegt werden sollen. Die Festlegung, welche Werte standardmäßig zugeordnet werden sollen, erfolgt über die technische Initialisierung eines Bereichs durch sogenannte technische Aktionsnetze, siehe Abschnitt 5.5.11. Es kann auch festgelegt werden, ob eine Eingabe für ein Input-Feld erforderlich ist oder nicht. Input-Felder können durch eine – nach dem Input auszuführende – System Action (siehe unten) validiert werden. Die detaillierte technische Beschreibung der Validierung erfolgt jedoch erst im Rahmen der technischen Aktionsnetze, siehe Abschnitt 5.5.11 und der technologiespezifischen Definition des entsprechenden Bereichs, siehe Abschnitt 5.5.12.2. Die Definition von Default-Werten bzw. ob die Eingabe bei einem Input-Feld obligatorisch oder optional ist, kann einerseits in einfacher Form durch Auslesen der entsprechend hinterlegten Informationen aus der Frontend-Datenobjektstruktur des Bereichs erfolgen. Andererseits können auch komplexere Mechanismen zur Vorbelegung von Input-Feldern und sonstige Regeln zum dynamischen Setzen von Eigenschaften der Input-Felder in den technischen Aktionsnetzen definiert werden. Wenn durch eine User Input Action die Eingabe in Form eines Multi-Instanzen-Elements umgesetzt werden soll, dann muss die Transition im Interaktionsnetz entsprechend gekennzeichnet werden. Dadurch wird dann die mögliche Erfassung von mehreren Datensätzen durch eine User Input Action modelliert.

System Action und Exception Action:

Eine *System Action* beschreibt eine Aktion, die beim Eintreffen eines bestimmten Ereignisses vom System automatisch ausgelöst werden soll. Beispielsweise kann eine solche Aktion durchgeführt werden, wenn sich Werte im Bereich geändert haben. Sie werden bspw. im Anschluss an User Input Actions verwendet, um eine Validierung oder das Übermitteln der eingegebenen Daten an die Geschäftslogik durchzuführen. Neben dem Aufruf von Services können über System Actions wie bei User Control Actions auch Navigationsschritte festgelegt werden.

Ein Spezialfall einer System Action ist die *Exception Action.* Sie beschreibt eine aufgetretene Ausnahme, die dem Benutzer nach Auftreten mitgeteilt wird, bspw. ein Fehler, der beim Aufruf eines Services auftritt. In einem Interaktionsnetz wird für den zugeordneten Bereich festgelegt, welche Ausnahmen für den Bereich zu berücksichtigen sind, bei welchen Aktionen Ausnahmen auftreten können und wie das Navigationsverhalten beim Auftreten dieser Ausnahmen erfolgen soll.

Display Action:

Eine *Display Action* beschreibt die Anzeige von konstanten Werten oder dynamischen Dateninhalten, die durch eine User Control Action oder eine System Action zuvor ermittelt wurden. Anzeigefelder oder andere graphische Elemente zur Datenvisualisierung sind die jeweiligen Repräsentationen der Display Actions in der Umsetzung eines Frontends. Bei dynamischen Dateninhalten kann einer Display Action ein Frontend-Datenobjekttyp zugeordnet werden, bei der die anzuzeigenden Felder analog zu einer User Input Action ausgewählt werden können. Diese Felder werden hier dann entsprechend als *Display-Felder* bezeichnet. Für jedes ausgewählte Display-Feld des Frontend-Datenobjekttyps wird eine Display-Repräsentation angelegt. Optional können die Repräsentationen ebenfalls mit einem zugehörigen Label versehen werden. Zugehörige Repräsentationen der Labels werden wie bei den User Input Actions als *Label-Repräsentationen* bezeichnet. Soll die Display Action die Anzeige in einem Multi-Instanzen-Element repräsentieren, dann wird dies bei der Transition im Interaktionsnetz entsprechend gekennzeichnet.

Auf Basis der zuvor beschriebenen Konzepte wird ein Interaktionsnetz folgendermaßen definiert:

Definition 5.8: Interaktionsnetz

Ein Interaktionsnetz ist ein Tupel $IAN = (S, T, F, \Psi, I_S, K, IT, M_0)$ für das gilt:

(i) $(S, T, F, \Psi, I_S, K, IT, M_0)$ ist ein XML-Netz.

(ii)   Ein IAN ist genau einem `Bereich` zugeordnet.

(iii)   Ein IAN ist transitionsberandet.

(iv)   Allen Stellen eines IAN ist ein XML Schema zugeordnet, das die Frontend-Datenobjektstruktur des zugeordneten Bereichs beschreibt.

(v)   Ein IAN hat beliebig viele Transitionen T_I, die keine eingehenden Kanten besitzen. Diese Transitionen sind die Anfangstransitionen des Interaktions-netzes.

(vi)   Ein IAN hat beliebig viele Transitionen T_O, die keine ausgehenden Kanten besitzen. Diese Transitionen sind die Endtransitionen des Interaktionsnet-zes.

(vii)   Transitionen haben das zusätzliche Attribut `Typ`, das einen Wert aus der Menge {`User Control Action, User Input Action, System Action, Display Action`} enthalten muss.

(viii) Transitionen des Typs aus der Menge {`User Control Action, System Action`} besitzen ein zusätzliches Attribut `Services`, dem bei diesen Transitionstypen eine Menge von IT Services zugeordnet werden kann. Diese Transitionen können durch ein technisches Aktionsnetz verfeinert werden.

(ix)   Transitionen des Typs aus der Menge {`User Input Action, Display Action`} besitzen ein zusätzliches Attribut `Verarbeitung`, das einen Wert aus der Menge {`Einfach, Multi-Instanzen`} enthalten muss.

(x)   Transitionen des Typs aus der Menge {`User Control Action, User Input Action, Display Action`} besitzen ein zusätzliches Attribut `Element`, das genau ein Element aus dem zugehörigen Bereich des Interakti-onsnetzes der Transition zuordnet.

(xi)   Transitionen des Typs `System Action` besitzen ein zusätzliches Attribut
         `Klassifikation`, dem genau ein Wert aus einer Klassifikationsliste zur
         Auszeichnung zugeordnet werden muss.

Eine Mindestvoraussetzung für ein korrektes Interaktionsnetz ist, dass ausgehend von der
Startmarkierung jede Transition mindestens einmal schalten kann.

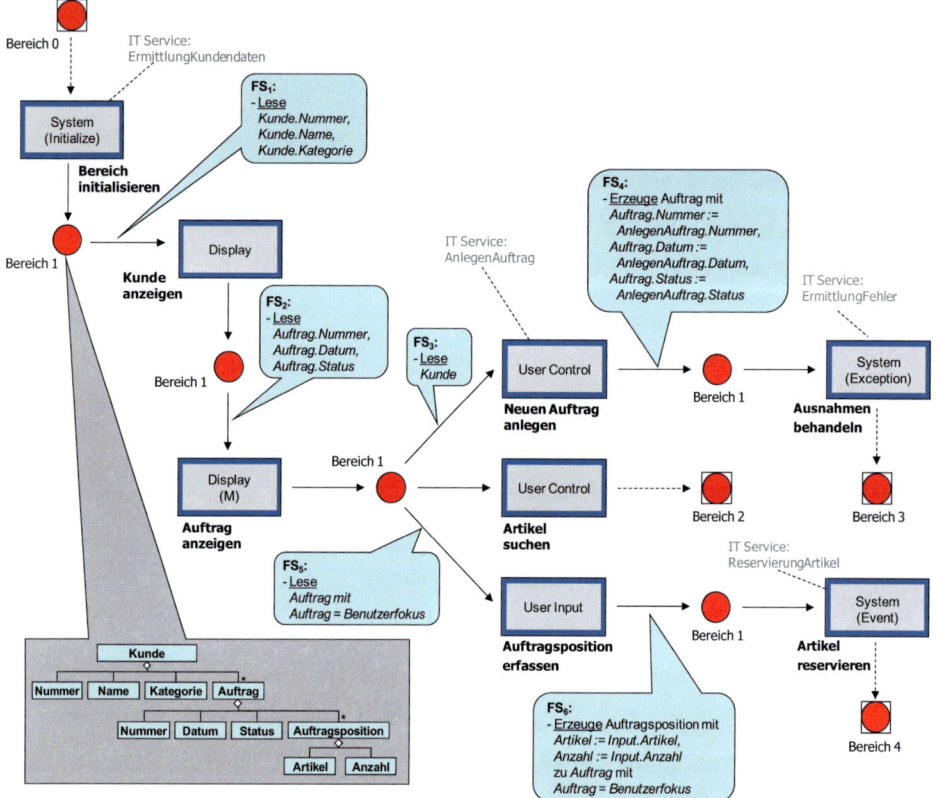

Abbildung 55: Interaktionsnetz

Abbildung 55 zeigt ein Interaktionsnetz, das die Interaktion bei der Erfassung eines Auftrags
beschreibt. Zunächst wird im dargestellten Netz über die System Action *Bereich initialisieren*
eine Initialisierung durch einen zugeordneten IT Service für das Interaktionsnetz durchgeführt. Diese Transition stellt eine Anfangstransition des Interaktionsnetzes dar. Der mit einem
Kasten gekennzeichnete *Bereich 0* und die gestrichelt gekennzeichnete Kante vor dieser
Transition sind nicht Bestandteil des Interaktionsnetzes. Sie stellen das Ergebnis einer Endtransition eines davor angeordneten Interaktionsnetzes dar. Diese Verknüpfung wird noch
detailliert im Rahmen der Beschreibung von Frontend-Netzen in Abschnitt 5.5.6 behandelt.

Bei der dargestellten Initialisierung wird die Frontend-Datenobjektstruktur für den Bereich mit den bestehenden Kundenstamm- und Auftragsdaten des Kunden erzeugt. Im Anschluss an die Initialisierung wird über eine Display Action – auf Basis der ermittelten Daten – das Anzeigen der Kundendaten ausgeführt. Hierzu werden über das Filterschema die entsprechenden Kundendaten (Nummer, Name und Kategorie) des Frontend-Datenobjekttyps *Kunde* ausgelesen und über die Display Action *Kunde anzeigen* im Frontend angezeigt. Danach werden die aktuellen Aufträge des Kunden angezeigt. Hier erfolgt die Anzeige in einem Multi-Instanzen-Element, das als solches in der Transition entsprechend gekennzeichnet ist, d.h. es wird eine variable Menge von Datensätzen angezeigt. Der Anwender kann, nachdem nun die Maske initial durch die Display Actions aufgebaut ist, zwischen verschiedenen Aktionen wählen. Er kann einen komplett neuen Auftrag anlegen, nach einem Artikel suchen oder eine Auftragsposition zum aktuellen Auftrag eingeben. Das Anlegen eines neuen Auftrags erfolgt über die User Control Action *Neuen Auftrag anlegen*. Hierzu wird ein entsprechender IT Service aufgerufen. Die Ergebnisse des Serviceaufrufs können über das Filterschema der ausgehenden Kante verarbeitet werden. Nach dem Ausführen der Aktion kann die als *Exception* klassifizierte System Action *Ausnahmen behandeln* aufgetretene Fehler behandeln und Meldungen anzeigen. Das Suchen nach einem Artikel wird über eine User Control Action *Artikel suchen* initiiert. Das Eingeben einer neuen Auftragsposition wird über die User Input Action *Auftragsposition erfassen* modelliert. Bei der User Input Action können über das Filterschema der ausgehenden Kante die erfassten Input-Felder verarbeitet werden. Abschließend wird nach der Eingabe automatisch auf Basis des Ereignisses die System Action *Artikel reservieren* zur Reservierung der erfassten Artikelmenge durchgeführt. Die Aktionen *Ausnahmen behandeln*, *Artikel suchen* und *Artikel reservieren* führen jeweils zu einem Bereichswechsel, d.h. diese Transitionen stellen Endtransitionen des Interaktionsnetzes dar. Die mit einem Kasten gekennzeichneten Folgebereiche sind nicht mehr Bestandteil dieses Interaktionsnetzes.

5.5.6 Frontend-Netze

Für die Vervollständigung der Definition der Navigation und der Abläufe im Frontend müssen die verschiedenen Bereiche zunächst auf Seiten platziert werden. Die Zuordnung zu verschiedenen Seiten und die Darstellung der bereichsübergreifenden Navigation erfolgt durch sogenannte *Frontend-Netze* [KaO06], die ebenfalls XML-Netz-basiert sind. Frontend-Netze ähneln herkömmlichen S/T-Netzen, wobei die Stellen die Bereiche und die Transitionen die Interaktionen repräsentieren, die eine Navigation zu anderen Bereichen der Anwendung abbilden [vgl. Her07 S. 66f.]. Die in Frontend-Netzen verwendeten Interaktionen sind eine Teilmenge der bereits in den Interaktionsnetzen definierten Interaktionen. Diese sind eingeschränkt auf die Typen *User Control Action* und *System Action*. Weiterhin werden in Frontend-Netzen nur die Interaktionen der genannten Typen verwendet, die auch einen Bereichswechsel modellieren, d.h. eine Endtransition in den zugrundeliegenden Interaktionsnetzen darstellen.

Die logische Platzierung von Bereichen und der entsprechend enthaltenen Interaktionen auf Seiten erfolgt durch die Zuordnung zu sogenannten *Seiten-Containern*. Die Bereiche und die für die Navigation zuständigen Interaktionen können aus bereits erstellten Interaktionsnetzen ermittelt werden, d.h. die Beziehungen zwischen den Interaktionen und den Bereichen werden hier nicht separat modelliert, sondern werden auf Basis der Interaktionsnetze nur auf einer höheren Ebene dargestellt.

Abbildung 56 zeigt ein Frontend-Netz bei dem vier Bereiche auf drei Seiten angeordnet werden. Die Transitionen beschreiben den Übergang zwischen den einzelnen Bereichen. *Bereich 1* ist der Bereich des in Abbildung 55 definierten Interaktionsnetzes. Dieser ist der *Seite 1* zugeordnet. Für den Bereich werden im Seiten-Container die beiden bereichsändernden Transitionen mit angezeigt. Mit der User Control Action *Artikel suchen* wechselt der Benutzer in den *Bereich 2*, der im Frontend-Netz auf *Seite 2* angeordnet ist. Nach einer Artikelsuche kann der Benutzer hier über die User Control Action *Artikel übernehmen* einen ausgewählten Artikel wieder in den *Bereich 1* übernehmen. Details zu *Bereich 2* müssen in einem separaten Interaktionsnetz modelliert sein. Über die System Action (Exception) *Ausnahmen behandeln* wechselt der Benutzer automatisch in den *Bereich 3*, der im Frontend-Netz auf *Seite 3* angeordnet ist. Innerhalb der *Seite 3* kann der Benutzer mit der User Control Action *Fehlerdetails anzeigen* den Bereich wechseln und Details zur Ausnahme analysieren. Details zu *Bereich 3* und *Bereich 4* müssen ebenfalls in einem separaten Interaktionsnetz modelliert sein.

Bereiche können in beliebig vielen Seiten-Containern und Frontend-Netzen verwendet werden. Dadurch wird eine Wiederverwendung für die in einem Bereich beschriebene Nutzungseinheit unterstützt, beispielsweise für die Definition von Menüstrukturen oder sonstigen allgemeinen Funktionen, die an vielen Stellen eines Frontends platziert werden müssen.

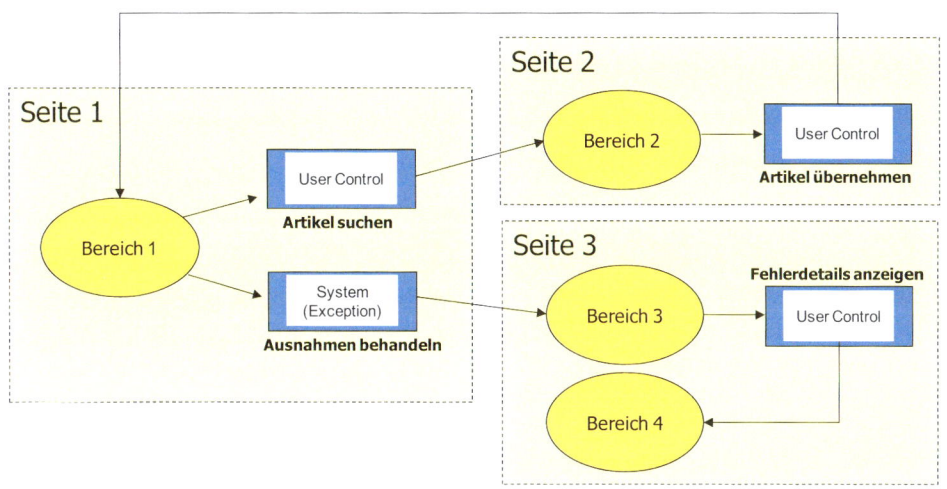

Abbildung 56: Frontend-Netz [vgl. Her07 S. 67]

In einem Frontend-Netz werden nur die Interaktionen als Transition repräsentiert, die einen Bereichswechsel in den zugrundeliegenden Interaktionsnetzen abbilden, d.h. sie müssen entweder eine Anfangstransition oder eine Endtransition darstellen. Diese Transitionen sind in einem Frontend-Netz mit der entsprechenden Bereichsstelle verknüpft. Diese Bereichswechsel-Transitionen müssen ebenfalls den Seiten-Containern eines Frontend-Netzes zugeordnet werden.

Das in Abbildung 56 dargestellte Frontend-Netz könnte bspw. eine Anwendung oder einen Teil einer Anwendung auf einem kleinen Display eines mobilen Endgeräts repräsentieren. Deshalb wurde die Anwendung für dieses Frontend auf drei Seiten aufgeteilt. Die Ausgabe auf einem größeren Display, bspw. bei Verwendung von Desktop-Computern und einem Bildschirm mit entsprechender Auflösung, kann basierend auf denselben Interaktionsnetzen dann als zweites Frontend-Netz wie in Abbildung 57 dargestellt werden. Im Unterschied zum ersten Frontend-Netz wird beim alternativen Frontend-Netz der Bereich 2, der die Artikelsuche abbildet, mit auf Seite 1 platziert, d.h. die gleiche Funktionalität wird nun auf zwei Seiten abgebildet, ohne dass die grundlegende Interaktion geändert werden muss. Durch diesen Ansatz kann somit die Verwendung unterschiedlicher Endgeräte für Frontends durch die Verwendung gleicher Interaktionsmuster in entsprechend unterschiedlichen Frontend-Netzen modelliert werden.

Weiter haben Frontend-Netze neben der Definition der Bereichs-/Seitenzuordnung und der damit verbundenen Definition der seitenübergreifenden Navigation noch die Aufgabe, einen

Überblick über die möglichen Abläufe in einer Benutzeroberfläche oder in zusammenhängenden Teilen einer Benutzeroberfläche zu geben. Frontend-Netze beschreiben die möglichen bereichsübergreifenden Abläufe in über Bereichswechsel-Transitionen verknüpften Interaktionsnetzen eines Frontends.

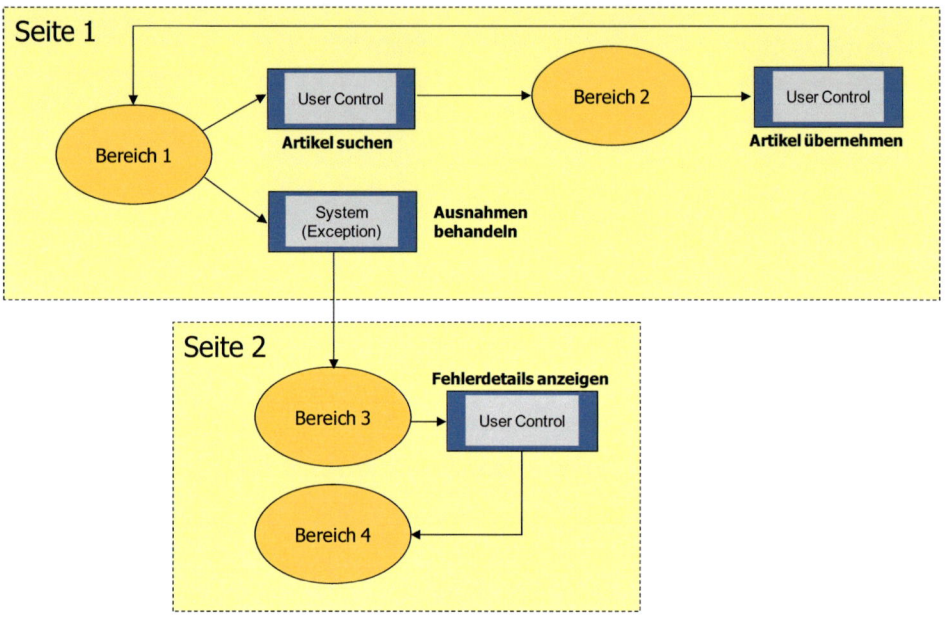

Abbildung 57: Alternatives Frontend-Netz (großer Bildschirm)

Auf Basis der zuvor beschriebenen Konzepte wird ein Frontend-Netz nun folgendermaßen definiert:

Definition 5.9: Frontend-Netz

Ein Frontend-Netz ist ein Tupel $FN = (S,T,F,\Psi,I_S,K,IT,M_0)$ für das gilt:

(i) $(S,T,F,\Psi,I_S,K,IT,M_0)$ ist ein XML-Netz.

(ii)   Für jeden im Frontend-Netz eingebundenen Bereich enthält das Frontend-Netz mindestens eine Stelle. Die Verfeinerung dieser Stelle ist das jeweilige Interaktionsnetz des Bereichs.

(iii)   Jede Stelle muss genau einer Seite zugordnet sein. Die Zuordnung erfolgt durch Platzierung der Stelle in einem Seiten-Container. Ein Seiten-Container ist die graphische Repräsentation einer Seite, die durch ein Rechteck mit gestrichelten Kanten dargestellt wird.

(iv)   Jeder im Frontend-Netz aufgeführten Stelle ist ein XML Schema zugeord-
         net, das den Zustand des jeweiligen Bereichs in Form einer Frontend-
         Datenobjektstruktur beschreibt.

(v)   Die Transitionen im Frontend-Netz werden durch die Interaktionsnetze des
         jeweiligen Bereichs festgelegt. Jede Transition im Nachbereich einer Stelle
         im FN repräsentiert eine Endtransition des entsprechenden Interaktionsnet-
         zes der Stelle.

(vi)   Alle Transitionen im Nachbereich einer Stelle sind automatisch der glei-
         chen Seite zugeordnet, der die Stelle zugeordnet wurde.

(vii)   Alle Zielstellen von Endtransitionen zugeordneter Interaktionsnetze sind
         Bestandteil des Frontend-Netzes und besitzen die Eigenschaft (iv).

5.5.7 Bereichsstrukturen

Die Definition der Anordnung von Elementen innerhalb eines Bereichs erfolgt in einem separaten Modellierungsschritt, der sogenannten *Bereichsstrukturmodellierung* [vgl. Her07 S. 68-
70]. Im Rahmen der Bereichsstrukturmodellierung werden dynamische und statische Elemente auf den Bereichen angeordnet. Elemente werden als *dynamische Elemente* klassifiziert,
wenn sie den bei den Interaktionsnetzen eingeführten Typen *User Control*, *User Input* und
Display entsprechen. Elemente werden hingegen als *statische Elemente* klassifiziert, wenn sie
konstant denselben Inhalt besitzen.

Zur Strukturierung werden als Hilfsmittel sogenannte *Strukturierungstabellen* verwendet.
Eine Strukturierungstabelle besitzt beliebig viele Zellen, denen jeweils ein Bereichselement
zugeordnet werden kann. Jedes Element, das auf dem Bereich angeordnet wird, erhält dadurch
eine eigene Zelle in der Tabelle. Strukturierungstabellen können beliebig in einander geschachtelt werden, um flexible Gestaltungsmöglichkeiten für die Bereichsstrukturmodellierung bereitzustellen.

Für die Modellierung von Elementen, bei denen die Verarbeitung oder die Anzeige von mehr
als einem Datensatz ermöglicht werden soll, stehen in der Bereichsstrukturmodellierung sogenannte *Multi-Instanzen-Elemente* zur Verfügung. Sie werden verwendet, wenn bei User
Input Actions oder bei Display Actions die Anzahl der zur Laufzeit zu verarbeitenden Datensätze beliebig ist. Bei der Anordnung von Multi-Instanzen-Elementen können Attribute aus
einem zuzuordnenden Frontend-Datenobjekttyp verwendet werden. Attribute aus unterschiedlichen Frontend-Datenobjekttypen können hingegen nicht in einem Multi-Instanzen-Element

kombiniert werden. Jedoch dürfen neben den Attributen des entsprechenden Frontend-Datenobjekttyps in Multi-Instanzen-Elementen auch aktive Interaktionselemente und statische Elemente angeordnet werden. Multi-Instanzen-Elemente selbst werden wie gewöhnliche Elemente über die Strukturierungstabellen auf dem Bereich angeordnet. Bei Multi-Instanzen-Elementen werden die im Rahmen des Bereichs ausgewählten Attribute des jeweils zugrundeliegenden Frontend-Datenobjekttyps innerhalb der Strukturierungstabelle in Spalten angeordnet. Die angeordnete Auswahl dieser Attribute eines Frontend-Datenobjekttyps bei einem Multi-Instanzen-Element wird als eine sogenannte *Wiederholungszeile* bezeichnet. Die einzelnen Zeilen einer Repräsentation ergeben sich durch die Anzahl der realen Datensätze im Multi-Instanzen-Element zur Laufzeit. Ein Multi-Instanzen-Element stellt Funktionalität zum Navigieren durch die einzelnen Datensätze des zugrundeliegenden Frontend-Datenobjekttyps bereit.

Die Bereichsstrukturmodellierung erfolgt auf Basis der Elemente aus der Interaktionsmodellierung und durch Platzieren weiterer zusätzlicher statischer Elemente. Für die Modellierung der Bereichsstruktur stehen die folgenden grundlegenden Elementtypen zur Verfügung [vgl. Her07 S. 68f.]:

- *Interaktionselemente:* Diese umfassen Elemente vom Typ *User Control*, *User Input* und *Display* aus der Interaktionsmodellierung. Elemente vom Typ *User Input* und *Display* können zusätzlich als Multi-Instanzen-Element verwendet werden.

- *Statische Elemente:* Diese dienen zur Darstellung von statischen Bildern und statischem Text wie beispielsweise Überschriften, Labels oder Bemerkungen.

- *Spezifische Elemente:* Über spezifische Elemente können zusätzliche Elementtypen definiert werden, die nicht von den zuvor genannten Elementtypen abgedeckt werden. Die Darstellung und Funktion eines spezifischen Elementtyps auf einem implementierten Frontend muss über die technologiespezifische Beschreibung festgelegt werden.

Ein Beispiel für eine modellierte Bereichsstruktur ist in Abbildung 58 dargestellt. Hierbei sind ein Logo, ein Beschreibungstext und Labels als statische Elemente in entsprechenden Zellen der dargestellten Strukturierungstabelle angeordnet. Als Interaktionselemente vom Typ *Display* wurden für die Anzeige von Kundeninformationen eine Kombination aus Kundennummer und Kundenname auf dem Bereich platziert. In der derselben Weise ist im dargestellten Beispiel die Anzeige von Auftragsinformation durch die Auftragsnummer und das Auftragsdatum umgesetzt. Als Interaktionselement vom Typ *Input* wurde einerseits das Suchfeld *Such-*

begriff auf dem Bereich angeordnet. Andererseits wurde die Eingabe von Auftragspositionen als Multi-Instanzen-Element vom Typ *Input* realisiert. Interaktionselemente vom Typ *User Control* sind die Buttons *Artikel suchen*, *Auftragsposition erfassen* und *Auftrag anlegen*.

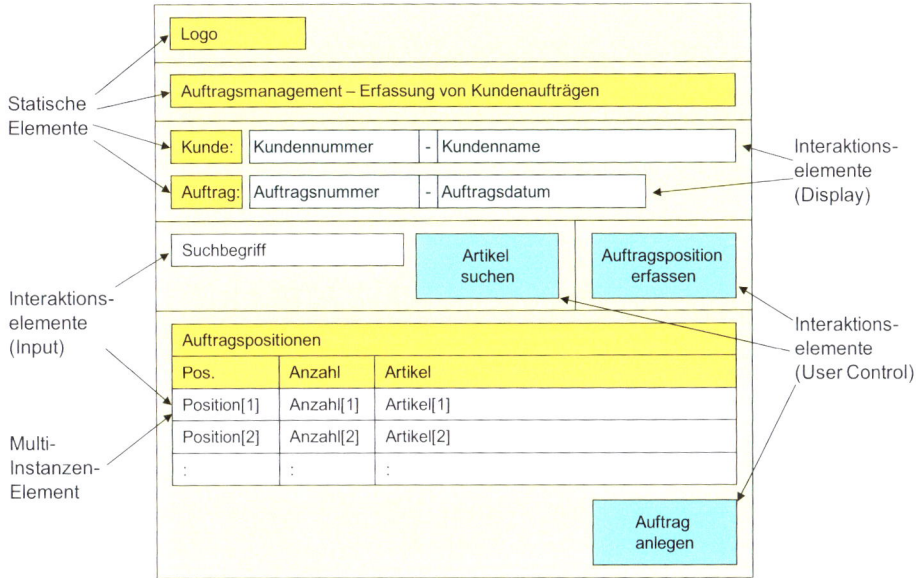

Abbildung 58: Bereichsstruktur [vgl. Her07 S. 70]

5.5.8 Seitenstrukturen

Die Anordnung der Bereiche auf den Seiten erfolgt analog zur Modellierung der Struktur der einzelnen Bereiche [vgl. Her07 S. 70-71]. Bei der sogenannten *Seitenstrukturmodellierung* werden Bereiche auf Seiten angeordnet. Auch hier wird eine Strukturierungstabelle als Raster für die Anordnung der Bereiche verwendet. Die Seitenstruktur korrespondiert mit den Frontend-Netzen, d.h. die Bereiche, die über Frontend-Netze einer Seite zugeordnet sind, müssen auch in der Anordnung der Bereiche auf dieser Seite enthalten sein. Im einfachsten Fall ist eine Seite aus nur einem Bereich aufgebaut. Wenn mehrere Bereiche auf einer Seite platziert werden sollen, dann werden diese in unterschiedlichen Zellen der Strukturierungstabelle angebracht. Aufbau und Semantik entsprechen der im Rahmen der Bereichsstrukturmodellierung beschriebenen Strukturierungstabelle. Abbildung 59 zeigt ein Beispiel für eine modellierte Seitenstruktur, die vier verschiedene Bereiche enthält. Diese unterteilen die Seite in Kopfzeile, Navigationsbereich, Auftragsmanagement und Fußzeile.

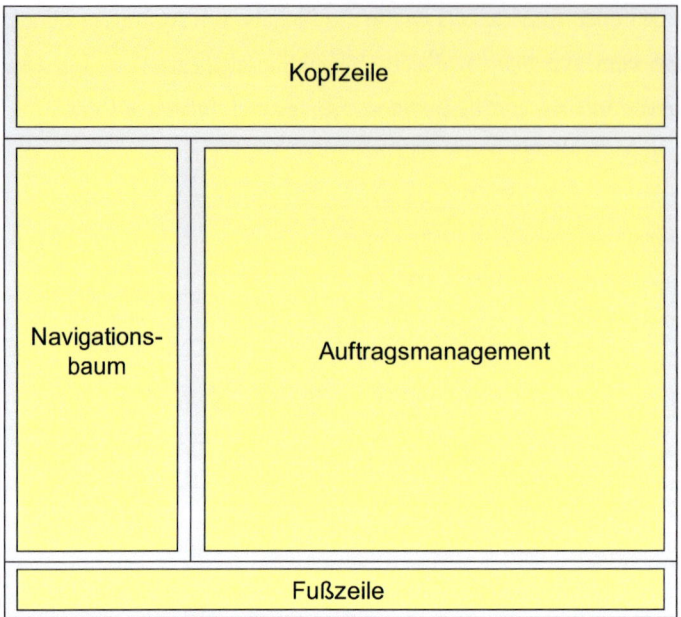

Abbildung 59: Seitenstruktur [vgl. Her07 S. 71]

5.5.9 Benutzerrollen, Berechtigungen und Personalisierungen

Für eine Anwendung werden verschiedene Benutzerrollen mit unterschiedlichen Rechten benötigt. Diese bestimmen, welche Funktionalität die Anwendung dem entsprechenden Benutzer zur Verfügung stellt. Mit dem hier vorgestellten Modell zur Definition der *Benutzerrollen, Berechtigungen und Personalisierungen* einer Anwendung kann dieser Aspekt bearbeitet werden [vgl. Her07 S. 65f.]. Die Zuordnung von Berechtigungen zu Berechtigungsartefakten, d.h. einzelnen Komponenten des Modells bzw. des zu erstellenden Frontends, kann für einzelne Benutzer oder Benutzerrollen erfolgen. Jede Benutzerrolle erhält eine Beschreibung und einen eindeutigen Namen. In einzelnen Modellierungsschritten können die Benutzerrollen dann verschiedenen Ebenen und Komponenten des Modells zugeordnet werden. Die oberste Ebene einer möglichen Zuordnung sind Seiten, d.h. eine Seite ist dann bspw. nur für Benutzer verfügbar, die einer entsprechend zugewiesenen Benutzerrolle angehören. Die nächste Stufe der Granularität einer Zuordnung von Benutzerrollen sind die Bereiche. Ein Bereich wird bspw. nur dann auf einer Seite angezeigt, wenn ein Benutzer einer Benutzerrolle mit entsprechenden Rechten zugeordnet ist. Darüber hinaus ist es möglich, auch einzelne Elemente eines Bereichs mit Berechtigungen für einzelne Benutzerrollen zu versehen. Prinzipiell können somit Elemente, Bereiche und Seiten als Berechtigungsartefakt für die Definition von generellen Berechtigungen (sichtbar, verfügbar etc.) genutzt werden. Die in den Interaktionsnetzen definierten möglichen Interaktionen können ebenfalls als Berechtigungsartefakt dienen. So kann bspw. derselbe Button für zwei unterschiedliche Anwender sichtbar sein, jedoch können bei einem Mausklick jeweils unterschiedliche IT Services aufgerufen werden. Mit diesem Mechanismus können auch die Navigationsmöglichkeiten zu anderen Bereichen in Abhängigkeit von der Rolle des Benutzers definiert werden. Die möglichen Berechtigungen können über eine reine Zugriffssteuerung hinausgehen. So sind auch Personalisierungsmöglichkeiten als spezielle Art der Berechtigung denkbar, die einen Benutzer autorisieren, vorgegebene Anordnungen, Layout oder Funktionen anzupassen.

5.5.10 Layoutaspekte

Im Rahmen der *Layoutaspekte* des Frontend-Modells sind zum einen Layoutvorgaben zu berücksichtigen, die für das Gesamt-Frontend, auf Bereichsebene oder bei einzelnen Elementen vorgegeben werden können. Zum anderen müssen für einzelne Modellkomponenten, die während der Erstellung der verschiedenen Teilmodelle entstehen, Layoutattribute erstellt und geändert werden können.

Für Webanwendungen können die Layoutaspekte mit sogenannten *Cascading Style Sheets (CSS)* als konkrete Umsetzungstechnologie detailliert beschrieben werden [vgl. Her07 S. 77f.]. Da Cascading Style Sheets derzeit standardmäßig von jedem Browser unterstützt werden, kann die Layout-Gestaltung mittels CSS für Webanwendungen für verschiedenste Webtechnologien eingesetzt werden. Bei der Verwendung von CSS können nur solche Technologien für die Umsetzung von Frontends genutzt werden, die auch CSS unterstützen.

Die Definition von Styles erfolgt mit CSS durch die Definition beliebig vieler Stylesheets. Diese enthalten sogenannte Style-Klassen, die im Rahmen des gesamten Frontends genutzt werden können. Als Basis werden zunächst die jeweiligen Styles für Repräsentationen der grundlegenden Typen der Interaktionselemente aus den Interaktionsnetzen (User Control Action, User Input Action, Display Action, System Action) definiert. Repräsentationen entsprechender grundlegender Typen werden dann standardmäßig auf Basis des gleichen Styles dargestellt. Zusätzlich können auch Abweichungen von diesen Vorgaben für bestimmte Fälle definiert werden.

Für die Anzeige von Nachrichten können Style-Klassen für globale Fehlernachrichten festgelegt werden. Für spezielle Typen von Nachrichten können in Abhängigkeit des Typs unterschiedliche Style-Klassen angegeben werden. Dabei werden vier unterschiedliche Arten von Fehlernachrichten (Error, Fatal Error, Information und Warning) unterstützt.

Durch Style-Klassen kann auch das grundlegende Aussehen von Repräsentationen von Interaktionselementen des Typs *Display* definiert werden. Das Layout von Label-Repräsentationen oder sonstigen statischen Repräsentationen kann in analoger Form festgelegt werden. Für Repräsentation von Interaktionselementen der Typen *User Control* und *User Input* können einerseits statische Style-Klassen angegeben werden, andererseits können auch dynamische Style-Änderungen als Reaktion auf Ereignisse mit *DHTML (Dynamic Hypertext Markup Language)* oder *DOM Scripting* realisiert werden. Beide Technologien werden beim Webdesign verwendet um Websites zu realisieren, die gegenüber statischen Seiten erweiterte Funktionalität oder Anzeigeeffekte aufweisen. Darüber hinaus besteht noch die Möglichkeit, spezielle Style-Klassen für Multi-Instanzen-Elemente anzugeben.

Die Style-Definition mit CSS kann zum einen als Basis für das Gesamt-Frontend genutzt werden. Zum anderen kann die Style-Gestaltung jedoch auch bereichsspezifisch erfolgen. Hierzu können für jeden Bereich individuelle Stylesheets erstellt werden, die bereichsabhängige Style-Klassen beinhalten. Dadurch können auch für einzelne Elemente eines Bereichs individuelle Style-Definitionen erstellt werden. Eine individuelle Style-Definition überschreibt hierbei immer die allgemeine Style-Definition.

5.5.11 Technische Aktionsnetze

In diesem Abschnitt wird die Modellierung von technischen, jedoch technologieunabhängigen, Aspekten von Frontends beschrieben [vgl. Her07 S. 71-77]. Diese beschreiben Sachverhalte auf technischer Ebene, die nicht vom Fachbereich festgelegt werden können, da deren Definition Entscheidungen erfordern, die nur von einem IT-Spezialisten getroffen werden können. Diese Sachverhalte sind im Wesentlichen im Zusammenspiel von Servicezugriffen und des Lesens bzw. Schreibens von Frontend-Datenobjektstrukturen zu finden, die bei Interaktionen vom Typ *User Control* und *System* relevant sind. Die Definition dieser Aspekte kann zunächst in einer allgemeinen Form unabhängig von der Umsetzungstechnologie für die Frontends erfolgen. Die technologiespezifischen Aspekte – bspw. für JavaServer Faces – werden dann in einem weiteren Schritt in weiteren technologiespezifischen Modellen ergänzt.

Die Festlegung der technischen Abläufe erfolgt durch die Modellierung von technischen Aktionsnetzen zu den in den Interaktionsnetzen definierten User Control Actions und System Actions eines Bereichs. Bei Ausführung einer User Control Action oder einer System Action in einem Frontend können Services zugeordnet werden. Die technischen Schritte, die beim Aufruf der Services erfolgen sollen, können ebenfalls als Ablauf dargestellt werden. Auch dieses Teilmodell kann auf Basis von XML-Netzen entwickelt werden. Diese weitere XML-Netz-Variante wird als *technisches Aktionsnetz* bezeichnet und stellt eine Verfeinerung einer Transition des Typs *User Control Action* oder *System Action* in einem Interaktionsnetz dar.

Über die Interaktionsnetze wurde die Interaktion des Anwenders mit dem System, d.h. entsprechenden Services im Rahmen eines Bereichs definiert. Hierbei wurden bei User Control Actions und System Actions jeweils Services hinterlegt, die entsprechende Verarbeitungsfunktionen bereitstellen. Da innerhalb einer Interaktion ggf. mehrere Services aufgerufen werden können, ist bei der Verarbeitung eine (Zwischen-)Speicherung von Daten erforderlich. Hierzu können die in Abschnitt 5.5.3 eingeführten Frontend-Datenobjekttypen genutzt werden. Für die Modellierung können lokale Variablen, Session-Variablen und Rückgabewerte von Servicezugriffen verwendet werden, die alle mit der Notation der Frontend-Datenobjekttypen beschrieben werden. Die durch User Input Actions modellierten Eingaben eines Anwenders erfolgen ebenfalls in entsprechenden Frontend-Datenobjekten. Im Rahmen eines technischen Aktionsnetzes können Variablen dadurch mit Werten belegt werden, die sich aus zuvor durchgeführten Benutzeraktionen ergeben.

Eine weitere Verwendung der Variablen ist die Übergabe von Daten an einen anderen Bereich. Hierzu werden die Daten im Kontext ihres Ursprungsbereichs in Session-Variablen geschrieben und für die aktuelle Anwendersitzung gespeichert. Auf diese Daten kann während der gesamten Sitzung zurückgegriffen werden, d.h. auch über verschiedene technische Aktionsnetze und auch verschiedene Bereiche eines Frontends hinweg.

Grundsätzlich können bei einer technischen Aktion Daten aus den Benutzereingaben, den Variablen oder den zur Verfügung stehenden Services zur Verarbeitung ermittelt werden. Die Ergebnisse von Serviceaufrufen können dann weiter verarbeitet oder zur Übergabe in einen anderen Bereich in Session-Variablen abgelegt werden. Bei der Detailbeschreibung eines technischen Ablaufs einer User Control Action oder System Action eines Interaktionsnetzes müssen die folgenden Sachverhalte darstellbar sein:

* *Setzen von Werten von Variablen:* Es müssen Werte von lokalen Variablen und Session-Variablen gesetzt werden können.

- *Ermittlung von Werten nach einer User Input Action:* Es müssen die von einem Anwender im Rahmen von User Input Actions durchgeführten Eingaben ermittelt werden können. Dies betrifft sowohl neue als auch geänderte Werte.

- *Serviceaufruf:* Es muss ein IT Service mit Parametern aufgerufen und dessen Ergebnisse ermittelt werden können.

- *Löschen von Werten aus Variablen:* Es müssen Werte von Variablen gelöscht werden können. Dies ist insbesondere für die Session-Variablen wichtig, da deren Werte auch im Kontext von technischen Abläufen anderer Aktionen verfügbar sind und dies so ggf. für unerwünschte Nebeneffekte sorgen kann.

Auf Basis der zuvor beschriebenen Konzepte wird ein technisches Aktionsnetz folgendermaßen definiert:

Definition 5.10: Technisches Aktionsnetz

Ein technisches Aktionsnetz ist ein Tupel $TAN = (S, T, F, \Psi, I_S, K, IT, M_0)$ für das gilt:

(i) $(S, T, F, \Psi, I_S, K, IT, M_0)$ ist ein XML-Netz.

(ii)   Ein TAN hat genau eine Stelle S_I, die keine eingehenden Kanten besitzt. Diese Stelle ist die Anfangsstelle des TAN. Der Stelle muss ein XML Schema zugeordnet sein, die eine Frontend-Datenobjektstruktur beschreibt.

(iii)   Ein TAN hat beliebig viele Stellen S_O, die keine ausgehenden Kanten besitzen. Diese Stellen sind die Endstellen des Netzes. Die Transitionen im Vorbereich dieser Stelle sind die Endtransitionen des TANs.

(iv)   Die Transitionen haben das zusätzliche Attribut `Typ`, das einen Wert aus der Menge {`Variablenwertzuweisung`, `Serviceaufruf`, `Variablenwertlöschung`} enthalten muss.

(v)   Stellen im Nachbereich von Transitionen des Typs `Variablenwertzuweisung` oder `Variablenwertlöschung` enthalten die geänderten Frontend-Datenobjektstrukturen der lokalen Variablen oder der Session-Variablen.

(vi)   Stellen im Vorbereich von Transitionen des Typs `Variablenwertzuweisung` oder `Serviceaufruf` können die Frontend-Datenobjektstrukturen der lokalen Variablen, der Session-Variablen, der Ergebnisse eines vorherigen Serviceaufrufs und zuvor durchgeführten User Input Actions enthalten.

(vii)   Stellen im Vorbereich von Transitionen des Typs `Variablenwertlö-schung` enthalten die Frontend-Datenobjektstrukturen der lokalen Variablen oder der Session-Variablen.

(viii) Stellen im Nachbereich von Transitionen des Typs `Serviceaufruf` enthalten die Frontend-Datenobjektstruktur der Rückgabewerte des Services.

Die technische Initialisierung eines Bereichs stellt einen Spezialfall eines technischen Aktionsnetzes dar. Hier wird festgelegt, welche Daten in den Frontend-Datenobjekten beim Erzeugen einer Instanz eines Bereichs abgelegt werden sollen. Eine technische Initialisierung eines Bereichs kann durch Erstellen einer System Action als Anfangstransition eines entsprechenden Interaktionsnetzes und der Definition eines technischen Aktionsnetzes als Verfeinerung der System Action abgebildet werden.

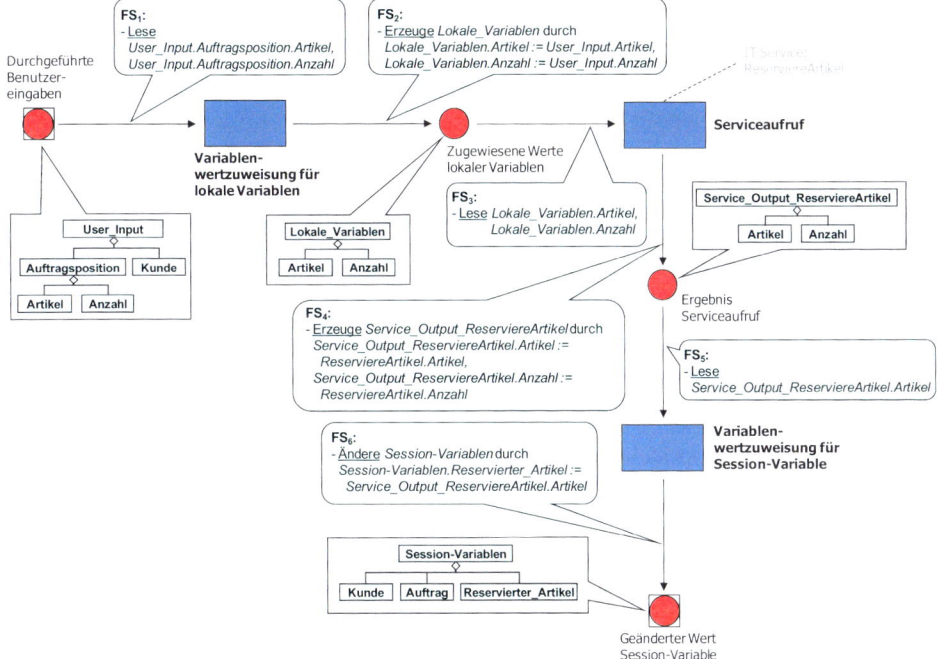

Abbildung 60: Technisches Aktionsnetz

In dem in Abbildung 60 dargestellten Beispiel wird der Ablauf der technischen Einzelaktionen einer System Action definiert. Im ersten Schritt werden die vom Anwender erfassten Werte zu einer `Auftragsposition` aus durchgeführten User Input Actions ermittelt und in den lokalen Variablen `Artikel` und `Anzahl` abgelegt. Anschließend wird der Service `ReserviereArtikel` mit dem Inhalt der zuvor belegten Variablen von `Artikel` und `Anzahl` als Parameter aufgerufen. Das Ergebnis des Serviceaufrufs steht nach dem Aufruf in `Service_Output_-ReserviereArtikel` zur Verfügung. Auf Basis der im Rahmen des Services durchgeführten Reservierung wird abschließend der Artikel in die Session-Variable `Reservierter_Artikel` geschrieben. Dieser Eintrag kann nun auch von technischen Aktionsnetzen in anderen Bereichen verwendet werden.

5.5.12 Technologiespezifische Aspekte

Bei der Frontend-Modellierung sind auch Aspekte vorgesehen, die in Abhängigkeit der jeweils gewählten Umsetzungstechnologie ggf. unterschiedlich definiert werden müssen [vgl. Her07 S. 78-80]. Diese werden zur Transformation der Modelle in lauffähige Programme benötigt. Hier werden die speziellen Rahmenbedingungen der entsprechenden Umsetzungstechnologie berücksichtigt und die bisher technologieunabhängig erstellten Modelle durch diese Aspekte ergänzt.

Nachfolgend wird die Modellierung technologiespezifischer Aspekte anhand von Java und JavaServer Faces (JSF) im Rahmen der Erstellung von Webanwendungen beschrieben. Bei der technologiespezifischen Modellierung wird die Beschreibung von Aspekten für das Gesamt-Frontend und für einzelne Bereiche berücksichtigt.

5.5.12.1 Technologiespezifische Definition für das Gesamt-Frontend

Für jede Umsetzungstechnologie muss generell angegeben werden, wie die grundlegenden Elemente der technologieunabhängigen Teilmodelle (User Control Action, User Input Action, Display Action, System Action, Labels etc.) jeweils umgesetzt werden [vgl. Her07 S. 78f.]. Sie werden verwendet, wenn über die technologiespezifische Beschreibung einzelner Bereiche keine Angabe zur technischen Umsetzung gemacht wurde. Für JavaServer Faces als Umsetzungstechnologie müssen beispielsweise folgende für das Gesamt-Frontend geltende Definitionen durchgeführt werden [vgl. Her07 S. 79]:

- Es müssen Zielverzeichnisse für den generierten Programmcode und die generierten Ressource-Dateien festgelegt werden.

- Es muss der Aufbau der zu generierenden Java-Klassen inklusive der einzubindenden Java-Bibliotheken definiert werden.

- Für die Definition eines Element/Repräsentations-Mappings zur Transformation einzelner Modellelemente müssen die möglichen Repräsentationen der Umsetzungstechnologie vorgegeben werden. Diese werden bspw. bei JavaServer Faces durch sogenannte Tag Libraries bestimmt.

- Beim eigentlichen Element/Repräsentations-Mapping müssen die Modellelemente den Tags zugeordnet werden, mit denen die Modellelemente in einem generierten Frontend umgesetzt werden sollen.

Diese Definitionen müssen für die Generierung von Frontends auf Basis von JavaServer Faces vorhanden sein. Für andere Umsetzungstechnologien müssen ggf. andere oder zusätzliche Aspekte definiert werden.

5.5.12.2 Technologiespezifische Definition für die Bereiche

Die für einen Bereich definierbaren technologiespezifischen Aspekte werden im Wesentlichen zur Angabe von Abweichungen gegenüber den technologiespezifischen Vorgaben des Gesamt-Frontends oder zur Ergänzung von Funktionalität in der Umsetzungstechnologie verwendet. Die Anreicherung mit technologiespezifischen Details wird benötigt, um die Einschränkungen bei der Generierung von lauffähigen Programmen im Vergleich zu einer Entwicklung ohne Generatoren möglichst gering zu halten.

Analog zur Erläuterung der technologiespezifischen Definition des Gesamt-Frontends wird bei der technologiespezifischen Definition der Bereiche hier ebenfalls JavaServer Faces beispielhaft als Umsetzungstechnologie genutzt. Bei Verwendung dieser Technologie müssen die folgenden Aspekte berücksichtigt werden [vgl. Her07 S. 80]:

- Jedem Bereich muss ein *Managed Bean* zugeordnet sein, über welches die Weitergabe von Daten an weitere Bereiche bei der Verwendung von JavaServer Faces gesteuert wird. Ein Managed Bean ist eine Java-Klasse, die Controller-Funktionalitäten bereitstellt. Hier erfolgt die JSF-spezifische Umsetzung der in den technischen Aktionsnetzen modellierten Servicezugriffe.

- Es können für einzelne Bereiche von der Definition im Gesamt-Frontend abweichende Element/Repräsentations-Mappings definiert werden.

- Für Interaktionselemente vom Typ *Input* können Validierungen und Konvertierungen mit den technologiespezifischen Möglichkeiten definiert werden.

5.6   Vorgehensweise bei der Modellierung

In den vorherigen Abschnitten dieses Kapitels wurden die einzelnen Teilmodelle des integrierten Modells beschrieben. In den einzelnen Teilmodellen können die jeweiligen Aspekte getrennt von anderen Aspekten modelliert werden. Jedoch werden auch die Zusammenhänge zwischen den Teilmodellen in der Form berücksichtigt, dass einzelne Aspekte auf anderen aufbauen. Durch diese Zusammenhänge ergibt sich eine logische Reihenfolge bei der Modellierung, um einen Geschäftsprozess inklusive Backend- und Frontendaspekten vollständig zu definieren. Daraus lässt sich die folgende Vorgehensweise ableiten, die alle im integrierten Modell enthaltenen Möglichkeiten abdeckt:

1. Modellierung der Business Services, Geschäftsprozesse und Geschäftsobjekte:

Im ersten Schritt muss eine Analyse der Anforderungen inklusive deren Dokumentation durchgeführt werden. Die Anforderungen an das umzusetzende Anwendungssystem werden durch die Definition von Geschäftsprozessmodellen, Geschäftsobjektmodellen und deren Verknüpfung dokumentiert. Die Business Services werden als Geschäftsprozessmodelle auf den in der Prozesshierarchie dafür vorgesehenen oberen Ebenen definiert. Geschäftsprozessmodelle und Geschäftsobjektmodelle müssen nicht zwangsläufig gemeinsam definiert werden. Sie können zunächst separat voneinander analysiert und modelliert werden. Jedoch müssen die beiden Modelle spätestens vor dem nächsten Modellierungsschritt in einem weiteren Teilmodell durch die Zuordnung der bisher modellierten Geschäftsobjekte mit den Geschäftsprozessmodellen zusammengeführt werden, um diese Information dann nutzen zu können.

2. Modellierung der Servicezugriffe:

Für die Realisierung auf Basis einer serviceorientierten Architektur ist eine Analyse und Dokumentation der bestehenden und zukünftig benötigten IT Services in einem Unternehmen erforderlich, die im Rahmen der Umsetzung der Geschäftsprozesse genutzt werden sollen. Die bestehenden IT Services werden mit SOA-Werkzeugen realisiert und verwaltet. Über eine Schnittstelle vom Servicezugriffsmodell zu einem entsprechenden existierenden Service-Repository werden die im Rahmen des Modells verfügbaren Servicezugriffe zur Verfügung gestellt. Derzeit noch nicht vorhandene IT Services, die jedoch umgesetzt werden sollen, werden als Kandidaten über das Servicezugriffsmodell definiert. Die Modellierung von IT Services kann bereits parallel zur Modellierung der Geschäftsprozesse und Geschäftsobjekte erfolgen, da sich daraus in der Regel Anforderungen für neue IT Services oder die Anpassung existierender ergeben.

3. Modellierung der Geschäftsprozesssteuerung:

Die Geschäftsprozesssteuerung wird ausgehend von Geschäftsprozessmodellen und den zur Verfügung stehenden oder noch zu implementierenden IT Services durch Definition von Backend-Netzen modelliert. Steht die Umsetzungstechnologie bereits fest – beispielsweise durch BPEL – dann können auf Basis der definierten Backend-Netze direkt Webservice-Netze für den technologiespezifischen Entwurf der Geschäftsprozesssteuerung definiert werden. Voraussetzungen für die Modellierung der Geschäftsprozesssteuerung in Form von Backend-Netzen sind die Existenz übergeordneter Geschäftsprozessmodelle und im Modell verfügbare Servicezugriffe für die benötigten IT Services. Als Ergebnis der Modellierung der Geschäftsprozesssteuerung sollten im technologiespezifischen Entwurf alle Informationen für eine Generierung von Softwarekomponenten zur Ausführungssteuerung der definierten Geschäftsprozesse vorliegen.

4a. Modellierung der fachlichen Aspekte des Frontends:

Die Definition der fachlichen Aspekte des Frontends kann bereits parallel zur Modellierung der Geschäftsprozesssteuerung durchgeführt werden. Sowohl die Modellierung der Geschäftsprozesssteuerung als auch die Frontend-Modellierung erfolgen ausgehend von einem existierenden Geschäftsprozessmodell [vgl. Her07 S. 81f.]. Die Frontend-Modellierung bezieht sich auf die Prozessschritte eines Geschäftsprozessmodells, für deren Durchführung eine Benutzeroberfläche erforderlich ist.

Neben der Beschreibung der Prozessschritte bilden die bei den Stellen in den Vor- und Nachbereichen der entsprechenden Transitionen zugeordneten Geschäftsobjekte eine weitere Basis für die Modellierung des Frontends. Diese werden als Grundlage für die Definition der Frontend-Datenobjektstrukturen verwendet. Die Definition des strukturellen Aufbaus von Bereichen und der je Bereich festzulegenden Interaktion erfolgt gemeinsam in reziproker Form, da Interaktionsnetze über die Interaktionselemente einen direkten Bezug zu den Bereichsstrukturen besitzen. Umgekehrt muss auch für die in einem Bereich angeordneten Interaktionselemente das Verhalten in einem Interaktionsnetz definiert werden. Voraussetzungen für die Modellierung von Interaktionen und Bereichsstrukturen sind neben den Geschäftsprozess- und Geschäftsobjektemodellen die modellierten möglichen Servicezugriffe und die Frontend-

Datenobjektstrukturen. In Abhängigkeit der verwendeten Endgeräte werden dann Frontend-Netze definiert, welche die bereichsübergreifenden Zusammenhänge beschreiben. Analog zur Bereichsstrukturierung erfolgt gemeinsam mit der Erstellung der Frontend-Netze die Definition des Seitenaufbaus auf Basis der Bereiche.

Für die strukturell und funktional definierten Frontends können nun die Berechtigungen definiert werden. Die Zuordnung von Berechtigungen zu Anwendern erfolgt in der Regel über die im Modell verfügbaren Benutzerrollen. Personalisierungsmöglichkeiten stellen eine spezielle Art von Berechtigungen dar und werden analog zu den anderen Berechtigungen den Anwendern zugeordnet.

Die Definition von Layoutaspekten stellt im Rahmen der Frontend-Modellierung eine übergreifende Aufgabe dar, da bereits zum Start der Frontend-Modellierung generelle Layoutvorgaben definiert werden sollten. Jedoch müssen im weiteren Verlauf der Erstellung der verschiedenen Teilmodelle häufig weitere Layoutaspekte hinzugefügt werden. Dies kann bspw. auch die Berechtigungsmodellierung betreffen, wenn in Abhängigkeit einer Benutzerrolle Layout-Attribute gesetzt werden sollen.

4b. Modellierung der technischen Aspekte des Frontends:

Die vorherigen Schritte der Frontend-Modellierung können nur mit Hilfe des Wissens entsprechender Mitarbeiter des Fachbereichs durchgeführt werden. Die Modellierung der technischen Aspekte des Frontends wird hingegen ausschließlich von der IT durchgeführt und stellt den ersten Schritt zu einer Generierung von Frontends dar [vgl. Her07 S. 82]. Die Voraussetzung für die Modellierung der technischen Aktionsnetze ist die Existenz von Interaktionsnetzen mit enthaltenen System Actions und/oder User Input Actions. Die bei den Interaktionen bereits zugeordneten IT Services werden nochmals geprüft und in den technischen Aktionsnetzen entsprechend einer von der IT bestimmten Verarbeitung angeordnet.

4c. Definition der technologiespezifischen Aspekte des Frontends:

Die Definition der technologiespezifischen Aspekte stellt nach der Definition der allgemeinen technischen Aspekte den zweiten Schritt zur Generierung von Frontends dar [vgl. Her07 S. 82]. Zu diesem Zeitpunkt sind die Zieltechnologien bekannt und die bisher technologieunabhängig definierten Aspekte können ergänzt werden. Nach Durchführung der Modellierung der technologiespezifischen Aspekte sollten alle Informationen für eine Generierung entsprechender Softwarekomponenten zur Umsetzung der Frontends für ggf. unterschiedliche Endgeräte im integrierten Modell vorliegen.

5.7 Bewertung der Ausdrucksmöglichkeit des integrierten Modells

Mit dem vorgestellten integrierten Modell können alle relevanten Aspekte zur Umsetzung eines SOA-basierten Anwendungssystems definiert werden, da der Ansatz alle in Kapitel 1 beschriebenen Schichten einer entsprechenden Implementierung abdeckt. Neben der Geschäftsprozesssteuerung wird in dem eingeführten integrierten Modell auch insbesondere die Frontend-Schicht berücksichtigt. Es werden für die Beschreibung von dynamischen Sachverhalten durchgängig Varianten von XML-Netzen genutzt. Das integrierte Modell ermöglicht für die Beschreibung der unterschiedlichen Schichten neben der Definition der fachlichen Seite auch die Definition der technischen Seite.

Eine Grenze des integrierten Modells stellen die IT Services dar. Für die Definition von einzelnen IT Services ist im integrierten Modell kein separater Modelltyp vorgesehen, da diese als existierende bzw. noch zu realisierende IT Services vorausgesetzt werden. Über die Definition des Zugriffs auf die bestehenden oder ggf. noch zu realisierenden IT Services können die IT Services in das Modell eingebunden werden. Auch der technische Entwurf von Datenbankobjekten ist im Modell nicht vorgesehen, da dieser Teil ebenfalls im Rahmen der Bereitstellung der Services umgesetzt werden muss.

Die Konsistenz des integrierten Modells wird durch die Zusammenhänge zwischen den einzelnen Teilmodellen und durch Abhängigkeitsregeln gewährleistet. Diese Zusammenhänge und Abhängigkeiten werden in Abschnitt 7.2 noch im Detail beschrieben. Hierdurch ergeben sich übergreifende Analysemöglichkeiten über das gesamte integrierte Modell. Da bei Modelltypen für die Beschreibung von Dynamik durchgängig XML-Netze eingesetzt werden, können hierbei die Analyse- und Validierungsmethoden von Petri-Netzen angewandt werden [Bau96 S. 129ff.]. Alle anderen Modelltypen sind mit den verschiedenen XML-Netz-Typen verknüpft und können somit bei einer Analyse und Validierung zusammenhängender XML-Netze ebenfalls berücksichtigt werden.

6   Modellbasierte Generierung

In diesem Kapitel wird beschrieben, wie das in Kapitel 5 entwickelte Modell mit seinen zugrundeliegenden Konzepten zur Transformation in entsprechende Softwarekomponenten im Rahmen von Generatoren genutzt werden kann. Zunächst wird die Transformation von Webservice-Netzen in BPEL für eine technische Realisierung der Geschäftsprozesssteuerung beschrieben. Anschließend wird eine mögliche Transformation des Frontend-Modells in JavaServer Faces als konkrete technische Umsetzung des Frontends vorgestellt.

6.1   Transformation von Webservice-Netzen in BPEL

Voraussetzung für einen ausführbaren BPEL-Prozess ist das Vorhandensein einer WSDL-Datei, die den Aufruf des Prozesses als Webservice beschreibt und einer BPEL-Datei, die den eigentlichen Prozessablauf definiert [vgl. Bau08 S. 46]. Beide Dateien müssen auf Basis von Informationen aus den Webservice-Netzen erzeugt werden. In der WSDL-Datei wird der Webservice definiert, der den BPEL-Prozess nach außen als aufrufbaren Webservice repräsentiert und dadurch die Nutzung des implementierten Prozesses in webservicebasierten Softwaresystemen ermöglicht. Hier werden die `message`, die für den Aufruf des BPEL-Prozesses benötigt wird, die `message`, die der BPEL-Prozess zurückliefert, der `portType`, der die `messages` in `operations` gruppiert und der `partnerLinkType`, der die Art des Datenaustauschs und die entsprechenden Rollen in der Kommunikation mit anderen Webservices beschreibt, definiert. In der BPEL-Datei wird der durch eine BPEL Engine ausführbare Prozess definiert. Bei der Erstellung der BPEL-Datei muss zum einen die Ablaufsteuerung für einen BPEL-Prozess in Form von `structured activities` durch eine Transformation des Ablaufs des Webservice-Netzes erstellt werden. Zum anderen müssen die darin enthaltenen einzelnen Transitionen eines Webservice-Netzes entsprechend ihres Typs in `basic activities` von BPEL übersetzt werden. Nachfolgend werden alle Schritte, die für die Erstellung eines ausführbaren BPEL-Prozesses auf Basis von Webservice-Netzen erforderlich sind, detailliert beschrieben. Dies ist aufgeteilt in die Erstellung der WSDL-Datei des BPEL-Prozesses zur Bereitstellung eines aufrufbaren Webservices für den Prozess, die Generierung des Ablaufs in BPEL durch Erzeugung von `structured acitivities` und abschließend die Erzeugung einzelner `basic activities` durch Übersetzung der einzelnen Transitionen eines Webservice-Netzes anhand des jeweiligen Transitionstyps.

6.1.1 Erstellung der WSDL-Datei des BPEL-Prozesses

Im ersten Schritt muss die Beschreibung des Webservice des BPEL-Prozesses in Form einer WSDL erzeugt werden. Hierbei müssen aus den Informationen eines zugrundeliegenden Webservice-Netzes entsprechende Beschreibungsdaten generiert werden. Die WSDL-Datei für einen BPEL-Prozess wird diesbezüglich nach der folgenden Systematik erstellt [vgl. Bau08 S. 40]: Die Generierung der WSDL-Datei erfolgt auf Basis der Eigenschaft der Webservice-Netze, dass die erste Transition (Input-Transition) im Webservice-Netz dem Typ `receive` und die letzte Transition (Output-Transition) dem Typ `invoke` oder `reply` entsprechen muss. Die Input-Transition repräsentiert die Startaktivität und die Output-Transition die Endaktivität des BPEL-Prozesses. Um die WSDL-Datei zu generieren, müssen entsprechende `messages` der `portTypes` mit `operations` und `partnerLinkTypes` erstellt werden. Für die Erstellung werden die an der Input- bzw. Output-Stelle hinterlegten XML Schemata benötigt. Diese repräsentieren die `parts` der Messages für den Aufruf und die Rückgabe des Webservice des BPEL-Prozesses. Die XML Schemata für die Message des Aufrufs werden aus den an der Input-Stelle des Webservice-Netzes hinterlegten Informationen ermittelt. Die für die Message der Rückgabe benötigten XML Schemata werden hingegen auf Basis der hinterlegten Informationen an der Output-Stelle ausgelesen. Für jedes dieser XML Schemata muss das Wurzelelement des jeweiligen XML-Dokuments ermittelt werden. Die Ermittlung von Wurzelelementen erfolgt dadurch, dass in den XML Schemata nach Elementen gesucht wird, die nicht referenziert werden. Mit diesen Informationen kann eine WSDL-Datei generiert werden, die je nach Typ der Input- und Output-Transitionen entsprechende `portTypes` mit Operationen enthält, welche wiederum die aus den XML Schema der Input- bzw. Output-Stellen abgeleiteten `messages` enthalten. Darüber hinaus wird für jeden `portType` ein `partnerLinkType` mit der bei der Input-Transition hinterlegten Rolle erstellt.

6.1.2 Transformation der Ablaufsteuerung (structured activities)

In [AaL05] wurde ein Algorithmus entwickelt, mit dem der Ablauf von Petri-Netzen in BPEL Version 1.1 übersetzt werden kann. Dieser wurde als Basis für den nachfolgend aufgeführten Algorithmus zur Transformation von Webservice-Netzen in BPEL 2.0 genutzt [vgl. Bau08 S. 49-62].

6.1.2.1 Grundlegender Algorithmus

Bei dem für die Transformation zugrundeliegenden Algorithmus werden in einem Webser-vice-Netz Iterationen durchlaufen, bei denen sukzessiv Netzkomponenten identifiziert, dann nach bestimmten Regeln in BPEL übersetzt und abschließend durch eine neue zusammenfas-sende Transition vergröbert werden [vgl. AaL05, Bau08].

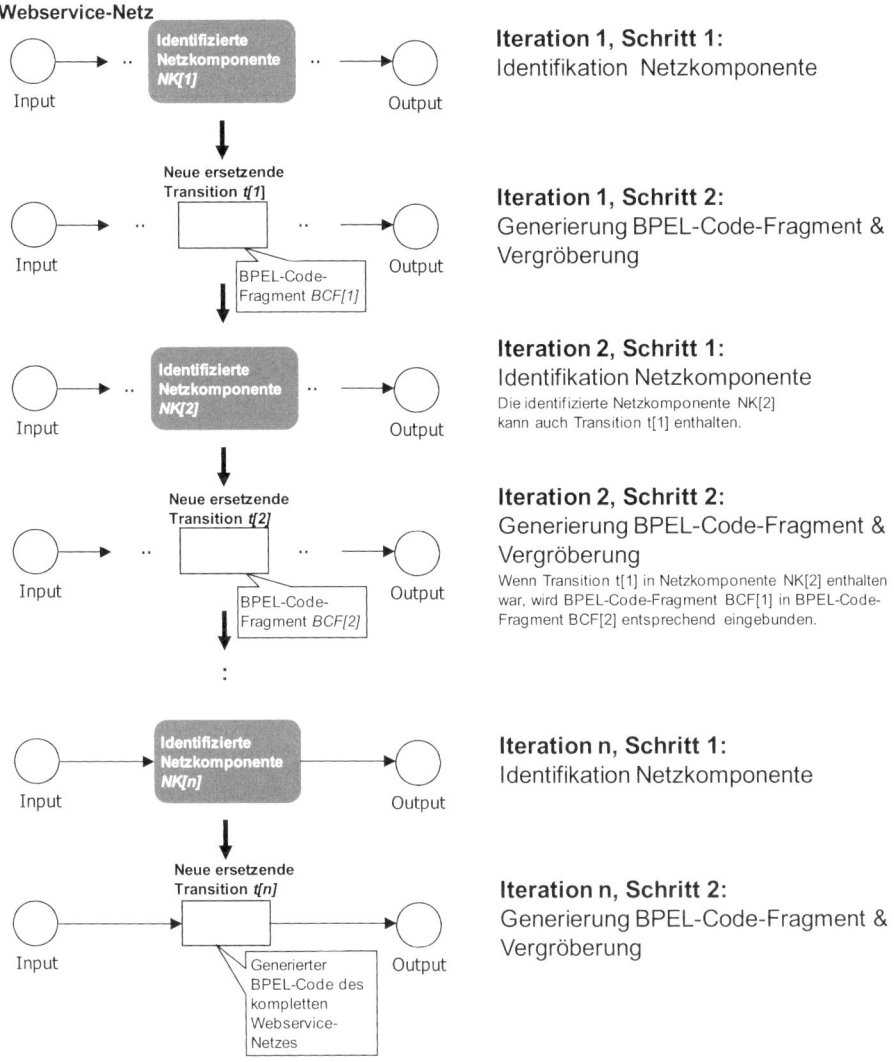

Abbildung 61: Grundlegender Algorithmus zur Generierung von BPEL aus Webservice-Netzen

In Abbildung 61 wird die grundlegende Funktionsweise des Algorithmus graphisch darge-stellt. Eine Netzkomponente wird hierbei folgendermaßen definiert:

Definition 6.1: Netzkomponente

Eine Netzkomponente ist ein zusammenhängendes Teilnetz mit mindestens drei Knoten innerhalb eines Webservice-Netzes für das gilt:

(i)   Eine Netzkomponente hat genau einen Knoten K_I über den die Netzkompo-nente vom umliegenden Bereich des Webservice-Netzes erreicht werden kann. Dieser Knoten ist der Anfangsknoten der Netzkomponente.

(ii)   Eine Netzkomponente hat genau einen Knoten K_O von dem ausgehend der umliegende Bereich des Webservice-Netzes erreicht werden kann. Dieser Knoten ist der Endknoten der Netzkomponente.

(iii)   Eine Netzkomponente ist entweder stellen- oder transitionsberandet.

Indem in Abbildung 61 dargestellten Algorithmus wird nach der Identifikation einer geeigne-ten Netzkomponente diese in ein entsprechendes BPEL-Code-Fragment übersetzt und durch eine neu generierte Transition vergröbert. Die BPEL-Übersetzung, d.h. das für eine Netzkom-ponente erzeugte BPEL-Code-Fragment, wird dabei der neu generierten Transition zugeord-net. Das Webservice-Netz wird hierbei solange durch die Zusammenfassungen vereinfacht, bis das Webservice-Netz nur noch aus der Input-Stelle, der Output-Stelle und einer Transition besteht. Der Ergebnistransition t[n] ist nach Beendigung des Algorithmus der generierte BPEL-Code des gesamten Webservice-Netzes zugeordnet.

Für die Identifizierung einer geeigneten Netzkomponente wird das zu verarbeitende Netz zu-nächst nach sogenannten *elementaren Netzkomponenten* durchsucht. Es gibt unterschiedliche Typen von elementaren Netzkomponenten, die eindeutig in entsprechende BPEL-Konstrukte überführt werden können. Die folgenden elementaren Netzkomponenten werden hierbei un-terschieden [vgl. AaL05]:

* Sequenz

* Konflikt mit anschließendem Kontakt

* Iteration

* Nebenläufigkeit mit anschließender Synchronisation

Die vier unterschiedlichen Typen elementarer Netzkomponenten sind in Abbildung 62 darge-stellt. Anhand des jeweiligen Musters können die elementaren Netzkomponenten im Rahmen der Identifikation erkannt und ausgewählt werden. Die verwendeten elementaren Netzkomponenten sind entweder stellen- oder transitionsberandet.

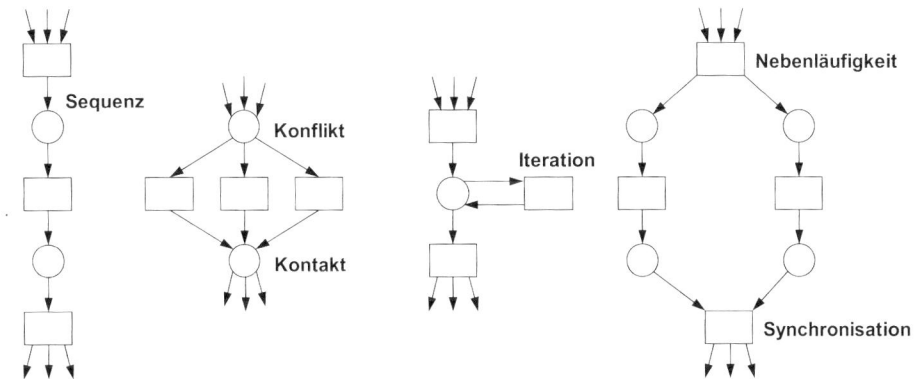

Abbildung 62: Typen von elementaren Netzkomponenten [vgl. AaL05]

Die Verarbeitung im Algorithmus erfolgt entlang einer bestimmten Reihenfolge der Typen der elementaren Netzkomponenten. Zunächst wird das Webservice-Netz nach Netzkomponenten durchsucht, die eine Sequenz repräsentieren. Sobald keine weitere Sequenz identifiziert werden kann, wird nach Konflikten mit anschließendem Kontakt gesucht. Können keine weiteren Konflikte mit anschließendem Kontakt identifiziert werden, wird eine Suche nach Iterationen gestartet. Abschließend wird, wenn auch keine weitere Iteration identifiziert werden kann, dann nach Nebenläufigkeiten mit anschließender Synchronisation gesucht. Werden hierbei elementare Netzkomponenten gefunden, dann werden diese jeweils entsprechend ihres Typs in BPEL übersetzt. Eine identifizierte Sequenz wird hierbei auf ein `sequence`-Konstrukt, ein identifizierter Konflikt mit anschließendem Kontakt auf ein `if`-Konstrukt, eine identifizierte Iteration auf ein Iterations-Konstrukt (`while`, `repeatUntil` oder `forEach`) und eine Nebenläufigkeit mit anschließender Synchronisation auf ein `parallel-flow`-Konstrukt in BPEL abgebildet. Anschließend wird die jeweils identifizierte und übersetzte elementare Netzkomponente durch eine neue Transition vergröbert und die Übersetzung der neu generierten Transition zugeordnet. Kann keine der elementaren Netzkomponenten identifiziert werden, dann wird nach der kleinstmöglichen geeigneten Netzkomponente gesucht, die durch eine Übersetzung in eine `link semantics` und anschließende Vergröberung eine der elementaren Netzkomponenten aus Abbildung 62 im Ergebnisnetz hervorbringt. Kleinstmöglich heißt in diesem Fall, dass die Netzkomponente aus mindestens drei Knoten besteht, jedoch die kleinste Anzahl an Knoten (Transitionen und Stellen) aller im aktuellen Netz möglichen geeigneten Netzkomponenten besitzt. Wird eine solche Netzkomponente identifiziert, dann wird diese in eine `link semantics` übersetzt, vergröbert und der Vergröberung die übersetzte `link semantics` zugeordnet. Danach wird eine Suche nach elementaren Netzkomponenten im vereinfachten Netz gestartet. Falls keine passende vereinfachende Netzkomponente für eine `link semantics` gefunden wird, deren Vergröberung eine elementare Netzkomponente hervorbringt, so wird dann das aktuell noch verbliebene Webservice-Netz komplett als `link semantics` übersetzt. Das Ergebnis der Transformation eines kompletten Webservice-Netzes ist wiederum ein Netz, das jedoch nur noch aus der Input-Stelle, der Output-Stelle und einer Transition, welche die beiden Stellen miteinander verbindet, besteht. Dieser einen Transition ist dann die komplette BPEL-Übersetzung des transformierten Webservice-Netzes zugeordnet. Die übersetzten BPEL-Anweisungen werden dann abschließend in die BPEL-Datei geschrieben. Der Algorithmus terminiert immer, da in jedem Fall entweder elementare Netzkomponenten oder Netzkomponenten für eine `link semantics` gefunden und transformiert werden. Beide können eindeutig in BPEL-Code übersetzt werden. Dadurch ist sichergestellt, dass selbst wenn bei der Durchführung des Algorithmus keine elementaren Netzkomponenten gefunden werden, das Webservice-Netz immer komplett übersetzt werden kann. In Quelltext 36 ist der zuvor beschriebene grundlegende Algorithmus zur Transformation der Ablaufsteuerung eines Webservice-Netzes in BPEL in Form von Pseudocode dargestellt [vgl. AaL05 S. 23f.].

```
WHILE (#Transitionen > 1, #Input-Stellen > 1, #Output-Stellen > 1)
BEGIN
start:
   Durchsuche Webservice-Netz nach elementaren Netzkomponenten;

   IF Sequenz identifiziert THEN
      Lege sequence in BPEL an;
      Vergröbere Netzkomponente;
      GOTO start;
   END IF;

   IF Konflikt mit anschließendem Kontakt identifiziert THEN
      Lege if in BPEL an
      Vergröbere Netzkomponente;
      GOTO start;
   END IF;

   IF Iteration identifiziert THEN
      IF Iterationstyp = while THEN
         Lege while in BPEL an;
      END IF;
```

```
      IF Iterationstyp = repeatUntil THEN
         Lege repeatUntil in BPEL an;
      END IF;

      IF Iterationstyp = forEach THEN
         Lege forEach in BPEL an;
      END IF;

      Vergröbere Netzkomponente;
      GOTO start;
   END IF;

   IF Nebenläufigkeit mit anschließender Synchronisation identifiziert THEN
      Lege parallel flow in BPEL an;
      Vergröbere Netzkomponente;
      GOTO start;
   END IF;

   IF Keine elementaren Netzkomponenten identifiziert THEN
      Suche vereinfachende Netzkomponente für link semantics;
      IF Vereinfachende Netzkomponente gefunden THEN
         Lege link semantics in BPEL an;
         Vergröbere Netzkomponente;
      ELSE
         Lege link semantics für komplettes Webservice-Netz in BPEL an;
         Vergröbere komplettes Webservice-Netz;
      END IF;
   END IF;
END;
```

Quelltext 36: Algorithmus in Pseudocode – Transformation der Ablaufsteuerung [vgl. AaL05 S. 23f.]

Im Rahmen eines Generierungslaufs können zu den einzelnen basic activities jeweils zusätzlich assign-Aktivitäten erzeugt werden. Diese assign-Aktivitäten werden im BPEL-Prozess dann für die temporäre Speicherung von Werten in Variablen zur weiteren Verarbeitung in nachfolgenden Aktivitäten genutzt.

6.1.2.2 Transformation einer Sequenz

Nachfolgend werden die Identifikation, Übersetzung und Vergröberung einer Sequenz im Rahmen des Algorithmus zu Transformation der Ablaufsteuerung im Detail beschrieben [vgl. Bau08 S. 50-52].

Identifikation einer Sequenz:

Eine Sequenz entspricht dem in Abschnitt 3.1.1.1 beschriebenen grundlegenden Ablaufmuster einer Sequenz bei Petri-Netzen. Sie wird anhand von mindestens zwei nacheinander folgender Transitionen erkannt, die je Vorgänger/Nachfolgerpaar über genau eine Stelle miteinander verbunden sind, d.h. jede Transition innerhalb einer Sequenz hat genau eine Eingangs- und genau eine Ausgangskante. Die Anfangstransition kann jedoch mehrere Eingangskanten und die Endtransition mehrere Ausgangskanten besitzen. Eine Sequenz kann dadurch identifiziert werden, dass Transitionen gesucht werden, die genau eine Eingangskante und genau eine Ausgangskante besitzen. Diese stellen Transitionen innerhalb einer Sequenz dar. Wenn eine solche Transition gefunden wird, kann in beiden Richtungen nach weiteren Transitionen mit dieser Eigenschaft gesucht werden, um die Sequenz im Gesamtumfang zu ermitteln. Die Suche wird in beide Richtungen solange fortgesetzt, bis Transitionen gefunden werden, für die dieses Merkmal nicht mehr zutrifft.

Übersetzung einer Sequenz:

Bei der Transformation wird eine neue `sequence`-Aktivität in BPEL erzeugt. Darüber hinaus werden – ausgehend von der ersten Transition der identifizierten Sequenz – die Übersetzungen der einzelnen folgenden Transitionen anhand ihres jeweiligen Typs in Form von entsprechenden BPEL-Aktivitäten durchgeführt, bis alle Transitionen der Sequenz verarbeitet sind.

Vergröberung einer Sequenz:

Die Input-Stellen und Output-Stellen der Sequenz bleiben erhalten. Alle Transitionen, Stellen und Kanten zwischen den Input- und Output-Stellen werden gelöscht. Zwischen die Input- und Output-Stellen wird dann eine neue Transition als Vergröberung der identifizierten Netzkomponente eingefügt und über entsprechende Eingangs- und eine Ausgangskanten jeweils mit den Input- und Output-Stellen verknüpft. Dieser neuen Transition wird dann die BPEL-Übersetzung der Sequenz als BPEL-Fragment zugewiesen.

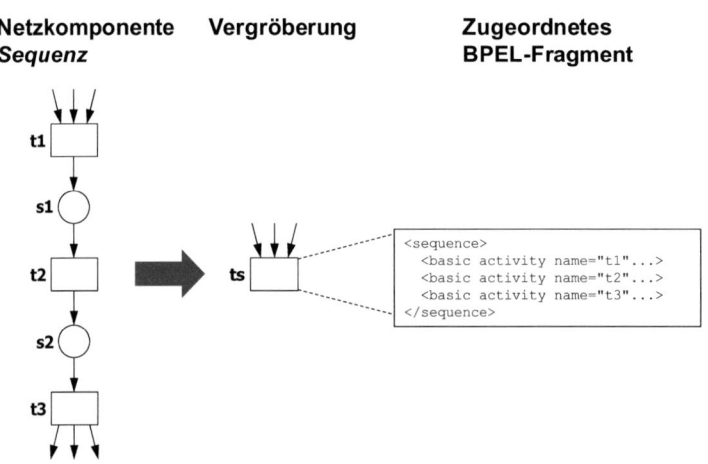

Abbildung 63: Transformation einer Sequenz [vgl. AaL05 S. 18]

In Abbildung 63 wird die Transformation einer identifizierten Sequenz in einem Webservice-Netz dargestellt. Der vergröberten Transition wurde als Ergebnis der Übersetzung ein BPEL-Fragment mit einer `sequence`-Aktivität zugeordnet, innerhalb derer drei `basic activities` sequentiell angeordnet sind.

6.1.2.3 Transformation eines Konflikts mit anschließendem Kontakt

Nachfolgend werden die Identifikation, Übersetzung und Vergröberung eines Konflikts mit anschließendem Kontakt im Rahmen des Algorithmus zu Transformation der Ablaufsteuerung im Detail beschrieben [vgl. Bau08 S. 52-53].

Identifikation eines Konflikts mit anschließendem Kontakt:

Einem Konflikt mit anschließendem Kontakt entspricht einer Kopplung aus den beiden in Abschnitt 3.1.1.1 beschriebenen grundlegenden Ablaufmustern eines Konflikts und eines Kontakts bei Petri-Netzen. Ein solches zusammengesetztes Ablaufmuster wird anhand des Auftretens von mindestens zwei oder mehr Transitionen erkannt, die genau eine gemeinsame Input-Stelle und genau eine gemeinsame Output-Stelle besitzen. Für die Identifikation dieser elementaren Netzkomponente müssen mindestens zwei Transitionen mit diesen Eigenschaften gefunden werden.

Übersetzung eines Konflikts mit anschließendem Kontakt:

Bei der Transformation wird zunächst eine `if`-Aktivität in BPEL erstellt. Für die erste Transition, die in der identifizierten Netzkomponente vorkommt, wird ein `condition`-Element ergänzt. Für jede weitere Transition wird ein `elseif`-Element und ein `condition`-Element oder ein `else`-Element erzeugt. Hierbei wird ein `condition`-Element genau dann erstellt, wenn in der Transition ein logischer Ausdruck als Transitionsinschrift hinterlegt wurde. Ist keine Transitionsinschrift vorhanden, wird ein `else`-Element erstellt. Es darf allerdings nur eine Transition ohne Transitionsinschrift geben. Aus den Transitionsinschriften der beteiligten Transitionen wird unter Berücksichtigung der Filterschemata der eingehenden Kanten jeweils ein logischer Ausdruck als Bedingung für die `condition`-Elemente erstellt. Für jedes `condition`-Element in BPEL wird die Übersetzung der einzelnen Transitionen des Konflikts anhand ihres Typs in Form einer entsprechenden BPEL-Aktivität durchgeführt. Eine Transition ohne Transitionsinschrift wird innerhalb des `else`-Bereichs verwendet. Auch hier wird dann die BPEL-Übersetzung der einzelnen Transition anhand des Typs erzeugt.

Vergröberung eines Konflikts mit anschließendem Kontakt:

Alle Transitionen und Kanten zwischen Input- und Output-Stelle werden gelöscht und durch eine neu erstellte Transition zusammengefasst, der die BPEL-Übersetzung des Konflikts als BPEL-Fragment zugeordnet wird.

In Abbildung 64 wird die Transformation eines identifizierten Konflikts mit anschließendem Kontakt in einem Webservice-Netz dargestellt. Der vergröberten Transition wurde als Ergebnis der Übersetzung ein BPEL-Fragment mit einer `if`-Aktivität zugeordnet, die für die erste Transition ein `condition`-Element, für die zweite Transition ein `elseif`-Element mit weiterem `condition`-Element und für die dritte Transition ein `else`-Element enthält. Für die einzelnen Verzweigungen wurde jeweils eine der Transition entsprechende `basic activity` erzeugt und eingefügt.

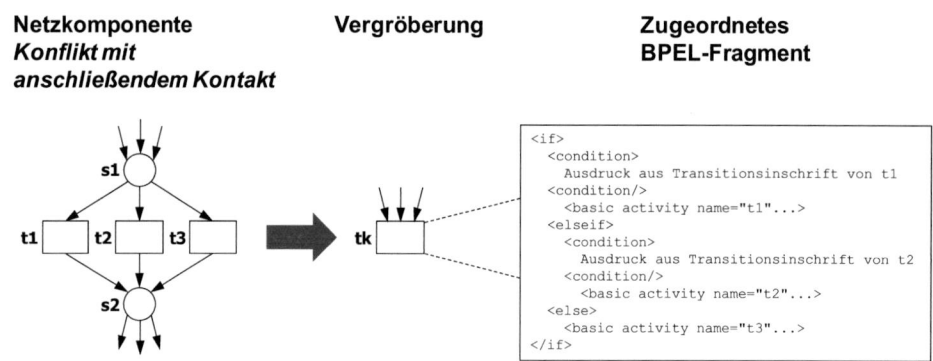

Abbildung 64: Transformation eines Konflikts mit anschließendem Kontakt [vgl. AaL05 S. 22]

6.1.2.4 Transformation einer Iteration

Nachfolgend werden die Identifikation, Übersetzung und Vergröberung einer Iteration im Rahmen des Algorithmus zu Transformation der Ablaufsteuerung im Detail beschrieben [vgl. Bau08 S. 53-54].

Identifikation einer Iteration:

Eine Iteration entspricht dem in Abschnitt 3.1.1.1 beschriebenen grundlegenden Ablaufmuster einer Iteration bei Petri-Netzen. Sie wird grundsätzlich an einer Transition (Iterations-Transition) und einer Stelle (Iterations-Stelle) erkannt, die über zwei entgegengesetzte Kanten miteinander verbunden sind. Bei Iterationen können auch größere Zyklen, d.h. Durchläufe mit mehreren Aktionen, abgebildet werden. Diese werden jedoch im Rahmen des Algorithmus

zuvor durch das Identifizieren und Transformieren von anderen elementaren Netzkomponenten auf diese einfache Form mit einer Iterations-Transition und einer Stelle reduziert. Diese
beiden Knoten modellieren eine Schleife, die auf Basis der Schaltregel bei XML-Netzen
mehrfach durchgeführt werden kann. Dadurch kann die Schleifenbedingung für die Iteration
in BPEL aus der Transitionsinschrift unter Berücksichtigung der Filterschemata der beiden
entgegengesetzten Kanten abgeleitet werden. Die Iterations-Transition ist ansonsten mit keiner weiteren Stelle verknüpft. Im Vorbereich und im Nachbereich der Iterations-Stelle muss
jeweils genau eine weitere Transition existieren. Existieren hier jeweils mehrere Transitionen,
dann werden durch den Algorithmus zunächst andere Netzkomponenten verarbeitet. Die Anfangstransition der identifizierten Iteration stellt den initiierenden Prozessschritt der Iteration
dar. Die Endtransition der Netzkomponente stellt die Fortsetzung des Prozesses nach den Ite-
rationsdurchläufen dar.

Übersetzung einer Iteration:

Für die Umsetzung einer Iteration, d.h. einer Schleife, gibt es in BPEL drei verschiedene
Möglichkeiten. Sie kann als `while`-, `repeatUntil`- oder `forEach`-Aktivität realisiert werden.
Die Art der Iteration, d.h. der in BPEL umzusetzenden Schleife, muss bei den Generierungs-
läufen zur jeweiligen Iterations-Transition angegeben werden, da dies aus der Struktur des
Ablaufs eines Webservice-Netzes nicht abgeleitet werden kann. Bei Festlegung einer `while`-
Schleife als Iterationsumsetzung wird zunächst eine `while`-Aktivität in BPEL erzeugt. Anschließend wird der logische Ausdruck für die Bedingung der Schleife durch die Transitionsinschrift der Iterations-Transition ermittelt und im `condition`-Element ergänzt. Anhand des
hinterlegten Typs der Iterations-Transition wird eine BPEL-Aktivität innerhalb der `while`-
Aktivität nach dem `condition`-Element eingefügt. Bei der Umsetzung einer Iteration durch
eine `repeatUntil`-Schleife muss auf Basis einer Negation der Transitionsinschrift der Iterations-Transition ein logischer Ausdruck ermittelt werden, da im Gegensatz zur `while`-Schleife
ein Abbruchkriterium erzeugt werden muss. Analog zur Vorgehensweise bei der `while`-
Schleife wird anhand des hinterlegten Typs der Iterations-Transition eine BPEL-Aktivität
innerhalb der `repeatUntil`-Aktivität nach dem `condition`-Element eingefügt. Als Voraussetzung für die Umsetzung einer Iteration durch eine `forEach`-Schleife muss aus der identifizierten Iteration im Webservice-Netz die Anzahl an durchzuführenden Schleifendurchläufen
ermittelt werden können. Optional kann – ähnlich wie bei der `repeatUntil`-Schleife – ein
Abbruchkriterium ebenfalls auf Basis einer Negation der Transitionsinschrift erstellt werden,

das dann in der `completionCondition` der `forEach`-Aktivität eingesetzt wird. Die auf Basis des bei der Iterations-Transition hinterlegten Typs ermittelte BPEL-Aktivität, wird im Falle der Iterationsumsetzung durch eine `forEach`-Schleife in das `scope`-Element der `forEach`-Aktivität eingefügt. Für alle drei Arten der Iteration werden die jeweils erzeugten Schleifen-Aktivitäten in eine `sequence`-Aktivität eingebettet, bei der die Übersetzung der Anfangs- und Endtransition jeweils in Form der ermittelten BPEL-Aktivität vor bzw. nach der Schleifen-Aktivität eingefügt wird.

Vergröberung einer Iteration:

Die Input-Stellen vor der Anfangstransition und die Output-Stellen nach der Endtransition bleiben erhalten. Die drei Transitionen, die Stelle und die Kanten der Iteration werden gelöscht und durch eine neu erstellte Transition zusammengefasst, der die BPEL-Übersetzung der Iteration als BPEL-Fragment zugeordnet wird.

In Abbildung 65 wird die Transformation als `while`-Schleife einer identifizierten Iteration in einem Webservice-Netz dargestellt. Der vergröberten Transition wurde als Ergebnis der Übersetzung ein BPEL-Fragment mit einer in eine `sequence`-Aktivität eingebetteten `while`-Aktivität zugeordnet. Vor und nach der `while`-Aktivität wurde jeweils eine `basic activity` anhand der Anfangs- bzw. Endtransition identifiziert und innerhalb der `sequence`-Aktivität entsprechend eingefügt.

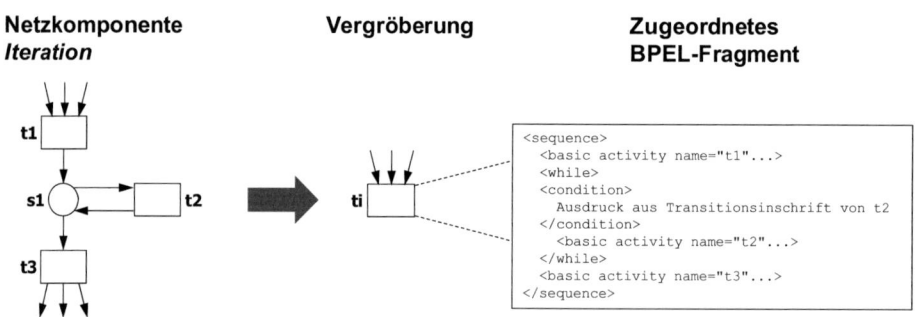

Netzkomponente   **Vergröberung**   **Zugeordnetes**
Iteration   **BPEL-Fragment**

```
<sequence>
    <basic activity name="t1"...>
    <while>
    <condition>
        Ausdruck aus Transitionsinschrift von t2
    </condition>
        <basic activity name="t2"...>
    </while>
    <basic activity name="t3"...>
</sequence>
```

Abbildung 65: Transformation einer Iteration [vgl. AaL05 S. 23]

6.1.2.5 Transformation einer Nebenläufigkeit mit anschl. Synchronisation

Nachfolgend werden die Identifikation, Übersetzung und Vergröberung einer Nebenläufigkeit mit anschließender Synchronisation im Rahmen des Algorithmus zu Transformation der Ablaufsteuerung im Detail beschrieben [vgl. Bau08 S. 54-56].

Identifikation einer Nebenläufigkeit mit anschließender Synchronisation:

Eine Nebenläufigkeit mit anschließender Synchronisation entspricht einer Kopplung der beiden in Abschnitt 3.1.1.1 beschriebenen grundlegenden Ablaufmuster *Nebenläufigkeit* und *Synchronisation* bei Petri-Netzen. Sie kann daran erkannt werden, dass der Nachbereich einer Anfangstransition mehrere Stellen beinhaltet. Diese Stellen dürfen in ihrem Vorbereich außer der Anfangstransition keine weiteren Transitionen mehr besitzen. Darüber hinaus dürfen diese Stellen nur jeweils eine Transition in ihrem Nachbereich besitzen, die dann eine parallele Verarbeitung durch diese sogenannten Paralleltransitionen abbildet. Die Paralleltransitionen dürfen wiederum nur jeweils eine dieser Stellen im Vorbereich besitzen. Auch im Nachbereich der Paralleltransitionen darf es jeweils nur genau eine Stelle geben. Die ausgehenden Kanten dieser Stellen müssen dann wiederum in derselben Transition (Endtransition) münden. Die Endtransition stellt die abschließende Synchronisation der Nebenläufigkeit dar.

Übersetzung einer Nebenläufigkeit mit anschließender Synchronisation:

Zunächst wird eine `sequence`-Aktivität erstellt, um den Rahmen für die Netzkomponente festzulegen. Für die Anfangstransition wird eine ihrem Typ entsprechende BPEL-Aktivität erzeugt. Anschließend wird eine `flow`-Aktivität erstellt, die alle Übersetzungen der Paralleltransitionen als ermittelte BPEL-Aktivitäten beinhaltet. Abschließend wird bei der `sequence`-Aktivität nach der `flow`-Aktivität die Übersetzung der Endtransition als BPEL-Aktivität angefügt.

Vergröberung einer Nebenläufigkeit mit anschließender Synchronisation:

Alle Transitionen, Stellen und Kanten zwischen den Input- und Output-Stellen werden gelöscht und durch eine neu erstellte Transition zusammengefasst, der die BPEL-Übersetzung der Nebenläufigkeit mit anschließender Synchronisation als BPEL-Fragment zugeordnet wird.

In Abbildung 66 wird die Transformation einer identifizierten Nebenläufigkeit mit anschließender Synchronisation in einem Webservice-Netz dargestellt. Der vergröberten Transition wurde als Ergebnis der Übersetzung ein BPEL-Fragment mit einer in eine `sequence`-Aktivität eingebettete `flow`-Aktivität zugeordnet. Für t2 und t3 wurden zwei parallele `basic activities` innerhalb der `flow`-Aktivität erzeugt. Für t1 und t4 wurde vor und nach der `flow`-Aktivität je eine `basic activity` anhand der Anfangs- bzw. der Endtransition identifiziert und innerhalb der `sequence`-Aktivität entsprechend eingefügt.

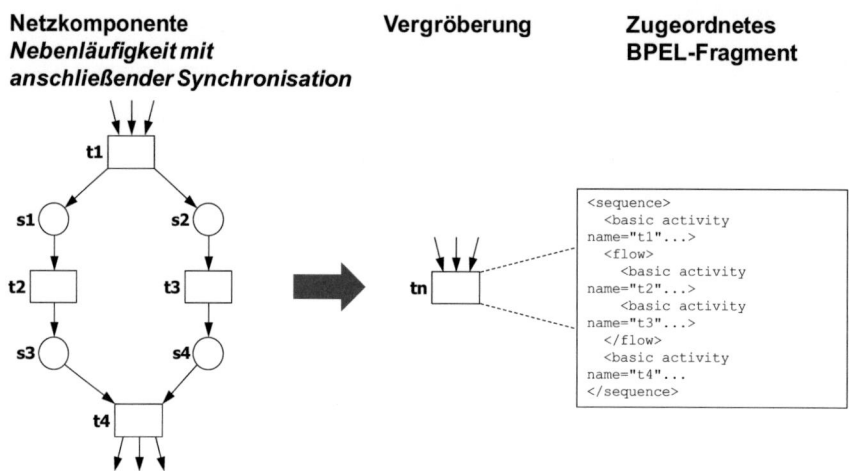

Netzkomponente   Vergröberung   Zugeordnetes
Nebenläufigkeit mit   BPEL-Fragment
anschließender Synchronisation

```
<sequence>
    <basic activity
name="t1"...>
    <flow>
        <basic activity
name="t2"...>
        <basic activity
name="t3"...>
    </flow>
    <basic activity
name="t4"...
</sequence>
```

Abbildung 66: Transformation einer Nebenläufigkeit/Synchronisation [vgl. OAS07 S. 102]

6.1.2.6 *Transformation in eine Link Semantics*

Falls keine der zuvor aufgeführten elementaren Netzkomponenten gefunden wird, muss eine möglichst kleine Netzkomponente, d.h. mit möglichst wenig Elementen, identifiziert werden, die in eine link semantics übersetzt werden kann, so dass durch deren Vergröberung wieder weitere elementare Netzkomponenten hervorgebracht werden [Bau08 S. 56-62]. Prinzipiell könnte ein komplettes Webservice-Netz durch eine link semantics übersetzt werden. Eine entsprechende Übersetzung ist jedoch in BPEL oft nur schwer handhabbar, da hierbei die Darstellung bei nicht trivialen Abläufen sehr schnell unübersichtlich wird. Folglich wird eine Übersetzung durch eine link semantics nur dann verwendet, wenn keine elementaren Netz-komponenten identifiziert werden können.

Identifikation einer geeigneten Netzkomponente für eine link semantics:

Mit der nachfolgend beschriebenen Vorgehensweise wird die Netzkomponente mit der kleins-ten Anzahl an Elementen für eine mögliche Transformation in eine link semantics in einem Webservice-Netz identifiziert. Die Vorgehensweise beruht auf dem im Rahmen des Horus Business Modelers implementierten Identifikationsmechanismus der Transformation von ein-fachen Stellen/Transitions-Netzen, die mit Webservice-Informationen an den Transitionen angereichert wurden, in BPEL [Bau08, Hor11]:

Es werden alle Knoten (Transitionen und Stellen) des Webservice-Netzes durchlaufen. Für jeden aktuellen Knoten wird zunächst angenommen, dass er einen möglichen Anfangsknoten einer potenziell geeigneten Netzkomponente darstellt. Das Netz wird ausgehend von diesem Anfangsknoten in einer Breitensuche durchlaufen [OtW90]. Für jeden möglichen Pfad durch die Netzkomponente wird genau eine Pfadliste angelegt, d.h. bei jedem in der Breitensuche durchlaufenen Knoten wird geprüft, ob dieser an eine bestehende Pfadliste angehängt wird, oder ob für den Knoten eine neue Pfadliste erzeugt werden muss. Neue Pfadlisten werden genau dann angelegt, wenn ein oder mehrere Pfadlisten bis zum Vorgängerknoten des aktuellen Knotens bereits für einen anderen Knoten mit dem gleichen Vorgänger existieren. Ansonsten wird der aktuelle Knoten bei der Pfadliste des Vorgängerknotens hinzugefügt. Die neuen Pfadlisten werden durch Kopieren der Einträge von bestehenden Pfadlisten bis zum Vorgängerknoten und Hinzufügen des aktuellen Knotens erzeugt. Abbildung 67 veranschaulicht die Vorgehensweise bei der Breitensuche und das Anlegen von Pfadlisten (fett markierte Knoten und Kanten). Da im beschriebenen Algorithmus zur Ermittlung einer potenziellen Netzkomponente nicht zwischen Stellen und Transitionen unterschieden wird, werden die Knoten neutral als Sechsecke dargestellt. Die unterschiedlichen Farben der Knoten verdeutlichen nur, dass es sich um einen bipartiten Graphen handelt, der durchlaufen wird. Der Anfangs- und der Endknoten können vom gleichen Typ (Stelle oder Transition) sein, müssen dies jedoch nicht.

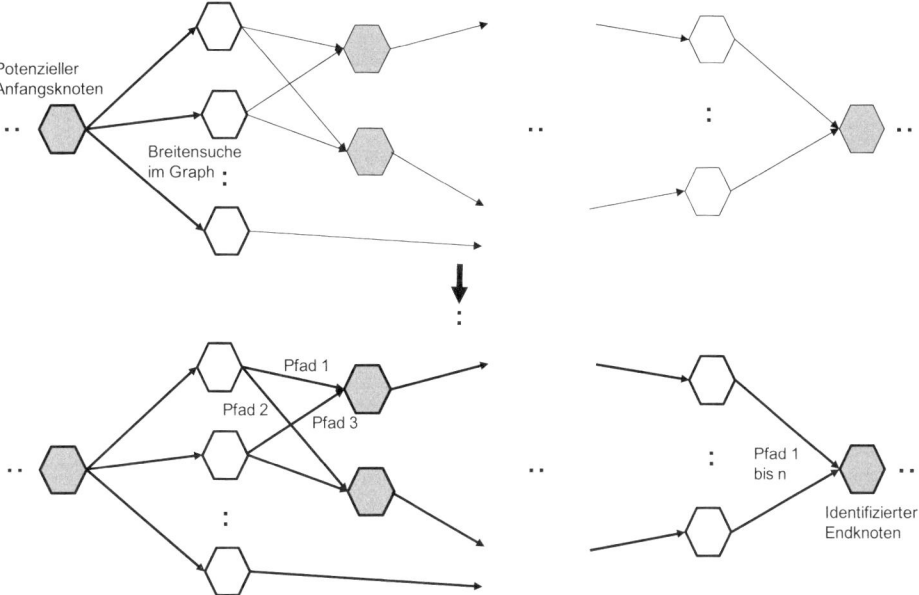

Abbildung 67: Ermittlung einer potenziell geeigneten Netzkomponente durch Breitensuche

Nach jedem neuen Eintrag in den Pfadlisten wird geprüft, ob ein Endknoten für die Netzkomponente gefunden wurde. Dies ist dann der Fall, wenn ein Knoten, der nicht der Anfangsknoten ist, in allen Pfadlisten vorhanden ist. Nachdem ein solcher Endknoten der Netzkomponente gefunden wurde, wird weiterhin geprüft, ob Kanten existieren, die von einem Knoten außerhalb der Netzkomponente zu einem in einer der Pfadlisten enthaltenen Knoten führen. Ist dies der Fall, dann ist die Netzkomponente nicht begrenzt, d.h. sie kann für eine Transformation nicht verwendet werden. Darüber hinaus wird geprüft, ob die ermittelte Netzkomponente mehr als eine Transition enthält, da ein Minimum von Transitionen für eine sinnvolle anschließende Vergröberung notwendig ist. Fällt eine der aufgeführten Prüfungen negativ aus, dann wird die vermeintliche Netzkomponente verworfen und eine erneute Breitensuche ausgehend vom nächsten Knoten als potenziellem Anfangsknoten gestartet.

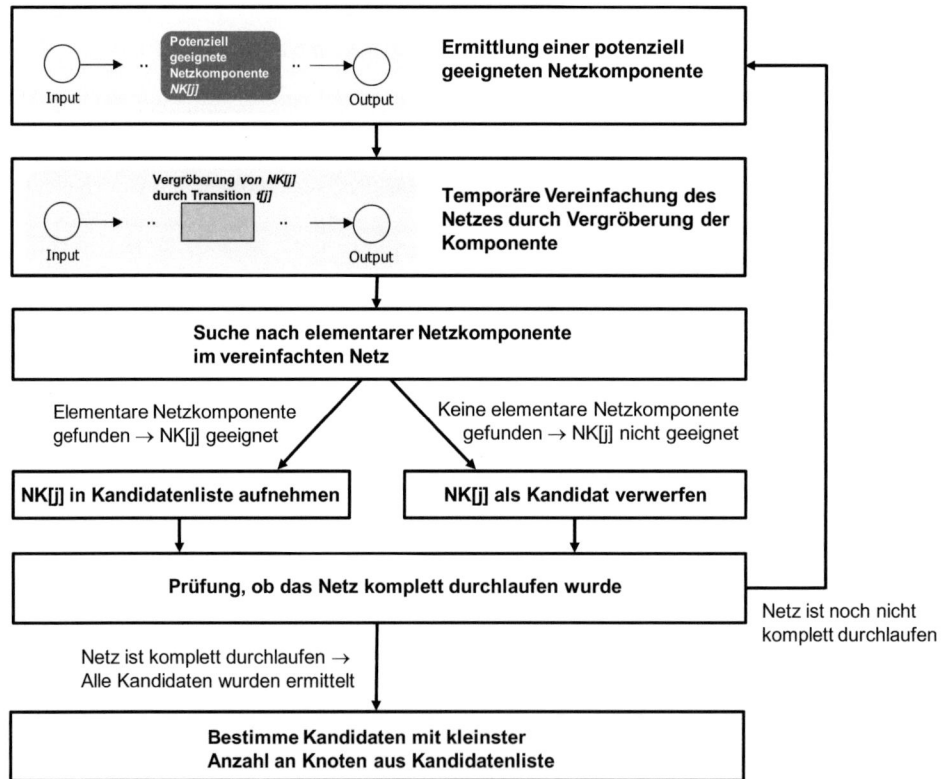

Abbildung 68: Gesamtablauf zur Identifikation einer Netzkomponente für eine link semantics

Wenn eine transformierbare Netzkomponente gefunden worden ist, wird ein neues Webservice-Netz als Kopie erstellt, in dem die ermittelte potenzielle Netzkomponente durch eine Vergröberung als Transition abgebildet wird. Anhand dieser Kopie des Webservice-Netzes

wird geprüft, ob eine der in Abbildung 62 dargestellten elementaren Netzkomponenten identifiziert werden kann. Ist dies nicht der Fall, wird die vermeintlich geeignete Netzkomponente
nicht in die Kandidatenliste aufgenommen und eine erneute Breitensuche ausgehend vom
nächsten Knoten als potenzieller Anfangsknoten gestartet. Wird jedoch nach der Vergröberung
eine der elementaren Netzkomponenten gefunden, dann wird diese Netzkomponente als geeignet klassifiziert und als Kandidat mit Anfangsknoten, Endknoten und Anzahl der enthaltenen Knoten in der Kandidatenliste gespeichert. Nach dem Durchlaufen aller Knoten des Webservice-Netzes wird abschließend die kleinste Netzkomponente, d.h. die Komponente mit den
wenigsten enthaltenen Knoten, zur Übersetzung in eine link semantics ausgewählt. Abbildung 68 zeigt den Gesamtablauf bei der Auswahl einer geeigneten Netzkomponente.

In Quelltext 37 ist der Algorithmus zur Identifikation einer geeigneten Netzkomponente für
eine link semantics dargestellt. Hierbei ist eine mögliche Umsetzung der im Algorithmus
enthaltenen Schritte in Pseudocode beschrieben.

```
FOR ALL k in {Knoten(Webservice-Netz)}
BEGIN
   Anfangsknoten := k;
   Verwerfe_Komponente := FALSE;
   Transformierbare_Komponente := FALSE;
   Aktueller_Knoten := Anfangsknoten;
   Vorgängerknoten := NIL;
   Endknoten := NIL;
   Pfadliste := {Aktueller_Knoten};
   d := 0;

   WHILE Aktueller_Knoten <> Endknoten(Webservice-Netz) AND
         Verwerfe_Komponente = FALSE AND
         Transformierbare_Komponente = FALSE
   BEGIN
      Pfadlisten_Aktueller_Knoten := {Pfadlisten die
                                     Aktueller_Knoten beinhalten};
      i := 1;

   WHILE i <= #Ausgangskanten(Aktueller_Knoten)
      BEGIN
         Nachfolgerknoten := i-ter(Zielknoten(
                        Ausgangskanten(Aktueller_Knoten)));
         IF i = 1 THEN
            FOR ALL Pfadlisten in {Pfadlisten_Aktueller_Knoten}
               Pfadliste := Pfadliste || Nachfolgerknoten;
            END FOR;
         ELSE
            FOR ALL Pfadlisten in {Pfadlisten_Aktueller_Knoten}
               Neue_Pfadliste := Dupliziere Pfadliste
                              ohne letzten Eintrag;
               Neue_Pfadliste := Neue Pfadliste || Nachfolgerknoten;
            END FOR;
         END IF;
```

```
     i := i + 1;

     IF Knoten in allen {Pfadlisten_Aktueller_Knoten} vorhanden AND
        Knoten <> Anfangsknoten THEN
        Endknoten := Knoten;
     END IF;

     IF Endknoten existiert THEN
        Prüfe_Begrenzung_Komponente(Anfangsknoten,Endknoten);
        IF Komponente begrenzt und enthält > 2 Transitionen THEN
           Transformierbare_Komponente := TRUE;
        ELSE
           Verwerfe_Komponente := TRUE;
        END IF;
     END IF;
  END WHILE;

  Markiere Kante(Vorgängerknoten,Aktueller_Knoten) als bearbeitet;

  IF Ausgangskanten der Knoten mit Abstand d von Aktueller_Knoten
     sind alle bearbeitet THEN
     Aktueller_Knoten := Erster(Zielknoten(
                         Ausgangskanten(Aktueller_Knoten)));
     Vorgängerknoten := Aktueller_Knoten;
     d := d + 1;
  ELSE
     Aktueller_Knoten := Erster(Zielknoten(Ausgangskanten(
                         {Knoten mit Abstand d von Aktueller_Knoten})
                         die unbearbeitet sind));
  END IF;
  END WHILE;

  IF Transformierbare_Komponente = TRUE THEN
     Kopiere Webservice-Netz;
     Vergröbere identifizierte transformierbare Netzkomponente;
     Durchsuche Webservice-Netz nach elementaren Netzkomponenten;

     IF Elementare Netzkomponente identifiziert THEN
        Kandidaten := Kandidaten ||
                      Komponente(Anfangsknoten,Endknoten,#Knoten);
     END IF;
  END IF;
END FOR;

Netzkomponente := Ermittle Kandidat mit kleinster #Knoten;
```

Quelltext 37: Algorithmus in Pseudocode – Netzkomponentenidentifikation für eine link semantics

Transformation der identifizierten Netzkomponente:

Nachfolgend wird ein Algorithmus beschrieben, der für die Transformation einer geeigneten Netzkomponente in eine link semantics genutzt werden kann.

Bevor mit der eigentlichen Transformation begonnen wird, muss zunächst geprüft werden, ob der Anfangsknoten eine Transition oder eine Stelle darstellt. Ist der Anfangsknoten eine Stelle, dann werden eine zusätzliche Transition vom Typ empty und eine zusätzliche Stelle zwischen der Anfangsstelle und deren Nachfolgertransitionen angelegt. Diese werden mit Kanten so verbunden, dass ausgehend von der Anfangsstelle, über die zusätzliche Transition und die zusätzliche Stelle alle ursprünglichen Nachfolgertransitionen der Anfangsstelle erreichbar sind. Dies sorgt dafür, dass innerhalb der für eine `link semantics` benötigten `flow`-Aktivität eine `empty`-Aktivität als Startaktivität eingefügt wird. Dadurch wird ermöglicht, dass auch eine Quelle für die `links` vorhanden ist, die auf übersetzte BPEL-Aktivitäten aus den Transitionen im Nachbereich der ursprünglichen Anfangsstelle zeigen. Ist der Anfangsknoten hingegen eine Transition, dann sind keine Modifikationen an der Netzkomponente erforderlich und die erste BPEL-Aktivität innerhalb der `flow`-Aktivität wird als BPEL-Übersetzung dieser Transition erzeugt.

Als initiale Transition wird im weiteren Verlauf entweder die im ersten Fall zusätzlich erstellte Anfangstransition vom Typ `empty` oder die durch die identifizierte Netzkomponente im zweiten Fall vorgegebene Anfangstransition bezeichnet. Entsprechend der beschriebenen Regeln wird eine `flow`-Aktivität erzeugt, welche zu Beginn der Transformation zunächst nur die aus der initialen Transition abgeleitete Anfangsaktivität beinhaltet. Dieser erste Schritt im Rahmen der Transformation wird in Abbildung 69 veranschaulicht.

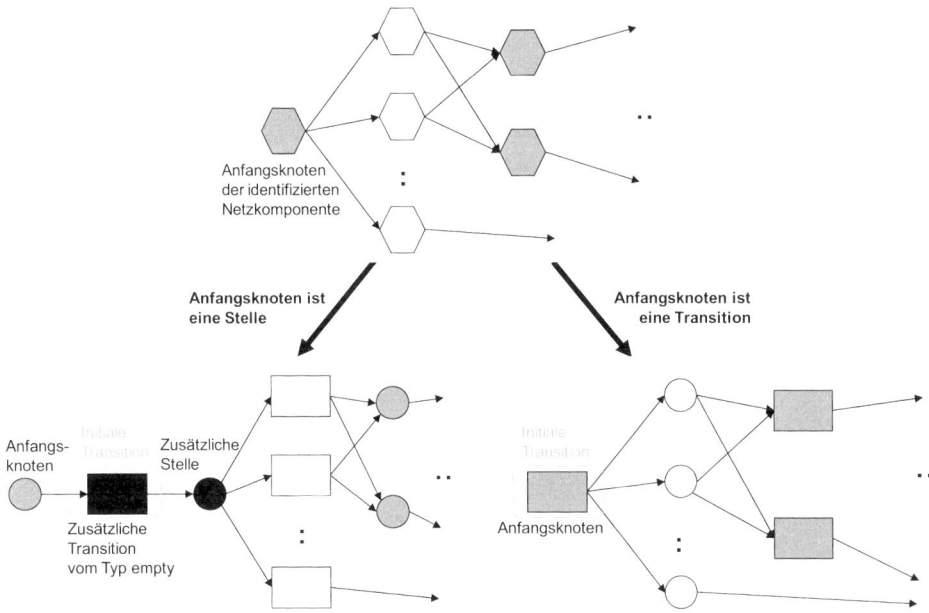

Abbildung 69: Netz-Aufbau in Abhängigkeit des Typs des Anfangsknotens

Nach dem zuvor beschriebenen ersten vorbereitenden Schritt folgt der eigentliche Verarbeitungsschritt, um alle nachfolgenden Stellen und Transitionen der Netzkomponente in entsprechende BPEL-Aktivitäten einer link semantics zu übersetzen. Ausgehend von der initialen Transition wird die Netzkomponente in einer Tiefensuche durchlaufen [OtW90]. Hierbei werden von der aktuellen Transition (Transition t_A) die nächsten – über eine Stelle verknüpften – Transitionen (direkte Nachfolgertransitionen t_N) durchlaufen, bis alle Knoten zum Endknoten verarbeitet sind. Für jede direkte Nachfolgertransition wird im flow eine BPEL-Aktivität auf Basis der Übersetzung der aktuellen Transition erstellt. Darüber hinaus wird der benötigte link ($t_A\_t_N$) für den flow erzeugt, um die aktuelle Transition mit der direkten Nachfolgertransition zu verknüpfen. Dies bedeutet, dass der BPEL-Übersetzung der aktuellen Transition der link als source und den BPEL-Übersetzungen der direkten Nachfolgertransitionen als target zugeordnet wird. Wenn die übersetzte BPEL-Aktivität einer Nachfolgertransition bereits in der flow-Aktivität durch eine zuvor verarbeitete Verknüpfung vorhanden ist, dann wird keine neue BPEL-Aktivität erzeugt, sondern es werden nur entsprechende Einträge für die links beim flow und Einträge für target und source bei den vorhandenen Aktivitäten vorgenommen. Falls die Verbindung zweier Transitionen bereits über eine andere Stelle ermittelt und angelegt wurde, wird diese beim zweiten Vorkommen ignoriert, d.h. sie wird insgesamt nur einmal angelegt. Die beschriebene Vorgehensweise ist in Abbildung 70 graphisch dargestellt.

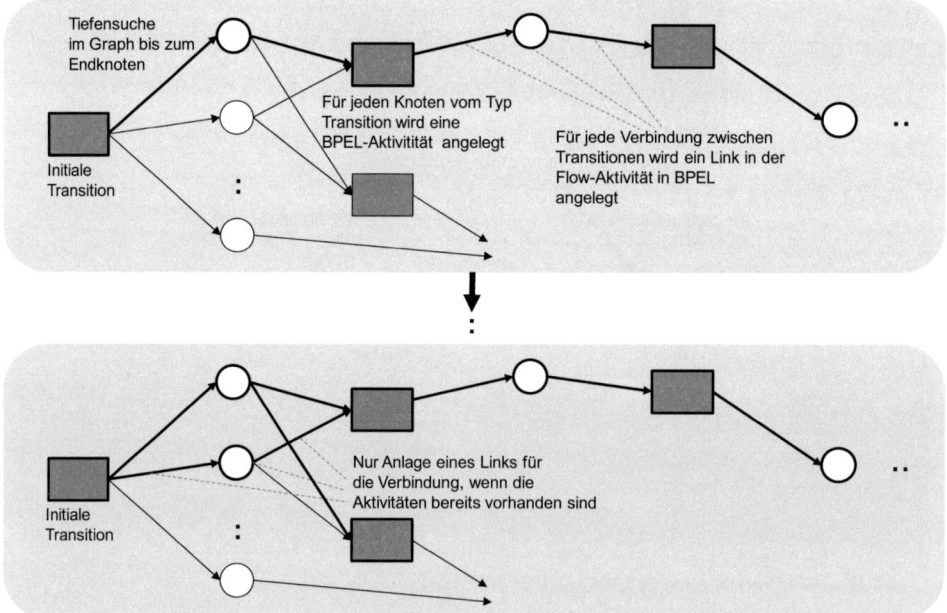

Abbildung 70: Durchlaufen des Netzes und Erzeugen von verlinkten BPEL-Aktivitäten

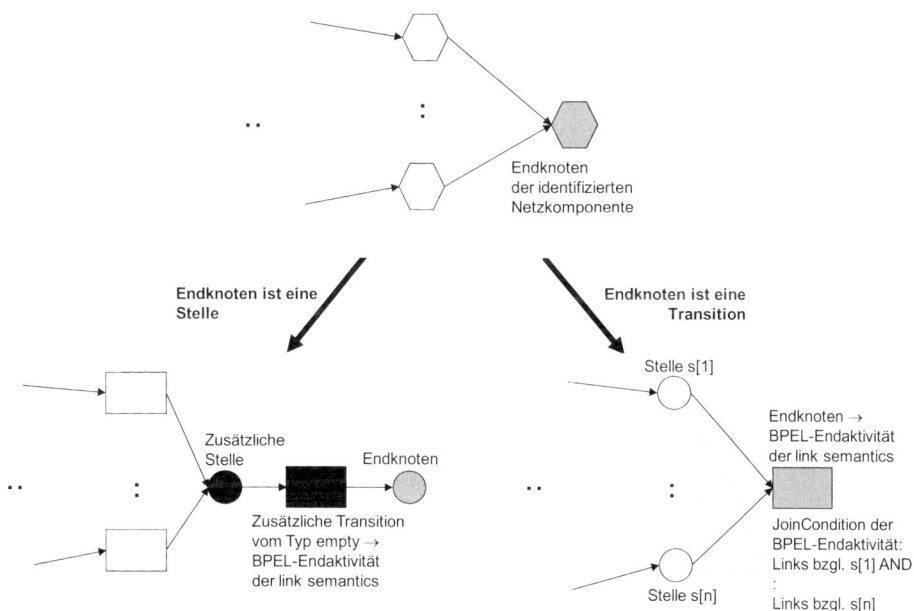

Abbildung 71: Netz-Aufbau in Abhängigkeit des Typs des Endknotens

Wird über die aktuell bearbeitete Kante der Endknoten erreicht, wird geprüft, ob der Endknoten eine Transition oder eine Stelle darstellt. Ist der Endknoten eine Transition, wird zusätzlich zur zuvor beschriebenen Verarbeitung einzelner Transitionen noch eine `joinCondition`
bei der erzeugten Aktivität hinzugefügt, wenn die Transition mehr als einmal das Ziel eines
`links` darstellt, d.h. mehrere Targets zugeordnet sind. In der `joinCondition` werden die
`links`, die als `target` eingetragen sind, mit `and` verknüpft. Die `joinCondition` wird in
BPEL benötigt, um einen logischen Ausdruck bei einer Zielaktivität zu hinterlegen, der bzgl.
den Status der `links` seiner Vorgängeraktivitäten erfüllt sein muss, um die Zielaktivität ausführen zu können. Über eine solche `joinCondition` kann ein *Logisches Und* realisiert werden. Wenn der Endknoten eine Transition darstellt, muss dies berücksichtigt werden, da diese
Konstellation dann eine Synchronisation abbildet. Ist der Endknoten hingegen eine Stelle,
werden eine zusätzliche Stelle und eine zusätzliche Transition vom Typ `empty` zwischen den
Vorgängertransitionen und der Endstelle angelegt. Diese werden mit Kanten so verbunden,
dass ausgehend von allen ursprünglichen Vorgängertransitionen der Endstelle, die Endstelle
über die zusätzliche Stelle und die zusätzliche Transition wieder erreichbar ist. Bei diesem
Fall wird bei der Transformation dann eine `empty`-Aktivität am Ende der `flow`-Aktivität eingefügt, entsprechend hinführende `links` erzeugt und `target`-Einträge für die `links` bei der

zusätzlichen `empty`-Aktivität erzeugt. Hierbei wird keine `joinCondition` hinzugefügt, da ohne eine `joinCondition` in BPEL ein *Logisches Oder* innerhalb einer `link` `semantics` abgebildet wird und dies dem vorliegenden Ablaufmuster eines Kontakts entspricht. Die Vorgehensweise wird in Abbildung 71 veranschaulicht.

In Quelltext 38 ist der komplette Algorithmus zur Transformation einer identifizierten geeigneten Netzkomponente in eine `link` `semantics` dargestellt. Hierbei ist eine mögliche Umsetzung der im Algorithmus enthaltenen Schritte in Pseudocode beschrieben.

```
BEGIN
  Anfangsknoten := Anfangsknoten der identifizierten Netzkomponente;
  Transitionsverbindungen := {};

  Lege flow in BPEL an;

  IF Anfangsknoten ist eine Stelle THEN
      Lege neue Transition t_E1 und neue Stelle s_E1 mit Verbindungskanten
      zwischen die Anfangsstelle und deren Nachfolgertransitionen an
      Initiale_Transition := t_E1;
      Lege empty-Aktivität t_E1 in flow an;
  ELSE
      Initiale_Transition := Anfangsknoten;
      Übersetze Anfangsknoten in BPEL-Aktivität;
  END IF;

  Durchlaufe_Nachfolger_und_Transformiere(Initiale_Transition);

Durchlaufe_Nachfolger_und_Transformiere(t_A)
  BEGIN
     FOR s in {Nachfolgerstellen von t_A}
        IF s ist Endknoten der Netzkomponente THEN

           IF t_E2 noch nicht in flow vorhanden THEN
              Lege neue Stelle s_E2 und neue Transition t_E2 mit
              Verbindungskanten zwischen die Vorgängertransitionen und der
              Endstelle an;
              Lege empty-Aktivität t_E2 in flow an;
           END IF;

           Lege link (t_A -> t_E2) an;

           Ordne BPEL-Aktivität t_A den link (t_A -> t_E2) als source zu;
           Ordne empty-Aktivität t_E2 den link (t_A -> t_E2) als target zu;
        ELSE
           FOR t_N in {Nachfolgertransitionen von s}
              IF t_N noch nicht in flow vorhanden THEN
                 Übersetze t_N in BPEL-Aktivität;
              END IF;

              IF (t_A, t_N) nicht in {Transitionsverbindungen} THEN
                 Transitionsverbindungen :=
                 Transitionsverbindungen || (t_A, t_N);

                 Lege Link (t_A -> t_N) an;
```

```
            Ordne BPEL-Aktivität t_A den link (t_A -> t_N) als source zu;
            Ordne BPEL-Aktivität t_N den link( t_A -> t_N) als target zu;
        END IF;

        IF t_N ist Endknoten der Netzkomponente THEN
            IF targets von BPEL-Aktivität t_N
               enthält noch keine joinCondition THEN
               Füge joinCondition mit link (t_A -> t_N) bei targets von
               BPEL-Aktivität t_N hinzu;
            ELSE
               joinCondition :=
               joinCondition || ' AND link (t_A -> t_N)';
            END IF;
        ELSE
            Durchlaufe_Nachfolger_und_Transformiere(t_N);
        END IF;
    END FOR;
END IF;
END FOR;
END;
END;
```

Quelltext 38: Algorithmus in Pseudocode – Transformation eines link-semantics-Kandidaten

Vergröberung der identifizierten Netzkomponente:

Alle Transitionen, Stellen und Kanten zwischen dem Anfangsknoten und dem Endknoten der identifizierten Netzkomponente werden gelöscht und durch eine neu erstellte Transition zusammengefasst. Der neuen Transition wird die BPEL-Übersetzung der entsprechenden link semantics als BPEL-Fragment zugeordnet. Ist der Endknoten eine Stelle, dann bleibt diese erhalten und es wird eine neue Kante zwischen der neu erstellten Transition und der Endstelle als Ziel eingefügt. Ist der Endknoten jedoch eine Transition, so wird diese ebenfalls gelöscht, da sie durch die BPEL-Übersetzung in der neu erstellten Transition enthalten ist. In diesem Fall werden alle Output-Stellen der ursprünglichen Endtransition über neue Kanten mit der neu erzeugten Transition als Quelle verbunden.

In Abbildung 72 wird die Transformation eines ausgewählten Kandidaten für eine link semantics in einem Webservice-Netz dargestellt. Im dargestellten Beispiel ist der Anfangsknoten eine Stelle, d.h. es wird zunächst eine neue Transition *te1* erzeugt, die bei der nachfolgenden Übersetzung in eine empty-Aktivität transformiert wird. Darüber hinaus wird eine neue – an die Transition über eine Kante im Nachbereich angeschlossene – Stelle *se1* erzeugt. Anschließend wird eine neue Kante von der Anfangsstelle zur neuen Transition *te1* eingefügt. Weiterhin werden die Transitionen, die sich ursprünglich im Nachbereich der Anfangsstelle befanden, nun über Kanten als Zielknoten mit der neuen Stelle *se1* verbunden.

Netzkomponente
Identifizierter Kandidat für
link semantics

Vergröberung

Zugeordnetes
BPEL-Fragment

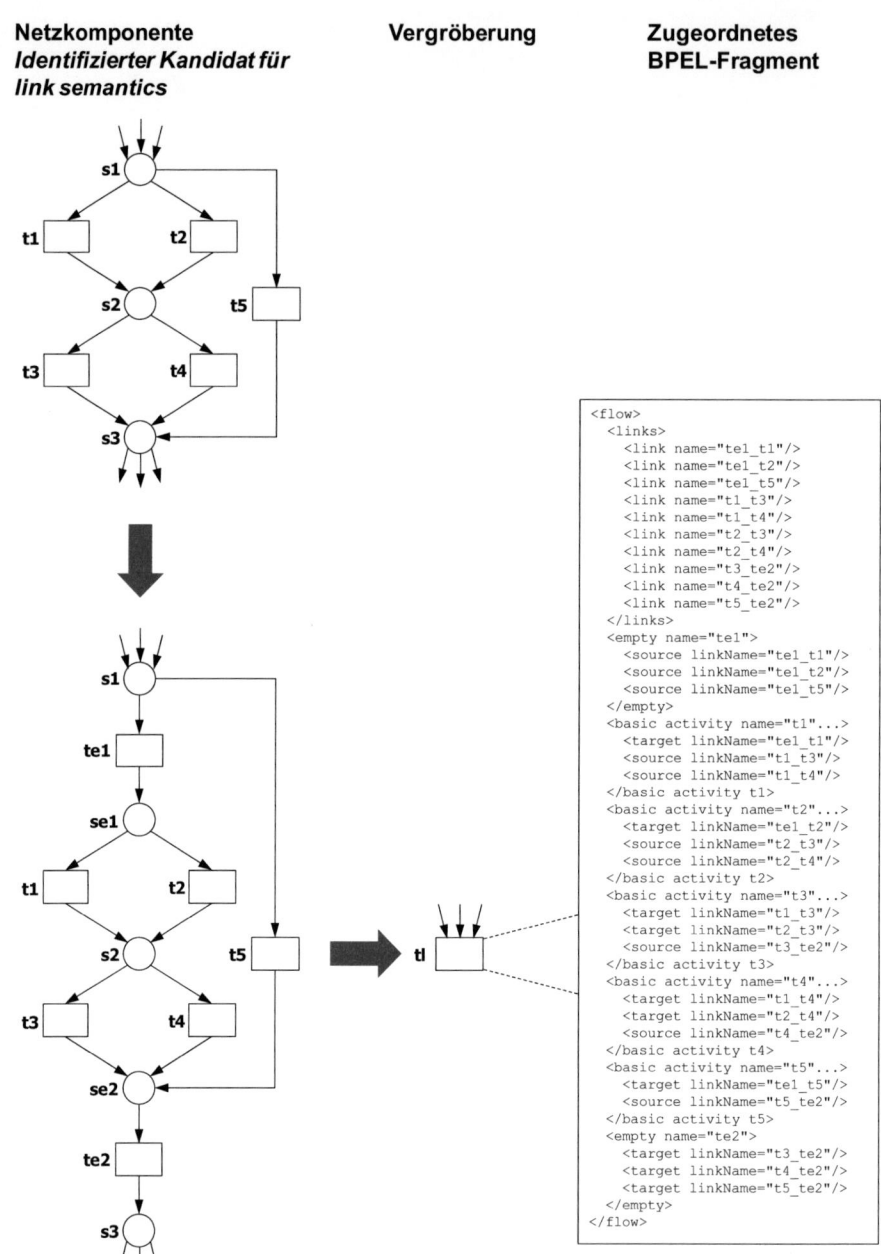

Abbildung 72: Transformation in eine link semantics [vgl. AaL05 S. 20]

Bei der dargestellten Transformation wird berücksichtigt, dass der Endknoten eine Stelle ist. Hierzu werden eine zweite zusätzliche Transition *te2* und eine zweite zusätzliche Stelle *se2* eingefügt. Bei der anschließenden Übersetzung wird dadurch eine `empty`-Aktivität am Ende der `link semantics` erzeugt. Nach der zuvor beschriebenen Modifikation der Netzkomponente wird diese in BPEL übersetzt, durch eine neue Transition vergröbert und im Webservice-Netz entsprechend ersetzt. Der vergröberten Transition wird als Ergebnis der Übersetzung ein BPEL-Fragment mit einer in eine `flow`-Aktivität eingebettete `link semantics` zugeordnet. Da der Endknoten der Netzkomponente eine Stelle ist, wird eine neue Kante zwischen der neu erstellten Transition der vergröberten Netzkomponente und der Endstelle eingefügt.

6.1.3 Transformation einzelner Transitionen (basic activities)

Die Transitionen werden einzeln in entsprechende `basic activities` von BPEL übersetzt. Entsprechend des Typs der Transition wird bei der Transformation entweder eine `invoke`-, `receive`-, `reply`-, `wait`- oder eine `empty`-Aktivität in BPEL erzeugt [Bau08 S. 46]. Die beim zuvor beschriebenen Algorithmus aufgeführten Übersetzungen einzelner Transitionen in Basisaktivitäten werden entsprechend der nachfolgend erläuterten Regeln transformiert [vgl. Bau08 S. 46-49].

6.1.3.1 Transformation einer receive-Transition

Bei Transitionen des Typs `receive` wird zunächst die WSDL-Datei untersucht, die dem Attribut `wsdl` der Transition zugewiesen ist [vgl. Bau08 S. 48]. Durch die in den Attributen `portType`, `partnerLinkType` und `operation` der Transition im Webservice-Netz hinterlegten Werte können alle für die `receive`-Aktivität in BPEL benötigten Daten aus der WSDL-Datei ermittelt werden. In der `operation` wird die `output message` des Webservice identifiziert und eine entsprechende Variable für den BPEL-Prozess erstellt. Der `partnerLink` wird aus dem `partnerLinkType` und der durch das Attribut `role` zugeordneten verantwortlichen Rolle der Transition aufgebaut. In der BPEL-Datei werden die für die `receive`-Aktivität erforderlichen Variablen und ein entsprechender `partnerLink` angelegt, falls diese noch nicht durch eine vorangegangene Transformation einer Transition erzeugt wurden und dadurch bereits vorhanden sind. Auf Basis der ermittelten Daten wird abschließend die `receive`-Aktivität in der BPEL-Datei erstellt.

6.1.3.2 Transformation einer reply-Transition

Bei Transitionen des Typs `reply` wird ebenfalls im ersten Schritt die WSDL-Datei untersucht, die dem Attribut `wsdl` der Transition zugewiesen ist [vgl. Bau08 S. 48]. Durch die in den Attributen `portType`, `partnerLinkType` und `operation` der Transition im Webservice-Netz hinterlegten Werte können alle für die `reply`-Aktivität in BPEL benötigten Daten aus der WSDL-Datei ermittelt werden. In der `operation` wird die `input message` des Webservice identifiziert und eine entsprechende Variable für den BPEL-Prozess erstellt. Der `partnerLink` wird aus dem `partnerLinkType` und der durch das Attribut `role` zugeordneten verantwortlichen Rolle der Transition aufgebaut. In der BPEL-Datei werden die für die `reply`-Aktivität erforderliche Variable und der entsprechende `partnerLink` angelegt, falls diese noch nicht durch eine vorangegangene Transformation einer Transition erzeugt wurden und dadurch bereits vorhanden sind. Auf Basis der ermittelten Daten wird abschließend die `reply`-Aktivität in der BPEL-Datei erstellt.

6.1.3.3 Transformation einer invoke-Transition

Zunächst wird auch bei Transitionen des Typs `invoke` die WSDL-Datei untersucht, die dem Attribut `wsdl` der Transition zugewiesen ist [vgl. Bau08 S. 47]. Durch die in den Attributen `portType`, `partnerLinkType` und `operation` der Transition im Webservice-Netz hinterlegten Werte können alle für die `invoke`-Aktivität in BPEL benötigten Daten aus der WSDL-Datei ermittelt werden. Auf Basis der `operation` kann bestimmt werden, ob es sich um einen synchronen Aufruf oder einen asynchronen Aufruf handelt. Bei einem synchronen Aufruf sind eine `input message` und eine `output message` angegeben. Bei einem asynchronen Aufruf ist nur eine `input message` vorhanden. In der BPEL-Datei werden die für die `invoke`-Aktivität erforderlichen Variablen und der entsprechende `partnerLink` angelegt, falls diese noch nicht durch eine vorangegangene Transformation einer Transition erzeugt wurden und dadurch bereits vorhanden sind. Auf Basis der ermittelten Daten wird abschließend die `invoke`-Aktivität in der BPEL-Datei erstellt.

6.1.3.4 Transformation einer wait-Transition

Bei Transitionen des Typs `wait` werden durch die Attribute `unit` und `duration` der Transition zunächst die Zeiteinheit und die Dauer ermittelt [vgl. Bau08 S. 48f.]. Mit Hilfe dieser Attribute kann der XML-Schema-Typ `duration` erstellt werden, durch den ein Zeitraum festgelegt wird. `duration` kann beispielsweise durch das Format `PnYnMnDTnHnMnS` [ISO07] abgebildet werden. `nY` legt hierbei die Anzahl der Jahre, `nM` die Anzahl der Monate und `nD` die Anzahl der Tage fest. Durch `T` wird die Datums- und Zeitangabe separiert. Bei der Zeitangabe wird die Anzahl der Stunden durch `nH`, die Anzahl der Minuten durch das zweite `nM` und die Anzahl der Sekunden durch `nS` bestimmt. Bei der Festlegung der Sekunden können auch Dezimalstellen verwendet werden, um exakte Zeitangaben zu ermöglichen [W3C04b]. Nach der Ermittlung des Zeitraums wird eine `wait`-Aktivität in der BPEL-Datei erstellt. Auf Basis des ermittelten Zeitraums wird abschließend ein `for`-Element im Rahmen der wait-Aktivität erzeugt.

6.1.3.5 Transformation einer empty-Transition

Bei Transitionen des Typs `empty` wird jeweils eine `empty`-Aktivität in der BPEL-Datei erstellt [vgl. Bau08 S. 49]. Weitere Angaben sind hierbei nicht erforderlich.

6.1.4 Bewertung der Möglichkeiten und Grenzen der Transformation

Der Algorithmus nutzt die in [AaL05] beschriebenen Grundkonzepte zur Identifikation der elementaren Netzkomponenten. Eine Erweiterung stellt die Suche nach einer geeigneten Netzkomponente für eine `link semantics` dar, falls keine elementare Netzkomponente gefunden wird. Dies reduziert den Anteil des Webservice-Netzes, der in eine `link semantics` übersetzt wird, um bei der Generierung möglichst die blockartigen ablaufsteuernden BPEL-Aktivitäten zu nutzen, die für einen übersichtlichen und wartbaren BPEL-Code sorgen. Dieses Grundkonzept wurde bereits für einfache Stellen/Transitions-Netze, die mit Webservice-Informationen an den Transitionen angereichert wurden, in [Hor11] genutzt und in [Bau08] beschrieben. In dieser Arbeit wurde aufbauend auf den Grundkonzepten dieser Arbeiten der Algorithmus für XML-Netz-basierte Webservice-Netze und für die aktuelle BPEL-Version 2.0 konzipiert.

Obwohl der Algorithmus der Transformation ein Webservice-Netz in korrekten BPEL-Code überführt, werden in der Regel jedoch Nacharbeiten am generierten Code vorgenommen, da weitere BPEL-Aktivitäten nach der Generierung ergänzt oder mit zusätzlichen technischen Informationen angereichert werden müssen. Hierbei werden beispielsweise `assign`-Aktivitäten mit technischen Informationen zur Belegung von Variablen eingefügt oder bearbeitet. Die Übersetzung in eine `link semantics` ermöglicht zwar eine generelle Übersetzung in verlinkte BPEL-Aktivitäten gemäß den Vorgänger/Nachfolger-Beziehungen im Webservice-Netz, jedoch ermöglicht der Algorithmus derzeit keine weiterführenden Detailableitungen auf Basis von verschiedenen Konstellationen innerhalb der für eine `link semantics` identifizierten Netzkomponente. Hier können ebenfalls nachträgliche Anpassungen bei Bedingungen im Zusammenspiel der Aktivitäten erforderlich sein.

Eine umgekehrte Transformation von BPEL-Code in Webservice-Netze ist grundsätzlich möglich, da die in BPEL-Code definierten Abläufe in Petri-Netze transformiert werden können [HSS05]. Dies führt jedoch aufgrund der semantischen Unterschiede zwischen BPEL und Petri-Netzen bei einer solchen Transformation ebenfalls zu Informationsverlusten, beispielsweise bei komplexen Bedingungen innerhalb einer `link` `semantics`.

6.2 Transformation des Frontend-Modells in die Sprache einer Frontend-Technologie

In dem in Kapitel 5 eingeführten integrierten Modell sind Teilmodelle zur Beschreibung von umzusetzenden Frontends enthalten, die im sogenannten Frontend-Modell zusammengefasst sind. Auf Basis dieser Teilmodelle sollen nun konkrete Frontends generiert werden. Hierbei müssen im Gegensatz zur zuvor vorgestellten Transformation der Geschäftsprozessteuerung in BPEL viele unterschiedliche – aber voneinander abhängige – Teilmodelle berücksichtigt werden. Weiterhin gibt es bei Frontends eine Vielzahl von Umsetzungstechnologien. Die Herausforderung bei der Transformation der Teilmodelle in entsprechende Frontends ist, dass ein generischer Mechanismus zur Verfügung gestellt werden muss, der für neue Sprachen durch Spezialisierungen und Erweiterungen entsprechend angepasst werden kann. Im Rahmen dieser Arbeit wird nachfolgend ein Frontend-Generator-Framework auf Basis der zuvor beschriebenen Ziele konzipiert.

Die Transformation des in Abschnitt 5.5 beschriebenen Frontend-Modells in entsprechende Softwarekomponenten wird anhand des Entwurfs einer Softwarearchitektur für das Frontend-Generator-Framework erläutert.

6.2.1 Aufbau eines Frontend-Generator-Frameworks

Im Rahmen der Modellierung werden die im Frontend-Modell definierten Artefakte der einzelnen Teilmodelle in XML-Dateien abgelegt, die je Teilmodell einem XML Schema entsprechen [vgl. Her07 S. 83-86]. Auf Basis der in den XML-Dateien hinterlegten Informationen kann dann über einen Transformator ein Frontend erzeugt werden, das auf den definierten Servicezugriffen aufsetzt und diese in der erzeugten Webanwendung nutzt.

Das hier vorgestellte Grundkonzept ist Basis für den Aufbau eines Frontend-Generator-Frameworks, das für verschiedene Zieltechnologien angepasst werden kann. Unter einer Zieltechnologie wird die Technologie verstanden, mit der über das Frontend-Generator-Framework ein den hinterlegten Modellen entsprechendes Frontend eines Anwendungssystems durch eine Generierung umgesetzt werden kann. Je nach Zieltechnologie müssen verschiedene Komponenten des Frameworks abgeleitet und implementiert werden. So kann erreicht werden, dass die definierten Frontend-Modelle für verschiedene Umsetzungstechnologien genutzt werden können. Hierbei ist ein grundlegender Generierungsmechanismus über definierte Schnittstellen, abstrakte Klassen und konkrete Klassen vorgegeben.

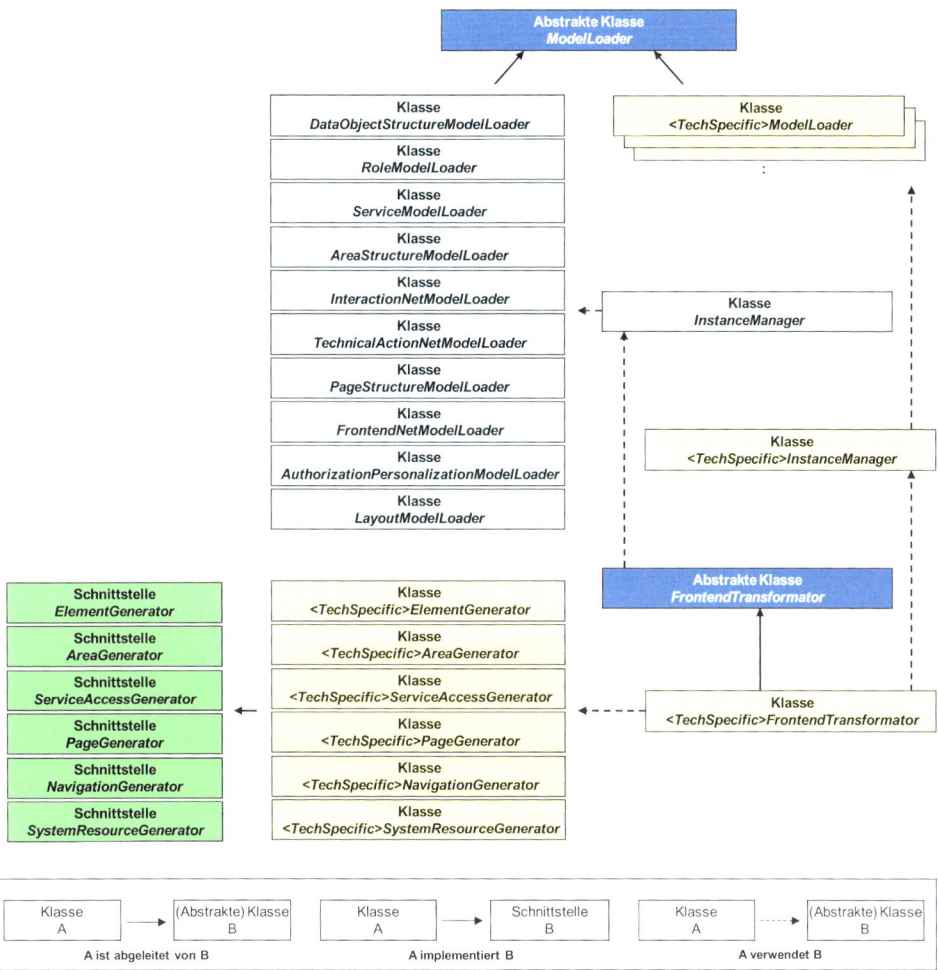

Abbildung 73: Struktur des Frontend-Generator-Frameworks [vgl. Her07 S. 84]

Das Frontend-Modell stellt sowohl technologiespezifische als auch technologieunabhängige Aspekte bereit. Die technologieunabhängigen Aspekte sind für alle Zieltechnologien identisch. Dadurch können für alle in einem entsprechenden Framework realisierten Zieltechnologien auch die gleichen Zugriffsmechanismen auf die technologieunabhängigen Definitionen genutzt werden. Für technologiespezifische Aspekte müssen hingegen einerseits neue XML Schemata entworfen werden, welche die Struktur für zu speichernde XML-Dateien der Instanzen entsprechend zu definierender Aspekte vorgibt. Andererseits muss auch der Zugriffsmechanismus für diese XML-Dateien in Abhängigkeit der jeweiligen Umsetzungstechnologie implementiert werden.

Abbildung 73 zeigt die Struktur des Frontend-Generator-Frameworks mit den vordefinierten abstrakten Klassen, Schnittstellen und konkreten Klassen inklusive deren Zusammenhänge. Darüber hinaus sind Platzhalter mit der Kennung *<TechSpecific>* aufgeführt, die für eine entsprechende Zieltechnologie abgeleitet und implementiert werden müssen. Ein Pfeil von einer Ausgangsklasse zu einer ggf. auch abstrakten Zielklasse bedeutet, dass die Ausgangsklasse aus der Zielklasse abgeleitet wird. Ein Pfeil von einer Klasse zu einer Schnittstelle beschreibt, dass die Klasse die Schnittstelle implementiert. Ein gestrichelter Pfeil von einer Ausgangsklasse zu einer (abstrakten) Zielklasse drückt aus, dass die Ausgangsklasse die Zielklasse verwendet.

Die Basis für den Zugriff auf die einzelnen Teilmodelle bildet die abstrakte Klasse *ModelLoader*. Durch von ihr abgeleitete Klassen werden die XML-Dateien der Teilmodelle des Frontend-Modells geladen und gegen das jeweils entsprechende XML Schema validiert. Für jedes Teilmodell wird eine spezielle Ableitung von *ModelLoader* verwendet. Diese sind unterteilt in technologieunabhängige und die technologiespezifische Ladekomponenten. Die technologieunabhängigen Ladekomponenten sind fest vorgegeben. Die Anzahl und die Funktionalität der technologiespezifischen Ladekomponenten können je nach verwendeter Zieltechnologie variieren.

Nachfolgend werden die technologieunabhängigen Ladekomponenten mit ihrer Funktionalität aufgeführt [vgl. Her07 S. 85]:

- *DataObjectStructureModelLoader:* Laden der für die Verarbeitung im Frontend modellierten Frontend-Datenobjektstrukturen.

- *RoleModelLoader:* Laden der für das Frontend modellierten Benutzerrollen.

- *ServiceModelLoader:* Laden der für das Frontend zur Verfügung stehenden Services.

- *AreaStructureModelLoader:* Laden der modellierten Bereichsstrukturen.

- *InteractionNetModelLoader:* Laden der für die einzelnen Bereiche modellierten Interaktionsnetze.

- *TechnicalActionNetModelLoader:* Laden der modellierten Technischen Aktionsnetze.

- *PageStructureModelLoader:* Laden der modellierten Seitenstrukturen.

- *FrontendNetModelLoader:* Laden der modellierten Frontend-Netze.

- *AuthorizationPersonalizationSpecLoader:* Laden der auf den unterschiedlichen Ebenen (Seite, Bereich und Element) modellierten Berechtigungs- und Personalisierungsmöglichkeiten.

- *LayoutModelLoader:* Laden der für das Frontend auf den unterschiedlichen Ebenen (Seite, Bereich und Element) modellierten Layout-Definitionen.

Die Klasse *InstanceManager* ist für die Verwaltung der Instanzen zuständig, die sich aus dem konkreten Laden von Modellen technologieunabhängiger Modellaspekte ergeben. Die Instanzen von technologiespezifischen Modellaspekten müssen hingegen in einer Ableitung von *InstanceManager* verwaltet werden, da sich diese entsprechend der verwendeten Zieltechnologie unterscheiden können.

Die abstrakte Klasse *FrontendTransformator* stellt den grundsätzlichen Mechanismus bei der Transformation des Frontend-Modells in ein ausführbares Frontend bereit. Diese Funktionalität wird im Framework zunächst abstrakt bereitgestellt, d.h. dass es keine direkten Instanzen dieser Komponente gibt, sondern nur Instanzen von abgeleiteten Klassen. Für jede Umsetzungstechnologie muss dann jeweils eine abgeleitete Klasse von *FrontendTransformator* implementiert werden.

Im Rahmen einer Transformation eines Frontend-Modells durch eine abgeleitete Klasse von *FrontendTransformator* müssen Elemente, Bereiche und Seiten im vorgegebenen Layout inklusive der dafür definierten Frontend-Steuerungslogik erzeugt werden. Darüber hinaus müssen entsprechend der verwendeten Zieltechnologie die benötigten Bibliotheks- und Konfigurations-Dateien erzeugt werden. Hierzu müssen für jede spezifische Zieltechnologie auf Basis der Schnittstellen *ElementGenerator*, *AreaGenerator*, *ServiceAccessGenerator*, *Navigation-*

Generator, *PageGenerator* und *SystemResourceGenerator* jeweils entsprechende Klassen implementiert werden.

Die Reihenfolge der einzelnen Generator-Komponenten und die Aufrufhierarchie können sich je verwendeter Zieltechnologie unterscheiden. Aus diesem Grund wird in der abstrakten Klasse *FrontendTransformator* keine feste Reihenfolge von Schritten vorgegeben. Darüber hinaus werden ggf. Klassen, die auf Basis der Schnittstellen für eine Zieltechnologie implementiert wurden, nicht direkt von der entsprechenden Klasse *<TechSpecific>FrontendTransformator* verwendet, sondern nur indirekt. Beispielsweise ist es bei einer Implementierung bestimmter Zieltechnologien sinnvoll, die Generierung der Elemente innerhalb der Generierung der Bereiche durchzuführen. Auch das Generieren des Navigationsverhaltens muss gegebenenfalls je nach verwendeter Technologie zu unterschiedlichen Zeitpunkten durchgeführt werden.

Der *ElementGenerator* erzeugt einzelne Elemente, die für ein Frontend umzusetzen sind. Der *AreaGenerator* ist für die Generierung von logischen Einheiten im Frontend der jeweiligen Technologie verantwortlich. Im *AreaGenerator* werden die Bereichsstrukturen analysiert und für jeden Bereich eine logische Einheit mit den enthaltenen Elementen erzeugt. Der *ServiceAccessGenerator* erzeugt auf Basis der definierten Interaktionsnetze der Bereiche und der darunterliegenden Technischen Aktionsnetze den Zugriff auf IT Services inklusive dem Frontend-internen Verwalten von Informationen in lokalen Variablen oder Session-Variablen. Der *NavigationGenerator* ist für die Erzeugung des möglichen Navigationsverhaltens des Frontends zuständig, das durch die Interaktionsnetze und die Frontend-Netze definiert wurde. Der *PageGenerator* erzeugt die Seiten des zu realisierenden Frontends und ordnet auf diesen Seiten dann die durch den *AreaGenerator* erstellten logischen Einheiten entsprechend der Seitenstrukturdefinition an. Der *SystemResourceGenerator* erstellt sonstige für die jeweilige Technologie benötigte Basisdaten. In Java sind das beispielsweise sogenannte *Resource Bundles*, in denen alle Texte abgelegt werden, die im Rahmen des Frontends verwendet werden. Bei allen Generator-Komponenten wird das im Berechtigungs- und Personalisierungsmodell definierte Verhalten berücksichtigt und durch die funktionellen Möglichkeiten der Zieltechnologie abgebildet. Im Rahmen der Erzeugung von Elementen, Bereichen und Seiten werden die jeweils in den Modellen zugeordneten Style-Definitionen als Basis genutzt.

6.2.2 Transformation der Frontend-Modelle in JavaServer Faces

Die Umsetzung der zuvor beschriebenen Struktur des Frontend-Generator-Frameworks wird anhand der Verwendung der Zieltechnologie *JavaServer Faces (JSF)* beschrieben [vgl. Her07

S. 86-88]. Diese Zieltechnologie wurde ausgewählt, da es sich bei JSF um ein standardisiertes Framework für die Entwicklung von graphischen Benutzeroberflächen für Webanwendungen handelt und sich diese Technologie im JEE-Umfeld durchgesetzt hat. Andere Zieltechnologien wie ASP.NET des .NET-Frameworks von Microsoft sind den JavaServer Faces sehr ähnlich, so dass die grundlegende Struktur des Frontend-Generator-Frameworks aus Abbildung 73 hier ebenfalls genutzt werden kann. Nachfolgend wird die Anwendung der Frontend-Generator-Frameworks für JavaServer Faces erläutert. In Abbildung 74 sind hierzu die konkreten Klassen und deren Verwendungsabhängigkeiten für die JSF-Technologie dargestellt.

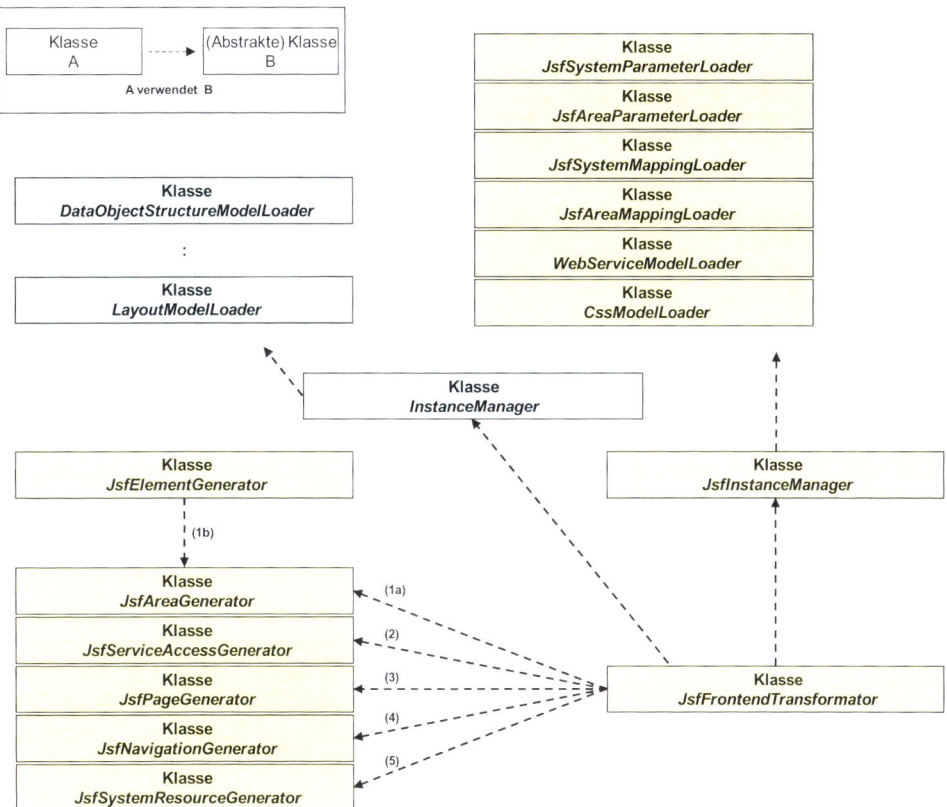

Abbildung 74: Spezielle Klassen eines Frontend-Generators für JavaServer Faces [vgl. Her07 S. 88]

Zusätzlich zu den durch das Framework vorgegebenen Klassen, welche die technologieunabhängigen Ladekomponenten bereitstellen, werden bei JavaServer Faces die folgenden von *ModelLoader* abzuleitenden Klassen benötigt [vgl. Her07 S. 86]:

- *JsfSystemParameterModelLoader:* Diese Klasse stellt das Laden der modellierten JSF-spezifischen grundlegenden Systemparameter bereit. Diese definieren den Aufbau der

Verzeichnisstrukturen für die Ablage von Programmcode und Ressourcen. Darüber hinaus werden über die Systemparameter der Aufbau der zu generierenden Klassen und die für die Einbindung zur Verfügung stehenden Bibliotheken festgelegt.

- *JsfAreaParameterModelLoader:* Falls Definitionen – wie beispielsweise der Aufbau von zu generierenden Klassen – von der systemweiten Vorgabe abweichen, dann können diese auch bereichsbezogen angegeben werden. Die hier angegebenen bereichsbezogenen Definitionen überschreiben die durch *JsfSystemParameterModelLoader* systemweit vorgegebenen Parameter und ermöglichen dadurch eine bereichsspezifische Verarbeitung.

- *JsfSystemMappingModelLoader:* In dieser Klasse wird das Mapping der Elementtypen der technologieunabhängigen Modelle auf die JSF-Elementtypen, d.h. die entsprechenden Tags, geladen.

- *JsfAreaMappingModelLoader:* Falls für bestimmte Bereiche ein von der systemweiten Vorgabe abweichendes Mapping für bestimmte JSF-Elementtypen umgesetzt werden soll, dann kann dieses hier definiert und geladen werden.

- *WebServiceModelLoader:* Für die technologische Umsetzung einer SOA wird hier von der Verwendung von Webservices ausgegangen. Die Klasse ermöglicht das Laden der zur Verfügung stehenden modellierten Webservices.

- *CssModelLoader:* Als technologiespezifische Definition des Layouts von JavaServer Faces können Cascading Style Sheets verwendet werden. Die Klasse ermöglicht das Laden der zur Verfügung stehenden definierten CSS-Dateien.

JsfInstanceManager wird entsprechend der vorgegebenen Struktur des Frameworks von *InstanceManager* abgeleitet und stellt den Verwaltungsmechanismus der technologiespezifischen Aspekte bereit. *JsfFrontendTransformator* wird von *FrontendTransformator* abgeleitet und stellt die konkrete Implementierung des Transformationsalgorithmus für die Zieltechnologie *JavaServer Faces* zur Verfügung [vgl. Her07 S. 86].

Vorgegeben durch die Schnittstellen des Frameworks müssen für die einzelnen Schritte der Transformation die konkreten Klassen *JsfElementGenerator, JsfAreaGenerator, JsfServiceAccessGenerator, JsfNavigationGenerator, JsfPageGenerator* und *JsfSystemResourceGenerator* mit den folgenden Detailfunktionen implementiert werden [vgl. Her07 S. 86ff.]:

- *JsfAreaGenerator* und *JsfElementGenerator:* Diese Klassen erzeugen aus den für Bereiche hinterlegten Informationen im Frontend-Modell JavaServer Pages inklusive der darin enthaltenen JSF-Elemente. Zur Umsetzung einzelner Elemente wird *JsfElementGenerator* innerhalb von *JsfAreaGenerator* genutzt. Die Elemente werden durch JSF-Tags umgesetzt, die auf den JavaServer Pages entsprechend der Vorgaben aus der Bereichsstruktur des Frontend-Modells angeordnet werden. Die für die Erzeugung der JavaServer Pages und der enthaltenen JSF-Elemente (Tags) benötigten Informationen werden aus den Bereichsstruktur-, Layout-, Interaktionsnetz-, Berechtigungs- und Personalisierungsteilmodellen ermittelt. Darüber hinaus müssen JSF-spezifische Systemparameter und Mappings ermittelt werden, bei denen ggf. auch bereichsspezifische Abweichungen berücksichtigt werden.

- *JsfServiceAccessGenerator:* Über diese Klasse wird der Zugriff auf die zugrundeliegenden IT Services erzeugt, die im Rahmen von Aktionen im Frontend verarbeitet werden. Die Basis bilden hier die Interaktionsnetze und die bei User Actions und System Actions hinterlegten Technischen Aktionsnetze. Mit diesen Informationen werden *Managed Beans* für die JavaServer Pages generiert. Die generierten *Managed Beans* implementieren den Zugriff auf die benötigten IT Services und das Management der Speicherung von Daten innerhalb der JSF-Applikation. Dies erfolgt durch die Generierung von Java-Klassen mit Methoden für den Zugriff auf die bei den Technischen Aktionsnetzen hinterlegten IT Services. Zusätzlich zu den Informationen aus den Interaktionsnetzen und den Technischen Aktionsnetzen müssen Informationen aus den Teilmodellen der zugrundeliegenden Services (technologieunabhängig und Webservice-spezifisch) und der JSF-spezifischen Aspekte ermittelt werden.

- *JsfPageGenerator:* Die durch *JsfAreaGenerator* erzeugten JavaServer Pages, d.h. die umgesetzten Bereiche, müssen auf Seiten angeordnet werden. Hierzu werden zunächst JavaServer Pages erzeugt, welche die umzusetzenden Seiten repräsentieren. Anschließend werden die für die Bereiche erzeugten JavaServer Pages in die für die Seiten erzeugten JavaServer Pages eingefügt. Die für die Erzeugung der Seiten-JSPs und der Anordnung der Bereichs-JSPs auf den Seiten-JSPs benötigten Informationen werden über die Frontend-Netz-, Seitenstruktur-, Berechtigungs- und Personalisierungsteilmodelle ermittelt.

- *JsfNavigationGenerator:* Im Rahmen dieser Klasse werden die Navigationsregeln für das Frontend erzeugt. Diese werden bei JavaServer Faces in der Datei *faces-config.xml* hinterlegt. Es werden die über das JSF-Frontend möglichen Navigationsschritte definiert, wie bspw. das bedingte Wechseln zu einer anderen JavaServer Page. Hierzu müssen die Interaktionsnetze und die übergeordneten Frontend-Netze durchlaufen werden, um die einzelnen Navigationseinträge in der *faces-config.xml* zu erstellen.

- *JsfSystemResourceGenerator:* Diese Klasse erstellt die für das JSF-Frontend benötigten System- und Resource-Dateien, die auf Basis von Informationen aus den Teilmodellen dynamisch erzeugt werden müssen. Hierbei müssen zunächst *Resource Bundles* erstellt werden, welche die Labels für das Frontend zur Unterstützung von Mehrsprachigkeit beinhalten. Darüber hinaus müssen die für das Layout der Labels erforderlichen Definitionen berücksichtigt werden. Für die Erstellung dieser System- und Resource-Dateien müssen Informationen aus Frontend-Datenobjektstruktur-, Interaktionsnetz-, Layout-(technologieunabhängig und als Cascading Style Sheets), Bereichsstruktur- und Seitenstruktur-Teilmodellen ermittelt werden. Weiterhin wird die Datei *web.xml* auf Basis der zuvor generierten Komponenten erstellt. Diese enthält den sogenannten *Web Application Deployment Descriptor*, der für den Betrieb auf einem JEE Application Server benötigt wird.

6.2.3 Bewertung der Möglichkeiten und Grenzen der Transformation

Mit dem hier vorgestellten Entwurf einer Softwarearchitektur für das Frontend-Generator-Framework wird die grundlegende Vorgehensweise bei der Generierung von Frontends auf Basis des in Abschnitt 5.5 eingeführten Frontend-Modells zur Verfügung gestellt. Ein Prototyp für die Generierung von JavaServer Faces wurde bereits für einfache Stellen/Transitions-Netze, die mit entsprechenden Informationen für die Umsetzung von Frontends angereichert wurden, in [Her07] umgesetzt. Ein System für die Generierung aller im Frontend-Modell beschriebenen Aspekte auf Basis von XML-Netzen liegt derzeit noch nicht vor und ist Bestandteil weiterer Forschungsarbeiten. Ebenso müssen noch Transformationsmechanismen für weitere Frontend-Technologien wie bspw. .NET entwickelt werden.

Bei der Transformation von Frontends müssen in der Regel, wie dies auch bei der Transformation der Geschäftsprozesssteuerung in ausführbaren BPEL-Code bereits angemerkt wurde, Nacharbeiten am generierten Code vorgenommen werden. Dieser sollte jedoch von manuell entwickeltem Code eindeutig unterschieden werden können, um erneute Generierungsläufe bei späteren Modelländerungen durchführen zu können. Die für diese Fälle notwendigen Verknüpfungen zwischen manuell entwickeltem Code und Modell müssen in den jeweiligen technologiespezifischen Teilmodellen durchgeführt werden können. Dies kann beispielsweise in Form von auf unterschiedlichen Ebenen hinterlegbaren Mappings erfolgen, wie dies anhand der Zieltechnologie *JavaServer Faces* für eine Umsetzung durch das Frontend-Generator-Framework beschrieben wurde.

Eine umgekehrte Transformation von manuell entwickeltem Code für entsprechende Frontends in ein Frontend-Modell ist möglich, wenn die für die verschiedenen Aspekte im Frontend-Modell benötigten Informationen getrennt identifiziert und ausgelesen werden können. Beispielsweise könnten mögliche Abläufe in JavaServer Faces aus der *faces-config.xml* ausgelesen und für eine Transformation zu Interaktionsnetzen und Frontend-Netzen genutzt werden. Informationen zur Erstellung von Strukturmodellen könnten aus den entsprechenden strukturbeschreibenden XML-Dateien von JavaServer Faces ermittelt werden. Jedoch ergeben sich durch die Freiheitsgrade bei einer manuellen Realisierung nahezu immer Informationsverluste, aufgrund derer bei einer umgekehrten Transformation in ein Frontend-Modell manuelle Nacharbeiten erforderlich sind.

6.3 Nutzung der Generatoren im Rahmen des integrierten Modells

Die beschriebene Funktionsweise der Generatoren am Beispiel der Zieltechnologien *Webservices*, *BPEL* und *JavaServer Faces* verdeutlicht die Komplexität bei der Realisierung von Unternehmenssoftware auf Basis einer serviceorientierten Architektur. Es müssen hierbei die auf verschiedene Schichten verteilten Funktionen und sonstigen Aspekte für einen entsprechenden Aufbau eines Anwendungssystems realisiert werden:

- Datenbank zur Verwaltung aller benötigten Geschäftsobjekte

- Webservices zur Umsetzung der Geschäftslogik

- BPEL-Prozesse zur Umsetzung von Abläufen innerhalb der Geschäftslogik

- Ablaufsteuerung innerhalb des JSF-Frontends (faces-config.xml)

- Sonstige Funktionen des JSF-Frontends (Umsetzung von Elementen der Benutzeroberfläche und deren Funktionen)

- Umsetzungen der Struktur und des Layouts des JSF-Frontends (JavaServer Pages, Tags, Cascading Stylesheets)

- Zugriffe auf Webservices seitens des JSF-Frontends

- Zugriffsberechtigungen für die Benutzer

Die Realisierung dieser Funktionalitäten ist darüber hinaus meist auf verschiedene Entwickler aufgeteilt. Solche Rahmenbedingungen zeigen die Notwendigkeit und das Potenzial eines integrierten Modells für die Beherrschbarkeit dieser Komplexität.

Für eine auf dem integrierten Modell aufbauende kollaborative Nutzung ist eine automatische Erstellung von Verknüpfungen zwischen den generierten Komponenten und den Quellelementen aus den Teilmodellen eine zentrale Voraussetzung, da dadurch Abhängigkeiten im Rahmen der Bearbeitung von einzelnen Artefakten abgeleitet werden können. Beim Erzeugen einzelner Komponenten müssen hierzu durch die entsprechenden Generator-Funktionen die Verknüpfungen in einem Repository eingetragen werden. Dieses Repository beinhaltet bereits die Teilmodelle des integrierten Modells aus Kapitel 5. Es stellt die Basis für ein kollaboratives Arbeiten bereit, da die Verknüpfungen zwischen Modellen und umgesetzten Softwarekomponenten eine Voraussetzung dafür sind, dass mehrere Teammitglieder an einem aus verschiedenen Artefakten zusammengesetzten Gesamtergebnis arbeiten können und über Änderungen entsprechend informiert werden können. Hierzu müssen die unterschiedlichen Softwarekomponenten den korrespondierenden Teilmodellen des integrierten Modells zugeordnet werden. So muss beispielsweise ein generierter BPEL-Prozess dem Webservice-Netz zugeordnet werden, auf dessen Basis er generiert wurde. Die Zuordnung kann zusätzlich auch feingranularer auf Ebene der transformierten Netzkomponenten vorgenommen werden. Beim Frontend-Modell sind bei Verwendung von JavaServer Faces beispielsweise die generierten JavaServer Pages den Bereichen bzw. den Seiten und die darin enthaltenen JSF-Elemente den Elementen der Bereiche zuzuordnen. Die generierten Navigationsregeln in der *faces-config.xml* müssen den in den Interaktionsnetzen und Frontend-Netzen modellierten möglichen Aktionen zugeordnet werden. Im nachfolgenden Kapitel wird eine Unterstützung von Kollaboration durch das integrierte Modell beschrieben, bei dem diese Verknüpfungen mit den technischen Artefakten die Basis für die Einbindung der Entwickler darstellt.

7 Unterstützung von Kollaboration durch das integrierte Modell

Das vorgestellte integrierte Modell ermöglicht eine Modellierung von Geschäftsprozessen, der darin zu verarbeitenden Geschäftsobjektstrukturen, der Geschäftsprozesssteuerung in Form von Backend-Netzen und der Frontends in Form von Frontend-Modellen. Weiterhin können auf Basis des integrierten Modells Softwarekomponenten für eine Ausführung von Geschäftsprozessen auf Basis einer SOA inklusive der zugehörigen Frontends als weitere Artefakte generiert werden. Das integrierte Modell ermöglicht eine umfassende formale Definition von Anforderungen an eine zu realisierende Unternehmenssoftware. Einen noch größeren Nutzen für eine kollaborative Realisierung solcher Systeme bringt vor allem die Verknüpfung dieser Informationen zu einem zusammenhängenden Informationsnetz und dessen Verwendung als Basis in einem gemeinsamen Repository einer integrierten kollaborativen Softwareentwicklungsumgebung. Nachfolgend werden der Aufbau eines solchen Informationsnetzes, die Zusammenhänge zwischen den verschiedenen Arten von Artefakten und die sich daraus ergebenden kollaborativen Nutzungsmöglichkeiten beschrieben.

7.1 Informationsnetz für kollaborative Softwareentwicklung

Im Rahmen der Konzeption eines Informationsnetzes zur Unterstützung kollaborativer Softwareentwicklung wird zunächst die grobe Strukturierung in verschiedene Bereiche und deren Abhängigkeiten erläutert.

Die verschiedenen Teilmodelle werden über gemeinsame Artefakte bereits während der Modellierung implizit miteinander verknüpft. Ein IT Service, der sowohl in einem Backend-Netz als auch in einem Interaktionsnetz verwendet wird, verknüpft dadurch automatisch diese beiden Netze logisch miteinander. Da Frontend-Netze direkt auf Interaktionsnetzen aufbauen und die Interaktionsnetze mit zusätzlicher Information anreichern, sind dadurch auch Interaktionsnetze und Frontend-Netze implizit miteinander verknüpft. Technische Aktionsnetze sind ebenfalls bereits bei der Modellierung mit einem entsprechenden Interaktionsnetz verbunden.

Auch über die Vorgehensweise bei der Modellierung können grundlegende Verknüpfungen zwischen den Modellen abgeleitet werden. Diese Verknüpfungen müssen jedoch durch die kollaborative Softwareentwicklungsumgebung erstellt werden, da sie sich nicht über die Verwendung gemeinsamer Artefakte automatisch ergeben, sondern auf Basis von *Ist-Ausgangsmodell-von*-Beziehungen ermittelt werden können. Eine *Ist-Ausgangsmodell-von-*

Beziehung bedeutet, dass das Ausgangsmodell für die Erstellung eines Zielmodells entsprechend der in Abschnitt 5.6 beschriebenen Vorgehensweise vorhanden sein muss. So wird für die Definition eines Backend-Netzes vorausgesetzt, dass Geschäftsprozessnetze existieren, die eine übergeordnete fachliche Beschreibung zu dem technischen Detailprozess darstellen. Auch für Interaktionsnetze und damit auch für Frontend-Netze müssen Geschäftsprozessnetze als Ausgangsmodelle vorhanden sein. Bei der Erstellung von Backend- und Frontend-Netzen kann entsprechend der beschriebenen Vorgehensweise bei der Modellierung die Auswahl und dadurch die Zuordnung eines Geschäftsprozessnetzes erzwungen werden. Durch diese Zuordnung sind dann auch die unter einem Frontend-Netz liegenden Interaktionsnetze bereits indirekt mit Geschäftsprozessnetzen verknüpft. Weiterhin stellen Geschäftsprozessnetze auch Ausgangsmodelle für die Definition von Interaktionsnetzen dar, d.h. für die Definition eines Interaktionsnetzes muss eine zuordenbare Transition in einem Geschäftsprozessnetz vorhanden sein. Die mit Backend-Netzen beschriebene Geschäftsprozesssteuerung stellt wiederum Ausgangsmodelle für die Definition von Webservice-Netzen dar. Technische Aktionsnetze sind Verfeinerungen von Aktionen in Interaktionsnetzen und stellen dadurch eine direkte Verknüpfung der beiden Netztypen bereit.

Geschäftsobjektstrukturen werden in allen Modellen als Basis verwendet. In den Geschäftsprozessnetzen werden sie den Stellen zugeordnet. Im Rahmen des Frontend-Modells werden sie als Basis für die Erstellung von Frontend-Datenobjektstrukturen, d.h. zur Definition der Verarbeitung von Datenobjekten durch die Frontends genutzt. Bei den IT Services und dadurch auch bei der Definition von Backend-Netzen erfolgt die Definition der Parametrisierung der verwendeten IT Services über die Zuordnung von Geschäftsobjektstrukturen. Weiterhin steht für alle Modelle der Zugriff auf Rollen zur Verfügung. Diese werden im Rahmen der Definition der Berechtigung einzelner Prozessschritte für Geschäftsprozesse, Geschäftsprozesssteuerung und der Definition der Berechtigung und Personalisierung im Frontend-Modell benötigt. Darüber hinaus stellen die zur Verfügung stehenden IT Services generell zugreifbare Artefakte für alle Teilmodelle dar.

Die einzelnen Teilmodelle und deren Zusammenhänge können für den Einsatz in einer integrierten kollaborativen Softwareentwicklungsumgebung entsprechend der in Abschnitt 4.2 beschriebenen Anforderungen genutzt werden. Den zugrundeliegenden Teilmodellen und sonstigen Artefakten müssen für eine kollaborative Nutzung die involvierten Personen unter Berücksichtigung ihrer verschiedenen Rollen zugeordnet werden können. Darüber hinaus müssen Dokumente und Projektmanagement-Informationen wie Ziele, Pläne und Aufgaben für eine Unterstützung von kollaborativer Arbeit zugeordnet werden können. Abbildung 75 zeigt die grobe Struktur eines solchen Informationsnetzes, das als Basis für die Realisierung einer integrierten kollaborativen Softwareentwicklungsumgebung genutzt werden kann. Die verschiedenen Modelle des Informationsnetzes sind in die folgenden fünf Bereiche eingeteilt:

- Fachliche Aspekte

- Technische technologieunabhängige Aspekte

- Technologiespezifische Aspekte

- Softwarekomponenten

- Artefaktmanagement und Kollaborationsunterstützung

Die *fachlichen Aspekte* beinhalten Teilmodelle zur Beschreibung der durch ein zu realisierendes System abzubildenden Geschäftsprozesse und die Beschreibungen der umzusetzenden Anforderungen an die Mensch/System-Schnittstelle. Bei den *technischen technologieunabhängigen Aspekten* werden die Aspekte definiert, die nicht mehr durch einen Fachbereich entschieden werden können, da sie rein technischer Natur sind und von technischen Teammitgliedern bestimmt werden müssen. *Technologiespezifische Aspekte* sind ebenfalls rein technischer Natur und berücksichtigen darüber hinaus nur die speziellen Aspekte konkret ausgewählter Technologien. Der Bereich *Softwarekomponenten* enthält einerseits die auf Basis des Modells erzeugten konkreten Softwarekomponenten und andererseits auch die durch andere Mechanismen erstellten und dadurch vorhandenen und nutzbaren Softwarekomponenten als weitere Artefakte. Durch das *Artefaktmanagement und die Kollaborationsunterstützung* werden übergreifende Informationen und Mechanismen zur Verfügung gestellt. Dies sind einerseits generelle Mechanismen wie bspw. Versionierung für alle verwalteten Artefakte. Andererseits beinhaltet dieser Bereich auch alle benötigten organisatorischen Informationen zur Unterstützung kollaborativer Arbeit bei der Realisierung komplexer Unternehmenssoftware.

Auf Basis der zuvor beschriebenen Sachverhalte und des in Abschnitt 5.3 eingeführten Objektmodells wird ein Informationsnetz für kollaborative Softwareentwicklung im Rahmen der Arbeit folgendermaßen definiert:

Definition 7.1: Informationsnetz für kollaborative Softwareentwicklung

Eine Informationsnetz für kollaborative Softwareentwicklung (kurz: Informationsnetz) besteht aus Informationsknoten, die über vorgegebene Arten von Verbindungen miteinander verknüpft sind und ein zusammenhängendes Netz ergeben.

Informationsknoten werden durch Entitäten abgebildet und können im Informationsnetz entsprechend den durch das Objektmodell vorgegebenen Regeln auch als Aggregationen zusammengefasst werden. Die folgenden Arten von Informationsknoten sind Bestandteil des Informationsnetzes:

(i)   Alle Teilmodelle aus dem integrierten Modell.

(ii)   Alle Einzelelemente der Teilmodelle aus dem integrierten Modell.

(iii)   Alle im Rahmen einer kollaborativen Softwareentwicklung generierten und manuell erstellten Softwarekomponenten.

(iv)   Alle im Rahmen einer kollaborativen Softwareentwicklung benötigten Dokumente und sonstigen elektronisch speicherbaren Artefakte.

(v)   Alle Informationseinheiten, sogenannte Kollaborationsentitäten, welche benötigte organisatorische Informationen zur Unterstützung der Kollaboration bereitstellen.

Die folgenden Arten von Verbindungen sind innerhalb des Informationsnetzes erlaubt:

(i)   Beziehungskanten zwischen den Informationsknoten mit einer generellen Unterscheidung von 1:1-, 1:n- und n:m-Beziehungen (anhand der Krähenfuß-Notation). Bei den Beziehungskanten müssen jeweils an den Enden Detail-Kardinalitäten und eine Bezeichnung angegeben werden.

(ii)   Vererbungskanten bedeuten in Pfeilrichtung, dass der Ausgangs-Informationsknoten eine Spezialisierung des Ziel-Informationsknotens darstellt.

Sammelbedingungen zwischen den Entitätstypen der Informationsknoten und den angeschlossenen Verbindungstypen werden entsprechend der in Abschnitt 5.3.1 definierten Regeln behandelt.

In Abbildung 75 sind der grobe Aufbau und die Zusammenhänge bei einem Informationsnetz für kollaborative Softwareentwicklung dargestellt. Die in der Abbildung aufgeführten Gesamtmodellkomponenten *Geschäftsprozessnetze, Frontend-Netze, Interaktionsnetze, technische Aktionsnetze, Backend-Netze* und *Webservice-Netze* stellen im Gegensatz zu den restlichen Modellen die XML-Netz-basierten Teilmodelle dar. Die Linien zwischen diesen Modellen repräsentieren die zuvor beschriebenen Zusammenhänge zwischen ihnen. Alle weiteren dargestellten Teilmodelle sind nicht XML-Netz-basiert.

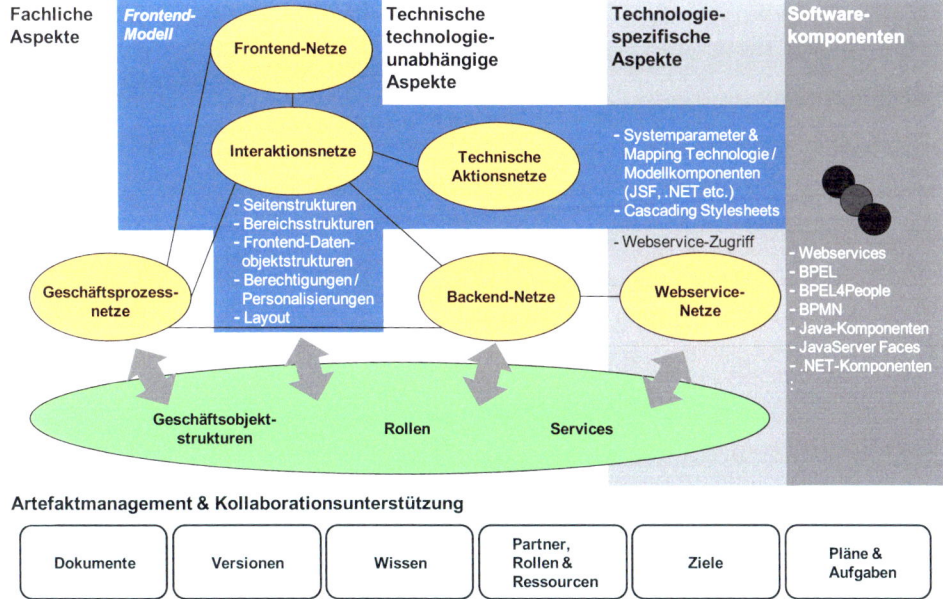

Abbildung 75: Aufbau des Informationsnetzes

Im Bereich der *fachlichen Aspekte* sind Geschäftsprozessnetze, Interaktionsnetze und Frontend-Netze angesiedelt. Im Rahmen der fachlichen Frontend-Modellierung werden die strukturellen Aspekte durch Frontend-Datenobjektstrukturen, Bereichsstrukturen und Seitenstrukturen berücksichtigt. Darüber hinaus werden hier die Berechtigung und Personalisierung innerhalb der Frontends durch Zuordnung von Rollen zu Elementen, Bereichen und Seiten behandelt. Weiterhin werden Layoutvorgaben und Layoutattribute auf den verschiedenen strukturellen Ebenen definiert. Mit Backend-Netzen und technischen Aktionsnetzen werden die *technischen technologieunabhängigen Aspekte* der Geschäftsprozesssteuerung und der Frontends beschrieben. Der Bereich der *technologiespezifischen Aspekte* beinhaltet die Modellierung der Aspekte, die entsprechend der verwendeten Zieltechnologien definiert werden müssen. Dies sind für das Frontend-Modell einzubindende Bibliotheken, vorgegebene Verzeichnisstrukturen, Namensregeln oder sonstige Systemparameter, die für eine Transformation des Frontend-Modells in eine Softwarekomponente der Zieltechnologie benötigt werden. Ein weiterer Bestandteil ist hier das Mapping der technologieunabhängigen Modellkomponenten auf die spezifischen Besonderheiten der verwendeten Technologien. Für die Umsetzung der Geschäftsprozesssteuerung sind bei der Verwendung von Webservices bei den technologiespezifischen Aspekten die Webservice-Netze angesiedelt, um bspw. BPEL erzeugen zu können. Sowohl für die Definition von Frontends als auch für die Definition von Backends wird ein technologiespezifisches Modell für den Zugriff auf Services benötigt. Dies kann beispielsweise durch ein Modell zur Definition des Servicezugriffs beim Einsatz von Webservices erfolgen. Ein wesentlicher Teil dieses technologiespezifischen Bereichs ist das Mapping der Elemente der vorgelagerten allgemeinen Teilmodelle auf die tatsächliche technische Umsetzung der jeweiligen Technologie. Einen weiteren Bereich stellen die auf Basis der Modelle generierten und erstellten *Softwarekomponenten* dar. Artefakte wie Webservices, BPEL-Definitionen, BPMN-Definitionen, Java-Code etc. stellen hierbei auch Komponenten des Informationsnetzes dar und werden folglich ebenfalls im gemeinsamen Repository verwaltet. Die Verknüpfungen zu den Modellen ergeben sich während Generatorläufen, die beispielsweise für BPEL und JavaServer Faces entsprechend der in Kapitel 6 beschriebenen Vorgehensweise, basierend auf den Modellen durchgeführt werden können. Softwarekomponenten, die nicht im Rahmen von Generatorläufen erstellt wurden, müssen durch projektspezifisch festzulegende Vorgehensweisen und Regeln entsprechenden Aspekten des Gesamtmodells zugeordnet werden. Geschäftsobjektstrukturen, Rollen und IT Services werden von allen Modellen verwendet.

Für eine Unterstützung von Kollaboration beim Bearbeiten der Artefakte in einer Softwareentwicklungsumgebung, wie dies in Abschnitt 4.2 beschrieben wurde, ist die Zuordnung weiterer Entitäten im Informationsnetz erforderlich. Generell muss eine Zuteilung der zu erstellenden Artefakte zu den Kollaborationspartnern erfolgen. Hier legen die an der Kollaboration beteiligten Partner fest, welche Artefakte von einem dedizierten Partner erstellt werden bzw. welche gemeinsam erarbeitet werden. Die Zuordnung von Ressourcen zu den einzelnen Artefakten mit entsprechenden Berechtigungen, wie bearbeitende Personen oder zugeordnete Systeme, welche bspw. die Generatorläufe durchführen, ist ebenfalls Bestandteil des Informationsnetzes. Dokumente stellen neben den Teilmodellen, den Teilmodellkomponenten und den Softwarekomponenten eine weitere Art von Artefakten dar, die im Informationsnetz berücksichtigt werden muss. Dokumente können in beliebiger Anzahl anderen Artefakten zugeordnet sein. Alle Artefakte können versioniert im Informationsnetz hinterlegt sein. Weitere Bestandteile im Informationsnetz stellen zugeordnete Projektmanagement-Informationen wie Ziele, Pläne, Aufgaben oder Ähnliches dar. Wissen wird im Informationsnetz durch Verknüpfungen zwischen Ressourcen, Artefakten, Wissensgebieten und beliebigen anderen Entitäten abgebildet.

Durch die Kombination aus formalen Teilmodellen, deren Verknüpfung in einem Informationsnetz und einer weiteren Anreicherung dieser Informationen durch Artefakte wie Softwarekomponenten und Dokumenten in einem gemeinsamen Repository wird die Basis für eine kollaborative modellbasierte Softwareentwicklung bereitgestellt. Mit einer Erweiterung um Entitätstypen zur Kollaborationsunterstützung, die mit den Artefakten im Informationsnetz verbunden werden, sollen die folgenden Szenarien für die Nutzung einer entsprechend integrierten kollaborativen Softwareentwicklungsumgebung auf Basis eines solchen Repositorys ermöglicht werden:

- Automatisches Erkennen von Abhängigkeiten bei Änderungen und Erweiterungen der Teilmodelle und Artefakte, um beteiligte Personen ebenfalls automatisiert entsprechend zu informieren.

- Direktes Finden von Ansprechpartnern für Diskussionen oder sonstige kollaborative Arbeiten durch direkte Anzeige von verantwortlichen Mitarbeitern am Artefakt bzw. an mit dem Artefakt verknüpften weiteren Artefakten.

- Nutzung der Modelle als Grundlage für eine gegebenenfalls weltweite kollaborative Lösungsfindung, beispielsweise als Diskussionsgrundlage bei Web-Konferenzen. Anhand des enthaltenen integrierten Modells können alle Facetten eines umzusetzenden Geschäftsprozesses von unterschiedlichen fachlichen Gruppen gemeinsam diskutiert werden.

- Automatisierte Generierung von Aufgaben für die entsprechenden Mitarbeiter bei Änderungen oder Erweiterungen von Artefakten auf Basis der im Informationsnetz hinterlegten Abhängigkeiten.

- Realisierung einer Mehrbenutzerkontrolle basierend auf den Zusammenhängen des Informationsnetzes. Beispielsweise kann ein pessimistisches Verfahren basierend auf dem integrierten Modell implementiert werden, das bei geplanten Änderungen von Geschäftsprozessen oder Teilen von Geschäftsprozessen automatisch alle einem Geschäftsprozessnetz zugeordneten Artefakte für Änderungen anderer Benutzer sperrt.

Nachfolgend werden die Zusammenhänge der einzelnen Teilmodelle innerhalb des integrierten Modells, die Erweiterung für das Artefaktmanagement und die zusätzlichen Informationen zur Kollaborationsunterstützung im Rahmen des Informationsnetzes detailliert erläutert, um die zuvor genannten Szenarien umsetzen zu können.

7.2   Zusammenhänge zwischen den Teilmodellen

In Kapitel 5 wurden bereits die direkten Zusammenhänge zwischen den einzelnen Teilmodellen, die sich direkt aus dem Aufbau des integrierten Modells ergeben, beschrieben. In Abbildung 76 werden alle Abhängigkeiten zwischen den einzelnen Teilmodellen und deren Teilmodellkomponenten detailliert in Form eines Objektmodells dargestellt.

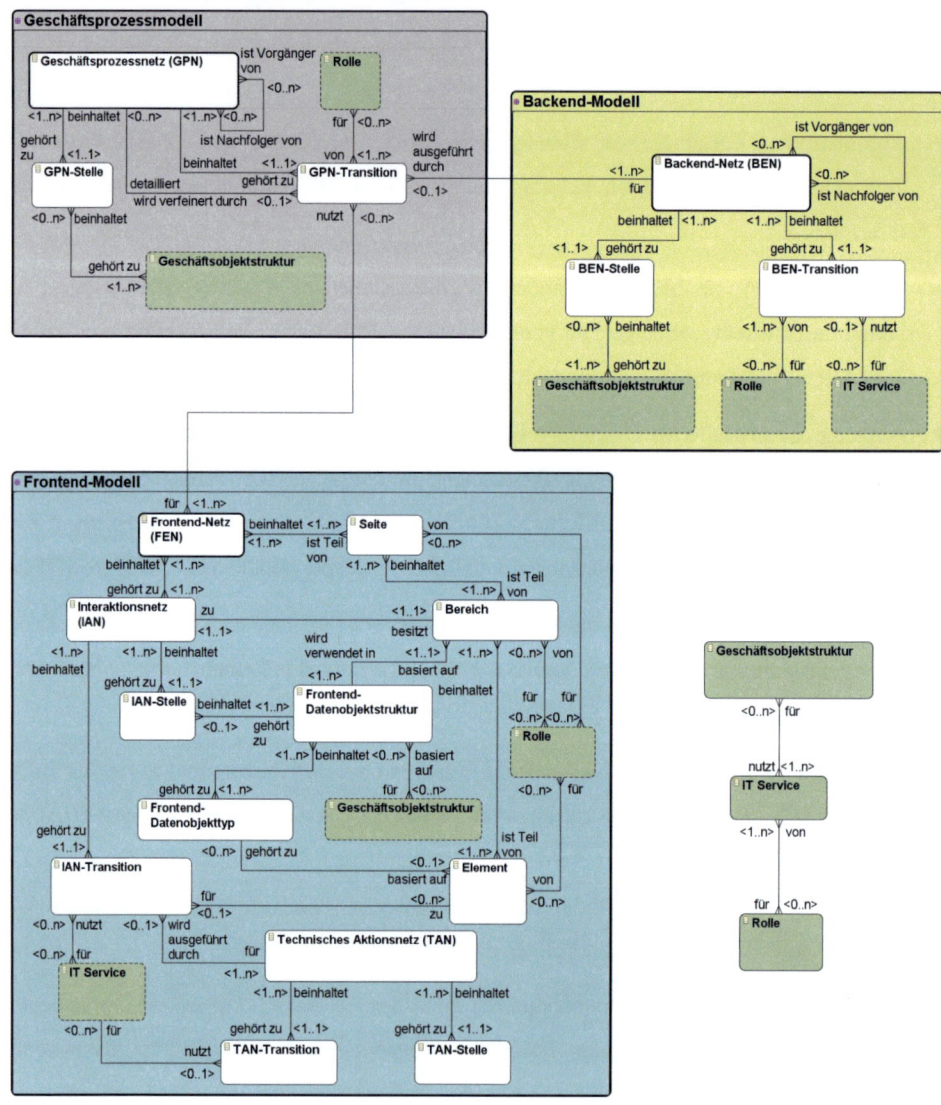

Abbildung 76: Objektmodell – Fachliche & technische technologieunabhängige Aspekte

Die Beziehungen zwischen den einzelnen Entitätstypen zeigen die Zusammenhänge auf der Modellseite, die sich aus dem Aufbau des integrierten Modells, der impliziten Verknüpfung durch die Verwendung gemeinsamer Artefakte oder aus einer Verknüpfung auf Basis einer *Ist-Ausgangsmodell-von*-Beziehung während der Modellierung ergeben. Die drei Modellierungs-bereiche *Geschäftsprozessmodell*, *Backend-Modell* und *Frontend-Modell* sind als Aggregati-onstyp ihrer jeweiligen Teilmodelle und Teilmodellkomponenten dargestellt.

7.2.1 Zusammenhänge der Basismodellkomponenten mit den Teilmodellen

Geschäftsobjektstrukturen, *IT Services* und *Rollen* stellen Basismodellkomponenten des inte-grierten Modells dar, die in unterschiedlichen anderen Teilmodellen genutzt werden. Diese sind als entsprechende Kopie-Entitätstypen im Aggregationstyp des jeweiligen Modells auf-geführt und verknüpft. So können Geschäftsobjektstrukturen in Geschäftsprozessmodellen und in Backend-Modellen den Stellen zugeordnet werden. Da Geschäftsobjektstrukturen auch die Basis für die Frontend-Datenobjektstrukturen darstellen, sind diese auch als Kopie-Entitätstyp im Frontend-Modell eingebunden und den Frontend-Datenobjektstrukturen zuge-ordnet. IT Services werden sowohl beim Backend-Modell als auch beim Frontend-Modell zugeordnet. Im Rahmen der Backend-Modellierung werden die verfügbaren IT Services zu einer Geschäftsprozesssteuerung orchestriert. Innerhalb eines Backend-Netzes können belie-big viele IT Services genutzt werden. Jeder Transition eines Backend-Netzes ist hierzu genau ein IT Service zugeordnet. Ein IT Service kann wiederum in beliebig vielen Backend-Netzen verwendet werden. Im Rahmen des Frontend-Modells können mehrere IT Services bei einer Transition eines Interaktionsnetzes zugeordnet werden. Bei den technischen Aktionsnetzen erfolgt eine Detaillierung der Verwendung der IT Services. Hierbei kann einer Transition dann jeweils maximal ein IT Service zugeordnet werden. Rollen werden in allen drei aufgeführten Modellierungsbereichen verwendet. Sie sind den Transitionen im Geschäftsprozessmodell und den Transitionen in den Backend-Netzen zugeordnet. Beim Frontend-Modell sind sie auf den verschiedenen Ebenen *Seite*, *Bereich* und *Element* zugeordnet, um Berechtigungen inklu-sive Personalisierungsmöglichkeiten abbilden zu können.

Die Beziehungstypen zwischen den Entitätstypen innerhalb der einzelnen Modellierungsbe-reiche ergeben sich aus den in Kapitel 5 beschriebenen Zusammenhängen der einzelnen Teil-modelle. Auf die Darstellung von Entitätstypen für Kanten wurde im abgebildeten Objektmo-dell generell bei allen XML-Netz-Varianten verzichtet, da diese bei den Beziehungen zu anderen Teilmodellen im Informationsnetz nicht relevant sind. Die folgenden Beziehungen sind innerhalb der jeweiligen Teilmodelle vorhanden:

- *Geschäftsprozessnetze (GPN)* können beliebig viele *GPN-Stellen* und *GPN-Transitionen* besitzen. Die zweite Beziehung zwischen Geschäftsprozessnetz und GPN-Transition stellt die Möglichkeit der Definition von Verfeinerungen zum Aufbau von Geschäftsprozesshierarchien dar. Weiterhin können Geschäftsprozessnetze mit anderen Geschäftsprozessnetzen über Vorgänger/Nachfolger-Beziehungen aus übergeordneten Netzen miteinander verknüpft sein, d.h. die Endstellen eines Geschäftsprozessnetzes können Anfangsstellen von nachfolgenden Geschäftsprozessnetzen sein.

- *Backend-Netze (BEN)* können beliebig viele *BEN-Stellen* und *BEN-Transitionen* besitzen. Darüber hinaus können Backend-Netze mit anderen Backend-Netzen – analog wie bei Geschäftsprozessnetzen über Prozessketten hinweg – miteinander verknüpft sein, d.h. die Endstellen eines Backend-Netzes können Anfangsstellen von Nachfolger-Backend-Netzen sein.

- *Frontend-Netze (FEN)* umfassen in der Regel mehrere *Seiten* und beinhalten mehrere *Interaktionsnetze (IAN)*. Ein Interaktionsnetz kann beliebig viele *IAN-Stellen* und *IAN-Transitionen* besitzen. Jedes Interaktionsnetz bezieht sich auf genau einen *Bereich*. Seiten bestehen aus beliebig vielen Bereichen, die wiederum aus beliebig vielen *Elementen* bestehen. Bereiche können in beliebig vielen Seiten verwendet werden und Elemente können in beliebig vielen Bereichen verwendet werden. Einem Bereich ist genau eine *Frontend-Datenobjektstruktur* zugeordnet. Eine Frontend-Datenobjektstruktur beinhaltet beliebig viele *Frontend-Datenobjekttypen*. Ein Element kann auf einem Frontend-Datenobjekttyp basieren. Den IAN-Stellen ist eine Frontend-Datenobjektstruktur zugeordnet, die bei jeder Stelle eines Interaktionsnetzes vom Aufbau her identisch ist. Bei einer IAN-Transition des Typs *User Input Action* oder *Display Action* wird genau ein zugeordnetes Element verarbeitet. Eine IAN-Transition des Typs *User Control Action* oder *System Action* hat genau ein *technisches Aktionsnetz (TAN)* als Verfeinerung. Ein technisches Aktionsnetz wird von mindestens einer IAN-Transition genutzt, d.h. ein bestimmtes technisches Aktionsnetz kann auch von unterschiedlichen IAN-Transitionen genutzt werden. Technische Aktionsnetze können beliebig viele TAN-Stellen und TAN-Transitionen besitzen. Layout-Attribute oder sonstige Layout-Vorgaben können nahezu allen Entitätstypen und Beziehungstypen des Frontend-Modells sinnvoll zugeordnet werden und sind deshalb nicht als separater Entitätstyp aufgeführt.

Nachfolgend werden die Zusammenhänge zwischen den drei Modellierungsbereichen *Geschäftsprozessmodell*, *Backend-Modell*, *Frontend-Modell* und die Zusammenhänge zwischen diesen technologieunabhängigen Modellierungsbereichen und dem technologiespezifischen Bereich erläutert.

7.2.2 Zusammenhang Geschäftsprozessmodell / Backend-Modell

Das Backend-Modell beschreibt die Geschäftsprozesssteuerung, die durch meist automatisiert im Hintergrund ablaufende IT-basierte Prozesse umgesetzt wird. Das Geschäftsprozessmodell beschreibt hingegen die fachlichen Abläufe von Geschäftsprozessen. Ein Geschäftsprozessnetz kann dadurch fast nie 1:1 auf ein Backend-Netz abgebildet werden. Für ein Geschäftsprozessnetz kann es somit mehrere Backend-Netze geben, welche die Umsetzung der Steuerung des Geschäftsprozesses durch IT Services modellieren. Umgekehrt kann ein Backend-Netz gegebenenfalls bei der Steuerung unterschiedlicher Geschäftsprozesse genutzt werden, d.h. ein Backend-Netz kann zu mehreren Geschäftsprozessnetzen gehören. Backend-Netze werden aus diesem Grund als Verfeinerungen einzelner Transitionen von Geschäftsprozessnetzen abgebildet.

In dem in Abbildung 77 gezeigten Beispiel ist der Transition *Bonität prüfen & Ergebnis übermitteln* des dargestellten Geschäftsprozessnetzes, das einen CRM-Geschäftsprozess zur Angebotserstellung beschreibt, der entsprechende IT-basierte Ablauf in der Geschäftsprozesssteuerung durch das Backend-Netz *Bonitätsprüfung & Ergebnisübermittlung* zugeordnet. Die IT-technische Umsetzung der dargestellten Geschäftsprozesssteuerung erfolgt durch die im Backend-Netz zugeordneten IT Services *CheckBonitaet*, *EMailVersandAngebot* und *EMailVersandAblehnung*. Die darstellten IT Services werden im Hintergrund automatisiert nach der Genehmigung durch den Vertriebsleiter abgearbeitet.

Im Gegensatz zum dargestellten prinzipiellen Ablauf des Geschäftsprozesses im Geschäftsprozessnetz können die IT Services des Backend-Netzes auch als Batch-Job verarbeitet werden, d.h. dass beispielsweise die Bonitätsprüfung und das Versenden der Ergebnisse in einem Schritt für alle an einem Tag aufgelaufenen Angebote durchgeführt werden. In welcher Form dies tatsächlich erfolgt, wird durch die Funktionalität des zugewiesenen IT Services bestimmt. Voraussetzung für die Durchführung des im Backend-Netz dargestellten technischen Prozess ist das Vorhandensein von genehmigten Angeboten. Diese werden durch einen manuellen

Schritt des Vertriebsleiters über eine Aktion in einem Frontend erzeugt, bei der dann über einen weiteren IT Service im Backend der Status von Angeboten auf *Genehmigt* umgesetzt wird.

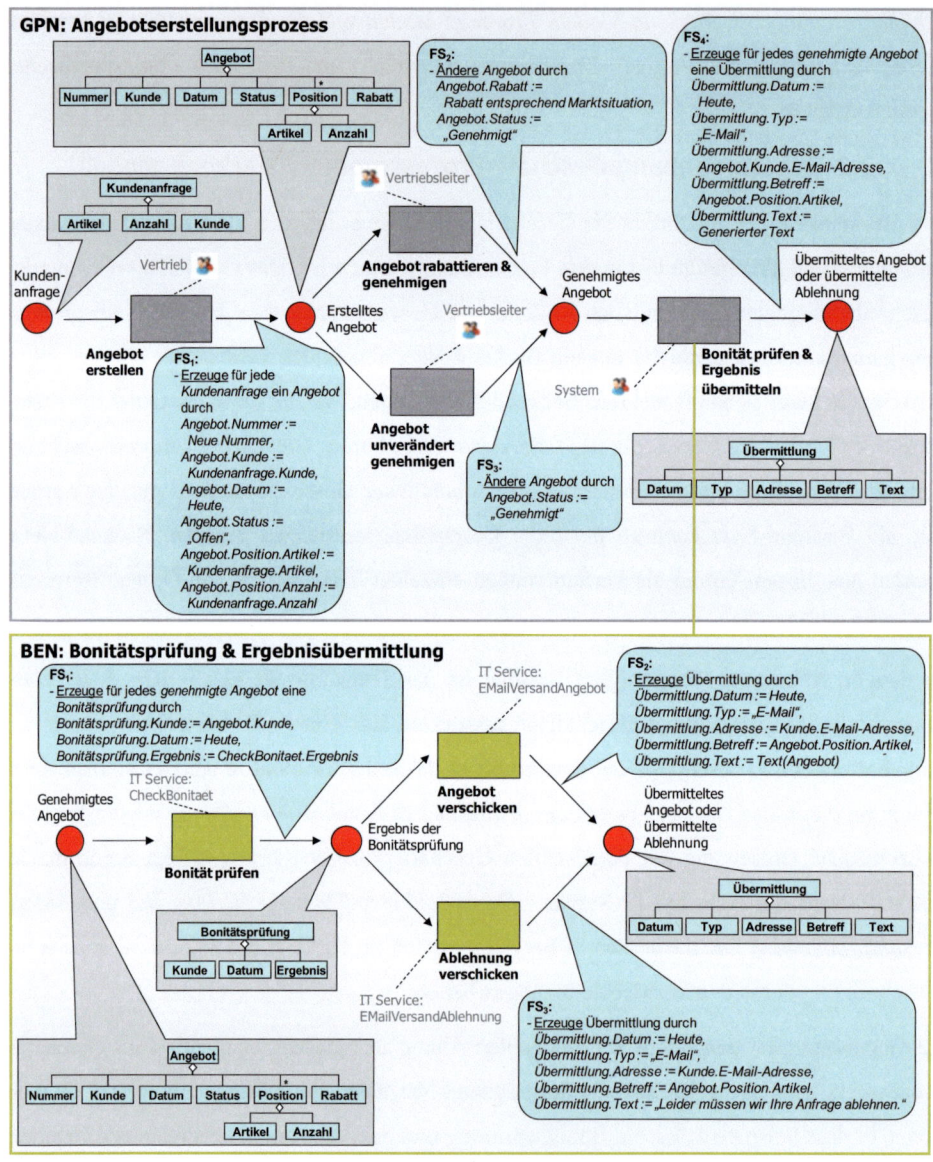

Abbildung 77: Zusammenhang Geschäftsprozessnetz / Backend-Netz

7.2.3 Zusammenhang Geschäftsprozessmodell / Frontend-Modell

Das Frontend-Modell beschreibt das bereitzustellende Frontend zur Interaktion der Benutzer mit einem Softwaresystem, um die durch das Geschäftsprozessmodell beschriebenen fachlichen Abläufe zu unterstützen. Eine Transition eines Geschäftsprozessnetzes, welche die Bedienung eines Frontends darstellt, ist einem oder mehreren Frontend-Netzen zugeordnet. In dem in Abbildung 78 gezeigten Beispiel wird der Transition *Angebot erstellen* des Geschäftsprozessnetzes *Angebotserstellungsprozess* das Frontend-Netz *Angebotserstellung & -bearbeitung* zugeordnet. Dadurch wird die Beschreibung des Geschäftsprozesses direkt mit der formalen Definition der möglichen Abläufe in einem entsprechenden Frontend verknüpft. Das im Beispiel dargestellte zugeordnete Frontend-Netz beschreibt, dass das Frontend zur Erstellung und Bearbeitung eines Angebots auf die drei Seiten *Angebote bearbeiten*, *Artikel suchen* und *Fehler anzeigen* verteilt ist. Auf jeder Seite ist im Beispiel genau ein Bereich angeordnet, zu dem wiederum genau ein Interaktionsnetz gehört. Die dargestellten Transitionen zwischen den Bereichen stellen die Interaktionen im Frontend dar, die zu einem Bereichswechsel führen. Dies ist ausgehend vom Bereich *Angebotskopf & -positionen* einerseits die User Control Action *Artikel suchen*, die durch einen Navigationsschritt zum Bereich *Artikel* führt. Andererseits führt die System Action *Fehler anzeigen* durch das Auftreten einer Exception automatisch zum Bereich *Fehler*.

Interaktionsnetze sind Verfeinerungen der Bereiche aus den Frontend-Netzen. Im abgebildeten Beispiel wird das Interaktionsnetz des Bereichs *Angebotskopf & -positionen* dargestellt. Darin werden zunächst die Kundendaten und die für den Kunden bereits angelegten Angebote in der System Action *Angebotskopf- & -positionsbearbeitung initialisieren* ermittelt und in der Frontend-Datenobjektstruktur dem Bereich zur Verfügung gestellt. Dann werden durch die beiden Display Actions *Kunde anzeigen* und *Angebote anzeigen* die entsprechenden Inhalte aus der Frontend-Datenobjektstruktur angezeigt. Die Display Action *Angebote anzeigen* ist als Multi-Instanzen-Element gekennzeichnet, d.h. es werden alle gefundenen Datensätze zu Angeboten des Kunden dynamisch angezeigt. Im Anschluss an die Display Actions sind vier verschiedene mögliche Interaktionen modelliert. Der Benutzer kann, dargestellt durch die User Control Action *Neues Angebot anlegen*, ein neues Angebot mit einem auf den bekannten Kundendaten basierenden Angebotskopf erstellen. Für die Suche nach einem Artikel kann der Benutzer durch die User Control Action *Artikel suchen* eine separate Suchmaske starten.

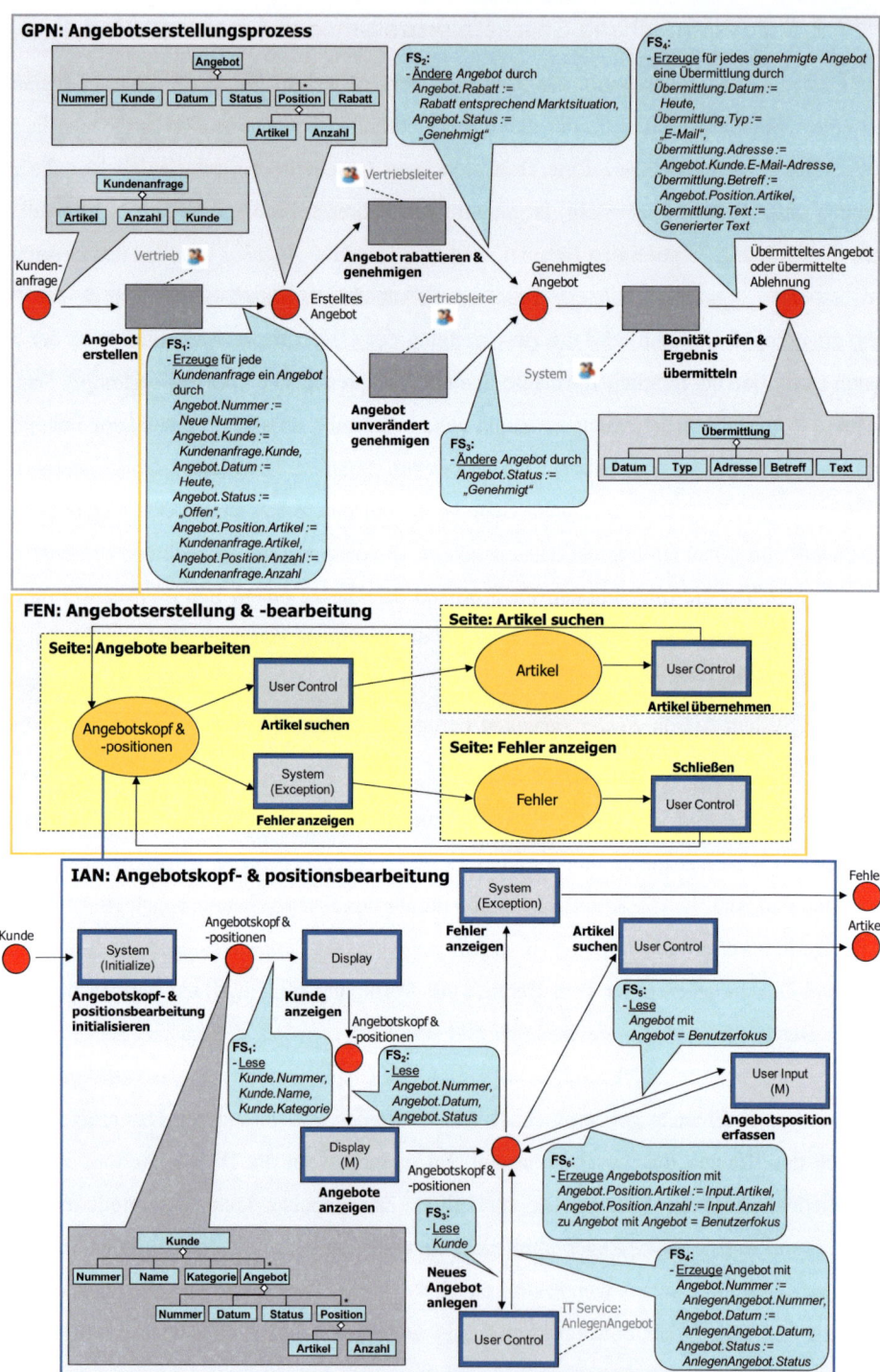

Abbildung 78: Zusammenhang Geschäftsprozessnetz / Frontend-Netz / Interaktionsnetz

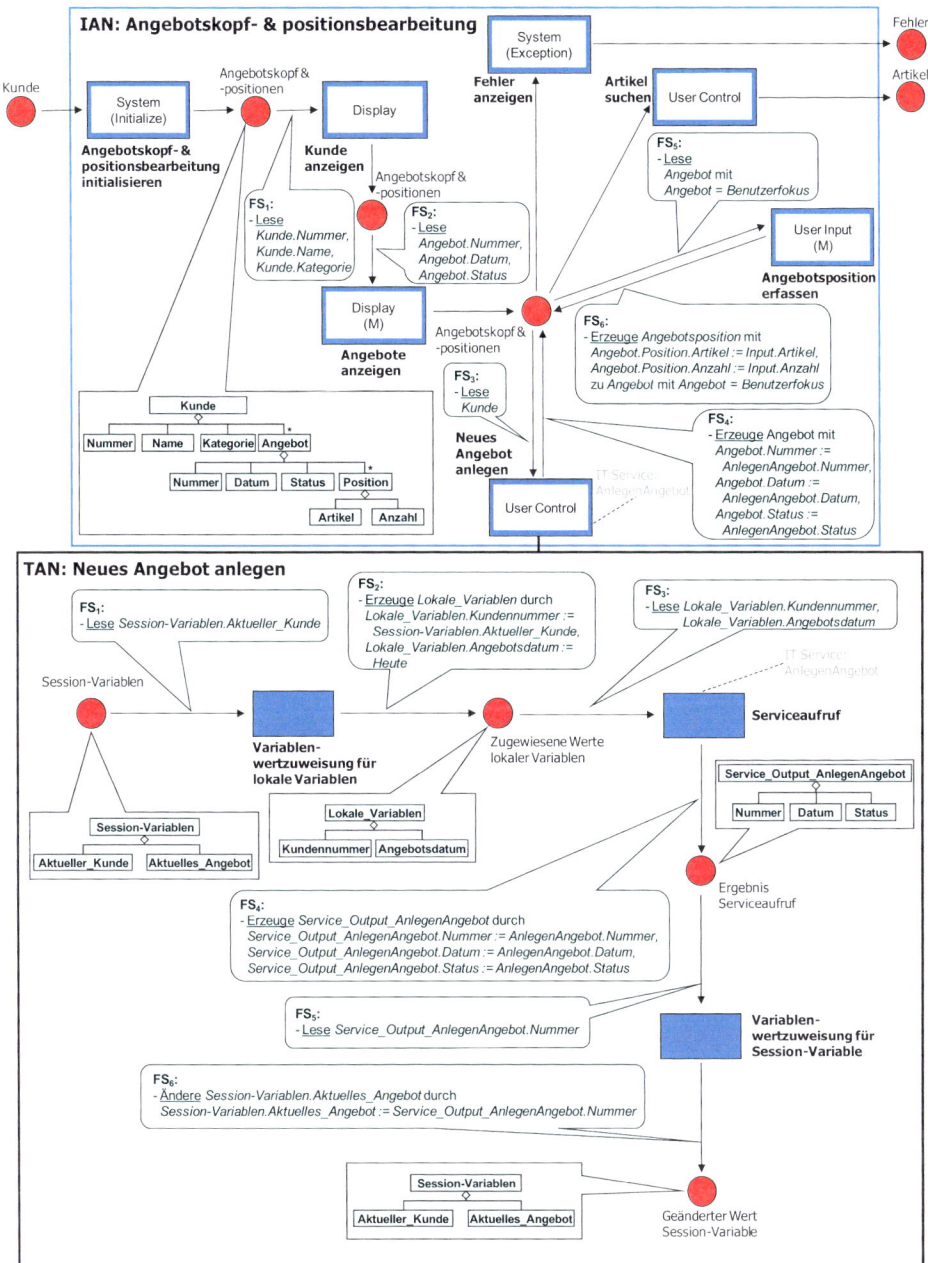

Abbildung 79: Zusammenhang Interaktionsnetz / Technisches Aktionsnetz

Die mögliche Erfassung einer Auftragsposition wird durch die User Input Action *Auftrags-position erfassen* modelliert. Als weitere Interaktion wird beim Auftreten eines Fehlers durch die System Action *Fehler anzeigen* automatisch eine separate Maske gestartet, in der die Details zu aufgetretenen Fehlern angezeigt werden.

Technische Aktionsnetze sind Verfeinerungen von Transitionen des Typs *User Control Action* und *System Action* der Interaktionsnetze, da sie den technischen Detailablauf darstellen, der durch die entsprechende Interaktion des Benutzers oder das entsprechende Systemereignis ausgelöst wurde. In Abbildung 79 wird die Verfeinerung der User Control Action *Neues Angebot anlegen* dargestellt. Sie beschreibt den technischen Detailablauf im Frontend, der bei der Anlage eines Angebots durchgeführt wird. Hierbei wird auf Basis einer im Rahmen der Initialisierung des Bereichs, d.h. der ersten System Action des Interaktionsnetzes, hinterlegten Session-Variablen *Aktueller_Kunde*, welche die Kundennummer des aktuell in Bearbeitung befindlichen Kunden enthält, eine Zuweisung dieser Nummer zu einer lokalen Variablen durchgeführt. Weiterhin wird das aktuelle Datum in einer Variablen gespeichert. Die Variablen werden im Anschluss als Parameter beim Aufruf des IT Services *AnlegenAngebot* genutzt. Mit dem Ergebnis dieses Serviceaufrufs wird der Wert der Session-Variable *Aktuelles_Angebot* auf den Rückgabewert *Nummer* gesetzt, der dann von weiteren Interaktionen genutzt werden kann.

7.2.4 Zusammenhänge mit technologiespezifischen Teilmodellen und Softwarekomponenten

Backend-Modell und Frontend-Modell werden beide durch Teilmodelle, welche die technologiespezifischen Aspekte abbilden, für den Einsatz von Softwaregeneratoren ergänzt. Für diese technologiespezifischen Aspekte gibt es jeweils Verknüpfungen zum Backend-Modell bzw. zum Frontend-Modell. Diese sind jedoch abhängig von den eingesetzten Technologien und können nicht pauschal angegeben werden.

Im Fall der Verwendung von BPEL und Webservices zur Implementierung der Geschäftsprozesssteuerung können bspw. die in Abschnitt 5.4.2 beschriebenen Webservice-Netze verwendet werden. Die Verknüpfung ist in diesem Fall eine 1:1-Beziehung zu Backend-Netzen, da ein Webservice-Netz eine Erweiterung eines Backend-Netzes darstellt, welches das allgemeine Backend-Netz um die spezifischen Parameter von Webservices und BPEL erweitert. Zu jedem Backend-Netz gibt es demnach genau ein Webservice-Netz und für jede Transition des Backend-Netzes gibt es mindestens eine entsprechende Transition des Webservice-Netzes. Für Webservice-Netze kann die in Abschnitt 6.1 beschriebene Transformation in BPEL angewendet werden. Bei anderen Technologien müssen hier gegebenenfalls weitere Teilmodelle ent-

wickelt werden, welche die technologiespezifischen Aspekte der jeweiligen Geschäftspro-
zesssteuerungstechnologie und SOA-Technologie berücksichtigen.

Bei der Verknüpfung technologiespezifischer Aspekte mit dem Frontend-Modell sind die
Möglichkeiten noch vielschichtiger. Auf den verschiedenen Ebenen wie Applikation, Interak-
tionssteuerung, Berechtigung inklusive Personalisierungsmöglichkeiten, Seiten, Bereiche und
Elemente müssen gegebenenfalls je nach verwendeter Technologie andere technologiespezifische Teilmodelle entwickelt und mit dem allgemeinen Frontend-Modell verknüpft werden.
Bei den technologiespezifischen Aspekten des Frontend-Modells sind dies meist Verknüpfungen mit XML-Dateien oder mit deren Inhalt. Diese technologiespezifischen Teilmodelle und
deren konkrete Verknüpfung zu anderen technologieunabhängigen Teilmodellen des integrierten Modells können dann bei der Realisierung eines entsprechenden Frontend-Generators auf
Basis des in Abschnitt 6.2 vorgestellten Frontend-Generator-Frameworks durch Implementierung der darin vorgegebenen Schnittstellen verwendet werden.

7.3 Erweiterungen für Artefaktmanagement und Kollaborationsunterstützung

Das in Abschnitt 7.2 entwickelte Objektmodell beschreibt die Zusammenhänge zwischen den
Teilmodellen des in Kapitel 5 eingeführten integrierten Modells. Um das Modell für Kollaboration nutzen zu können, müssen zusätzliche Entitätstypen zum bisher vorgestellten Objektmodell des Informationsnetzes in Abbildung 76 hinzugefügt werden. Einerseits müssen neben
den Teilmodellen und ihren Teilmodellkomponenten weitere Artefakte in das Modell aufgenommen werden, um Softwarekomponenten, Dokumente und andere zu erstellende Artefakte
zu verwalten. Andererseits müssen zusätzliche Entitätstypen zur Abbildung der Kollaboration
ergänzt werden.

7.3.1 Entitätstypen zum Artefaktmanagement

Abbildung 80 zeigt eine entsprechende Erweiterung des Objektmodells für das
Artefaktmanagement. Die Entitätstypen *Teilmodell* und *Teilmodellkomponente*, welche die im
Objektmodell aus Abbildung 76 dargestellten Entitätstypen verallgemeinern, sind hier als
Spezialisierungen des Entitätstyps *Artefakt* dargestellt. Als weitere Spezialisierungen von Ar-
tefakten sind die Entitätstypen *Softwarekomponente*, *Dokument* und *sonstiges Artefakt* aufge-
führt. Artefakte jeder Art können im dargestellten Modell untereinander über die beim Enti-
tätstyp *Artefakt* dargestellte m:n-Beziehung miteinander verbunden werden. Einer
Modellkomponente können dadurch beliebig viele Softwarekomponenten zugeordnet werden,

denen dann wiederum bspw. beliebig viele Dokumente zugeordnet werden können. Für die Artefaktspezialisierungen *Teilmodell* und *Teilmodellkomponente* stellen die in Abbildung 76 aufgeführten spezifischen Beziehungen zwischen den darin dargestellten Artefakttypen eine Detaillierung dieser allgemeinen m:n-Beziehung dar. Der *Artefakttyp* beschreibt den Detailtyp eines Artefakts. Dieser gibt an, ob es sich bei einem Artefakt zum Beispiel um ein Backend-Netz oder eine Interaktionsnetz-Transition handelt. Für die Hinterlegung der für eine Transformation benötigten Regeln, wie etwa der Algorithmus zur Transformation eines Webservice-Netzes in BPEL, steht der Entitätstyp *Transformationsregel* zur Verfügung. Der Entitätstyp *Artefaktversion* stellt die Möglichkeit der Verwaltung von Versionen einzelner Artefakte bereit.

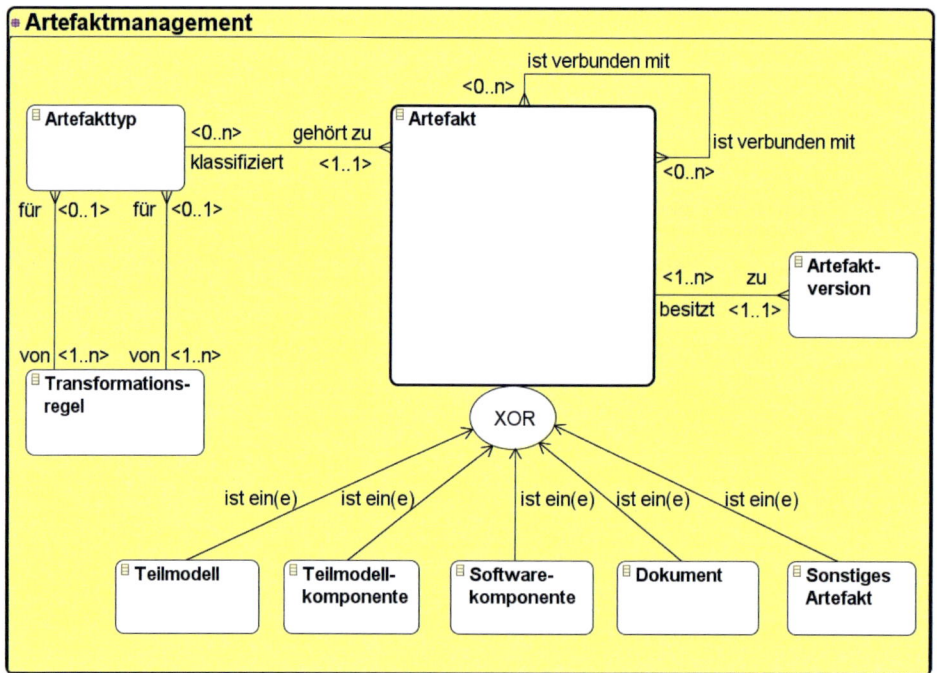

Abbildung 80: Objektmodell – Artefaktmanagement

Die im Objektmodell in Abbildung 80 dargestellte Struktur für das Management von Artefakten liefert die Basis für die Umsetzung des Informationsnetzes in einem Repository einer integrierten kollaborativen Softwareentwicklungsumgebung.

7.3.2 Entitätstypen zur Kollaborationsunterstützung

Zur Unterstützung von Kollaboration müssen weitere Entitätstypen ergänzt werden. Abbildung 81 zeigt eine entsprechende Erweiterung der Objektmodelle aus Abbildung 76 und Abbildung 80. Die in Abbildung 81 links oben dargestellte Generalisierung der Entitätstypen des Kollaborationsmodells wird benötigt, um Beziehungen einzelner Entitätstypen des Kollaborationsmodells zu allen anderen Entitätstypen des Kollaborationsmodells übersichtlich darzustellen.

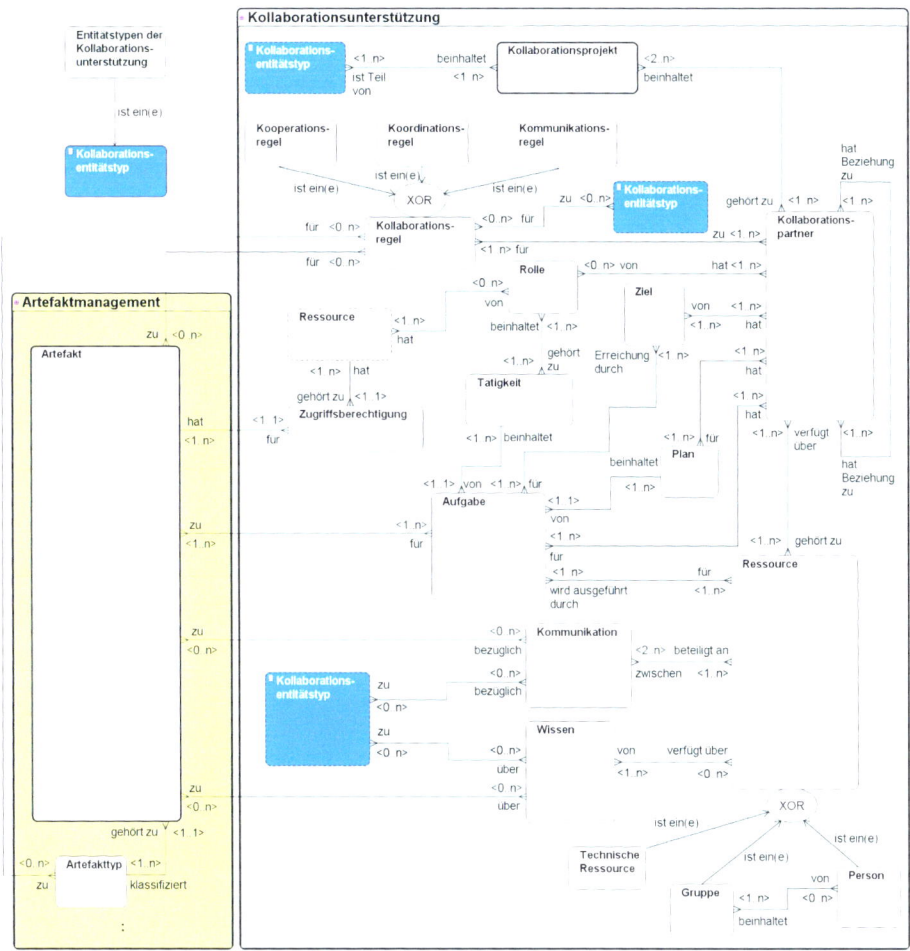

Abbildung 81: Objektmodell – Kollaborationsunterstützung

Im Folgenden werden die einzelnen Entitätstypen des Kollaborationsmodells und deren Zusammenhänge erläutert:

- Der Wurzelentitätstyp des Kollaborationsmodells ist das *Kollaborationsprojekt*, das ein Projekt, in dem unterschiedliche Partner gemeinsam Artefakte realisieren, als Kollaborationsprojekt auszeichnet. Das Kollaborationsprojekt ist generell jedem anderen Entitätstyp des Kollaborationsmodells zugeordnet. Durch den Entitätstyp kann ein Projekt im gemeinsamen Repository identifiziert und beschrieben werden, so dass es sich von anderen Kollaborationsprojekten eindeutig unterscheiden lässt.

- Einem Kollaborationsprojekt sind mindestens zwei *Kollaborationspartner* zugeordnet. Der Entitätstyp *Kollaborationspartner* beschreibt einen an der kollaborativen Arbeit im Projekt beteiligten Partner. Dies können Unternehmen, Organisationen, Organisationseinheiten, Mitarbeiter oder Ähnliches sein, die an einem gemeinsamen Kollaborationsprojekt beteiligt sind und über verschiedenen Beziehungen miteinander verknüpft sind.

- Für die Kollaborationspartner müssen im Rahmen eines Kollaborationsprojekts Regeln zur Kooperation, Koordination und zur Kommunikation definiert werden. Diese werden durch den Entitätstyp *Kollaborationsregel* mit den drei Spezialisierungen *Kooperationsregel*, *Koordinationsregel* und *Kommunikationsregel* abgebildet. Diese Regeln beschreiben die jeweiligen organisatorischen Prozesse, einzusetzenden Tools und sonstigen Vereinbarungen zur Durchführung von Kooperation, Koordination und Kommunikation. Bei einer Kooperation kann bspw. festgelegt werden, wie gemeinsame Abnahmeprozesse zwischen den Kollaborationspartnern erfolgen. Bei der Koordination kann zum Beispiel geregelt werden, wie der Zugriff auf gemeinsame Ressourcen erfolgt und mit welcher Vorgehensweise Ergebnisse zusammengeführt werden sollen. Bei der Kommunikation können Regeln benötigt werden, durch die für unterschiedliche Fälle definiert wird, wer in welcher Form informiert werden muss.

- Kollaborationspartner besitzen jeweils mehrere *Ressourcen* bzw. können jeweils mehrere Ressourcen verwenden. Dies wird durch den Entitätstyp *Ressource* und dessen Beziehungen dargestellt. Das Modell lässt auch gemeinsame Ressourcen zu. Als Spezialisierungen von Ressourcen sind *Person*, *Gruppe* und *technische Ressource* im Modell vorgesehen. Person identifiziert alle am Kollaborationsprojekt beteiligten Personen. Diese können durch den Entitätstyp *Gruppe* nach im Kollaborationsprojekt festzulegenden relevanten Kriterien zusammengefasst werden. Die Gruppe stellt eine weitere Ressource dar, da eine

Gruppe in Form eines eingespielten Teams für ein Kollaborationsprojekt separat zu bewerten und zu betrachten ist. Das vorhandene Gruppenwissen kann bei genauerer Betrachtung ggf. umfangreicher sein, als die Summe des Wissens der einzelnen beteiligten Personen. Die *technische Ressource* repräsentiert Systeme, Hardware, Tools etc., die im Rahmen des Projekts benötigt werden.

- Die Entitätstypen *Ziel* und *Plan* dienen dazu, im Rahmen des Kollaborationsprojekts gemeinsame Ziele und Pläne zu entwickeln. Diese Ziele und Pläne werden mit Aufgaben gekoppelt und den Ressourcen zur Verfügung gestellt.

- Durch den Entitätstyp *Rolle* können unterschiedliche Rollen für Ressourcen und Kollaborationspartner definiert werden. Eine Rolle bei einem Kollaborationspartner könnte beispielsweise die eines General Unternehmers sein. Bei einer Person könnte die Rolle zum Beispiel *Projektleiter* oder *Frontend-Entwickler* sein.

- Der Entitätstyp *Tätigkeit* beschreibt die im Rahmen einer Rolle angesiedelten durchzuführenden Tätigkeiten. Dies ist beispielsweise bei einem Frontend-Entwickler neben der Realisierung von Softwarekomponenten für das Frontend auch das Durchführen von Funktionstests.

- Für die Koordination sind die Entitätstypen *Plan* und *Aufgabe* vorgesehen. Eine Aufgabe kann sich auf mehrere Artefakte beziehen und wird gegebenenfalls unter Beteiligung mehrerer Ressourcen durchgeführt. Aufgaben beziehen sich auf genau eine Tätigkeit einer ausführenden Rolle und sind mindestens einem Ziel innerhalb des Kollaborationsprojekts zugeordnet, um dieses zu erreichen.

- Der Entitätstyp *Kommunikation* und ihre Beziehungen bildet prinzipiell die Kommunikation zwischen Ressourcen ab. Die Kommunikation kann sich auf bestimmte Artefakte oder Kollaborationsentitäten beziehen. Kommunikation steht hier neben der direkten Kommunikation auch für die indirekte automatisierte Information von Personen auf Basis von Bearbeitungsoperationen an einem Artefakt.

- Der Entitätstyp *Wissen* stellt das einer Ressource zugeordnete Wissen dar. Dies kann das Wissen einzelner Personen, das kollektive Wissen einer Gruppe oder das in einem System hinterlegte Wissen einer technischen Ressource repräsentieren. Durch den Wissensentitätstyp ist eine Zuordnungsmöglichkeit zu Artefakten und Kollaborationsentitäten gegeben.

- Die Zugriffskontrolle auf die Artefakte wird durch den im Modell dargestellten Entitätstyp *Zugriffsberechtigung* abgebildet. Für Kombinationen Ressource/Artefakt können entsprechende Zugriffsberechtigungen definiert werden.

Erst die im Objektmodell in Abbildung 81 dargestellte Struktur zur Kollaborationsunterstützung vervollständigt das Informationsnetz, so dass alle benötigten Informationen zum Aufbau eines Repositorys gemäß der Anforderungen in Abschnitt 4.2 für eine integrierte kollaborative Softwareentwicklungsumgebung berücksichtigt sind.

7.4   Nutzung des Informationsnetzes zur Unterstützung von Kollaboration

Das beschriebene Informationsnetz mit seinen Entitätstypen und Verbindungstypen stellt die Basisstruktur für die Umsetzung eines Repositorys einer integrierten kollaborativen Softwareentwicklungsumgebung bereit. Auf Basis dieses Repositorys lassen sich nun die für eine solche Umgebung benötigten Funktionen umsetzen. Nachfolgend werden verschiedene Möglichkeiten der Nutzung eines entsprechenden Informationsnetz-Repositorys im Rahmen einer integrierten kollaborativen Softwareentwicklungsumgebung beschrieben.

7.4.1 Informationsnetzbasierte Mehrbenutzerkontrolle

Für Kooperation und Koordination bei der Realisierung von Geschäftsprozessen durch web- und SOA-basierte Anwendungssysteme ist ein feingranulares Konfigurations- und Zugriffsmanagement erforderlich. Das entwickelte Informationsnetz kann als Grundlage für das Zugriffsmanagement und die Steuerung von nebenläufigen Änderungsprozessen dienen. Wird beispielsweise eine Geschäftsobjektstruktur geändert oder gelöscht, dann kann diese Änderungsinformation automatisiert an die Frontend-Entwickler gesendet werden, die aktuell Masken entwickeln, in denen die IT Services genutzt werden, welche genau diese Geschäftsobjektstruktur verwenden. Darüber hinaus können diese Abhängigkeiten genutzt werden, um Mechanismen für eine Mehrbenutzerkontrolle umzusetzen. Hierbei sind sowohl optimistische als auch pessimistische Verfahren möglich. Bei einem pessimistischen Verfahren wird bei einer Bearbeitung das jeweilige Artefakt für eine Bearbeitung anderer beteiligter Personen und technischer Realisierungsprozesse, bspw. Generierungsläufe, gesperrt. Über die Verknüpfungen im Informationsnetz könnten jedoch auch weiterführende Sperren auf verbundene abhängige Artefakte gesetzt werden. Beispielsweise könnte dadurch bei der Änderung eines BPEL-Prozesses auch das zugeordnete Webservice-Netz gesperrt werden, auf dessen Basis der BPEL-Prozess erstellt wurde. Erst nach Freigabe des Artefakts werden dann auch die

Sperren der abhängigen Artefakte wieder gelöst. Bei einem optimistischen Verfahren lässt man bewusst Änderungen auch von abhängigen Artefakten auf den verschiedenen Ebenen zu und prüft erst beim jeweiligen Zurückschreiben auf Konflikte. Die Konflikte müssen dann, falls diese nicht regelbasiert gelöst werden können, durch weitere Kollaborationsmechanismen wie der Aufbau einer direkten oder indirekten Kommunikation oder der Koordination anhand weiterer Aufgaben zwischen den Beteiligten beseitigt werden.

7.4.2 Automatisierte informationsnetzbasierte Änderungen

Durch ein Regelsystem können Änderungen an bestimmten Artefakten auf Basis der Abhängigkeiten automatisiert an verknüpften Artefakten durchgeführt werden. Diese Transformationsregeln definieren einerseits, wie auf Basis der Teilmodelle die entsprechenden Softwarekomponenten generiert werden. So können beispielsweise bei Änderungen der Interaktionen von Frontends neue Versionen der zugeordneten JavaServer Faces generiert werden. Andererseits können auch Regeln definiert werden, um umgekehrt bei Änderungen an Softwarekomponenten oder Detailmodellen entsprechende Änderungen an abstrakteren übergeordneten Teilmodellen durchzuführen. Beispielsweise kann beim Einfügen eines weiteren Prozessschritts in BPEL direkt ein entsprechender Prozessschritt im zugeordneten Webservice-Netz eingefügt werden. Dieser kann wiederum in das übergeordnete allgemeinere Backend-Netz übernommen werden. Voraussetzung hierfür ist die Hinterlegung eines Regelmodells, auf dessen Basis diese Änderungen vorgenommen werden. Dies ist trotz der Abhängigkeiten im Informationsnetz für viele Änderungsfälle nicht automatisiert möglich. Beispielsweise bedeutet eine Änderung in einem Backend-Netz nicht immer, dass auch übergeordnete Geschäftsprozessnetze geändert werden müssen. Dies ist etwa beim Einfügen eines weiteren Schritts in dem in Abbildung 77 dargestellten Backend-Netz der Fall, falls die Bonitätsprüfung weiter ausgebaut werden soll. Wenn hier ein zusätzlicher Schritt in Form des Aufrufs eines weiteren IT Services im Webservice-Netz und im Backend-Netz eingebaut wird, der zusätzlich den aktuellen Zahlungsstand im ERP-System und das bisherige Zahlungsverhalten des Kunden prüft und bewertet, dann bleibt der allgemeinere Prozessschritt *Bonitätsprüfung* im Geschäftsprozess bestehen. Nur die technische Umsetzung dieses Prozessschrittes würde sich in diesem Fall verändern.

7.4.3 Direkte und indirekte informationsnetzbasierte Kommunikation

Bei Änderungen und Erweiterungen können Zusammenhänge auf Basis des Informationsnetzes erkannt und für eine direkte und indirekte Kommunikation genutzt werden. Durch die

Zusammenhänge können Ansprechpartner für Diskussionen gefunden werden oder automatisch Informationen an entsprechende Mitarbeiter geschickt werden, wenn Artefakte erweitert, geändert oder gelöscht wurden. Beispielsweise können bei Änderung eines Frontends die für den Geschäftsprozess verantwortlichen Personen informiert werden, da gegebenenfalls Änderungen am Geschäftsprozessmodell durchgeführt werden müssen, die nicht direkt aus der durchgeführten Änderung am Frontend durch Regeln abgeleitet werden können. In diesem Fall kann ein für den Geschäftsprozess verantwortlicher Modellierer auf Basis der automatisch übermittelten Information entscheiden, ob eine Anpassung des Geschäftsprozessnetzes oder von hinterlegten Beschreibungen der Prozessschritte erforderlich ist. Informationen können hierzu gezielt an den Artefakten innerhalb des Modells, für die der jeweils ändernde Mitarbeiter verantwortlich ist, hinterlegt werden und über die Verknüpfungen im Informationsnetz anderen beteiligten Personen zur Verfügung gestellt werden.

Das Modell kann als Basis für eine Navigation zu den zu bearbeitenden Artefakten genutzt werden. Dem Benutzer können über einen solchen graphischen Zugang bereits Informationen über aktuelle Sperren, durchgeführte Änderungen, verbundene Artefakte, Bemerkungen anderer Teammitglieder, Termine oder weitere relevante Informationen angezeigt werden.

7.4.4 Informationsnetzbasiertes Wissensmanagement

Das Informationsnetz bietet die Möglichkeit zum Aufbau eines Wissensmanagementsystems als Teil der integrierten kollaborativen Softwareentwicklungsumgebung. Auf Basis des Informationsnetzes können Artefakte mit Dokumenten und sonstigen Artefakten verknüpft werden. Darüber hinaus können den einzelnen Ressourcen Wissensbereiche zugeordnet werden. Das Informationsnetz erlaubt auf Basis der in Abbildung 81 dargestellten Beziehungen eine Wissensverknüpfung zwischen Ressourcen, konkreten Artefakten und Kollaborationsentitäten. Der größte Mehrwert in der Verwendung des hier entwickelten Informationsnetzes liegt in dem automatisch generierten Wissen durch die Speicherung der Zusammenhänge während der Modellierungs-, Entwicklungs-, Test, Dokumentations- und sonstigen Arbeiten an den Artefakten. Über das Informationsnetz lässt sich durch die einem Artefakt zugeordneten Aufgaben bereits ermitteln, wer über entsprechendes Wissen bezüglich des Artefakts verfügt. Die in Abbildung 76 dargestellten Verknüpfungen zwischen den in unterschiedlichen Phasen erstellten Modellen im Informationsnetz ermöglichen ausgehend von den verschiedenen Rollen zu dem im gemeinsamen Repository hinterlegten Wissen zu navigieren und es zu nutzen. Beispielsweise kann sich ein Entwickler über diese Zusammenhänge im Informationsnetz fachliche Informationen beschaffen, die in Geschäftsprozessmodellen und gegebenenfalls angehängten Dokumenten zur Verfügung stehen.

7.4.5 Informationsnetzbasierte Koordination

Im Rahmen des Projektmanagements können basierend auf dem Informationsnetz Informationen über den aktuellen Stand der Realisierung von Geschäftsprozessen automatisch ermittelt und angezeigt werden. Hierzu können über die Zusammenhänge aus den einzelnen Fertigstellungsgraden der einzelnen Komponenten auf Basis von zu definierenden Regeln entsprechende Gesamtfertigstellungsgrade errechnet werden. So kann beispielsweise der Fertigstellungsgrad eines kompletten Geschäftsprozesses ermittelt werden. Durch die Zusammenhänge eines Geschäftsprozessnetzes mit den zugehörigen Frontend-Netzen, Backend-Netzen und dadurch mit den jeweiligen Detail-Netzen, die wiederum mit den zu implementierenden Softwarekomponenten verknüpft sind, ist eine Aggregation der jeweiligen Zustände über die verschiedenen Ebenen hinweg möglich.

Eine Unterstützung von Koordination kann durch eine Automatisierung bei der Aufgabenerstellung und Aufgabenzuweisung auf Basis von in der integrierten kollaborativen Softwareentwicklungsumgebung aufgetretenen Ereignissen erfolgen. Auf Basis von Regeln können hierbei Aufgaben generiert und einem Mitarbeiter zugeordnet werden. Die Regeln setzen sich aus *Ereignissen*, *Bedingungen* und *Aktionen* zusammen. Ereignisse definieren, wann bestimmte Regeln anzuwenden sind, Bedingungen legen für das eingetroffene Ereignis fest, ob Aktionen durchgeführt werden sollen und Aktionen beschreiben die bei eingetretenen Ereignissen und erfüllten Bedingungen durchzuführenden Aktionen. So kann beispielsweise aufgrund einer Änderung der Funktion und der Schnittstelle eines IT Service eine Aufgabe für einen Frontend-Entwickler generiert werden, der seine Modelle und Masken in denen der IT Service verwendet wird, ebenfalls anpassen muss. Das Ereignis wäre in diesem Fall der geänderte IT Service. Die Bedingung wäre, dass der IT Service in einem Interaktionsnetz und einer entsprechend generierten Maske genutzt wird. Die Aktionen wären das Ändern des Aufrufs des IT Service im Interaktionsnetz und die Neugenerierung der Maske auf Basis der Änderungen im Modell. Die Regeln sollten vom Projektleiter oder den Teilprojektleitern definiert werden.

7.4.6 Informationsnetzbasierte Awareness

Bei der Unterstützung von Awareness ist das Wahrnehmen von Aktivitäten anderer Kollaborationspartner zu unterstützen. Die benötigten Informationen hierzu können mit Hilfe des Informationsnetzes ermittelt werden. Da alle Aufgaben und Artefakte eines Kollaborationsprojekts inklusive deren Verknüpfungen in einem Repository bereitgestellt werden, können diese Informationen im Rahmen der integrierten kollaborativen Softwareentwicklungsumgebung zur Verfügung gestellt werden. Zusätzlich zu den zugeordneten Aufgaben können bei einer weiter gefassten Definition des Begriffs *Awareness* auch Zustände von beteiligten technischen Ressourcen, Fertigstellungsgrade von Artefakten, Informationen über die Kollaborationsregeln, Informationen über Transformationsregeln etc. ermittelt und auch hier auf Basis der Abhängigkeiten gezielt bei den ggf. betroffenen Personen angezeigt werden.

7.4.7 Nutzung des Informationsnetzes an den Kollaborationspunkten

Die in Abschnitt 4.2.3.3 aufgeführten Kollaborationspunkte können durch das Informationsnetz folgendermaßen unterstützt werden:

1. *Fachbereich ↔ Fachbereich (Zwischen verschiedenen Gruppen von Fachbereichen bzw. den jeweils entsprechenden Prozessanalysten):* Das bei den Anforderungen zu diesem Kollaborationspunkt in Abschnitt 4.2.3.3 dargestellte Szenario beschreibt die gemeinsame Definition und die Abstimmung von fachlichen Details eines umzusetzenden übergreifenden Geschäftsprozesses, der zwei unterschiedliche Abteilungen betrifft. Für eine diesbezügliche Kollaboration müssen als Voraussetzung eine Zuordnung der Personen zu den jeweiligen Gruppen und eine Zuordnung von Zugriffsberechtigungen zu Geschäftsprozessnetz-Artefakten gegeben sein. Beispielsweise können so einem *Order2Cash-Prozess*, der den bereichsübergreifenden Ablauf vom Auftragseingang bis hin zum Zahlungseingang beschreibt, eine Logistik- und eine Finance-Gruppe mit entsprechenden Zugriffsrechten zugewiesen werden. Die Kommunikation zur Abstimmung der Schnittstellen innerhalb dieses übergreifenden Geschäftsprozesses kann zwischen den Mitgliedern der zugeordneten Gruppen auf Basis der Geschäftsprozessnetz-Artefakte und deren Verknüpfungen technisch unterstützt werden. Dies kann durch gemeinsame Anzeige- und Bearbeitungsmöglichkeiten der Modelle per Videokonferenz, per Desktop-Konferenz oder auf Basis anderer in Abschnitt 4.1.2.1 aufgeführten Kommunikationsmittel erfolgen. Darüber hinaus kann eine explizite Koordination durch die im Rahmen der Videokonferenz verteilten Aufgaben durchgeführt werden, die direkt vom Konferenzleiter im gemeinsamen Repository hinterlegt werden. Der Zugriff auf Wissen ist durch die Verknüpfungen mit anderen Artefakten gegeben und kann im Rahmen der Videokonferenz bei Nutzung einer integrierten kollaborativen Softwareentwicklungsumgebung auf Basis des vorgestellten Informationsnetzes direkt genutzt werden. Von den beiden Bereichen zunächst getrennt entwickelte Prozesse für den

Logistikteil und den Finanzteil können in der Videokonferenz dann durch einen übergeordneten Prozess zusammengeführt werden. Die zu diskutierenden Schnittstellen zwischen den Bereichen stellen die Endstellen des Logistikprozesses und die Anfangsstellen des Finanzprozesses dar.

2. *Fachbereich ↔ IT (Zwischen einem Fachbereich bzw. den jeweils entsprechenden Prozessanalysten und der IT):* Bei den in Abschnitt 4.2.3.3 dargestellten Anforderungen können Änderungen von Geschäftsprozessen gegebenenfalls zu Änderungen bei der IT-technischen Unterstützung führen, die abgestimmt werden müssen. Auf der anderen Seite können technische Restriktionen, aber auch neue Möglichkeiten durch Weiterentwicklungen verwendeter Umsetzungstechnologien bei der IT-technischen Unterstützung zu Änderungen bei Anforderungsumsetzungen führen, die ebenfalls abgestimmt werden müssen. Für eine entsprechende Kollaboration können bei geplanten Änderungen von Geschäftsprozessnetzen auf Basis des Informationsnetzes die zugehörigen Frontend-Netze und die Backend-Netze ermittelt werden, die wiederum mit ihren Details die entsprechenden IT Services und die auf Basis der Teilmodelle erstellten Softwarekomponenten bereitstellen. Mit diesen Informationen können einerseits automatisiert Nachrichten an die Personen geschickt werden, die für die Realisierung der entsprechenden Softwarekomponenten verantwortlich sind und dadurch bei Änderungen betroffen sind. Andererseits können an den betroffenen Artefakten Vermerke angezeigt werden, die auf die vom Fachbereich geplante Änderung hinweisen. Gegebenenfalls können auch aufgrund der geplanten Änderung Sperren bei den abhängigen Artefakten gesetzt werden, die diese bis zu einer endgültigen Festlegung und Freigabe der fachlichen Anforderungen zunächst gegen Änderungen schützen. Ein betroffener Entwickler kann aufgrund dieser Informationen bspw. direkt einen Instant-Messaging-Dialog mit dem fachlichen Ansprechpartner initiieren oder es können andere Kommunikationsmittel genutzt werden, um offene Punkte gemeinsam zu klären. Nach Festlegung der endgültigen fachlichen Anforderungen und Definition der dazu passenden IT-technischen Umsetzung in Form der entsprechenden Teilmodelle, können diese durch die IT umgesetzt werden.

3. *IT ↔ IT (Zwischen den verschiedenen Teilgruppen der IT):* Bei den diesbezüglich in Abschnitt 4.2.3.3 dargestellten Anforderungen müssen im Rahmen der technischen Zusammenhänge zwischen den verschiedenen Schichten und Technologien einer SOA Abstimmungen zwischen den jeweiligen Teilgruppen der IT stattfinden. Ein solches

Kollaborationsszenario kann hier in ähnlicher Form erfolgen wie beim zweiten Kollaborationspunkt. Bei geplanten Änderungen beispielsweise von IT Services können auf Basis
des Informationsnetzes die zugehörigen Frontend-Netze und die Backend-Netze ermittelt
werden, die wiederum mit den auf deren Basis generierten Softwarekomponenten verknüpft sind. Mit diesen Informationen können analog zum zweiten Kollaborationspunkt
automatisiert Nachrichten an die IT-Mitarbeiter geschickt werden, die für die Realisierung
der abhängigen Artefakte verantwortlich sind, Vermerke an den abhängigen Artefakten angebracht werden oder gegebenenfalls Sperren bei den Artefakten gesetzt werden, bis die
Änderung am Ausgangsartefakt der Abhängigkeitskette, im Beispielfall die Änderung am
IT Service, abgeschlossen ist.

4. *Projektleiter ↔ Team:* In Abschnitt 4.2.3.3 wird zu diesem Kollaborationspunkt die Unterstützung inhaltlicher und organisatorischer Abstimmungen zwischen einem Projektleiter
oder einem Teilprojektleiter und den beteiligten anderen Gruppen eines Projekts gefordert.
Aus Sicht des Projektleiters bzw. Teilprojektleiters können durch die der ihm als Verantwortlicher zugeordneten Artefakte Informationen über Fertigstellungsgrade, Restaufwände
und weitere Projektmanagement-Informationen auf Basis der zugeordneten Aufgaben ermittelt werden. Auf Basis der Zusammenhänge aus den Artefaktbeziehungen können diese
Informationen nach einem festzulegenden Regelwerk aggregiert werden. Auf Basis dieser
Informationen kann ein Projektleiter bzw. Teilprojektleiter ggf. Maßnahmen bei Problemen
einleiten. Hierzu können Aufgabenzuordnungen im Rahmen der Koordination geändert
werden, weitere Ressourcen zugeordnet werden oder fachliche Konferenzen mit den an einem Artefakt bzw. an verknüpften Artefakten beteiligten Personen auf Basis der zugeordneten Ressourcen einberufen werden. Neben den implizit übermittelten Rückmeldungen
über den Stand der Bearbeitung bei den einzelnen Aufgaben kann auch eine explizite
Kommunikation der Projektmitarbeiter mit dem Projektleiter und umgekehrt über die bereitgestellten Kommunikationsmechanismen der integrierten kollaborativen Softwareentwicklungsumgebung erfolgen. Die Kommunikation kann auf Basis des vorgestellten Informationsnetzes artefakt- und ressourcenbezogen dokumentiert werden.

8   Zusammenfassung und Ausblick

In der vorliegenden Arbeit wurde ein neuer XML-Netz-basierter Ansatz zur Unterstützung einer kollaborativen Realisierung von SOA-basierter Unternehmenssoftware vorgestellt. Hierzu wurde eine integrierte formale Modellierung der Geschäftsprozesse, der IT-technisch umzusetzenden Geschäftsprozesssteuerung und der für die Interaktion der Benutzer mit der Unternehmenssoftware benötigten Frontends entwickelt. Zur Beschreibung dynamischer Aspekte wurden in dem integrierten Modell durchgängig XML-Netze verwendet. Für die zur Unterstützung von Kollaboration benötigte Vernetzung der Teilmodelle wurde ein Informationsnetz definiert. Dieses Informationsnetz beschreibt die Zusammenhänge in komplexen Unternehmenssoftware-Lösungen und ermöglicht die zusätzliche Anreicherung mit weiteren Artefakten und Informationen, welche die Zusammenarbeit unterstützen. Das Informationsnetz wurde auf Basis der Teilmodelle und ihrer Komponenten entwickelt. Es wurden die Abhängigkeiten zwischen den verschiedenen modellierten Aspekten und die für ein Artefaktmanagement und ein kollaboratives Bearbeiten der Artefakte benötigten Informationen berücksichtigt. In Systemen zur Unterstützung von Kollaboration für die Realisierung von SOA-basierter Unternehmenssoftware wird ein Repository mit einem entsprechenden Konfigurations- und Zugriffsmanagement als Basis für die zu verwaltenden Modelle, Dokumente, Softwarekomponenten und sonstigen Informationen benötigt. Auf Basis des Informationsnetzes können Funktionen für kollaboratives Arbeiten realisiert werden, die aufgrund der hinterlegten Zusammenhänge gesteuert und teilweise auch automatisiert werden können. Der wesentliche Vorteil eines auf XML-Netzen basierenden Ansatzes besteht in der Verwendung einer auf der gleichen Modellierungsmethode beruhenden formalen Beschreibung von Geschäftsprozessen und deren IT-technischen Umsetzungen, bei der auch die Zusammenhänge zwischen den Geschäftsprozessmodellen und den verschiedenen Schichten eines entsprechend den modellierten Anforderungen umzusetzenden Anwendungssystems berücksichtigt werden. Durch die Orientierung an XML-Strukturen wird eine geeignete Ausgangsbasis für Transformationen in verschiedene Technologien durch die mögliche Realisierung von Softwaregeneratoren bereitgestellt. Das Informationsnetz, das die einzelnen Teilmodelle, Teilmodellkomponenten, Softwarekomponenten, Dokumente, sonstige Artefakte und Kollaborationsentitäten miteinander verknüpft, kann für die Erstellung eines Repositorys zur Unterstützung von Kollaboration im Rahmen der Realisierung SOA-basierter Unternehmenssoftware genutzt werden.

Nachfolgend werden die vorangegangenen Kapitel zusammengefasst. Im Anschluss daran werden die einzelnen Ergebnisse der Arbeit kritisch betrachtet und darauf aufbauend wird ein Ausblick auf weiterführende Forschungsfragen und Implementierungsarbeiten gegeben.

8.1 Zusammenfassung

Im Rahmen der Beschreibung der für die Arbeit benötigten Grundlagen wurde zunächst eine Einführung in modellbasiertes Geschäftsprozessmanagement und Serviceorientierung gegeben. Als konkrete Umsetzungstechnologie für eine serviceorientierte Architektur wurden Webservices anhand ihrer grundlegenden Konzepte erläutert. Im Anschluss daran wurden zum einen die Implementierung einer Geschäftsprozesssteuerung auf Basis einer SOA und zum anderen die Implementierung von Frontends für SOA-basierte Systeme beschrieben. Als mögliche Technologien wurden hier BPEL für die Umsetzung der Geschäftsprozesssteuerung und JavaServer Faces als Frontend-Technologie detailliert behandelt. Für die Realisierung von Frontends wurden weitere mögliche Technologien wie Microsofts .NET-Framework und Adobe Flex für die Realisierung von webbasierten Frontends aufgeführt. Als weitere Alternative für die Realisierung von Frontends wurden noch sogenannte Rich Client Applications auf Basis der Eclipse Rich Client Platform (RCP) kurz vorgestellt.

Weiterhin wurden verschiedene verfügbare Methoden und Werkzeuge für eine modellbasierte Realisierung von Geschäftsprozessen beschrieben und gegenübergestellt. Dies umfasste Methoden und Werkzeuge zur Modellierung von Geschäftsprozessen, Geschäftsobjekten und Abläufen in Frontends. Als allgemeiner Ansatz für eine modellgetriebene Realisierung von Softwarekomponenten wurde die Model Driven Architecture untersucht.

Nach einer Einführung in die Grundlagen kollaborativer Arbeit wurden die speziellen Anforderungen an Kollaboration bei der Softwareentwicklung auf Basis serviceorientierter Architekturen erläutert. Hierbei wurden insbesondere die Rahmenbedingungen bei verteilten Softwareprojekten betrachtet. Auf Basis der gewonnenen Erkenntnisse wurden umzusetzende Anforderungen an eine kollaborative Softwareentwicklungsumgebung abgeleitet. Hierbei wurde festgestellt, dass der Einsatz formaler Beschreibungsmethoden und die Verwendung von Prototypen erforderlich sind, um durch eine möglichst exakte Beschreibung der Anforderungen eine Unabhängigkeit von kulturellen und sprachlichen Unterschieden zu erreichen. Des Weiteren müssen die durch die räumliche Verteilung stark eingeschränkten natürlichen Kommunikations-, Koordinations- und Kooperationsmöglichkeiten durch eine kollaborative Softwareentwicklungsumgebung weitgehend kompensiert werden, indem den Benutzern –

möglichst aktiv – die im Kontext ihrer Aufgaben benötigten Informationen zur Verfügung gestellt werden. Eine kollaborative Softwareentwicklungsumgebung muss einerseits den generellen Softwareentwicklungsprozess von der Analyse bis hin zum Betrieb und zur Wartung unterstützen. Andererseits müssen hierzu Querschnittsfunktionen wie Projektmanagement, Konfigurationsmanagement und Qualitätsmanagement durch die Umgebung bereitgestellt werden. Im Rahmen der diesbezüglich in der Arbeit durchgeführten Anforderungsevaluierung wurden sogenannte Kollaborationspunkte ermittelt, die Abhängigkeiten bei der Zusammenarbeit verschiedener Gruppen im Rahmen der Realisierung von SOA-basierter Unternehmenssoftware darstellen.

Den Hauptteil der Arbeit bildet die Konzeption eines integrierten Modells, das alle für eine Modellierung eines umzusetzenden Anwendungssystems benötigten Aspekte in verschiedenen Teilmodellen für die abzubildenden Geschäftsprozesse, die zugehörige IT-basierte Geschäftsprozesssteuerung, die für die Interaktion mit den Benutzern benötigten Frontends und die Zusammenhänge dieser Teilmodelle für eine Unterstützung kollaborativer Softwareentwicklung beschreibt. Für die Beschreibung dynamischer Aspekte wurden durchgehend in allen Teilmodellen des Gesamtmodells XML-Netze verwendet. XML-Netze stellen als Variante von Petri-Netzen eine formale Beschreibungssprache dar und ermöglichen die Verarbeitung von XML-basierten Datenstrukturen. Dadurch sind sie für eine exakte Beschreibung von dynamischen Sachverhalten in umzusetzenden SOA-basierten Anwendungssystemen gut geeignet, da bereits bei der Modellierung existierende Services oder Beschreibungen von Services zugeordnet werden können. Für die Beschreibung von Geschäftsprozessen wurden Geschäftsprozessnetze definiert. Die Geschäftsobjektmodellierung erfolgt durch eine Notation auf Basis einer Kombination von Konzepten aus verschiedenen Modellierungsansätzen, die als Ergänzung für XML-Netze zur Definition der zu verarbeitenden Geschäftsobjekte verwendet werden kann. Zur Beschreibung einer IT-basierten Geschäftsprozesssteuerung wurden sogenannte Backend-Netze definiert, die eine plattformunabhängige Orchestrierung von IT Services ermöglichen. Als technologiespezifisches Modell für die Geschäftsprozesssteuerung wurde die Ergänzung der Backend-Netze zu Webservice-Netzen beschrieben. Ein besonderer Fokus wurde in der vorliegenden Arbeit auf die Beschreibung der Frontends für die umzusetzenden Geschäftsprozesse gelegt, für die ein umfangreiches Frontend-Modell entwickelt wurde. Das vorgestellte Frontend-Modell enthält verschiedene Teilmodelle. Die Basis stellt hierzu das Teilmodell zur Definition der in den Frontends verwendeten Datenstrukturen bereit. Den Kern des Frontend-Modells bilden die Interaktionsnetze, mit denen die in Frontends umzusetzende

Interaktion zwischen Mensch und System in sogenannten Bereichen modelliert werden kann. Zur Berücksichtigung unterschiedlicher Arten von Endgeräten und der Festlegung einer bereichsübergreifenden Navigation wurden sogenannte Frontend-Netze definiert. Für die Definition technischer, jedoch nicht technologiespezifischer Abläufe in Frontends, wurden die Technischen Aktionsnetze eingeführt. Weitere Teilmodelle ermöglichen die Definition der Struktur der Bereiche und Seiten eines umzusetzenden Frontends. Teilmodelle zu Styles, Berechtigungen und Personalisierung decken diese ebenfalls für Frontends zu definierenden Aspekte ab. Auch die technologiespezifischen Aspekte werden in separaten Teilmodellen behandelt, die sich in Abhängigkeit der verwendeten Technologie deutlich unterscheiden können.

Im Anschluss an die Konzeption des integrierten Modells zur Definition einer auf Basis einer SOA umzusetzenden Unternehmenssoftware wurden Möglichkeiten beschrieben, wie die Teilmodelle zur Transformation in entsprechende Softwarekomponenten durch die Realisierung von Softwaregeneratoren genutzt werden können. Diesbezüglich wurden die Regeln für die Transformation von Webservice-Netzen in BPEL zur Umsetzung einer technischen Realisierung der Geschäftsprozesssteuerung beschrieben. Weiterhin wurden die Konzepte und die Architektur eines Frontend-Generator-Frameworks für die Transformation des Frontend-Modells entwickelt. Am Beispiel von JavaServer Faces als konkrete technische Umsetzung von Frontends wurde der technologiespezifische Teil des Frontend-Generator-Frameworks erläutert.

Zur Unterstützung von Kollaboration im Rahmen der Realisierung von Geschäftsprozessen wurde ein Informationsnetz entwickelt, das für die Umsetzung eines Repositorys einer kollaborativen Softwareentwicklungsumgebung genutzt werden kann. Hierzu wurde das in dieser Arbeit entwickelte integrierte Modell zur Definition einer umzusetzenden SOA-basierten Unternehmenssoftware zunächst als zusammenhängendes Objektmodell dargestellt und dann um ein allgemeines Artefaktmanagement ergänzt. In einem weiteren Schritt wurde das Informationsnetz um Entitätstypen zur Kollaboration erweitert, welche die formale Beschreibung der umzusetzenden SOA-basierten Unternehmenssoftware und das Artefaktmanagement mit den für Kooperation, Koordination, Kommunikation und Awareness benötigen Informationen anreichert. Abschließend wurden die verschiedenen Nutzungsmöglichkeiten auf Basis des Informationsnetzes beschrieben. Dies umfasste Sperrmechanismen, automatisierte Änderungen, direkte und indirekte Kommunikation, Wissensmanagement, Koordination und Awareness. An den im Rahmen der Arbeit identifizierten Kollaborationspunkten wurde die konkrete Nutzung des Informationsnetzes anhand von Szenarien erläutert.

8.2 Kritische Betrachtung der Ergebnisse

Im Rahmen des entwickelten Ansatzes wurden verschiedene Ergebnisse erzielt. Nachfolgend werden diese Ergebnisse bzgl. Einsatzmöglichkeiten und Grenzen kritisch betrachtet:

- Es wurde ein Objektmodell zur Modellierung von Geschäftsobjektstrukturen für XML-Netze durch eine Kombination spezieller Konzepte der bestehenden Ansätze *AOM*, *ER-* bzw. *EER-Modellierung* und *UML* beschrieben. Für die Modellierung von Geschäftsobjektstrukturen für XML-Netze ist die Definition komplexer hierarchischer Objekte erforderlich, die in XML Schema abgebildet werden können. Das auf Basis der kombinierten Konzepte entwickelte Objektmodell stellt für eine XML-Netz-basierte Geschäftsprozessmodellierung eine geeignete Form dar, da neben der Definition einfacher Objekte in Form von Entitätstypen auch die hierarchische Definition von komplexen Objekten in Form von Aggregationstypen ermöglicht wird. Durch die Nutzung bekannter Darstellungsformen aus ER-Modellierung, EER-Modellierung und UML können Beziehungen mit Kardinalitäten und Vererbungen modelliert werden. Trotz der engen Anlehnung an XML Schema und der direkten Abbildungsmöglichkeiten ist das Objektmodell aufgrund der überschaubaren Anzahl an Konzepten und der anschaulichen graphischen Darstellung auch für Key User aus dem Fachbereich geeignet. Das Objektmodell stellt zwar eine eingeschränkte graphische Notation für XML Schema dar, ermöglicht jedoch die Definition von Objektstrukturen in einer für einen Fachbereich verständlichen Form, die in XML Schema transformiert und mit XML-Schema-Editoren weiter bearbeitet werden können. Ein entsprechender Editor für die Objektmodellierung wurde prototypisch im Rahmen von [Web09] umgesetzt. Die hierbei realisierten Funktionen wurden in das BPM-Werkzeug Horus [Hor11] eingebunden.

- Weiterhin wurde ein Konzept zur Modellierung von Anforderungen für die Umsetzung von Geschäftsprozessen auf Basis einer SOA erstellt. Hierbei wird die technologieunabhängige Definition von Geschäftsprozessen aufgeteilt in ein Geschäftsprozessmodell zur Definition der fachlichen Geschäftsprozesse, ein Backend-Modell zur Definition der Geschäftsprozesssteuerung und ein Frontend-Modell zur Definition der für die Mensch/System-Interaktion benötigten Frontends. Für technologiespezifische Aspekte sind separate Modelle – angelehnt an die jeweilige Technologie – vorgesehen. Ein Beispiel für ein technologiespezifisches Modell stellen die in der Arbeit beschriebenen Webservice-Netze dar. Ein zentraler Vorteil dieser Aufteilung liegt in der Zuordnungsmöglichkeit der Modelltypen zu speziellen Gruppen, die über entsprechendes Know-how verfügen, um die einzelnen Modelle zu erstellen. Durch die Aufteilung zwischen Geschäftsprozessmodell und Backend-Modell wird einerseits klar zwischen fachlichem Ablauf und technischem Hintergrundprozess getrennt. Dadurch können die verschiedenen Aspekte für eine Bearbeitung durch eine Fachbereichsgruppe und eine IT-Gruppe getrennt zugewiesen und bearbeitet werden. Andererseits sind Verknüpfungen zwischen den Modelltypen durch die Vorgaben des integrierten Modells vorhanden, so dass diese Abhängigkeiten für eine kollaborative Arbeit genutzt werden können. Dasselbe gilt für die Betrachtung von Geschäftsprozessmodell und Frontend-Modell, die zwar zusammenhängen, jedoch separat modelliert werden können.

- Zur Definition der Frontends wurde im Rahmen der Arbeit ein XML-Netz-basiertes Modell entwickelt. Hierbei wurden mehrere Teilmodelle definiert, die es ermöglichen, ein Frontend auf Basis der Teilmodelle so zu beschreiben, dass ein entsprechend funktionales Frontend auf Basis dieses Modells generiert werden kann. Das Frontend-Modell stellt umfassende Modellierungsmöglichkeiten zur Verfügung, um die Anforderungen an umzusetzende Frontends für Geschäftsprozesse zu definieren. Die Modellierung von Dynamik erfolgt hier – wie auch bei den Geschäftsprozessmodellen und den Backend-Modellen – mit XML-Netzen, so dass hier ein durchgängiges Grundkonzept genutzt wird. Innerhalb des Frontend-Modells wurden Interaktionsnetze, Frontend-Netze und Technische Aktionsnetze auf Basis von XML-Netzen mit den jeweils entsprechenden Erweiterungen definiert. Für die benötigten strukturellen Beschreibungen wurden entsprechende Strukturmodelle konzipiert, die auf dem eingeführten Objektmodell basieren oder in XML-Dokumenten abgelegt werden können. Konzepte für die Definition von Berechtigungen, Personalisierung und Layout wurden ebenfalls in Form von entsprechenden Teilmodellen berücksichtigt. Auch beim Frontend-Modell wurde – wie beim Backend-Modell – eine Trennung in technologieunabhängige Aspekte und technologiespezifische Aspekte durch separate Teilmodelle vorgenommen.

- Neben der Beschreibung der Transformation von Webservice-Netzen in BPEL zur Realisierung der Geschäftsprozesssteuerung wurden eine Konzeption und ein Entwurf für ein Frontend-Generator-Framework auf Basis des Frontend-Modells durchgeführt. Der Anspruch ist hierbei nicht die Umsetzung eines zu 100% generierten Anwendungssystems, sondern zum einen die Generierung von Prototypen zu einem möglichst frühen Zeitpunkt

im Projekt, um dem Fachbereich bereits im Rahmen einer Anforderungsanalyse Teile eines Systems prototypisch präsentieren zu können. Zum anderen soll die Generierung für
die Realisierung der tatsächlich umzusetzenden Softwarekomponenten durch die Entwickler die Struktur des Anwendungssystems und die Funktionen, die aus den Modellen
ermittelbar sind, möglichst vollständig erzeugen. Dies reduziert Fehlerquellen und gewährleistet durch die Einheitlichkeit von generiertem Programmcode eine bessere Wartbarkeit. Da die Transformationen jedoch nahezu immer mit einem Informationsverlust
verbunden sind, werden diese im vorgestellten Ansatz als Mechanismus zur Beschleuni-
gung der Realisierung von Softwarekomponenten in einer kollaborativen Umgebung verwendet. Die Transformationen können jedoch nicht die kompletten Entwicklungstätigkei-
ten bei der Erstellung von Unternehmenssoftware ersetzen.

- Die Konzeption eines Informationsnetzes zur Unterstützung kollaborativer Softwareentwicklung stellt neben der Entwicklung des integrierten Modells ein weiteres zentrales Ergebnis dar. Hierzu wurde das integrierte Modell zur Definition von Anforderungen für die
Umsetzung von Geschäftsprozessen auf Basis einer SOA um Entitätstypen für ein
Artefaktmanagement und die für Kollaboration benötigte Informationsstruktur erweitert.
Durch die Berücksichtigung aller Teilmodelle mit ihren jeweiligen Modellkomponenten
können auch deren Beziehungen zu Artefaktentitäten und Kollaborationsentitäten abgebildet werden. Das Informationsnetz wurde als Objektmodell in der im Rahmen dieser Arbeit
definierten Notation beschrieben und kann durch die vorgenommene Strukturierung zum
Aufbau eines Repositorys für eine integrierte kollaborative Softwareentwicklungsumgebung genutzt werden.

Durch die verschiedenen Teilmodelle zur Definition von Anforderungen für die Umsetzung
von Geschäftsprozessen auf Basis einer SOA und der Berücksichtigung der Zusammenhänge
zwischen den Teilmodellen bereits während der Modellierung wurde ein integrierter Ansatz
entwickelt. Die durchgängige Nutzung von XML-Netzen für die dynamischen Aspekte und
die Nutzung von XML-basierten Formaten für die Ablage von statischen Aspekten ermöglicht
eine exakte Beschreibung eines umzusetzenden Systems entsprechend der in den Teilmodellen definierten Anforderungen. Der Ansatz setzt jedoch das Vorhandensein oder die separate
Realisierung und Bereitstellung von IT Services voraus, die in die einzelnen Teilmodelle entsprechend der Definitionen in dieser Arbeit eingebunden werden müssen. Im Gegensatz zu
einem rein modellgetriebenen Ansatz wird hier auch die Entwicklung von Softwarekompo-

nenten berücksichtigt, die dann jedoch auf Basis des zugrundeliegenden Modells kollaborativ unterstützt erfolgen kann. Da durch die Verwendung von XML-Netzen für alle dynamischen Aspekte im integrierten Modell eine einheitliche Ausführungsregel – die Schaltregel von höheren Petri-Netzen – auf allen Ebenen bereitgestellt wird, können auf Basis des Modells durchgängige Simulationen mit den gleichen Basiskonzepten definiert und durchgeführt werden. Durch diese Eigenschaft des Ansatzes ist das Modell auch für die Generierung von integrierten Tests, d.h. der Erstellung und Ausführung von Testszenarien geeignet, welche die Abläufe in den Frontends mit den Abläufen in der Geschäftsprozesssteuerung im Zusammenhang betrachten.

Ein zentraler Unterschied zu herkömmlichen Ansätzen liegt darin, dass ausgehend von der Geschäftsprozessmodellierung alle weiteren relevanten Aspekte zur Umsetzung einer SOA-basierte Unternehmenssoftware inklusive der Frontends durch ein zusammenhängendes Modell beschrieben werden können. Darüber hinaus wird durch das Informationsnetz eine Basis für kollaboratives Arbeiten bereitgestellt, bei der alle Informationen, die im Rahmen des kollaborativen Arbeitens anfallen, dem jeweiligen Artefakt zugeordnet werden können. Hierbei ergeben sich durch die beschriebenen Zusammenhänge unterschiedlichste Möglichkeiten der Kollaborationsunterstützung, die ohne das Gesamtmodell nicht in der in Kapitel 7 beschriebenen teilweise automatisierten Art und Weise möglich wären. Die hierzu benötigten Zusammenhänge zwischen den Teilmodellen ergeben sich größtenteils direkt aus der Vorgehensweise bei der Modellierung. Im vorgestellten Ansatz werden die Modellierung von umzusetzender Unternehmenssoftware, die Transformation von Modellen bzw. die Generierung und Entwicklung von Softwarekomponenten und die Unterstützung kollaborativer Arbeit in integrierter Form betrachtet.

Der Ansatz – bestehend aus integriertem Gesamtmodell, Transformationsmechanismen bzw. Softwaregeneratoren und dem Informationsnetz – hat jedoch auch Einschränkungen. So kann durch den bei den Transformationen auftretenden Informationsverlust eine Komplettgenerierung einer Unternehmenssoftware auf Basis des vorgestellten Modells nicht erreicht werden. Weiterhin ist durch die Vielzahl an verschiedenen Frontend-Technologien und Typen von Endgeräten auch die Realisierung entsprechend vieler Transformationsmechanismen erforderlich. Bezüglich der Analyse des Gesamtmodells müssen noch Forschungsarbeiten durchgeführt werden. Für die einzelnen Netze können zwar die Analysemethoden für XML-Netze [Len03] angewandt werden, jedoch sind noch übergreifende Analysemethoden zur Untersuchung der Zusammenhänge zu entwickeln.

8.3 Ausblick

Bei den in der vorliegenden Arbeit entwickelten Grundlagen für eine integrierte Modellierung von Anforderungen für die Umsetzung von Geschäftsprozessen auf Basis einer SOA sind noch die folgenden weiterführenden Problemstellungen zu betrachten:

- Beim Frontend-Modell wurde ein grobes Berechtigungs- und Personalisierungskonzept skizziert. Hierzu sollten entsprechende Detailkonzepte für mögliche Berechtigungen und Personalisierungsfunktionen entwickelt werden.

- Für weitere Frontend-Technologien wie .NET, Adobe Flex oder Eclipse Rich Client sind entsprechende technologiespezifische Teilmodelle inklusive der Verbindung zu den technologieunabhängigen Teilmodellen zu erarbeiten. Auf Basis dieser weiteren technologiespezifischen Teilmodelle könnten – der jeweiligen Technologie entsprechend – zusätzliche Generatoren konzipiert und entwickelt werden.

- Der vorgestellte Ansatz enthält die Beschreibung und die prototypische Umsetzung einer Transformation der Geschäftsprozesssteuerung in BPEL. Für das Geschäftsprozessmodell und das Backend-Modell wäre auch eine Transformation in BPMN sinnvoll. Dies kann zum einen dazu dienen, die mit Geschäftsprozessnetzen und Backend-Netzen modellierten Sachverhalte Anwendern zur Verfügung zu stellen, die mit BPMN vertraut sind. Zum anderen ist die zunehmende Bedeutung von BPMN als Ausführungssprache ein weiterer Aspekt, der in Form von entsprechenden Transformationen berücksichtigt werden sollte.

Auf Basis der in der Arbeit beschriebenen Nutzungsmöglichkeiten des für die Kollaboration entwickelten Informationsnetzes ergeben sich noch die folgenden weiterführenden Problemstellungen:

- Es wurden Modellierungskonzepte, Prototypen für Softwaregeneratoren und ein zusammenhängendes Informationsnetz für die Unterstützung einer kollaborativen Realisierung von Geschäftsprozessen auf SOA-Basis bereitgestellt. Auf Basis dieser Ergebnisse sollte in einem weiteren Schritt eine integrierte kollaborative Modellierungs- und Entwicklungsumgebung für Unternehmenssoftware realisiert werden.

- Die Konzeption und Umsetzung automatisierter Tests auf Basis des integrierten Modells und des Informationsnetzes stellt ein weiteres Forschungsthema dar. Hierbei sollten einerseits die durch die Teilmodelle und deren Verknüpfungen bereitgestellten Mechanismen, wie z.B. die Schaltregeln für die entsprechenden XML-Netze, berücksichtigt werden. Andererseits sollten auch die Möglichkeiten der Kollaborationsunterstützung bei der Test-durchführung durch das Informationsnetz untersucht werden.

- Ein weiteres Thema stellt die Konzeption und Implementierung von Regeln für eine Au-tomatisierung von Kollaborationsfunktionen auf Basis des Informationsnetzes dar. Eine wesentliche Voraussetzung ist hierzu jedoch, dass Analysemethoden für das gesamte In-formationsnetz konzipiert und entwickelt werden.

Viele Funktionen der im Rahmen dieser Arbeit realisierten Softwareprototypen wurden bei der Entwicklung des BPM-Werkzeugs *Horus* verwendet und weiterentwickelt. Horus wird in Zusammenarbeit des Instituts für Angewandte Informatik des Karlsruher Instituts für Techno-logie (KIT) mit dem Forschungszentrums für Informatik (FZI) und der PROMATIS software GmbH entwickelt [Hor11]. Ein weiterer Ausbau auf Basis der in der Arbeit entwickelten Kon-zepte ist geplant.

Literaturverzeichnis

[Aal97]   van der Aalst, W. M. P.: Verification of Workflow Nets, in: Application and
            Theory of Petri Nets 1997, LNCS 1248, Springer, Berlin, 1997, S. 407-426.

[Aal99]   van der Aalst, W. M. P.: Formalization and Verification of Event driven Process
            Chains, in: Information and Software Technology, 41(10), 1999, S. 639-650.

[AaL05]   van der Aalst, W. M. P.; Lassen, K. B.: Translating Workflow Nets to BPEL, in:
            BETA Working Paper Series, WP 145, Eindhoven University of Technology,
            Eindhoven, 2005.

[Aal09]   van der Aalst, W. M. P.: Business Process Management, in: Encyclopedia of
            Database Systems, Springer-Verlag, Berlin, 2009, S. 289-293.

[AbH03]   Abdelnur, A.; Hepper, S.: JSR-000168 Portlet Specification, http://jcp.org/
            aboutJava/communityprocess/final/jsr168/, letzter Abruf am
            16. September 2011.

[ACK04]   Alonso, G.; Casati, F.; Kuno, H.; Machiraju, V.: Web Services - Concepts,
            Architectures and Applications, Springer-Verlag, 2004.

[ADO00]   van der Aalst, W.; Desel, J.; Oberweis, A.: Business Process Management –
            Models, Techniques, and Empirical Studies, Lecture Notes in Computer
            Science, Vol. 1806, Springer-Verlag, Berlin Heidelberg New York, 2000.

[Ado11]   Adobe Flex: http://www.adobe.com/de/products/flex/, letzter Abruf am
            16. September 2011.

[Agr07a]   Agrawal, A. et al.: WS-BPEL Extension for People (BPEL4People), Version
            1.0, June 2007.

[Agr07b]   Agrawal, A. et al.: Web Services Human Task (WS-HumanTask), Version 1.0,
            June 2007.

[AHK05]   Amberg, M.; Herold, G.; Kodes R.; Kraus R.; Wiener M.: IT Offshoring –
            A Cost-Oriented Analysis, Proceedings of Conference on Information Science
            Technology and Management, Delhi, 2005.

[AHW03]   van der Aalst, W. ; ter Hofstede, A.; Weske, M.: Business Process Management:
            A Survey, in: van der Aalst, W.; ter Hofstede, A.; Weske, M. (Hrsg.): Proc. Intl.
            Conf. on Business Process Management (BPM 2003), Lecture Notes in Com-
            puter Science, Vol. 2678, Springer-Verlag, Berlin, 2003, S. 1-12.

[All05]   Allweyer, T.: Geschäftsprozessmanagement. Strategie, Entwurf, Implementie-
            rung, Controlling. W3L GmbH, Herdecke, 2005.

[Alt99]   Altmann, J.: Kooperative Softwareentwicklung - Rechnergestützte Koordinati-
            on und Kooperation in Softwareprojekten, Dissertation, Universitätsverlag
            Rudolf Trauner, Linz, 1999.

[And03]   Andriessen, J. H. E.: Working with Groupware - Understanding and Evaluating
            Collaboration Technology, Springer, London, 2003.

[ASP11]   ASP.NET MVC: http://www.asp.net/mVC/, letzter Abruf am
            17. September 2011.

[AXS11]   Altova XMLSpy 2011: XML Editor, http://www.altova.com/de/xml-editor/,
            letzter Abruf am 16. Juli 2011.

[Bal08]   Balzert, H.: Lehrbuch der Softwaretechnik: Softwaremanagement, 2. Auflage,
            Spektrum Akademischer Verlag, Heidelberg – Berlin – Oxford, 2008.

[Bau96]   Baumgarten, B.: Petri-Netze – Grundlagen und Anwendungen, 2. Auflage,
            Spektrum Akademischer Verlag, Heidelberg – Berlin – Oxford, 1996.

[Bau08]   Bauten, A.: Modellbasierte Implementierung von Geschäftsprozessen auf SOA-
            Basis, Diplomarbeit, Karlsruhe, Hochschule Karlsruhe – Technik und Wirt-
            schaft, 2008.

[BCC06]   Brambilla, M.; Ceri, S.; Comai, S.; Fraternali, P.: A CASE tool for modelling
            and automatically generating web service-enabled applications, International
            Journal of Web Engineering and Technology (IJWET), Inderscience Publisher,
            Volume 2, Number 4, S. 354 - 372, 2006.

[BCF07]   Brambilla, M.; Comai, S.; Fraternali, P.; Matera M.: Designing Web Applica-
            tions with WebML and WebRatio, in: Web Engineering Modelling and Imple-
            menting Web Applications, Springer, HCI, November 2007, S. 221-261.

[BCN91]   Batini, C.; Ceri, S.; Navathe S.: Conceptual Database Design - An Entity-
            Relationship Approach, Addison-Wesley, 1991.

[BeC05]   Ben, E.; Claus, R.: Offshoring in der deutschen IT Branche – Eine neue
            Herausforderung für die Informatik, Informatik Spektrum, Band 28, Heft 1,
            Februar 2005, S. 34-39.

[Bec11]   Beck, K. et al.: Manifesto for Agile Software Development – Twelve Principles
            of Agile Software, http://www.agilemanifesto.org, letzter Abruf am
            15. Juli 2011.

[Bee01]   Beedle, M.; Schwaber, K.: Agile Software Development with Scrum, Prentice
            Hall New Jersey, 2001.

[BeR06]   Behm, A.; Rashid, A.: Kollaborationspunkte im Softwareentwicklungsprozess,
            http://digbib.ubka.uni-karlsruhe.de/volltexte/documents/1480, 2006, letzter
            Abruf am 26. August 2011.

[Blo04]   Blow, M. et al.: BPELJ: BPEL for Java, A Joint White Paper by BEA and IBM,
            March 2004.

[BlW08]   Bleek, W.; Wolf, H.: Agile Softwareentwicklung: Werte, Konzepte und
            Methoden, dpunkt.verlag, 2008.

[BoB91]   Bowers, J. M.; Benford S. D.: Studies in Computer Supported Cooperative
            Work - Theory, Practice and Design, Elsevier Science Publishers, 1991.

[Bor09]   Borgs-Maciejewski, Benedikt: Kollaborative Entwicklungsumgebung für ser-
            viceorientierte Systeme, Diplomarbeit, Karlsruhe, KIT, Institut AIFB, 2009.

[BPM10]   Business Process Model and Notation, Version 2.0 Beta 2, June 2010,
            http://www.omg.org/cgi-bin/doc?dtc/10-06-04.pdf, letzter Abruf am
            15. Juli 2011.

[BRJ99]   Booch, G.; Rumbaugh, J.; Jacobson, I.: The Unified Modeling Language User
            Guide: UML, Bonn: Addison-Wesley, 1999.

[CaT05]   Carmel, E.; Tjia, P.: Offshoring Information Technology – Sourcing and Out-
            sourcing to a Global Workforce, Cambridge University Press; Cambridge,
            2005.

[Cav03]   Cavaness, C: Programming Jakarta Struts, O'Reilly, Beijing 2003.

[CFB00]   Ceri, Stephano; Fraternali, Piero; Bongio, Aldo: Web Modeling Language
            (WebML): a modeling language for designing Web sites, Proc. of the 9th World
            Wide Web Conference (WWW9), Amsterdam 2000.

[Che76]   Chen, P.-P.: The Entity-Relationship Model: Toward a Unified View of Data,
            ACM Transactions on Database Systems, 1976, S. 9-36.

[CHK05]   Conrad, S.; Hasselbring, W.; Koschel, A.: Enterprise Application Integration:
            Grundlagen – Konzepte – Entwurfsmuster – Praxisbeispiele, Spektrum,
            München, 2005.

[CKS09]   Chrissis, M. B.; Konrad, M.; Shrum, S.: CMMI - Richtlinien für Prozess-
            Integration und Produkt-Verbesserung, Addison-Wesley, München 2009.

[ClR06]   Clayberg, E.; Rubel, D.: Eclipse - Building Commercial Quality Plug-ins, Ad-
            dison-Wesley, Upper Saddle River, New York, 2006.

[CLO09]   Che, H.; Li, Y.; Oberweis, A.; Stucky, W.: Web Service Composition Based on
            XML Nets, in: Proceedings of the 42nd Annual Hawaii International Confer-
            ence on System Sciences (HICSS), IEEE, Hawaii, USA, 2009.

[CoC05]   Cook, C.; Churcher, N.: Modelling and Measuring Collaborative Software En-
            gineering, University of Canterbury, Christchurch, New Zealand, 2005.

[CST05]   Cardone, R.; Soroker, D.; Tiwari, A.: Using XForms to Simplify Web Pro-
            gramming, IBM Watson Research Center, New York, 2005.

[Dau03]   Daum, B.: Modeling Business Objects with XML Schema, Morgan Kaufmann
            Publishers, 2003.

[Dau08]   Daum, B.: Asset Object Modeling, www.aomodeling.org, 2008, letzter Abruf
            am 20. Juli 2011.

[Dav93]   Davenport, T. H.: Process Innovation, Reengineering Work through Infor-
            mation Technology, Boston, Harvard Business School, 1993.

[DeO96]   Desel, J.; Oberweis, A.: Petri-Netze in der Angewandten Informatik: Einfüh-
            rung, Grundlagen und Perspektiven, in: Wirtschaftsinformatik, 38(4), 1996,
            S. 359-367.

[DGH05]   Doubrovski, V.; Grundler, J.; Hogg, K.; Zimmermann, O.: Service-Oriented
            Architecture and Business Process Choreography in an Order Management
            Scenario: Rationale, Concepts, Lessons Learned, OOPSLA 05, San Diego,
            2005.

[DKB08]   Decker, G.; Kopp, O.; Barros, A.: An Introduction to Service Choreographies,
            Zeitschrift it – Information Technology 2, 2008, Oldenbourg Wissenschafts-
            verlag, S. 122 - 126.

[DLW03]   Dumke, R.; Lother, M.; Wille, C.; Zbrog, F.: Web Engineering, Pearson
            Studium, 2003.

[DuP08]   Dustdar, S.; Papazoglou, M.: Services and Service Composition – An Intro-
            duction, Zeitschrift it – Information Technology 2, 2008, Oldenbourg
            Wissenschaftsverlag, S. 86-92.

[DuS05]   Dustdar, S.; Schreiner, W.: A Survey on Web services Composition, Int'l Jour-
            nal of Web and Grid Services, 1(1), 2005, S. 1-30.

[EcE03]   Eckstein, R.; Eckstein S.: XML und Datenmodellierung: XML Schema und
            RDF zur Modellierung von Daten und Metadaten einsetzen, dpunkt.verlag,
            Heidelberg, 2003.

[Ecl11]   Eclipse Foundation: Eclipse - Open Developement Platform,
            http://www.eclipse.org/, letzter Abruf am 28. September 2011.

[EKO96]   Elgass, P.; Krcmar, H.; Oberweis, A.: Von der informalen zur formalen
            Geschäftsprozeßmodellierung, in: Vossen, G.; Becker, J. (Hrsg.): Geschäfts-
            prozeßmodellierung und Workflow Management: Modelle, Methoden,
            Werkzeuge, International Thomson Publishing, Bonn, 1996.

[ENS07]   Eicker, S.; Nagel, A.; Schuler P.: Flexibilität im Geschäftsprozessmanagement-
            Kreislauf, ICB-Research Report No. 21, Institut für Informatik und Wirt-
            schaftsinformatik, Universität Duisburg-Essen, September 2007.

[ElN93]   Ellis, C. A.; Nutt, G. J.: Modeling and Enactment of Workflow Systems, in:
            Marsan, M. A. (Ed.): Proc. of the 14th Intl. Conf. on Application and Theory of
            Petri Nets, Lecture Notes in Computer Science, Chicago, 1993, S. 1-16.

[EPM09]   Escalona, M. J.; Parra, C. L.; Martín, F. M.; Nieto, J., Llergo, A., Pérez, F.:
             Practical Example for Model-Driven Web Requirements, in: Information
             System Development - Challenges in Practice, Theory and Education, Vol. 1,
             Springer, 2009, S. 157-168.

[Erl07]   Erl, T.: SOA Principles of Service Design (Prentice Hall Service-Oriented
             Computing Series from Thomas ERL), Prentice Hall International, 2007.

[ERT04]   Escalona, M. J.; Reina, A. M.; Torres J.; Mejías, M.: NDT - a methodology to
             deal with the navigation aspect at the requirements phase, Workshop on Early
             Aspects: Aspect-Oriented Requirements Engineering and Architecture Design,
             OOPSLA Conference, 2004.

[EsK04]   Escalona, M. J.; Koch, N.: Requirements Engineering for Web Applications –
             A Comparative Study, Journal of Web Engineering, 2 (3), pp. 193-212, 2004.

[FSW05]   Fuchs-Kittowski, F.; Stahn, P.; Walter, R.: Wissensmanagement und
             E-Collaboration – Ein Framework für Communities, Teams und Netze zur
             Unterstützung kooperativer Wissensarbeit, Fraunhofer Institut für Software-
             und Systemtechnik ISST, Berlin, 2003.

[Gas05]   Gasson, S.: Boundary Knowledge-Sharing in E-Collaboration,
             Proc. 38th Hawaii Intl. Conf. on System Sciences, Hawaii, 2005.

[Gal07]   Galitz, W.: The Essential Guide to User Interface Design: An Introduction to
             GUI Design Principles and Techniques, Wiley & Sons, 3rd Edition, 2007.

[GeH04]   Geary, D.; Horstmann, C.: Core JavaServer Faces, Prentice Hall, Upper Saddle
             River, New York, 2004.

[Gel81]   Genrich, H. J.; Lautenbach, K.: System Modeling with High-Level Petri-Nets,
             Theoretical Computer Science 13, 1981, S. 109-136.

[Gen86]   Genrich, H. J.: Predicate/Transition Nets, in: Brauer, W.; Reisig, W.;
             Rozenberg, G. (Hrsg.): Advances in Petri Nets, Part I, Lecture Notes in Com-
             puter Science, Vol. 254, Springer-Verlag, Berlin, 1986.

[GeI03]   Gesellschaft für Informatik (GI): Ankündigung des Symposiums „Entwicklung
             Web Service-basierter Anwendungen" im Rahmen der GI-Jahrestagung 2003,
             Arbeitskreis Web Services der Gesellschaft für Informatik, 2003.

[GeI11]   Gesellschaft für Informatik (GI): Fachgruppe CSCW der Gesellschaft für In-
             formatik, http://www.fgcscw.de/fachgruppe/cscw/, letzter Abruf am
             10. Juli 2011.

[Gie00]   Gierhake, O.: Integriertes Geschäftsprozessmanagement: Effektive Organi-
             sationsgestaltung mit Workflow-, Workgroup- und Dokumentenmanagement-
             Systemen, Vieweg, Braunschweig/Wiesbaden, 2000.

[GrH98]   Grundy, J., Hosking, J.: Serendipity: Integrated Environment Support for Pro-
             cess Modelling, Enactment and Work Coordination, in: Automated Software
             Engineering, Kluver Academic Publishers, Netherlands, 1998, S. 27 - 60.

[GHJ01]   Gamma, E.; Helm, R.; Johnson, R.; Vlissides, J.: Design Patterns: Elements of
             Reusable Object-Oriented Software, Addison-Wesley, 2001.

[GrK07]   Gross, T.; Koch, M.: Computer-Supported Cooperative Work; M. Herczeg
             (Hrsg.), München: Oldenbourg Wissenschaftsverlag GmbH, 2007.

[Gro01]   Gronau, N.: Kollaborative Engineering Communities,
             Arbeitsbericht WI 2001-01 an der Universität Oldenburg, 2001.

[Gru94]   Grudin, J.: Computer-Supported Cooperative Work: History and Focus;
             COMPUTER, Vol. 27, No. 5, S. 19-26, May 1994.

[HaB03]   Hamadi, R.; Benatallah, B.: A petri net-based Model for Web Service
             Compsition, in: Proceedings of the 14th Australasian Database Conference
             (ADC'03), CRPIT Vol. 17, Australia, 2003, S. 191-200.

[HaC93]   Hammer, M.; Champy, J.: Business Reengineering. Die Radikalkur für das
             Unternehmen, 5. Auflage, Campus-Verlag, Frankfurt, New York, 1993.

[HaM06]   Haiges, S.; May, M.: JavaServer Faces - Web Development mit dem Standard
             Framework, 2. Auflage, entwickler.press, 2006.

[HBR06]   Hildenbrand, T.; Behm, A.; Rashid, A.; Geisser M.: Entwicklungsmethodiken
             zur kollaborativen Softwareerstellung – Stand der Technik; Forschungsbericht,
             Universität Mannheim, Lehrstuhl für ABWL und Wirtschaftsinformatik, 2006.

[HeH03]   He, H.: What Is Service-Oriented Architecture, Online: http://www.xml.com/
             pub/a/ws/2003/09/30/soa.html, O'Reilly xml.com, 2003, letzter Abruf am
             20. Juli 2011.

[HeK01]   Hennicker, Rolf; Koch, Nora: Modeling the User Interface of Web Applications with UML, Practical UML-Based Rigorous Development Methods – Countering or Integrating the eXtremists, Toronto 2001.

[Her07]   Herb, Mario: Modellbasierte Realisierung von Abläufen in Anwendungssystemen basierend auf Web Services, Diplomarbeit, Karlsruhe, KIT, Institut AIFB, 2007.

[HeS09]   Heinrich, L. J.; Stelzer, D.: Informationsmanagement: Grundlagen, Aufgaben, Methoden, 9. Auflage, Oldenbourg Wissenschaftsverlag, München, 2009.

[HGB07]   Hildenbrand, T.; Geisser, M.; Bruch, D.: Analyzing the Applicability of an Agile Methodology to Distributed Collaborative Software Development; Forschungsbericht, 2007, unter http://wifo1.bwl.uni-mannheim.de/fileadmin/ files/publications/HiGB07-Arbeitspapier-4-2007-Agile-DSD.pdf, letzter Abruf am 4. September 2011.

[Hil07]   Hildenbrand, T. et al.: Konzeption einer Kollaborationsplattform für die zwischenbetriebliche Softwareerstellung, Zeitschrift Wirtschaftsinformatik, Volume 49, Number 4, 2007, S. 247-256.

[HKS08]   Herfurth, M.; Karle, T.; Schönthaler, F.: Reference Model for service oriented Business Software based on Web Service Nets, proceeding, SIGSAND-EUROPE 2008, Third AIS SIGSAND European Symposium, GI-Edition 2008 Lecture Notes in Informatics (LNI).

[HKT02]   Hinkelmann, K.; Karagiannis, D.; Telesko, R.: PROMOTE - Methodologie und Werkzeug zum geschäftsprozessorientierten Wissensmanagement, in: Abecker, A.; Hinkelmann, K.; Maus, H.; Müller H. J. (Hrsg.): Geschäftsprozessorientiertes Wissensmanagement, Springer-Verlag, 2002, S. 65-90.

[Hor11]   Horus Business Modeler, Modellierung und Simulation von Geschäftsprozessen, http://www.horus.biz, letzter Abruf am 15. Oktober 2011.

[HRH07]   Hildenbrand, T.; Rothlauf, F.; Heinzl, A.: Ansätze zur kollaborativen Softwareerstellung, Zeitschrift Wirtschaftsinformatik, Volume 49 (Sonderheft), 2007, S. 72-80.

[HSS05]   Hinz, S.; Schmidt, K.; Stahl, C.: Transforming BPEL to Petri Nets, in: BPM 2005, Vol. 3649 of LNCS, Nancy, France, Springer-Verlag, 2005.

[IBM03]   IBM et al.: Business Process Execution Language for Web Services
             Version 1.1, 5 May 2003, http://www.ibm.com/developerworks/library/
             specification/ws-bpel/, letzter Abruf am 6. September 2011.

[ISO07]   ISO (International Organization for Standardization): ISO 8601:2004: Data
             elements and interchange formats – Information interchange – Representation
             of dates and times, 3. Auflage, 2007.

[ITC10]   Ivanovic, D.; Treiber, M.; Carro, M.; Dustdar, S.: Building Dynamic Models of
             Service Compositions with Simulationof Provision Reources, in: Proceedings
             of the 29th international conference on conceptual modeling, Vancouver,
             Canada, Springer-Verlag Berlin Heidelberg, 2010.

[Jos08]   Josuttis, N.: SOA in der Praxis: System-Design für verteilte Geschäftsprozesse,
             dpunkt.verlag, 2008.

[KBS04]   Krafzig, D.; Banke, K.; Slama D.: Enterprise SOA: Service Oriented Architec-
             ture Best Practices, Prentice Hall International, 2004.

[KaL08]   Karastoyanova, D.; Leymann, F.: Service Oriented Architecture – Overview of
             Technologies and Standards, Zeitschrift it – Information Technology 2, 2008,
             Oldenbourg Wissenschaftsverlag, S. 83-85.

[KaO06]   Karle, T.; Oberweis, A.: Unterstützung von Kollaboration im Rahmen der
             Softwareentwicklung auf Basis Service-orientierter Architekturen, in
             EMISA 2006 – Methoden, Konzepte und Technologien für die Entwicklung
             von dienstbasierten Informationssystemen, Volume P-95 of Lecture Notes in
             Informatics, S. 77-90, GI, September 2006.

[KaO08]   Karle, T.; Oberweis, A.: Collaborative Model Driven Software Development
             for SOA-Based Systems, in Information Systems and e-Business Technologies,
             Volume 5, S. 189-200, April 2008.

[KaS07]   Karle, T.; Schönthaler, F.: Prevention of Failure Situations in Offshore Projects,
             in: Offshoring of software development, Universitätsverlag, Karlsruhe, 2007,
             S. 99-112.

[KaV11]   Karagiannis, D.; Visic, N.: Next Generation of Modelling Platforms, in: Per-
             spectives in Business Informatics Research, 10th International Conference,
             BIR 2011, Riga, Latvia, October 6-8, 2011, S. 19-28.

[KeM05]   Kempa, M.; Mann, Z.: Model Driven Architecture, Informatik Spektrum,
            August. 2005, S. 298-302.

[KKP08]   Kloppmann, M.; König, D.; Pfau, G.: Business Process Standards – Current
            Landscape, Zeitschrift it – Information Technology 2, 2008, Oldenbourg
            Wissenschaftsverlag, S. 93-98.

[KNS92]   Keller, G.; Nüttgens, M.; Scheer, A.-W.: Semantische Prozeßmodellierung auf
            der Grundlage Ereignisgesteuerter Prozeßketten (EPK). Veröffentlichungen des
            Instituts für Wirtschaftsinformatik. Heft 89, Scheer, A.-W. (Hrsg.) Saarbrücken,
            1992.

[KKZ08]   Koch, N.; Knapp, A.; Zhang, G.; Baumeister, H.: UML-based Web
            Engineering - An Approach based on Standards, in: Web Engineering:
            Modelling and Implementing Web Applications, Chapter 7, Springer, HCI,
            2008, S. 157-191.

[KoS05]   Koschel, A.; Starke, G.: Serviceorientierte Architekturen (SOA),
            Zeitschrift OBJEKTspektrum 3, 2005, S. 18-20.

[KPR04]   Kappel, G.; Pröll, B.; Reich, S.; Retschitzegger, W.: Web Engineering –
            Systematische Entwicklung von Web-Anwendungen, dpunkt.verlag,
            Heidelberg 2004.

[Klo05]   Kloppmann, M. et al.: WS-BPEL Extension for Sub-Processes – BPEL-SPE,
            A Joint White Paper by IBM and SAP, September 2005.

[KoM05]   Koschmider, A., Mevius, M.: A Petri Net based Approach for Process Model
            Driven Deduction of BPEL Code, OTM Confederated International Con-
            ferences, Agia Napa, Cyprus, 2005.

[KoN05]   Kock, N.; Nosek, J.: Expanding the Boundaries of E-Collaboration, IEEE
            Transactions on Professional Communication, Vol. 48, No. 1, March 2005.

[Kon08]   Konrad, R.: Mapping: Business und IT Geschäft und IT, 25. Februar 2008,
            http://soa-know-how.de/index.php?id=45&tx_bccatsandauthors[catid]=26, letz-
            ter Abruf am 15. Oktober 2011.

[KrK02]   Kraus, Andreas; Koch, Nora: Generation of web applications from UML mod-
            els using an XML publishing framework, Ludwig-Maximilians Universität
            München, Integrated Design and Process Technology, IDPT 2002.

[KSS09]   Krone, O.; Syväjärvi, A.; Stenvall, J.: Knowledge Integration for Enterprise
            Resources Planning Application Design, in: Knowledge and Process Manage-
            ment, Volume 16, Number 1, S. 1-12, Wiley InterScience, 2009.

[LaS87]   Lausen, G.; Schek, H.-J.: Semantic Specification of Complex Objects, in: Pro-
            ceedings IEEE Office Automation Symposium, Gaithersburgh 1987.

[LDA06]   Lightweight Directory Access Protocol (LDAP): The Protocol,
            http://tools.ietf.org/html/rfc4511, 2006, letzter Abruf am 25. September 2011.

[Len03]   Lenz, K.: Modellierung und Ausführung von E-Business Prozessen mit
            XML-Netzen, Frankfurt, 2003.

[Ley01]   Leymann, F.: Web Services Flow Language (WSFL 1.0), IBM (Hg.),
            http://xml.coverpages.org/WSFL-Guide-200110.pdf, May 2001, letzter Abruf
            am 8. September 2011.

[LKN09]   Lenk, A; Klems, M; Nimis, J.; Tai, S.; Sandholm, T.: What's inside the Cloud?
            An architectural map of the Cloud landscape, cloud, pp. 23-31, ICSE Work-
            shop on Software Engineering Challenges of Cloud Computing, 2009.

[LeO03]   Lenz, K.; Oberweis, A.: Inter-organizational Business Process Management
            with XML Nets, in: Ehrig, H.; Reisig, W.; Rozenberg, G.; Weber, H. (eds.):
            Advances in Petri Nets. Lecture Notes in Computer Science, Vol. 2472,
            Springer Verlag, Berlin, 2003, S. 243-263.

[LLH06]   Lefebvre, E.; Lefebvre, L.; Hen G.: Cross-Border E-Collaboration for New
            Product Development in the Automotive Industry, Proc. 39th Hawaii Intl. Conf.
            on System Sciences, Hawaii, 2006.

[LoD04]   Lockemann, P. C.; Dittrich, K. R.: Architektur von Datenbanksystemen,
            dpunkt.verlag, 2004.

[Maj04]   Majewski, B.: A shape diagram editor, http://www.eclipse.org/articles/
            Article-GEF-diagram-editor/shape.html, December 2004, letzter Abruf am
            25. August 2011.

[Mar02]   Martin, R.: Agile Software Development - Principles, Patterns, and Practices,
            Prentice Hall International, 2002.

[Mar04]   Martens, A.: Verteilte Geschäftsprozesse: Modellierung und Verifikation mit
            Hilfe von Web Services, WiKuVerlag, 2004.

[Mar89]   Marsan, A.: Stochastic Petri Nets: An Elementary Introduction, in: Advances in
            Petri Nets, Springer, June 1989, S. 1-29.

[Mel08]   Melzer et al.: Service-orientierte Architekturen mit Web Services – Konzepte,
            Standards, Praxis, Spektrum Akademischer Verlag, München, 2008.

[MeM06]   Mendes, E.; Mosley, N.: Web Engineering, Springer, Berlin, 2006.

[Mev06]   Mevius, M.: Kennzahlenbasiertes Management von Geschäftsprozessen mit
            Petri-Netzen, Fakultät für Wirtschaftswissenschaften, Universität Karlsruhe,
            2006.

[MeW11]   MediaWiki.org: http://www.mediawiki.org/wiki/MediaWiki/de, letzter Abruf
            am 15. August 2011.

[Mic01]   Microsoft XLANG/s Language: http://technet.microsoft.com/en-us/library/
            aa577463.aspx, Microsoft TechNet, 2001, letzter Abruf am 8. September 2011.

[Mil93]   Milner, R.: The Polyadic π-Calculus: A Tutorial, Logic and Algebra of
            Specification, Springer-Verlag, 1993.

[MOF10]   Meta Object Facility (MOF) Core Specification, Version 2.4
            http://www.omg.org/spec/MOF/2.4/Beta2/PDF, December 2010, letzter Abruf
            am 28. August 2011.

[Moh02]   Mohan, C.: Dynamic E-business: Trends in Web Services, in: Buchmann et al.
            (Hrsg.): Proceedings of Technologies for E-Services 2002, Springer,
            Berlin Heidelberg, 2002.

[NBK08]   Nicklisch, G.; Borchers, J.; Krick, R.; Rucks R.: IT-Near- und Offshoring in der
            Praxis, Erfahrungen und Lösungen, dpunkt.verlag, 2008.

[NPW05]   Neumann, S.; Probst, C.; Wernsmann, C.: Kontinuierliches Prozessmanage-
            ment, in: Becker, J.; Kugeler, M.; Rosemann; M. (Hrsg.): Prozessmanagement -
            Ein Leitfaden zur prozessorientierten Organisationsgestaltung, 5. Auflage,
            Springer-Verlag, Berlin, 2005.

[OAS04]   OASIS: UDDI Version 3.0.2. UDDI Spec Technical Committee Draft,
            19.10.2004, http://uddi.org/pubs/uddi-v3.0.2-20041019, letzter Abruf am
            3. August 2011.

[OAS07]   OASIS: WS-BPEL: Web Services Business Process Execution Language, Ver-
            sion 2.0, 11.04.2007, http://docs.oasis-open.org/wsbpel/2.0/OS/
            wsbpel-v2.0-OS.html, letzter Abruf am 26. September 2011.

[Ora06]   Oracle: Business Process Management and WS-BPEL 2.0 - What's next for
            SOA Orchestration, October 2006, http://www.oracle.com/technetwork/topics/
            bpel-130653.pdf, letzter Abruf am 9. September 2011.

[Ora11]   Oracle: The Java EE 6 Tutorial - The Lifecycle of a JavaServer Faces Applica-
            tion, http://download.oracle.com/javaee/6/tutorial/doc/bnaqq.html, letzter Ab-
            ruf am 15. Oktober 2011.

[Obe96]   Oberweis, A.: Modellierung und Ausführung von Workflows mit Petri-Netzen.
            Teubner-Reihe Wirtschaftsinformatik, B.G. Teubner Verlag, 1996.

[ObS96]   Oberweis, A.; Sander, P.: Information System Behaviour Specification by
            High-Level Petri-Nets, in: ACM Transaction on Information Systems, 14 (4),
            1996, S. 380-420.

[OSO06]   OASIS Reference Model for Service Oriented Architecture 1.0, Committee
            Specification 1, 2 August 2006.

[OtW90]   Ottmann, T.; Widmayer, P.: Algorithmen und Datenstrukturen;
            BI Wissenschaftsverlag; 1990.

[OMG11]   Object Management Group: OMG Model Driven Architecture,
            http://www.omg.org/mda, letzter Abruf am 30. August 2011.

[OUT11]   OUTSHORE Project, http://www.outshore.org, letzter Abruf am
            30. August 2011.

[Pan05]   Panda, D.: Constructing Services with J2EE, http://onjava.com/pub/a/onjava/
            2005/05/25/j2ee-services.html, ONJava.com, O'Reilly, letzter Abruf am
            30. September 2011.

[Pap07]   Papazoglou M.: Web Services – Principles and Technology, Prentice Hall,
            New Jersey, August 2007.

[PeL11]   Petals Link: Easy BPEL, http://research.petalslink.org/display/easybpel/
             Use-cases, letzter Abruf am 10. November 2011.

[Pet62]   Petri, C. A.: Kommunikation mit Automaten, Schriften des Instituts für Instru-
             mentelle Mathematik, Nr. 2, Bonn, 1962.

[Pri92]   Prisching, M.: Soziologie – Themen, Theorien, Perspektiven, 2. Auflage,
             Böhlau Verlag, Wien – Köln – Weimar, 1992.

[PRW03]   Picot, A.; Reichwald, R.; Wigand, R.: Die grenzenlose Unternehmung. Infor-
             mation, Organisation und Management. Gabler, Wiesbaden, 2003.

[Rät02]   Rätzmann, M.: Software-Testing, Galileo Computing, Bonn, 2002.

[RaS07]   Ramez, E.; Shamkant B. N.: Fundamentals of Database Systems, 5th Edition,
             Addison-Wesley, 2007.

[ReR98]   Reisig, W.; Rozenberg, G. (Hrsg.): Lectures on Petri Nets I: Basic Models,
             Lecture Notes in Computer Science, Vol. 1491, Springer Verlag, Berlin, 1998.

[RJB04]   Rumbaugh, J; Jacobson, I; Booch, G.: Unified Modeling Language Reference
             Manual, Pearson Higher Education, 2004.

[Ree79]   Reenskaug, T. M. H.: MVC, http://folk.uio.no/trygver/themes/mvc/
             mvc-index.html, letzter Abruf am 26. September 2011.

[Rei90]   Reisig, W.: Petrinetze – Eine Einführung, Springer Verlag, Berlin,1990.

[RSN03]   Rossbach, P.; Stahl, T.; Neuhaus, W.: Model Driven Architecture –
             Grundlegende Konzepte und Einordnung der Model Driven Architecture
             (MDA), Java-Magazin 9/2003.

[Sch06]   Schmidt, D.: Model-Driven Engineering, IEEE Computer, Vol. 39 (2), 2006.

[Sch97]   Scheer, A.-W.: Referenzmodelle für industrielle Geschäftsprozesse,
             Springer-Verlag, Berlin, 1997.

[Sch99]   Scheer, A.-W.: ARIS – Business Process Modeling, Springer-Verlag, Berlin,
             1999.

[ScS06]   Schmelzer, Hermann J.; Sesselmann, Wolfgang: Geschäftsprozessmanagement
             in der Praxis, 5. Auflage, Carl Hanser Verlag, München, Wien, 2006.

[SDK99]   Swaby, M.; Dew, P.; Kearney, P.: Model-based Construction of collaborative
            systems, in: BI Technology Journal, Vol 17, No 4, 1999, S. 78 - 90.

[SES92]   Stalk, G.; Evans, P.; Shulman, L.: Competing on Capabilities.Harvard Business
            Review, March April 1992, S. 57-69.

[Sha93]   Sharples, M.: Computer-Supported Collaborative Writing, Springer,
            Heidelberg, 1993.

[SKJ06]   Scheer, A.-W.; Kruppke, H.; Jost, W.; Kindermann, H. (Eds.): Agility by ARIS
            Business Process Management, Yearbook Business Process Excellence,
            Springer, July 2006.

[SSH10]   Saake, G.; Sattler, K.-U.; Heuer A.: Datenbanken - Konzepte und Sprachen,
            4. Auflage, mitp-Verlag, Heidelberg, 2010.

[Sta90]   Starke, P. H.: Analyse von Petri-Netz-Modellen, Teubner Verlag, Stuttgart,
            1990.

[Sto03]   Stoller-Schai, D.: E-Collaboration: Die Gestaltung internetgestützter kollabora-
            tiver Handlungsfelder, Dissertation, Universität St. Gallen, Difo-Druck GmbH,
            2003.

[StV05]   Stahl, Thomas; Völter, Markus: Modellgetriebene Softwareentwicklung,
            dpunkt.verlag, Heidelberg, 2005.

[Sur04]   Sury, U.: Offshoring: Die rechtlichen Dimensionen, Informatik Spektrum, Fo-
            rum Offshoring, Band 27, Heft 4, August 2004, S. 365 - 395.

[SVO11]   Schönthaler, F.; Vossen, G.; Oberweis, A.; Karle T.: Geschäftsprozesse für Bu-
            siness Communities – Modellierungssprachen, Methoden, Werkzeuge,
            Oldenbourg Verlag, 2011.

[SWT11]   SWT: The Standard Widget Toolkit, http://www.eclipse.org/swt/, 3.7.1 Final
            Release – 10 September 2011, letzter Abruf am 10. Oktober 2011.

[SWW11]   Skulschus, M.; Wiederstein, M.; Winterstone, S.: XML Schema, 2. Auflage,
            Comelio Medien, 2011.

[TaN04]   Takeuchi, H.; Nonaka, I.: Hitotsubashi on knowledge management,
            Singapore: John Wiley & Sons, 2004.

[Ull09]   Ullenboom, C.: Java ist auch eine Insel - Programmieren mit der Java Standard
               Edition Version 6, Galileo Press, Bonn 2009.

[UML09]   UML Specification 2.2, February 2009, http://www.omg.org/spec/UML/2.2/,
               letzter Abruf am 25. September 2011.

[UWE11]   UWE – UML-based Web Engineering, http://uwe.pst.ifi.lmu.de/, letzter Abruf
               am 25. September 2011.

[Vli02]   van der Vlist, E.: XML Schema: The W3C's Object-Oriented Descriptions for
               XML, O'Reilly, June 2002.

[W3C01]   World Wide Web Consortium: XML Schema 1.0, W3C Recommendation 2
               May 2001, http://www.w3.org/XML/Schema, letzter Abruf am
               30. September 2011.

[W3C04a]   World Wide Web Consortium: Web Services Architecture, W3C Working
               Group Note, February 2004, http://www.w3.org/TR/ws-arch, letzter Abruf am
               30. September 2011.

[W3C04b]   World Wide Web Consortium: XML Schema Part 2: Datatypes Second Edition.
               W3C Recommendation, October 2004, http://www.w3.org/TR/xmlschema-2/,
               letzter Abruf am 30. September 2011.

[W3C07a]   World Wide Web Consortium: Web Services Description Language (WSDL)
               Version 2.0 Part 0: Primer. W3C Recommendation, 26 June 2007,
               http://www.w3.org/TR/2007/REC-wsdl20-primer-20070626, letzter Abruf am
               30. September 2011.

[W3C07b]   World Wide Web Consortium: SOAP Version 1.2 Part 0: Primer (Second Edi-
               tion). W3C Recommendation, 27 April 2007, http://www.w3.org/TR/
               soap12-part0, letzter Abruf am 30. September 2011.

[W3C07c]   World Wide Web Consortium: XQuery 1.0: An XML Query Language W3C
               Recommendation 23 January 2007, http://www.w3.org/TR/xquery/, letzter Ab-
               ruf am 30. September 2011.

[W3C99]   World Wide Web Consortium: XML Path Language (XPath) Version 1.0. W3C
               Recommendation, 16 November 1999, http://www.w3.org/TR/1999/
               REC-xpath-19991116, letzter Abruf am 30. September 2011.

[WaH04]   Warner, R.; Harris R.: The Definitive Guide to SWT and JFace, Apress,
            Berkeley, 2004.

[Web09]   Weber, Pierre: Konzipierung und Entwicklung einer Modellierungskomponente
            für Objekte in XML-Netzen, Diplomarbeit, Karlsruhe, KIT, Institut AIFB,
            2009.

[WeM11]   WebML - The Web Modelling Language, http://www.webml.org, letzter Abruf
            am 25. September 2011.

[Whi05]   White, S.: Using BPMN to Model a BPEL Process, BPTrends, March 2005.

[Whi07]   Whitehead, J.: Collaboration in Software Engineering - A Roadmap, Future of
            Software Engineering (FOSE '07), 2007, S. 214-225.

[Whi08]   White, S; Miers, D.: BPMN Modeling and Reference Guide – Understanding
            and Using BPMN, Future Strategies Inc., Lighthouse Point, 2008.

[Wen96]   Wendel T.: Computerunterstützte Teamarbeit – Konzeption und Realisierung
            eines Teamarbeitssystems, Dissertation, Institut AIFB, Universität Karlsruhe,
            Deutscher Universitätsverlag, 1996.

Index